Dem Bettag eine Zukunft bereiten

TVZ

Eva-Maria Faber, Daniel Kosch (Hg.)

Dem Bettag eine Zukunft bereiten

Geschichte, Aktualität und Potenzial eines Feiertags

Der Theologische Verlag Zürich wird vom Bundesamt für Kultur mit einem
Strukturbeitrag für die Jahre 2016–2018 unterstützt.

Bibliografische Information der Deutschen Nationalbibliothek
Die Deutsche Bibliothek verzeichnet diese Publikation in der Deutschen National-
bibliografie; detaillierte bibliografische Daten sind im Internet über
http://dnb.d-nb.de abrufbar.

Umschlaggestaltung: Simone Ackermann, Zürich, unter Verwendung einer
Fotografie von Augustin Saleem
Satz: Claudia Wild, Konstanz
Druck: ROSCH-Buch Druckerei GmbH, Scheßlitz

ISBN: 978-3-290-20139-5
© 2017 Theologischer Verlag Zürich AG
www.edition-nzn.ch

Alle Rechte vorbehalten.

Inhaltsverzeichnis

Eva-Maria Faber / Daniel Kosch
Einleitung   9

Zum Einstieg: Dem Bettag eine Zukunft bereiten   13

Niklaus Peter
Hoffnung macht mutig, Geist macht frei.
Predigt zum Bettag 2016   15

Stephan Sigg
Kinder und Jugendliche mit dem «Bettags-Virus» infizieren   19

Monika Stocker
Ein Brief zum Bettag   25

Jacqueline Fehr
Angst und Hass entgegentreten.
Rede am Bettag 2016 im Zürcher Grossmünster   29

Geschichte und Tradition   35

Eva-Maria Faber
Solidarisch beten.
Zur Entstehung und Eigenart des Eidgenössischen Dank-, Buss- und Bettags   37

Hans Stadler-Planzer
Der Eidgenössische Bettag in der katholischen Innerschweiz.
Entstehung und Entfaltung   81

Martin Sallmann
Der Bettag in Bern   115

Inhaltsverzeichnis

Pierre Bühler
Le Jeûne fédéral – ein Beitrag zur Romandie   *135*

Béatrice Métraux
Le Jeûne fédéral dans le canton de Vaud ou l'évolution du fait religieux dans un canton réformé   *143*

Recht und Politik   *153*

Stefan Engler
Als Politiker ein Bettagsmandat schreiben   *155*

Andreas Kley
Der Bettag im historischen Kontext des religiös neutralen Staates   *159*

Daniel Kosch
Der Bettag und «das heilige Menschenrecht ungehinderter Religionsausübung».
Ein staatlich angeordneter religiöser Feiertag im Kontext individualisierter Religionsfreiheit   *171*

Barbara Schmid-Federer
Der Bettag in der politischen Landschaft der Schweiz   *197*

Simon Spengler / Werner De Schepper
Vom Bettagshirtenbrief zur 1.-August-Botschaft der Schweizer Bischöfe   *209*

Dank, Busse und Gebet   *219*

Simone Curau-Aepli
Ein offener Brief zum Bettag.
Veröffentlicht in einer Schweizer Tageszeitung   *221*

Ralph Kunz
Der Bettag als Busstag.
Von der Aktualität eines alten Brauchs   *225*

Inhaltsverzeichnis

Karin Schaub Bangert
Lasst uns danken dem Herrn, unserem Gott.
Ein christkatholischer Beitrag zum Eidgenössischen Dank-, Buss- und Bettag   *241*

Luzia Sutter Rehmann
Miteinander neu anfangen, immer wieder, Tag und Nacht   *245*

Franziska Loretan-Saladin
Der Bettag als Beitrag zur Integration.
Eine aktuelle Perspektive   *251*

Ökumenische und interreligiöse Bettagsfeier   *259*

Christoph Sigrist
Der Bettag im interreligiösen Gebetsraum   *261*

Rita Famos
Ein Gebet voraus.
Eine Initiative der Arbeitsgemeinschaft Christlicher Kirchen der Schweiz zur Stärkung des Bettags   *273*

Michel Bollag
Ein jüdischer Blick auf den Eidgenössischen Dank-, Buss- und Bettag vom 19. Jahrhundert bis heute.
Globale Entwicklungen – lokale Auswirkungen   *279*

Rifa'at Lenzin
Bettag – einige Überlegungen aus muslimischer Sicht   *289*

Nicola Neider Ammann
Interreligiöse Bettagsfeiern im Kanton Luzern   *299*

Matthias Wenk
«Ich höre Dein Gebet».
Die interreligiöse Feier zum Eidgenössischen Dank-, Buss- und Bettag im Kanton St. Gallen   *309*

Inhaltsverzeichnis

Zum Abschluss:
Ein Tag konkreter Solidarität heute   *323*

Hugo Fasel / Odilo Noti:
Der Skandal der Armut in der reichen Schweiz   *325*

Mariano Tschuor
Im Namen der Gestrandeten – Wir und die Anderen   *331*

Abkürzungsverzeichnis   *337*
Verzeichnis der Autoren und Autorinnen   *339*

Eva-Maria Faber / Daniel Kosch

Einleitung

Viele Menschen, mit denen wir über unser Vorhaben sprachen, ein Buch zum Eidgenössischen Dank-, Buss- und Bettag herauszugeben, reagierten interessiert, aber auch etwas irritiert. Gibt der Bettag ausreichend Stoff für ein ganzes Buch? Ist dieser Feiertag nicht eher ein Auslaufmodell? Was ist daran zukunftsweisend? Manche thematisierten den Kontrast zwischen dem ernsten, ruhigen Bettag ihrer Jugend – ohne Kino, ohne Fussball, mit obligatorischem Kirchenbesuch – und der heutigen Zeit, in der die Unterschiede zwischen Werk- und Feiertag an Bedeutung verloren haben und der Bettag sich kaum mehr von anderen Sonntagen unterscheidet. Geschichtlich besser Informierte erinnerten an die Bettagsmandate Gottfried Kellers und daran, dass der Bettag nicht nur Grund zur Einkehr, sondern auch Anlass für Diskussionen zwischen Kantonen und Konfessionen um den richtigen Termin war. Interreligiös Engagierte machten darauf aufmerksam, dass der Bettag zunehmend nicht nur ökumenisch, sondern auch interreligiös gefeiert werde.

Der Eidgenössische Dank, Buss- und Bettag ist jedoch nicht nur als traditionsreicher Feiertag von Interesse, sondern regt auch zu grundsätzlicheren Überlegungen an. Denn als Tradition und Institution steht der Bettag am Schnittpunkt zwischen Kirche und Staat, zwischen Religion und Politik, zwischen religiöser Neutralität und Verwurzelung des freiheitlichen und demokratischen Rechtsstaates in einer sowohl durch die christlichen Konfessionen als auch durch die Aufklärung geprägten Werteordnung. Es bedarf keiner langen Erläuterung, wie sehr damit neuralgische Punkte gegenwärtiger Diskussionen berührt sind. Wie verhalten sich Religion und Politik zueinander? Wie politisch dürfen oder müssen Religionsgemeinschaften sein? Inwiefern tut der Staat gut daran, der Realität religiöser Institutionen und religiöser Praxis Beachtung zu schenken? Inwiefern tragen religiöse Institutionen zu jener Wertbasis und Solidarität bei, auf die der Staat angewiesen ist?

Es scheint uns aufschlussreich, solche Themen nicht nur grundsätzlich, sondern am Beispiel des Bettags zu erörtern. Denn der Bettag ist kein Feiertag, der sich aus dem christlichen Festkalender bzw. einer rein binnenkirchlichen Perspektive ergibt. Er hat seinen Ursprung in staatlich-kirchlichem Zusammenwirken. Zwar überlässt der Staat die Ausgestaltung und inhaltliche Füllung des Bettags weitestgehend den Religionsgemeinschaften bzw. seinen Bürgern, seien diese nun religiös oder konfessionell engagiert oder distanziert. Gleichwohl sieht er diesen Feiertag vor und definiert dafür gewisse Rahmenbedingungen.

Dieses Arrangement – das sich im Laufe der Zeit herauskristallisiert hat und durch die Entwicklung von einer konfessionsgeprägten zu einer ökumenisch und zunehmend interreligiös und pluralistisch geprägten Religionslandschaft mitgeprägt wurde – hat aus unserer Sicht auch unter den heutigen Rahmenbedingungen ein Potenzial. Denn der Bettag eröffnet einen Zeitraum und gibt einen Anlass, damit jene, die das wünschen, innehalten und sich auf die genannten Themen besinnen können, sei es im Rahmen der eigenen (Glaubens-)Gemeinschaft, sei es im Dialog zwischen Konfessionen und Religionen oder auch zwischen religiösen und politischen Akteuren.

Gewiss ist der Bettag kein Allheilmittel gegen Religionskonflikte, Populismus und politische Unkultur. Gleichwohl hält der Bettag aufgrund seiner Geschichte und seiner aktuellen Formationen eine Struktur bereit, in der sich Politik, Kirchen und Religionsgemeinschaften zum Wohl der Gesellschaft zusammenfinden. Dabei leisten die Kirchen und mehr und mehr auch andere Religionsgemeinschaften nicht nur inhaltliche Beiträge zu Wertdebatten, sondern laden auf Anordnung des Staates zu den genuin religiösen Vollzügen des Dankens, der Busse und des Betens ein. Diese religiösen Vollzüge rücken damit so in gesellschaftliche Kontexte ein, dass sie zu markanten Aufforderungen zur Übernahme von Verantwortung und zu vermehrter Solidarität werden.

Die Überzeugung, dass der Bettag von hoher Aktualität ist, verbinden wir mit dem Bewusstsein, dass es dafür der Pflege dieser Tradition bedarf. Die hier vorgelegten Artikel sollen diesem Anliegen dienen.

Dies macht eine Vergewisserung über die *Geschichte und Tradition* des Bettags nicht überflüssig. Darum beleuchtet ein Beitrag die Entstehungsgeschichte des Bettags, dessen Tradition und gegenwärtige Praxis in Detailstudien für katholische Orte, für das reformierte Bern, für die Romandie und den Kanton Waadt vertieft wird.

Besondere Aufmerksamkeit zieht die staatliche Trägerschaft dieses Feiertags und somit die Perspektive von *Recht und Politik* auf sich. Historisch gewachsen stellt die Bettagstradition im sogenannten säkularen, religiös neutralen Staat gleichzeitig eine besondere Herausforderung und eine Chance dar. Stimmen von Politikerinnen und Politikern lassen erkennen, dass «religiöse Neutralität» Trägerinnen und Träger politischer Mandate nicht dazu verpflichtet, sich klarer Stellungnahmen zu den Anforderungen der Zeit zu enthalten. Damit ergänzen sie die eher abwägenden religionspolitischen und religionsrechtlichen Analysen um Beispiele für die politische Aktualisierung der Bettagstradition in der Gegenwart.

Der Name des Bettags weist auf die Vollzüge *Dank, Busse und Gebet* hin. Beiträge verschiedener Art erschliessen die aktuelle Bedeutung dieser religiösen Grundvollzüge. Sie lassen deutlich erkennen, wie sehr aktuelle Fragen

Einleitung

und Herausforderungen die religiöse Praxis mit- und umprägen. Auch die Sprache für Dank, Busse und Gebet ist durch die jeweilige Zeit geprägt.

Der Eidgenössische Bettag geht aus einer Lerngeschichte des Grenzüberschreitens hervor: die Grenzen zwischen den Orten der Eidgenossenschaft wurden ebenso überschritten wie die Grenzen zwischen Konfessionen. Diese Dynamik wird in einer veränderten Religionslandschaft unserer Gesellschaft weiter herausgefordert. Die *ökumenische und interreligiöse Bettagsfeier* ist Gegenstand theoretischer Reflexionen von Autoren und Autorinnen unterschiedlicher Religionszugehörigkeit. Ausserdem werden Beispiele ökumenischer und interreligiöser Bettagspraxis dokumentiert. Diese Entwicklung macht besonders deutlich, wie fragwürdig es ist, die Entwicklung des Bettags und der religiösen Lage der Zeit insgesamt einseitig als Verlustgeschichte zu lesen: Weniger Traditionspflege, weniger feiertägliche Ruhe, weniger Gottesdienstbesuch, weniger Bewusstsein für religiöse Werte ... Eine solche defizitorientierte Sicht versperrt den Blick auf die Gewinne: mehr Miteinander über Religions- und Kulturgrenzen hinaus, mehr Aktualitätsbezug, mehr Gestaltungsfreiheit und mehr Mut zu einer neuen Sprache und zu Experimenten.

Die Beiträge *zum Einstieg* und *zum Abschluss* bringen dieses zukunftsträchtige Potenzial und die solidaritätsstiftende Kraft des Bettags auf den Punkt.

* * *

Wir danken den Autorinnen und Autoren für ihre Mitwirkung. Sie waren bereit, sich auf die Einladung zu theoretischen Reflexionen oder auch zu fiktiven Bettagsmandaten einzulassen, und sie haben Beiträge mit sehr unterschiedlicher persönlicher Färbung beigesteuert. Der Theologische Verlag Zürich TVZ hat in angenehmer Kooperation die Publikation qualitätsvoll gestaltet. Schliesslich danken wir der Katholischen Kirche im Kanton Zürich und der Römisch-Katholischen Zentralkonferenz der Schweiz für namhafte Beiträge zu diesem Buchprojekt.

Wir hoffen, dass dieser Band nicht nur Hilfreiches zum Verständnis des Bettags bietet, sondern zur Praxis und Pflege des Bettags ermutigen kann.

Zum Einstieg: Dem Bettag eine Zukunft bereiten

Niklaus Peter

Hoffnung macht mutig, Geist macht frei
Predigt zum Bettag 2016

> Von solcher Hoffnung erfüllt,
> treten wir mit grossem Freimut auf.
> Der Herr aber, das ist der Geist;
> und wo der Geist des Herrn ist, da ist Freiheit.
> 2 Kor 3,12.17

Liebe Gemeinde

In dem Bettagsmandat des Jahres 1871, das auf allen Zürcher Kanzeln verlesen wurde, stehen die eindrücklichen Sätze:

> «Als unsere Vorfahren den eidgenössischen Bettag einsetzten, taten sie es im Geiste jener grössern Glaubenseinheit, welche über den Konfessionen steht, um die ewige Weltordnung für das Vaterland anzurufen und aus ihr die Gesetze abzuleiten, die sie sich gaben, aus ihr das Vertrauen in den Fortbestand ihrer Unabhängigkeit zu schöpfen. Diese Quelle der Kraft und Wohlfahrt ist uns nicht verschlossen. Demütigen wir uns vor Gott, so werden wir vor den Menschen bestehen!»[1].

Zu Papier gebracht hatte es der damalige Erste Staatsschreiber, ein gescheiterter Maler, der sich danach in Berlin zum Theaterautor hatte ausbilden lassen – auch dies erfolglos –, der aber als Radikaler, als politischer Publizist und dann als Romanautor des Buches «Der grüne Heinrich» und schliesslich mit seinen «Zürcher Novellen» zu einem der grössten Schweizer Schriftsteller wurde: *Gottfried Keller* heisst dieser Erste Staatsschreiber, und was er sagt, trifft zu: Der Eidgenössische Dank-, Buss- und Bettag wurde von den politischen Behörden eingesetzt als ein versöhnlicher, über den Konfessionen und ihrem Streite stehender Gedenktag, eine Feier, bei der man innehalten, Besinnung suchen und realisieren soll, dass man mehr Grund zur Dankbarkeit als zum Streit hat. Beten und Busse tun heisst genau das: Umdenken, innehalten, den Alltagsstreit überwinden und das Verbindende neu sehen lernen – solche Religion (nicht *meine* gegen *deine*, nicht *unsre*

---

1   Keller, Bettagsmandate 27 f.

gegen *eure Religion*) gibt Distanz, macht demütig in einem guten Sinne, befreit uns von unserem Egoismus und unseren Feindbildern, schafft gemeinsame Zukunft: *Diese Quelle der Kraft und Wohlfahrt ist uns nicht verschlossen.* Ja, es ist eine überkonfessionelle Predigt, die Gottfried Keller da an seinem Staatsschreiberpültchen verfasst hat, auch wenn sie von anderen verlesen wurde.

Paulus spricht von einer ähnlichen Erfahrung, aber präziser, leidenschaftlicher und wärmer: Er spricht nicht (etwas gar verblasen bei Keller) von einer «ewigen Weltordnung», sondern von Gotteserfahrung, von einer Erfahrung des Geistes, des freimachenden Geistes Jesu Christi, von der damit verbundenen Hoffnung, die uns verändert, unsere Herzen aus ihrer Verhärtung und Erstarrung löst. Er spricht von dem, was passiert, wenn Gottes Geist nicht als starre, in Steintafeln eingehauene Gebote wahrgenommen werden, die mich einschüchtern, die ich anderen um die Ohren haue, sondern als gute Worte, die gleichsam in unsere Herzen direkt eingeschrieben sind und die etwas dynamisieren. Genauso beginnt nämlich das 3. Kapitel des 2. Korintherbriefes, wo Paulus die Dynamik des Geistes beschreibt. Dann sind es keine Buchstaben, die töten, sondern geistige Impulse, Kraftelemente, die frei machen. Deshalb fasst Paulus zusammen: Von solcher Hoffnung erfüllt, treten wir mit grossem Freimut auf.

Freimütig werden heisst sich frei fühlen, weil man Hoffnung hat, heisst frei werden, auch von eigener Engstirnigkeit und Herzenshärte erlöst werden, weil man von etwas weiss, was uns übersteigt, uns befreit, uns menschlich macht. Heisst mutig werden, nicht ängstlich sein, den Mut haben, sich aus falschen Ideen zu lösen, Dinge zu sagen, die nicht alle hören wollen, die aber der Wahrheit die Ehre geben.

Das ist ein Geist, der befreit. Nicht irgendeiner, sondern der Geist Jesu Christi. Es war die Erfahrung dieses Geistes, die Paulus selbst aus seinem eigenen Fanatismus, aus seiner gewaltbereiten Religiosität herausgeholt und befreit hatte – eine Erfahrung, die ihn über seine Ängste und Emotionen, über seine Feindschaften hinaushob – und dann zu einem der grössten Apostel des Geistes machte: *Und wo der Geist des Herrn ist, da ist Freiheit!*

Überkonfessionell also ist unser Feiertag angelegt, dieser Eidgenössische Dank-, Buss- und Bettag. Aber was heisst das heute, wo die Ökumene zwar etwas wackelt, aber der Friede zwischen Protestanten und Katholiken doch einfach eine weithin gelebte Realität ist? Wo die christliche Verbundenheit nur von ein paar wenigen Holz- oder Betonköpfen infrage gestellt wird? Vermutlich heisst es, dass wir diesen Feiertag überreligiös feiern sollten – also für einen Moment uns besinnen sollten, was uns über alle Differenzen hinweg mit unseren jüdischen, mit unseren muslimischen, mit unseren buddhistischen und hinduistischen Mitmenschen verbindet, mit allen Menschen, denen Religion etwas Ernsthaftes und Tiefes bedeutet. Gottfried Keller, der zuvor ein ziemlich scharfer Jesuitenfresser und Freischärler gewesen war, schreibt doch sehr eindringlich: Vor Gott demütig zu werden, das sei eine Quelle der Kraft und des Wohlergehens; wenn einem das gelinge, dann bestehe man vor den Menschen.

Kellers erstes Bettagsmandat von 1862 war rundweg abgelehnt worden und durfte nicht verlesen werden, denn man traute diesem eben eingestellten Ersten Staatsschreiber noch nicht so richtig, war er doch von Ludwig Feuerbach, dem religionskritischen Philosophen in Heidelberg, hergekommen. Er hat aus seinen radikalen Gedanken nie einen Hehl gemacht. Wenn man den «Grünen Heinrich» genau liest, so merkt man, dass dieser Entwicklungsroman eine Befreiungsgeschichte aus einer engen Religiosität heraus ist. Keller hatte in diesem Bettagstext von 1862 geschrieben:

> «Der von Euch erwählte Grosse Rat, liebe Mitbürger, hat mit einigen wenigen Paragraphen das seit Jahrtausenden geächtete Volk der Juden für unsern Kanton seiner alten Schranken entbunden und wir haben keine Stimmen vernommen, die sich aus Eurer Mitte dagegen erhoben hätten. Ihr habt Euch dadurch selbst geehrt und Ihr dürft mit diesem Gesetze, das ebensosehr von der Menschenliebe wie aus Gründen der äussern Politik endlich geboten war, am kommenden Bettage getrost vor den Gott der Liebe und der Versöhnung treten»[2].

Vielleicht ging das den Behörden, vielleicht auch einigen Theologen zu weit, dass dieser Religionskritiker hier die rechtliche Emanzipation der Juden so feiert. Man hat dieses Mandat jedenfalls in den amtlichen Papierkorb geworfen. Aber hat er nicht Recht? Ist das nicht genau die Kraft eines Gemeinwesens, einer «Res publica», dass sie Menschen, was immer ihre Herkunft sein mag, und wie auch immer sie religiös geprägt sein mögen, dieselben Rechte gibt, ihnen die Bürgerschaft nicht abspricht?

Heisst das nicht auch, dass wir an diesem Tag auch das Verbindende mit jenen Menschen suchen und bedenken, die Religion für sich ablehnen? Ich glaube, dass genau das der Sinn des Bettags heute sein könnte: eine im Rechtlichen, im Ethischen liegende Verbindung mit all jenen zu suchen, die dieses Gemeinwesen mittragen.

Verraten wir damit nicht unseren Glauben? Verwischen und verwässern wir damit nicht die Unterschiede zwischen den Religionen, die Differenz zwi-

---

2   Keller, Bettagsmandate 9 f.

schen Gottesglauben und Atheismus oder Agnostik? Ich glaube gerade nicht: Wenn wir wirklich den Grund für die Dankbarkeit sehen, wenn wir wirklich Besinnung suchen und Busse tun, wenn wir wirklich beten, so verwischen wir nichts: Wir tun das, weil wir an einen Gott der Liebe glauben, der Mensch geworden ist, Menschlichkeit gelebt hat in Jesus Christus. Das ist unsere freimachende Erfahrung des Geistes, eines Geistes, der uns dazu befreit, die Kraft und das Spezifische, die Schönheit und das Versöhnliche des christlichen Glaubens zu sehen. Aber eben auch zur Wahrnehmung befreit, dass es andere Religionen und andersgläubige Menschen gibt, die genauso menschlich leben, auch wenn sie diesen Geist Christi nicht zu erfahren scheinen, dass es Menschen gibt, die ihn ablehnen mögen, aus welchen Gründen auch immer – und doch Mitbürger sind. Oftmals eindrücklichere, engagiertere Mitbürger als wir es selber sind. Dieser Geist macht uns frei, auch unsere eigene Relativität einzugestehen vor Gott. Er befreit uns von der schlechten Angewohnheit, Buchstaben und Texte als tötende Buchstaben und Texte zu gebrauchen. Macht uns das relativistisch? Keineswegs. – Paulus schreibt den Christen in Korinth, sie seien Briefe Christi, ihr Leben, ihre Existenz zeugten davon, was dieser Geist bewirk. Er bestärkt sie darin, ihren Glauben zu leben, davon zu sprechen, ihn zu bezeugen. Aber eben als Menschen, welche die Demut haben, Gottes Geist als einen grossen, befreienden Geist anzuerkennen, als einen Geist, der uns über unsere Enge, über unsere Emotionen und Feindschaften hinaus hebt!

Es waren diese paulinischen Gemeinden, welche – von der Freiheit, vom Geist Christi, von der Liebe und Demut beseelt – sich von Antiochia über Ephesus nach Philippi, nach Korinth und schliesslich Rom ausgebreitet haben. Ein Ausweis der Dynamik dieses christlichen Geistes der Freiheit! Seien wir nicht ängstlich, sondern frei in diesen Bewegungen des Dankens, der Busse, des Gebets: *Der Herr aber, das ist der Geist; und wo der Geist des Herrn ist, da ist Freiheit.* Amen.

Literatur

Keller, Gottfried: Bettagsmandate. Zollikon 2004.

Stephan Sigg

Kinder und Jugendliche mit dem «Bettags-Virus» infizieren

Wer die Kirche betritt, sieht sie auf den ersten Blick: die Silhouette der Schweiz, die in mehrfacher Ausführung kreuz und quer in der ganzen Kirche auf dem Boden aufgeklebt ist. Wer näher an eine der Silhouetten herantritt, entdeckt darauf eine schriftliche Botschaft, ein von Hand notiertes Gebet von einem Jugendlichen:

> «Erinnere die Leute in unserem Land: Herumhetzen kann nicht alles sein!», «Dass wir die Millionen, die unsere Banken horten, mehr miteinander teilen.» und «Danke, dass auf die S-Bahn (fast immer) Verlass ist».

Eine Impulsaktion, die erwachsene Kirchenbesucher zum Nachdenken bringt, aber auch überrascht. Jugendliche, die sich mit dem Bettag auseinandergesetzt und für diesen Tag etwas vorbereitet haben? Aussergewöhnlich! Auch wenn der Bettag optimal im Schuljahr platziert ist – ausserhalb der Schulferien, keine Nähe zu von anderen bedeutenden Kirchenfesten geprägten Zeiten – wird er im Religionsunterricht, in der Firm- und Konfirmationsvorbereitung, der Ministrantenarbeit, der kirchlichen Jugendarbeit und auch in den kirchlichen Jugendbewegungen selten bis gar nicht thematisiert. Kaum eine Kirchgemeinde oder Pfarrei, die anlässlich des Bettags einen konfessionellen oder ökumenischen Jugendanlass oder Gottesdienst für Jugendliche anbietet. Auch die oben skizzierte Aktion ist eine Fiktion. Eine verpasste Gelegenheit! Denn wie kaum ein anderes kirchliches Fest lassen sich bei diesem Tag im September viele Bezüge zum Alltag von Kindern und Jugendlichen herstellen. Wie viele junge Menschen nehmen den Tag heute noch wahr? Und wie viele davon wissen, wofür er steht? Wenn der Bettag auch morgen noch eine Bedeutung haben soll, muss die junge Generation mit dem «Bettags-Virus» infiziert werden.

Der Bettag kann, bevor man sich näher mit seiner Bedeutung und Idee in Hinblick auf die Zielgruppe Kinder und Jugendliche beschäftigt, als jährliche Erinnerung an alle, die in der Kirche mit jungen Menschen zu tun haben, verstanden werden: Mach wieder mal das Gebet zum Thema! Er bietet Jahr für Jahr *die* Chance, mit Jugendlichen die Bedeutung des Gebets im Christentum, in der Gegenwart und in ihrem Alltag zu reflektieren und sie zum Beten zu motivieren: Wie geht Beten? Warum betest du? Wofür betest du? Mit dem

Bettag bekommt das Thema eine Aktualität und einen konkreten Platz im Kirchen- bzw. Kalenderjahr. Müsste es in einer Zeit, in welcher der Alltag kaum mehr von Spiritualität geprägt und sich fast niemand mehr zum Beten bekennt, in der Woche vor dem Bettag nicht eine Selbstverständlichkeit sein, Jugendlichen die Relevanz eines gemeinsamen Tages der Besinnung und des Gebets für sie persönlich und die Gesellschaft aufzuzeigen?

> Bettag? Hört sich ziemlich fromm an. Das erinnert an: Händefalten und auf der Kirchenbank herumsitzen. Doch lass dich nicht von dieser verstaubten Formulierung abschrecken. Vielleicht müssten die Politiker diesen Tag in den «Der-Miteinander-statt-Gegeneinander-Tag» oder den «Der grosse Merci-Event» umbenennen. Vielleicht hast du noch originellere Ideen? An diesem Fest wird kein Geburtstag gefeiert oder an ein Ereignis in der Vergangenheit erinnert, es ist ein Fest für unsere Gegenwart und unsere Zukunft: Mehr Toleranz! Weniger Egoisten! Mehr Teamplayer – es ist mehr Zusammenhalt gefragt, egal ob jemand in der Schweiz geboren ist oder erst seit ein paar Jahren hier lebt. Etwas verbindet uns alle hier: Es gibt einiges, wofür alle 8 Millionen Menschen in diesem Land dankbar sein können. Und es gibt einige Verbrechen, die alle 8 Millionen schon mal begangen haben oder immer mehr begehen: Zu oft nur an sich selber gedacht. Deine beste Freundin, dein Nachbar, deine Kollegen in der Fussballmannschaft, alle glauben an etwas anderes. Wofür seid ihr gemeinsam dankbar? Wofür möchtet ihr Gott «Gefällt mir» sagen?

Was ist los in unserm Land?

Die Bedeutung des Gebets, der Ablauf und Sinn des Kirchenjahrs – nur zwei von vielen Themen, mit denen sich die Auseinandersetzung mit dem Bettag bei Jugendlichen verknüpfen lässt. Warum wird der Bettag in der kirchlichen Kinder- und Jugendarbeit aber dennoch so stiefmütterlich behandelt? Liegt es daran, dass Katecheten, Religionspädagogen und Jugendarbeiter selbst einen zu kleinen oder keinen Bezug zum Bettag haben? Liegt es daran, dass man auf sich allein gestellt ist, wenn man Kindern und Jugendlichen den Bettag näherbringen möchte? Keine Bettagsrituale, keine jugendgerechten Traditionen, keine Lieder, keine Methoden und Projektideen, auf die zurückgegriffen werden kann. Es gibt kaum religionspädagogische Materialien mit Unterrichtsentwürfen für den Bettag. Auch in der religionspädagogischen Aus- und Weiterbildung taucht das Thema Bettag nicht auf. Dabei wäre schon ohne grossen Aufwand einiges möglich. Die Jugendlichen könnten aktiviert werden, sich Gedanken darüber zu machen, wofür sie ihrer (allenfalls zweiten) Heimat Schweiz dankbar sind und wofür sie Gott um Vergebung bitten möchten. Diese Reflexion könnte in einem gemeinsamen schriftlichen Brainstorming auf ein Plakat oder Packpapier stattfinden: Was fällt dir ein, wenn du an die Schweiz denkst? Was ist los in diesem Land? Was gefällt dir? Was fehlt dir? Was sollte anders sein? Nach dem Brainstorming wählt jeder für sich zwei bis drei Begriffe aus, kreist sie ein und verfasst einen oder mehrere schriftliche Gebets- oder Impulstexte zu den gewählten Begriffen. Diese Gebete werden am Bettagswochenende über den ganzen Tag und die ganze Nacht verteilt auf einer Facebook-Seite oder in einer WhatsApp-Gruppe gepostet. Eine Variante: Die Jugendlichen können ihre Gebete auch auf eine Schiefertafel schreiben. Alle werden mit ihrem Statement fotografiert – einzeln, zu zweit oder als Gruppe. Die «Dafür bin ich dankbar!»-Fotos werden auf Stellwänden in der Kirche aufgestellt. Selbstverständlich ist vor solchen Projekten eine Einführung in die Bedeutung des Gebets notwendig.

Zu Fuss durch das Quartier

Eine Kirchgemeinde, eine Pfarrei kann Kinder und Jugendliche nach einem spirituellen Einstieg auch auf einen «Bettags-Spaziergang» schicken: Der Weg führt durch das ganze Dorf oder Quartier. An verschiedenen Stationen werden die Teilnehmenden zum Innehalten oder Mitmachen aktiviert. Gedanken, Ideen werden aufgeschrieben, Impulsfragen miteinander diskutiert, ein Quiz zur religiösen Landschaft Schweiz wird gelöst. So werden sich Jugendliche vielleicht zum ersten Mal bewusst, dass das «Lebensmittel-Paradies» nicht selbstverständlich ist (Station vor der Migros-Filiale: «Wie viele Lebensmittel hast du in diesem Monat weggeworfen?»), dass der Reichtum in der Schweiz ungerecht verteilt ist (neben der Bank-Filiale: «Appell an die Banker») oder dass wir heute jederzeit in alle Himmelsrichtungen aufbrechen können» (beim Bahnhof: «Danke, dass auch fernere Ziele ziemlich schnell erreichbar sind»). Die Teilnehmenden erleben eine enge Verknüpfung von Alltag und Gebet. Idealerweise werden solche Aktionen ökumenisch, wenn nicht sogar interreligiös (siehe unten) organisiert und durchgeführt.

Stephan Sigg

Den Jungbrunnen zum Plätschern bringen

Jahr für Jahr lancieren Politiker und Kirchenvertreter Botschaften und Manifeste zum Bettag, die meisten davon verhallen ohne Wirkung. Jugendliche sind am Bettag bisher noch kaum zu Wort gekommen. Was spricht dagegen, einen Teenager ein Bettagsmanifest oder eine Bettagsbotschaft verfassen zu lassen und seinen Gedanken eine Plattform zu bieten? Überall gibt es Jugendliche, die Lust und das Talent haben, einen Rap oder Poetry Slam zu performen, und die etwas Wichtiges mitteilen zu haben – ein ungenutztes Potenzial! Vielleicht erklingt gerade hier eine junge, frische Stimme, die dem Bettag neue Brisanz verleiht und die endlich mal ausspricht, was bisher keiner zu sagen wagte? Das kann im Rahmen des Bettaggottesdienstes geschehen oder, wenn der Gottesdienst noch mehr auf eine junge Zielgruppe zugeschnitten werden soll, in einem Jugendgottesdienst am Vorabend des Bettags. Um auch Jugendlichen, die nicht gerne vor anderen sprechen, einen Kommunikationskanal zu eröffnen, können auch in einem Workshop Plakate gestaltet werden. Die Ergebnisse werden in einer Ausstellung im Pfarreiheim, vor der Kirche oder im öffentlichen Raum präsentiert. Hier werden Erwachsene inspiriert, gleichzeitig machen Jugendliche die positive Erfahrung, in der Kirche ernst genommen und gehört zu werden.

> Macht endlich mal richtig Lärm: Worauf möchtet ihr die Schweiz am Bettag aufmerksam machen? Für was möchtet ihr den Menschen in diesem Land die Augen öffnen, wofür sollen sie die Ohren spitzen? Was darf keinen Tag länger übersehen oder verschwiegen werden? Verfasst einen Rap, schreibt einen Poetry Slam, erobert die Bühne, die Kirchen und werft den Leuten um die Ohren, worüber sie nachdenken sollen, was sie endlich mal kapieren sollen. Lasst eure Message aus allen Boxen schallen. Das ist eure Chance!

Beten Muslime anders?

In den multireligiösen Schulklassen sind Kinder und Jugendliche heute mit verschiedenen Religionen und Glaubensauffassungen konfrontiert. Dabei erleben sie auch: Christen, Muslime, Juden, Buddhisten und Hindu – alle haben ihre eigenen Feste und Rituale. Der Bettag hingegen «gehört» keiner Religion, er ist das einzige religiöse Ereignis im Jahr, das jedenfalls heute alle Religionen betrifft. Der Bettag im Sinne einer Einladung zu mehr Respekt vor politisch und konfessionell Andersdenkenden hat unmittelbar mit der

Lebensrealität von Schülerinnen und Schülern zu tun. An einem Tag im Jahr wird explizit sichtbar: Glauben ist kein Gegeneinander, sondern ein Miteinander. Gleichzeitig wird ein Bewusstsein dafür geschaffen, dass sich Religion nicht als Privatsache reduzieren lässt. Im Kanton St. Gallen rückt die Interreligiöse Dialogs-und Aktions-Woche (IDA-Woche), die alle zwei Jahre vor dem Bettag stattfindet, diese Idee in den Vordergrund. Jedesmal werden auch zahlreiche Aktionen und Veranstaltungen für Jugendliche lanciert: Wie bete ich und wie beten die anderen? Ein Beispiel davon ist ein Radioprojekt, bei dem sich Schülerinnen und Schüler als Reporterinnen und Reporter mit den Religionen auseinandersetzen und mit den Ergebnissen Radiosendungen[1] produzieren.

> In welcher Sprache beten eigentlich Muslime – arabisch, auf Hochdeutsch oder im Dialekt? Welche Begriffe verwenden sie dabei? Und welche Themen kommen in ihren Gebeten vor? Bestimmt hast auch du einige Fragen, die du schon lange mal loswerden willst. Vergeblich hast du auf eine passende Gelegenheit gewartet. Stell dir mal vor, es spricht dich plötzlich einer an: «Betest du? Und wie?» Bestimmt würdest du zuerst mal grosse Augen machen. Das ist doch keine Frage, mit der man andere auf dem Pausenplatz konfrontiert! Sex, Geld und das letzte peinliche Erlebnis – heute hat fast niemand mehr Mühe damit, über solche Themen zu sprechen. Aber Gespräche über Religion und den Glauben? Da blocken manche sofort ab, werden verlegen oder schütteln schnell den Kopf. Glauben ist etwas total Privates. Es wäre ziemlich eigenartig, jemanden völlig unvermittelt über seine Einstellung zum Gebet auszuquetschen. Doch der Bettag ist kein Tag wie jeder andere – es ist der grosse Tag der Fragen zu Glauben & Co. Lass alle Hemmungen fallen. Heute dürfen alle Fragen gestellt werden, die dir schon lange unter den Nägeln brennen. Es gibt nur eine Regel: Fair bleiben! Wer Fragen stellt, muss auch selber bereit sein, Fragen von anderen ganz offen und ehrlich zu beantworten.

Der Bettag kann der Anlass sein, sich nicht nur mit der Bedeutung des Gebets in der eigenen Religion, sondern auch in anderen Religionen zu beschäftigen und Gemeinsamkeiten und Unterschiede zu beleuchten. Es macht Sinn, Bettagsfeiern und -angebote für Kinder und Jugendliche immer ökumenisch oder interreligiös zu organisieren und durchzuführen. Eine

---

[1] Nützliche Hinweise unter https://www.pestalozzi.ch/de/was-wir-tun/powerup-radio.

Schulklasse erstellt eine Ausstellung zu den Weltreligionen, Schülerinnen und Schüler setzen sich kreativ mit den Religionen auseinander (zeichnen, basteln, Graffiti sprayen, schreiben, musizieren ...), bei der Vernissage führen sie die Gäste durch die Ausstellung und stellen die Inhalte auf den Stellwänden vor. Es können auch muslimische, jüdische und buddhistische Jugendliche eingeladen werden. Sie erzählen im Plenum oder in Kleingruppen von ihrer persönlichen bzw. der Gebetspraxis in ihrer Religion. Auch bei dieser Aktion können Statements (siehe oben) gesammelt bzw. Jugendliche mit ihrem Statement fotografiert werden. Den Abschluss bildet ein gemeinsames interreligiöses Gebet[2].

Eine einmalige Aktion, mag sie auch noch so originell sein und viele Jugendliche aktivieren, wird nicht nachhaltig sein. Es gilt, Aktionen zum Bettag für Kinder und Jugendliche Tradition werden zu lassen und keinen Bettag ohne ein Angebot für Jugendliche und den Einbezug von Jugendlichen verstreichen zu lassen. Auch eine rein theoretische Auseinandersetzung wird keine Wirkung haben. Nur mit einem Rucksack voller persönlich erlebter Erfahrungen und Erinnerungen werden junge Menschen auch morgen etwas mit diesem Gedenktag verbinden und dessen Relevanz verstehen. Nur so wird der Bettag auch morgen lebendig sein.

---

2   Eine Liste mit Projekt-Ideen ist auf der IDA-Homepage zu finden: http://www.ida-sg.ch.

Monika Stocker

Ein Brief zum Bettag

Liebe Kinder
Liebe Männer und Frauen, die Ihr in der Schweiz lebt

Ich würde mich herzlich freuen, ich könnte Ihnen diesen Brief je einzeln übergeben. Dann wäre ein persönlicher Kontakt, eine Beziehung da, wie wir sie halt im Alltag nur selten zustande bringen. Und weil wir alle in der Schweiz leben, haben wir eine Beziehung, ob wir das wollen oder nicht. Ich freue mich, dass wir diese gemeinsame Klammer haben, denn die Schweiz, so finde ich, ist ein gutes Land, geografisch wunderschön, reich an Geld und Möglichkeiten und hat Strukturen, die funktionieren. Das ist für die Mehrheit der Menschen in andern Länder weniger selbstverständlich als für uns. Und gerade deswegen dünkt es mich gut, einmal im Jahr darüber nachzudenken und uns zu unterhalten über das, was scheinbar so selbstverständlich ist.

Ein besonderer Tag wurde als *Dank-, Buss- und Bettag* in die Geschichte unseres Landes eingeführt. Heute können wir mit diesen Begriffen nicht mehr viel anfangen. Warum eigentlich nicht?

Danken – das ist der wohl Einfachste und eigentlich schon noch in. Schwieriger wird es mit dem Büssen und dem Beten.

Büssen – das ist doch die Geschichte mit dem Strafzettel unter dem Scheibenwischer, wenn ich zu lang in der blauen Zone geparkt habe oder wenn ich mal 3 km über 50 gefahren bin innerorts: ärgerlich und lästig. Es könnte natürlich mehr sein. Es könnte sein, dass wir merken, dass wir uns nicht immer so verhalten, wie es zum Wohl aller gehört. Die Parkbusse ist ja auch so gemeint, dass andere eine Chance haben, mal einen Parkplatz zu finden, und die Geschwindigkeitsbegrenzung innerorts soll auch der Sicherheit aller dienen, dem *Gemeinwohl* – das ist heute ein sehr fremder Begriff. «Gut ist, was mir nützt», meinen die meisten und fallen früher oder später damit auf die Nase. Denn ich bin als Mensch auf andere angewiesen, immer wieder, als Kind, als lernender Mensch, als kranker Mensch, als alter Mensch, als liebebedürftiger Mensch ... Das passt nicht in unsere Welt, meinen wir. Wir wollen autonom sein, kaufen uns, was wir brauchen, und merken oft sehr spät, dass es das Wichtigste nicht zu kaufen gibt.

Büssen könnte eigentlich heute heissen: merken, dass wir aufeinander angewiesen sind und uns dementsprechend verhalten. Das hat dann etwas mit *Haltung* zu tun, mit Rückgrat, findet definitiv nicht am Stammtisch und nicht in der Schlagzeile statt. Es hat etwas mit *Respekt* zu tun, dass Du und Sie und ich anders sind, aber immerhin auch Menschen und uns nahe sind, weil wir in diesem Land wohnen, auf diesem Planeten, den wir unseren Kindern und Enkeln doch noch einigermassen erträglich hinterlassen wollen. Geld vererben in Fülle ist ein Witz, wenn keine gesunde Luft und keine intakte Natur mehr da sind. Auch das ist vielleicht heute Busse: nicht alles konsumieren, was möglich ist, und merken, dass ich dabei gewinne.

Beten? Ich weiss, das tönt doch sehr exotisch. Zu wem? Wohin mit dem Gebet? Ich persönlich habe keine Mühe damit. Ich beginne den Tag mit einem Dank und beende ihn damit und füge immer an, es möge allen Menschen gut gehen. Ich weiss nicht mit Sicherheit, wohin diese Bitten gehen. Ich bin aber überzeugt, dass Millionen von Menschen so den Tag beginnen und so beenden, überall auf der Welt, im Hindukloster, im Ashram in Sri Lanka, der Einsiedler in der bergigen Wüste Nordafrikas, die Klosterfrauen in der stillen Andacht, die Yogalehrerin an der High School von Los Angeles – auch bei uns in der Schweiz. Und das stärkt mich. Soviel positive Energie ist nicht umsonst. Das ist vielleicht sogar eher Physik als Spiritualität, was sie definitiv aber auch ist. Es gibt den Geist des Lebens, der uns begleitet. Das ist nicht lächerlich, das ist Erfahrung von Jahrhunderten. Wir brauchen ihn – vielleicht auch sie – heute noch.

Liebe Kinder:
Gell, es nervt, wenn beim Spiel die Regeln nicht beachtet werden, das ist einfach unfair. Und genau darum geht es: weil wir zusammen leben in unserem Dorf, in unserem Land, auf dieser Erde. Es braucht Spielregeln, Fairness halt; sonst nerven wir uns gegenseitig und machen die Lust am Spiel, am Leben kaputt. Das ist wohl das Wichtigste, was ihr zu lernen habt, um glückliche Menschen zu werden. Das wünsche ich euch natürlich nicht nur heute.

Liebe Frauen und Männer, die wir in der Schweiz zusammen leben:
Wir leben in einem Land, dessen Verfassung per Volksentscheid gutgeheissen wurde. Sie beginnt mit den Worten:

> «Im Namen Gottes des Allmächtigen!
> Das Schweizervolk und die Kantone,
> in der Verantwortung gegenüber der Schöpfung, im Bestreben, den Bund zu erneuern, um Freiheit und Demokratie, Unabhängigkeit und Frieden in Solidarität und Offenheit gegenüber der Welt zu stärken,
> im Willen, in gegenseitiger Rücksichtnahme und Achtung ihre Vielfalt in der Einheit zu leben, im Bewusstsein der gemeinsamen Errungenschaften und der Verantwortung gegenüber den künftigen Generationen,

gewiss, dass frei nur ist, wer seine Freiheit gebrauchet, und dass die Stärke des Volkes sich misst am Wohl der Schwachen».

Ich bin stolz auf diesen Text; er ist so widerständig gegen den Mainstream, wo scheinbar die «Verfassung» gilt:

Wir sind eine AG,
wo wir uns quartalsweise vorlegen lassen wollen, um wieviel unser Reichtum gewachsen ist.
Wir wollen wachsen, und wenn darob alles kaputt geht.
Wir wollen uns bereichern, und wer da nicht mitkommt, ist selbst schuld.
Wir zerstören die staatliche Infrastruktur, die das Gemeinwohl verpflichtend notwendig macht, um Steuern zu minimieren, bis gar nichts mehr geht.
Wir wollen uns abschotten gegen das Elend der Welt.
Wir holen uns in den andern Ländern deren Bodenschätze und kümmern uns sonst um gar nichts.
Wir liefern Waffen – wer immer sie uns abkauft.

Und viel Unsinn mehr. Nein, das ist nicht unsere Schweiz. Unsere Schweiz hat andere Prämissen. Ein Grund mehr zu *danken*. Ich bin stolz auf dieses Land, das sich so definiert, und will dazu beitragen, dass das nicht vergessen geht. Sie doch auch oder?

Ich wünsche mir, dass der besondere Tag bleibt. Ich würde mich sogar freuen, wenn er wieder mal autofrei wäre, ich fände es sogar spannend zu schauen, was passiert, wenn an diesem Tag einfach nichts los ist, die Kinos geschlossen, keine Dancings und Bars und ... Was würden wir tun? Vielleicht zusammen reden, vielleicht zusammen auf der A1 ein Picknick veranstalten, wo die Türkin ihr feines klebrig-süsses Gebäck mitbringt, der Metzger aus Appenzell die Siedwürste und der Walliser den Raclettekäse und die Eriträerin das scharfe Currygericht mit roten Bohnen. Schon von Bern bis Zürich gäbe das eine bunte Tafel, niemand käme zu kurz und alle hätten Platz. Das ist vielleicht eine Vision – ein Hirngespinst muss es nicht sein. Ich freue mich, Sie dann zu treffen. Ich bringe Luxemburgerli mit vom Sprüngli.

Jacqueline Fehr

Angst und Hass entgegentreten
Rede am Bettag 2016 im Zürcher Grossmünster

Liebe Gläubige
Liebe Zweifelnde
Liebe Anwesende

Es war 2009. Erinnern Sie sich an die Provokation zum Thema Gott auf unseren Plakatwänden? Dort stand zu lesen: «Da ist wahrscheinlich kein Gott. Also sorg dich nicht. Geniess das Leben». Die Plakataktion der Freidenker machte vor rund sieben Jahren die Runde, zuerst auf Bussen in London, dann auch bei uns, und sie entfachte eine aufgeregte Diskussion über das Verhältnis des Einzelnen zu Gott, zur Religion.

Das war aussergewöhnlich, denn lange Zeit hatte es so ausgesehen, als vermöchte das Thema Religion keine emotionale Debatte mehr zu entfachen. Zu aufgeklärt, zu satt und zu reizüberflutet schien unsere Gesellschaft zu sein.

Und heute? Heute ist alles anders. Das Thema Religion, ihre unterschiedlichen Gemeinschaften und deren Verhältnis untereinander, beherrscht die öffentliche Diskussion. Politiker von links bis rechts fühlen sich herausgefordert, Stellung zu nehmen. Schweizer Sicherheitskräfte befassen sich mit fernen Glaubenskriegen. Und selbst für die Medien ist Religion plötzlich wieder ein Thema.

Warum nur? Suchen die Menschen Halt? Suchen sie Identität? Suchen sie Antworten?

Auch. Aber die Diskussion über Religion dreht sich im Wesentlichen um einen ganz konkreten Punkt: um die Angst.

Der Angst entgegentreten

Es geht um die Angst vor der Andersartigkeit. Die Angst vor dem Fremden und den unbekannten Gefahren, die viele dahinter vermuten. Diese Angst ist diffus und macht sich sogar an harmlosen Symbolen wie Kopftüchern und Bärten fest. Es ist die Angst vor Gewalt. Die Angst vor einem Amoklauf oder einem Attentat. Die Angst vor der Selbstverachtung, die solche Gewalt erst möglich macht.

Und diese Angst hat einen noch unangenehmeren Zwillingsbruder, den Hass. Er schleicht im Schatten der Angst in die Herzen vieler. Wer sich regelmässig in den sozialen Medien bewegt, wird ungewollt Zeugin. Wir nehmen oft sprachlos zur Kenntnis, wie rasch sich der Hass dort ausbreitet. Wer in der realen Öffentlichkeit für Menschenwürde, Respekt und Toleranz einsteht, der erntet in der virtuellen Welt oft Hass. Der Hass kommt daher im Kleid der Häme, der Verachtung, der Einschüchterung oder des Sexismus.

Angst und Hass machen die Herzen kalt. Angst und Hass fressen die Freude am Leben auf. Angst und Hass öffnen die Tür für Erbarmungslosigkeit, für Härte, für Kompromisslosigkeit, für Prinzipienreiterei, für Rechthaberei. Diese Kaltherzigkeit macht uns unfrei. Sie nimmt den Menschen den Atem. Ein guter Mensch zu sein, wird zum Schimpfwort. Sollen wir denn böse Menschen sein?

Angst macht aber auch unkritisch und gefügig. Aus Angst sind Menschen bereit, auf Rechte und Freiheiten zu verzichten. Aus Angst sind Menschen bereit, Sicherheitsbudgets aufzustocken und im Gegenzug den Abbau bei der Bildung und der sozialen Sicherheit in Kauf zu nehmen. Aus Angst sind Menschen bereit, den Hass zu verstehen, statt ihm entgegenzutreten.

Angst schafft den Raum für raue Machtpolitik. Angst stärkt jene, die Stärke ausstrahlen, und drängt jene an den Rand, die als Sündenböcke hinhalten müssen. Angst erstickt Kritik im Keim und verunglimpft offene Debatten. Nichts verschafft Einzelnen so viel Macht wie eine Gesellschaft der Angst. Deshalb gibt es politische Kräfte, die wollen, dass wir Angst haben.

Dieser Angst müssen wir entgegentreten. Sonst droht sie die Errungenschaften unserer Gesellschaft zu zerstören: Die Freiheit, den Rechtsstaat, den Schutz der Menschenwürde, die Gleichstellung, die Solidarität, den Schutz der Schwachen, das Recht auf Kritik.

Generationen vor uns haben für diese Werte gekämpft. Viele sind dafür gestorben. Und was müssen wir heute erkennen? Diese Werte sind nicht in Stein gemeisselt, sondern müssen immer und immer wieder verteidigt werden. Die Verhältnisse, in denen wir leben, sind keine Naturgesetze, sondern wesentlich von Menschen gestaltet. Sie sind das Resultat gesellschaftlicher Entwicklungen und politischer Entscheide. Wir können sie beeinflussen, prägen, gestalten. Wir tragen Verantwortung.

Die Zukunft bejahen

Wenn ich hier in diesem historisch bedeutsamen Raum zu Ihnen spreche, tue ich das mit grosser Freude und Dankbarkeit. Es ist ein Privileg, die eigenen Gedanken und Fragen in einer Rede zusammenzufassen und mitteilen zu dürfen. Und ich möchte die Gelegenheit nutzen, mir, Ihnen, uns allen Hoffnung zu machen.

Hoffnung, dass der Kreislauf der Natur, wie wir ihn musikalisch mit den Vier Jahreszeiten in einer seiner schönsten künstlerischen Umsetzung heute geniessen dürfen, dass dieser Kreislauf der Natur uns die Kraft gibt, die Zukunft zu bejahen und uns nicht vor ihr zu fürchten.

Hoffnung, dass wir gerade jetzt am Übergang vom Sommer zum Herbst erkennen, dass die Ernte der prallen Lebensmonate nicht das Ende der Entwicklung, sondern das Platzmachen für Neues ist.

Hoffnung, dass wir bereit sind, die grossen Veränderungen unserer Zeit als Fortschritt zu gestalten, als Fortschritt, von dem alle etwas haben.

Hoffnung, dass wir darauf vertrauen, dass unsere Werte der Freiheit und der Demokratie stärker sind als Verbote und Zwänge.

Unangenehme Fragen stellen

Wir leben in Europa in einer christlich geprägten Kultur. Das hob auch Winston Churchill in seiner berühmten Zürcher Rede hervor. Er sprach von christlicher Ethik und verwies damit auf die Urkraft des Christentums, Christus in allen Menschen zu erkennen, in den Gläubigen und den Nichtgläubigen. In den Folgsamen und den Widerspenstigen. In den Gesunden und den Kranken. In den Reichen und den Armen. Den Hiesigen und den Geflohenen. Unsere christliche Kultur lädt uns ein, das Gegenüber unabhängig von seiner Herkunft als Menschen zu erkennen und seine Würde zu schützen. Unsere christliche Kultur verpflichtet uns, einen tatsächlichen Beitrag zum Frieden auf unserer Welt zu leisten.

Doch tun wir das wirklich? Lassen sie mich die Geschichte einer Flüchtlingsfamilie hier in Zürich erzählen. Eine afghanische Familie wird auf der Flucht an der Grenze zwischen Afghanistan und Iran auseinandergerissen. Der sechsjährige Sohn verschwindet zusammen mit einem Cousin. Die Familien lässt man im Glauben, die Buben seien bei einem Überfall gestorben. Die Familie schafft es nach Europa und kommt in die Schweiz. Hier stellt sie ein Asylgesuch. Im Zuge der Abklärungen stellt sich heraus, dass der nunmehr achtjährige Sohn nicht tot, sondern eineinhalb Jahre zusammen mit seinem Cousin in einem Teheraner Gefängnis war. Nun lebt er zusammen mit seinen schwerkranken Grosseltern – die die Flucht nicht bis Europa geschafft haben – in Teheran. Weil die Familie bei uns noch kein Aufenthaltsrecht hat, kann der Sohn nicht in die Schweiz zu seiner Familie reisen – Familiennachzug ist den Asylsuchenden nach geltendem Asylrecht nicht erlaubt. Die Mutter hat aus Verzweiflung und Sorge um ihren jüngsten

Sohn bereits drei Selbstmordversuche gemacht. Die Familie lebt in grosser Sorge, mitten unter uns.

Ich frage mich manchmal, ob wir das gemeint haben, als wir Ja zu unserem Asylgesetz sagten. Ich frage mich manchmal, ob wir nicht Wege finden, um den Behörden in unseren Gesetzen mehr Spielraum zu schaffen. Ich frage mich manchmal, ob wir die Lösung im Asylwesen gefunden haben, solange derartige Härtefälle nicht als solche behandelt werden können.

Meine Damen und Herren. Die Fragen sind unangenehm, weil wir keine Antwort haben. Sie sind unangenehm, weil sie politisch sind. Sie sind unangenehm, weil sie uns prüfen. Und trotzdem lade ich Sie ein, ihnen Raum zu geben. Denn ich bin überzeugt: Wollen wir unsere christliche Kultur schützen, dürfen wir nie aufhören, solche Fragen zu stellen.

Mit Zuwanderern in einen verbindlichen Dialog treten

In den kommenden drei Jahren werden wir das Jubiläum 500 Jahre Reformation feiern. Die Reformation hat im religiösen Leben der damaligen Zeit das dogmatische und selbstgerechte Ausrufezeichen durch ein Fragezeichen ersetzt. Sie hat die Türen geöffnet für ein kirchliches Leben, zu dem alle vorbehaltslos eingeladen sind, an dessen Weiterentwicklung mitzuwirken.

Doch die Reformation hat auch Glaubenskriege ausgelöst. Es kam zu gesellschaftlichen und familiären Spaltungen, zu Ächtung und Verfolgung. Es brauchte Jahrhunderte, bis der Religionsfrieden gefestigt werden konnte. Fragen rund um das interreligiöse Zusammenleben ziehen sich wie ein roter Faden durch die Geschichte unserer Zivilisation. Und leider müssen wir feststellen, dass im Namen der Religionen in den letzten Jahrhunderten mehr Kriege geführt als Frieden geschlossen wurden. Umso dankbarer bin ich, dass ich in einer Zeit Kirchenministerin in unserem Kanton sein darf, in der der Frieden im Zentrum steht.

Religionsgemeinschaften sind Teil einer grossen Gegenerzählung. Nicht das Ich im Sinne einer Ich-Gesellschaft, sondern die Gemeinschaft steht im Zentrum. Damit stehen Religionsgemeinschaften persönlichen und politischen Interessen oft im Wege. Viele Menschen distanzieren sich vom Gemeinschaftlichen, weil sie glauben, für den aufrechten Gang dürfe man keine Kompromisse mehr machen. Es ist die schleichende Rückkehr zum Dogmatischen, einfach im Kleide der Individualität.

Staat und Religionsgemeinschaften spiegeln heute unsere Ambivalenz zwischen dem Drang zu Individualität und der Sehnsucht nach Gemeinschaft, nach Zugehörigkeit wider. Hier der Staat, repräsentiert durch Politik und Verwaltung mit den einklagbaren individuellen Rechten, mit der Tendenz, Dienstleistungen immer stärker masszuschneidern und so den einzelnen Menschen zum Mass aller Dinge zu erklären. Und da die Räume der Religionen mit dem Zurückstehen des Ichs, mit der Bereitschaft, einen Beitrag zum grösseren Ganzen zu leisten. Ich bin überzeugt: Staat und Religionsgemeinschaften brauchen sich, sie ergänzen sich. Ihre Partnerschaft nimmt uns auf in diesem Hin- und Hergerissensein zwischen Individualität und Kollektiv.

Wie konkret die Partnerschaft sein kann, hat sich im Jahr 1963 mit der öffentlich-rechtlichen Anerkennung der römisch-katholischen Köperschaft gezeigt. Sie hat bei der Integration der Menschen aus den Ländern des südlichen Europas eine entscheidende Rolle gespielt. Die katholische Kirche war für die damaligen Arbeiter und Arbeiterinnen in unserem Kanton ein Ankunftsort, ein Ort der Vertrautheit und der Sicherheit. Ein Ort, der ihnen eben auch half, sich in der neuen Gemeinschaft zurechtzufinden. Und sie war auch ein Ort, an dem sie nicht nur als Arbeiterinnen und Arbeiter wahrgenommen wurden, sondern als Menschen mit Biografien, mit Träumen, mit Hoffnungen.

Der Religionsfrieden ist bei uns heute eine Selbstverständlichkeit. Die drei anerkannten christlichen Kirchen – die reformierte Landeskirche, die katholische Körperschaft und die christkatholische Kirche – sind sichtbares Zeugnis davon. Und mit der Anerkennung zweier jüdischer Gemeinschaften in einem privatrechtlichen Verhältnis – man spricht manchmal auch von der kleinen Anerkennung – hat der Kanton Zürich vor wenigen Jahren ein weiteres Zeichen seiner Offenheit gesetzt.

Ort des Ankommens sind Religionsgemeinschaften auch heute. Ganz besonders betrifft das aktuell die muslimischen Gemeinschaften. Wir beobachten einen analogen Prozess wie im letzten Jahrhundert mit der katholischen Kirche. Die Moscheevereine leisten in vielen Orten wichtige Integrationsarbeit. Sie bieten Sprachkurse an, organisieren Jugendarbeit und stellen sich als Mentorinnen und Mentoren für Neuankömmlinge zur Verfügung.

Wir sind gut beraten, diese Ressourcen zu erkennen und mit diesen Menschen in einen verbindlichen Dialog zu treten. Wir haben in ihnen wichtige Partner, wenn es darum geht, einen Islam nach schweizerischer Façon zu entwickeln. Denn eines ist klar. Genauso wenig wie die christlichen Kirchen im Südsudan gleich sind wie die hiesigen, genauso wenig gehört ein Islam à la Saudi-Arabien zu uns. Religionsgemeinschaften verweben sich mit den lokalen gesellschaftlichen, kulturellen und politischen Gegebenheiten. Das ist im Falle des Islam nicht anders, wie die ganz grosse Zahl der Musliminnen und Muslime täglich zeigt, die bei uns bestens integriert sind.

Jacqueline Fehr

Kompromisslos für Errungenschaften eintreten

Was löst das bei Ihnen aus, wenn ich sage, dass dereinst auch eine muslimische Gemeinschaft in unserem Kanton offiziell anerkannt sein könnte? Freude? Skepsis? Ablehnung? Angst? Bei mir ist es Neugier. Neugier auf den Kontakt mit diesen Menschen. Neugier, von ihren Sehnsüchten und Träumen zu erfahren. Aber auch Angst. Und zwar Angst vor der Angst.

Schon Präsident Franklin Roosevelt meinte einst, das Einzige, was man fürchten müsse, sei die Furcht selbst. Sein Befund ist so aktuell wie damals. Lassen sich mich deshalb mit folgenden Gedanken schliessen:

Politik und Kirche, der Staat und die Religionsgemeinschaften müssen sich gemeinsam der Angst entgegenstellen – im individuellen wie im gemeinschaftlichen Raum. Mit Vertrauen und Hoffnung. Mit Verweis auf die Tatsache, dass wir immer und immer wieder grosse Herausforderungen, gerade auch in der Integration gemeistert haben. Mit der konkreten Unterstützung jener, die Hilfe brauchen, aber auch jener, die ihren Platz in der Gesellschaft bedroht sehen. Mit einem kompromisslosen und mutigen Einstehen für unsere Errungenschaften und Werte. Für die Freiheit, die Gleichheit, die Solidarität. Für den Schutz der Menschenwürde, die Gleichstellung und den Rechtsstaat. Für das Recht auf Kritik und den Schutz der Schwachen.

Freiheit kann man nicht durch Verbote verteidigen. Respekt kann man nicht mit Pöbelei wahren. Menschlichkeit kann man nicht durch Kaltherzigkeit leben. Unsere Werte sind dann unanfechtbar, wenn wir sie leben. Es liegt an uns.

Ich wünsche Ihnen einen schönen Bettag.

Geschichte und Tradition

Eva-Maria Faber

Solidarisch beten
Zur Entstehung und Eigenart des Eidgenössischen Dank-, Buss- und Bettags

Der (Rück-)Blick auf die Entstehungsgeschichte des Eidgenössischen Dank-, Buss- und Bettags lässt ihn als Resultat von faktischen Wechselbeziehungen und reflektierten Verhältnisbestimmungen erkennen. Darauf basierend geht der Bettag mit einer Lerngeschichte solidarischen Betens einher, die auch heute (hoffentlich) nicht abgeschlossen ist.

Eine Besonderheit des Eidgenössischen Bettags ist die staatlich-kirchliche Trägerschaft: Er wurde von der staatlichen Obrigkeit der Stände angeordnet und von der Kirche bzw. den Kirchen durchgeführt. Dies geschieht basierend auf einem Beschluss der Eidgenössischen Tagsatzung von 1832 bis heute in allen Kantonen der Eidgenossenschaft. Historisch gründet diese Verfasstheit des Bettags in einem politisch-kulturellen Konzept, in dem Staat und Religion miteinander verwoben waren. Selbst wenn geschichtliche Erfahrungen und säkularisierende Prozesse zu einer grundsätzlichen Unterscheidung von Staat und Religion geführt haben, ist eine sachgerechte Verhältnisbestimmung heute eine religionspolitische Herausforderung. Könnte sich der Bettag hierfür als Chance erweisen? Jedenfalls ist die am Bettag gepflegte Gottesdienstkultur aufgrund seiner kooperativen Trägerschaft explizit dazu angehalten, sich gesellschaftlicher und politischer Anliegen anzunehmen.

Besonders augenscheinlich sind die sich verändernden Verhältnisbestimmungen hinsichtlich der langen Lerngeschichte, die den Eidgenössischen Bettag zu einem von Reformierten und Katholiken gleichermassen und heute vielfach sogar gemeinsam begangenen Feiertag gemacht hat. Die beiden in der Schweiz nach der Reformation dominierenden christlichen Konfessionen lernten nicht zuletzt im Medium des Bettags schon in vorökumenischen Zeiten, sich auch in religiösen Belangen zu verständigen. In diese Verbundenheit sind heute auch andere in der Schweiz lokalisierte Konfessionen hineingewachsen.

Nicht zuletzt die staatliche Rückbindung und gesellschaftliche Verortung führt seit einigen Jahrzehnten über die ökumenische Verbundenheit hinaus zu einer Öffnung des ursprünglich christlich begangenen Feiertages auf andere Religionen. Insofern der Bettag auf Anordnung des Staates und im Dienst an der Gesellschaft begangen wird, gilt es, der veränderten religiösen Landschaft in der Schweiz gerecht zu werden. Dabei lässt sich die christliche Prägung des Bettags nicht überspringen, doch ist sie in ein aufgeschlossenes Verhältnis zu anderen in der Schweiz beheimateten Religionen zu setzen.

Der hier vorgelegte Beitrag kann und will nicht vorausnehmen, was in den vielfältigen Artikeln dieses Bandes zu den genannten Korrelationen, ihrer Geschichte und ihren gegenwärtigen Umsetzungen im Detail ausgeführt wird. Das Bestreben ist es, vor den Details gewissermassen mehr die grossen Linien aufzuzeigen und jene Stellen herauszuarbeiten, an denen weitere Artikel ansetzen werden[1]. Dazu wird nach einer (1) Vergewisserung über das Genre «Dank-, Buss- und Bettag» (2) die Entstehungsgeschichte des Eidgenössischen Bettags nachgezeichnet. Im Anschluss daran wendet sich der Blick (3) auf die Akteure in ihren spezifischen Beiträgen und in ihren Wechselbeziehungen. Ein Ausblick (4) beschliesst den Artikel.

1. Das Genre des Dank-, Buss- und Bettags

Danken, Busse tun und beten gehört zu den Grundvollzügen religiöser Existenz. Dass Menschen sich als empfangendes und beschenktes, als fragiles und sich verfehlendes Wesen erfahren, prägt ihr religiöses Selbstverständnis. Was Menschen jedoch tun, wenn sie danken, Busse tun und beten, ist nicht selbsterklärend. Die allgemein-religiösen Grundvollzüge treten in ein je besonderes Verhältnis zu konkreten Absichten und Erwartungen und zu spezifischen Glaubensauffassungen über den Sinn solchen Tuns. Der Bettag erwuchs auf dem Boden jüdisch-christlicher Überzeugungen, musste aber sich wandelnden Glaubensvorstellungen gerecht werden und ist heute mit anderen Formen von Religionspraxis zu verbinden.

Die jüdisch-christliche Tradition stützt sich für Tage des Dankes, der Busse und des Gebetes auf biblische Vorbilder. Danksagung bestimmt die herausragenden Tage des jüdisch-christlichen Festkalenders. Dieser bezieht sich primär auf die geschichtlichen Heilstaten Gottes, während die Orientierung am Natur- und Erntekalender zurücktritt. Beispiel eines institutionalisierten Busstags ist in Israel der Versöhnungstag (vgl. Lev 16; 23,26–32). Daneben wurden Tage des Fastens und der Busse in Kriegszeiten oder in anderen Krisensituationen als Zeichen von Umkehr begangen (vgl. Ri 20,26; 1 Sam 7,6). Biblische Beispiele dafür finden sich nach der Zerstörung Jerusa-

---

1 Der vorliegende Beitrag ist die überarbeitete Langfassung eines Artikels, der im Juli 2015 abgeschlossen wurde und separat veröffentlicht wird: Faber, Bettag. Kleinere Abschnitte sind im Wortlaut nahezu identisch. Ich danke Daniel Kosch und Hans Stadler-Planzer für zahlreiche Anregungen.

lems (vgl. Joël 1,13 f.; Sach 7,3.5; 8,19). Diese biblischen Wurzeln sind gerade deswegen zu erinnern, weil sie in der christlichen Tradition als Begründung der Praxis von Busstagen dienten. Insbesondere gilt dies für die Erzählung von der in Ninive erfolgreich ausgerufenen Busse angesichts der Predigt des Jona (Jon 3).

Anders als die grossen jüdischen und christlichen Feste beziehen sich die Dank-, Buss- und Bettage nicht auf die biblisch bekundeten Heilsereignisse, sondern auf zeitgenössische Konstellationen, die den Lebensalltag von Menschen bestimmen oder auch bedrohen. Im Rhythmus des Naturkalenders liegen vor allem Dank- und Bittvollzüge im Blick auf die Ernte nahe. So entstanden in der christlichen Geschichte schon im 3. Jahrhundert die Quatembertage als Fastentage im Umfeld des Beginns der Jahreszeiten. Sie verbinden Bussmotive mit der Bitte um gute Ernte[2]. Ebenfalls auf das Gedeihen der Ernte bezogen sind Bittprozessionen, wie sie am 25. April als *litania maior* und an den drei Tagen vor Christi Himmelfahrt als *litaniae minores* entstanden sind. Weil bei den Flurumgängen ein Kreuz an der Spitze getragen wird, sprechen die Quellen auch von der «Kreuzwoche» bzw. von «Kreuzgängen»[3].

Darüber hinaus – und dies ist für die Ursprünge des Eidgenössischen Bettags charakteristisch – nahmen besondere Bitttage auf akute Krisensituationen Bezug. Diese Konkretheit zeugt von der lebensprägenden Kraft des Glaubens, gibt indes auch zu denken. Inwiefern lässt sich Gottes Wirken einerseits auf zeitgenössische Widerfahrnisse, andererseits auf das rituelle Tun der Menschen beziehen?

Bettage früherer Epochen reagierten nicht selten auf damals naturwissenschaftlich nicht durchschaute Phänomene wie Erdbeben oder aussergewöhnliche astronomische Ereignisse, auf wechselnde Witterungsverhältnisse sowie auf Krankheiten und Kriegsgefahren. Gläubige verschiedener Religionen deuteten oder deuten solche bedrohlichen Widerfahrnisse als Ausdruck des Zorns oder des Gerichts Gottes. Die neuzeitliche Weltsicht hat indes solche religiösen Deutungen naturbedingter oder menschengemachter Phänomene abgelöst. Dies ist nicht ein Ausdruck mangelnder Gläubigkeit, sondern letztlich eine Konsequenz des Schöpfungsglaubens und der Einsicht in menschliche Verantwortlichkeit. Bereits die Perikope Lk 13,1–5 (Diskussion um den Einsturz des Turms von Schiloach) hinterfragt die unmittelbare Begründung von Unglücksfällen in Gottes Handeln. Nachdenklich macht ebenso, dass manche Gedenktage, deren Dank sich auf Geschichtsdeutungen aus Siegerperspektive stützt, heute eher ambivalent

---

2   Vgl. Heinz, Quatember.
3   Vgl. Heinz, Bittprozession.

anmuten. Beispiele sind etwa die katholischen Mariengedenktage U. L. Frau vom Rosenkranz und Mariä Namen. Beide Gedenktage gehen auf spanische Marienfeste des 16. Jahrhunderts zurück, wurden aber in Erinnerung an geschichtliche Ereignisse (U. L. Frau vom Rosenkranz: Sieg über die Türken von Lepanto am 7. Oktober 1571, Mariä Namen: Sieg gegen die Osmanen am 12. September 1683 am Kahlenberg vor Wien) gesamtkirchlich verbindlich gemacht. Vergleichbar sind in den schweizerischen Lokaltraditionen die verschiedenen Schlachtgedenken (Morgarten-Schlachtjahrzeit, Gedenkfeier zur Schlacht bei Sempach, Näfelser Fahrt, Appenzeller Stosswallfahrt)[4]. Auch hier stellt sich die Frage, ob Geschichtsereignisse – nun solche, auf die jedenfalls eine Seite im Dank schaut – unmittelbar auf göttliches Wirken zurückgeführt werden können.

Wenn aber (militärischer) Erfolg nicht geradlinig auf göttliche Hilfe zurückzuführen ist und bedrohliche Ereignisse nicht als Ausdruck des Zorns Gottes gelten, muss komplexer beschrieben werden, warum und wie man darauf in einer religiösen Weise reagiert. Das Begehen von Busstagen ist nicht selten durch die Erwartung motiviert, mit dem eigenen Tun Einfluss auf Gott nehmen zu können: bittend, Aufmerksamkeit heischend, besänftigend. Das Danken kann durch die Erwartung motiviert sein, den Geber durch die Dankbarkeit zu erneuter Grosszügigkeit zu veranlassen. Dabei kann der Eindruck entstehen, dass solche Einflussnahme umso besser möglich ist, je mehr es sich um eine konzertierte Aktion der Glieder einer Gemeinschaft handelt. Die Institutionalisierung eines gemeinschaftlichen Dank- oder Busstags intendiert so gesehen eine erfolgversprechende Bündelung der Kräfte, mit der Gott beeindruckt werden soll. Dem widerspricht jedoch die jüdisch-christliche Perspektive, die bei der Priorität der Gnade und somit bei der Bewegung von Gott zum Menschen ansetzt. Busse und Gebet können demnach nicht ein Versuch sein, sich Gott zu versöhnen, sondern sind Formen des Eintretens in die von Gott eröffnete Versöhnung. So ist es gemäss den alttestamentlichen Bestimmungen zum Versöhnungstag Gottes Gabe, dass das Volk Reinigung und kultische Versöhnung begehen kann. Damit muss die Deutung von Busstagen in die Konstellation einrücken, die in den vergangenen Jahrzehnten u. a. durch die Diskussion des Sühnekonzepts differenziert erhellt worden ist[5]. Was im Besonderen für den Versöhnungstag und Sühnerituale gilt, betrifft auch andere Formen von Busse: Sie sind nicht eine Leistung des Menschen, um einen abgewandten oder erzürnten Gott umzustimmen, sondern Formen des Eintretens in die von ihm gestiftete Versöhnungsmöglichkeit.

---

4   Vgl. Kreis, Schlachtjahrzeiten.
5   Vgl. grundlegend Janowski, Sühne.

Vor diesem Hintergrund sind auch Dank und Bitte Vollzüge, die sich in einen bereits von Gott her eröffneten Beziehungsraum hineinstellen. Die Dankbarkeit pflegt trotz des Wissens um immanente Kausalzusammenhänge ein dankbares Staunen über das Gutsein und die Fruchtbarkeit der Schöpfung bzw. der guten Möglichkeiten der Geschichte; die Bitte hält die menschliche Bedürftigkeit in eine grundlegende Geborgenheit in Gottes Hand hinein.

Wenn es, wie vorhin aufgezeigt, nicht um eine «konzertierte Aktion» geht, bedarf gerade im heutigen Kontext das *gemeinsame* Begehen eines Dank-, Buss- und Bettags näheren Hinsehens. Denn die Institutionalisierung von existenziellen religiösen Grundvollzügen ist – epochal oder sachlich – nicht selbstverständlich, wo erfahren wird, dass die Anlässe zu Dank wie zu Busse individuell und gemeinschaftlich nicht schlechthin zusammenfallen. In einer individualisierten Gesellschaft wie der unsrigen ist dies ein Faktor, der gemeinsam begangenen Bettagen ihre Plausibilität nimmt. Immerhin wird auch heute erfahrbar, dass Menschen in Zeiten der Bedrängnis zusammenrücken und das Bedürfnis zu gemeinsamer Bewältigung von Krisensituationen haben. Zugleich waren Formen der gemeinschaftlichen religiösen Praxis auch zu Zeiten, in denen das kulturelle Selbstverständnis prinzipiell stärker auf Gemeinschaft gerichtet war, Formen der Einübung von Solidarität über traditionelle (familiäre oder ständische) Zugehörigkeiten hinweg. Peter Brown lokalisiert den Ursprung von Praktiken der «Gruppenbusse» vor allem in Gallien und Italien, wo Krisenzeiten im Ausgang der Antike den Zusammenhalt von Menschen herausforderten.

> «Gruppenbusse verbunden mit Bussgebeten war eine Disziplin, die der weitverbreiteten Stimmung des ‹Rette sich, wer kann› wirksam begegnete. Bussgebete versammelten die ganze Einwohnerschaft eines Ortes und vereinigten sie stundenlang. [... In Bittprozessionen] versammelte sich die ganze Einwohnerschaft einer Stadt, wobei Arme neben den Reichen gingen, was die Neigung der Reichen hemmen sollte, in weniger bedrohte Gegenden abzuwandern»[6].

So gesehen scheint Solidarität zu allen Zeiten einer besonderen Aufmerksamkeit zu bedürfen. In der Tat lässt sich die Entstehungsgeschichte des Eidgenössischen Dank-, Buss- und Bettags auch als Lerngeschichte der Solidarität auslegen, insofern seine Entwicklungsphasen dazu nötigten, sich jeweils neu und anders zu weiteren Personenkreisen innerhalb und ausserhalb der

---

6 Brown, Entstehung 79 f. Siehe Jussen, Liturgie 108–122, zur Bedeutung von Prozessionen als «Konsensritualen», allerdings bei ihm nicht unter dem Aspekt der Solidarität entfaltet.

eigenen Gemeinschaft zu verhalten. Eine spezielle Situation der Bestärkung religiöser Verbundenheit ist jener Form von Busstagen eigen, die der Vorbereitung und Begleitung wichtiger kirchlicher Ereignisse (wie z. B. Synoden) dienten[7].

2. Zur Entstehungsgeschichte des Eidgenössischen Dank-, Buss- und Bettags

Wenn in die hier skizzierte Entstehungsgeschichte des Eidgenössischen Dank-, Buss- und Bettags weitläufige Vorgeschichten und Parallelgeschichten einbezogen werden (siehe vor allem Abschnitt 2.1), so steht dahinter die Auffassung, dass seine spezifische Gestalt sich in Verhältnisbestimmungen herausgeschält hat und noch heute herausschält. Der Bettag lebt davon, dass in ihn verschiedene Ströme eingeflossen sind und einfliessen. Der erste gemeinsame Bettag der reformierten Orte 1639 hatte reformierte Vorgeschichten an den einzelnen reformierten Orten und darüber hinaus vorreformatorische gemeinchristliche Vorgeschichten. Der erste reformiert-katholische Bettag 1794 bzw. seine Institutionalisierung 1796 basierte zudem auf katholischen Parallelgeschichten der nachreformatorischen Zeit. Erst diese Kontexte machen den Bettag als Resultat interkonfessioneller Verhältnisbestimmungen erkennbar. Diese Einsicht erlaubt und gebietet es heute, den Bettag für andere Vor- und Parallelgeschichten zu öffnen.

2.1 Dank-, Buss- und Bettage in der vorreformatorischen Eidgenossenschaft und in den nachreformatorischen katholischen Orten

Ohne zu behaupten, die Eidgenossen seien «grundsätzlich mehr oder weniger fromm oder kirchentreu» als andere Völker, vertritt der Historiker Thomas Maissen die These, «dass seit den Anfängen der Eidgenossenschaft die Beziehung zu Gott, Glauben und Kirche in historiografischer wie politischer Hinsicht eine besondere Rolle spielte, die mit ihrer politischen Struktur und deren Wandel zu tun hatte»[8]. Maissen begründet dies mit dem Charakter der frühen Eidgenossenschaft als Landfriedensbündnis, wie es besonderen Rückhalt bei der Kirche fand. Auch habe die Reichsfreiheit dazu geführt, dass die Schweizer sich auf die Ordnung des Reiches mit den beiden Spitzen

---

7 Vgl. für die westgotische Kirche die Einführung von Busstagen durch König Chintila (636–639) anlässlich der Synode von Toledo 636: Suntrup, Studien 251 f. Siehe auch unten Seite 51.
8 Maissen, Bedeutung 13.

Kaiser und Papst beriefen und sich als von Gott auserkorenes und beschütztes Volk verstanden[9].

Es kann für die Eidgenossenschaft vorausgesetzt werden, dass in Krisenzeiten – z. B. Kriegs- und Pestzeiten – Gebetsriten üblich waren. Solche Anlässe vereinten die Menschen in einer betend für das Wohl des eigenen Landes eintretenden Gemeinschaft, was einem gesellschaftlichen Interesse entsprach und darum von der politischen Obrigkeit angeordnet wurde. Wallfahrtsorte wurden nicht nur in persönlichen Anliegen aufgesucht, sondern auch gemeinschaftlich in den Anliegen des gemeinsamen Wohls. So pilgerten etwa in einer Pestzeit 1439 die Berner samt Obrigkeit zu den St. Beatus-Höhlen[10].

Vor der Reformation befassten sich auch eidgenössische Tagsatzungen mit Buss- und Dankfeiern. Ohne Vereinbarung bestimmter Daten oder Formen wurden 1480 die teilnehmenden Orte aufgefordert, dass sie «etwas Gutes oder Gottesdienst nachthun» sollten. Dies solle «den Unsrigen, die jetzt in Frankreich sind», zugutekommen,

> «damit es ihnen im Felde und uns zu Hause desto besser ergehe, auch damit der Krieg zwischen dem König und dem Herzog Maximilian durch Gottes Fürsorge desto eher verrichtet werde»[11].

Nach dem zu Jahresbeginn vermeldeten Sieg wurde 1483 angeordnet, dass an allen Orten Gott würdig verehrt und für seine Gnaden gedankt werden solle, wobei als Sorge nun die allenthalben herrschende Teuerung sowie eine Seuche thematisiert wurden[12].

In der Eidgenossenschaft scheint bei solchen Anlässen das Gebet von fünf Paternostern und Ave Maria mit ausgebreiteten Armen als Laiendevotion grosse Verbreitung gehabt zu haben und als spezifisch eidgenössisch aufgefasst worden zu sein[13].

---

9 Vgl. Maissen, Bedeutung 13–16.
10 Vgl. Schaufelberger, Geschichte 13–15. Zu Bittgängen und Wallfahrten im vorreformatorischen Bern vgl. desweiteren Blösch, Vorreformation 9.36.50 f.; Ehrensperger, Gottesdienst Bern 106 f. Für andere Gebiete vgl. Ehrensperger, Gottesdienst Basel 21; ders., Gottesdienst St. Gallen 42–46.
11 Tagsatzung, Luzern, 31.8.1480. In: EA 3/1, 81. Es handelte sich um Eidgenossen, die als Söldner im Dienst des Königs von Frankreich standen.
12 Vgl. Tagsatzung, Luzern, 27.1. und 17.3.1483. In: EA 3/1, 144.149.
13 Vgl. Ochsenbein, Beten; Blösch, Vorreformation 9. Siehe zu dieser Gebetstradition noch Ende des 18. Jahrhunderts die Schilderung der Urner Landsgemeinde von 1798, zu der die Urner «mit unbedecktem Haupt und mit aufgehobenen Händen laut betend» zogen: zitiert nach Godel, Zentralschweiz 166.175 f.

Nicht völlig rekonstruieren lassen sich Herkunft und Geschichte des sogenannten Grossen Gebetes. Der Name wird mit zwei verschiedenen Gebetsformen in Verbindung gebracht[14].

Der Name «Grosses Gebet der Eidgenossen» bezeichnet eine Meditationsandacht mit Bitten und Fürbitten. Dieses «Grosse Gebet» dürfte vor 1487 entstanden sein; die älteste schriftliche Überlieferung stammt von 1517[15]. Wie bei anderen Devotionen belegt, dürfte es von staatlicher Seite angeordnet worden sein[16]. Nach der Reformation rückte es an den katholischen Orten in den Dienst kirchlicher und staatlicher Massnahmen gegen die Reformation ein[17]. Es verband sich zumindest in Schwyz mit der Bettagspraxis und ist dort bis 1968 als Bettagsandacht belegt[18].

Der Name «Grosses Gebet», von Peter Ochsenbein zur besseren Unterscheidung «Grosses allgemeines Gebet» genannt, steht andererseits für ein seit 1529[19] nachweisbares Kettengebet, das den Vollzug des Gebetes über einen bestimmten Zeitraum sicherstellen sollte. Es knüpfte an die vorhin erwähnte Gebetsform des Betens von Paternoster und Avemaria mit ausgebreiteten Armen an[20]. In Anspielung auf Ex 17,8–16 wurde auch vom Moses-Gebet gesprochen. Peter Ochsenbein beschreibt es unter Verwendung von Quellentexten aus der Praxis in Luzern wie folgt:

> «Die Gläubigen stellen sich reihenweise zu 3, 5 oder 7 Personen auf. Auf ein Zeichen des Priesters beginnt die erste Reihe *mit zerthanen armen 5 pater noster, 5 aue maria und ein glouben zu betten.* Ist sie damit fertig, nimmt die zweite Reihe den Ritus ab *und allso durchinderhin; und so die hindersten fertig, gibt der sigrist den vordern widerumb daz zeichen, die fahend wider an und das beharret man*

---

14 Um diese Gebetsformen hat sich insbesondere Peter Ochsenbein verdient gemacht: Ochsenbein, «Grosses Gebet der Eidgenossen» und «Grosses allgemeines Gebet»; ders., Das Luzerner «Grosse Gebet» im 15. Jahrhundert; ders., Das grosse Gebet der Eidgenossen.
15 Vgl. Ochsenbein, Das grosse Gebet der Eidgenossen 7–9.344–352. Es ist in verschiedenen Fassungen überliefert und lässt sich von den Handschriften her vermutlich den Waldstätten zuordnen.
16 Vgl. Ochsenbein, Das grosse Gebet der Eidgenossen 177.
17 Vgl. Ochsenbein, Das grosse Gebet der Eidgenossen 347–349, zur Anordnung des Grossen Gebetes in der Schwyzer Landsgemeinde am 10.4.1531.
18 Vgl. Ochsenbein, Das grosse Gebet der Eidgenossen 7. Siehe im Beitrag von Hans Stadler-Planzer in diesem Band 82.
19 Vgl. Ochsenbein, Das grosse Gebet der Eidgenossen 150.169 f.
20 Vgl. Ochsenbein, Beten 157.

allso, bis der rast (d. h. die auf genau drei Stunden bestimmte Gebetszeit einer Abteilung) *uss ist*»[21].

Eine besondere Eigenart dieses Kettengebetes war seine Erstreckung über einen längeren Zeitraum hinweg, indem verschiedene Gruppen, Quartiere, Pfarreien und Orte sich bei der Durchführung ablösten. Dies erforderte das Zusammenwirken verschiedener Orte: Für die Praxis des Grossen Gebetes muss man fragen, «ob es die Orte einander abnehmen wollen»[22]. Dies stärkte das «Gefühl der Zusammengehörigkeit»[23]. So schlug der Landammann von Uri 1568 der Luzerner Regierung vor, die katholischen Orte sollten «*das gross oder Moyses gebett*» durchführen[24]. 1576 wurde das Gebet von Unterwalden, Uri, Schwyz, Luzern und Zug gemeinsam durchgeführt[25]. Unterwalden beantragte 1586, das Grosse Gebet möge auch in den anderen Orten abgehalten werden[26]. In derselben Sache setzte sich der Stanser Landammann Melchior Lussi an den Tagsatzungen für die Durchführung dieses Gebetes ein und erinnerte dafür 1587 als Argument an alte Gebetstraditionen[27]. Daraufhin wurde das Gebet von Oktober 1587 bis Juli 1588 durchgeführt[28]. Ein erneuter Anlauf, «wegen der bedenklichen Zeiten und wegen Seligsprechung des Bruders Klaus das grosse Gebet abzuhalten», erfolgte 1591[29]. Als Anlässe für die Durchführung dieser Gebete nennen die Tagsatzungen der katholischen Orte sowohl Naturgefahren wie Erdbeben,

---

21 Ochsenbein, «Grosses Gebet der Eidgenossen» und «Grosses allgemeines Gebet» 245 f.
22 Konferenz der VII katholischen Orte, Obwalden, 3.2.1587. In: EA 5/1a, 2.
23 Ochsenbein, Beten 158.
24 Brief vom 28.12.1568, zitiert nach Bucher-Häfliger, Bettag 3.
25 Vgl. Ochsenbein, Beten 156; Konferenz der V katholischen Orte, Luzern, 21.2.1576 sowie Konferenz der V katholischen Orte, Luzern, 22.3.1576. In: EA 4/2a, 591.593 f.
26 Vgl. Konferenz der VII katholischen Orte, Luzern, 27.3.1586. In: EA 4/2a, 917.
27 Vgl. Konferenz der VII katholischen Orte, Obwalden, 3.2.1587; Tagsatzung der mit Frankreich verbündeten Orte, Baden, 23./24.7.1587. In: EA 5/1a, 2.48. Vgl. Ochsenbein, Beten 158, sowie ders., «Grosses Gebet der Eidgenossen» und «Grosses allgemeines Gebet».
28 Vgl. Konferenz der VII katholischen Orte, Willisau, 12./13.8.1587; Tagsatzung der katholischen Orte, Luzern, 19.10.1587. In: EA 5/1a, 55 f.69. Siehe auch Rück, Durchführung; Ochsenbein, «Grosses Gebet der Eidgenossen» und «Grosses allgemeines Gebet».
29 Konferenz der V katholischen Orte, Obwalden, 8.1.1591. In: EA 5/1a, 244.

das Gelingen politischer Geschäfte als auch die der katholischen Religion drohenden Gefahren[30].

Während (nachreformatorisch) die Tagsatzungen der katholischen Orte ansonsten eher zu Kreuzgängen und Wallfahrten je nach Gepflogenheiten der verschiedenen Orte aufriefen[31], verständigte man sich hinsichtlich des Grossen allgemeinen Gebetes auf ein gemeinsames Vorgehen mit hohem organisatorischen Aufwand, für den kirchliche und staatliche Instanzen gemeinsam einstanden[32]. In dieser Doppelstruktur ebenso wie in der ortsübergreifenden Vereinbarung zeichnet sich die vergleichbare Struktur des späteren Bettags ab. Zu beachten ist, dass die ortsübergreifende Solidariät teils über die gemeinsame Zugehörigkeit der Schweizer Quart zum Bistum Konstanz[33], teils durch die Tagsatzungen der katholischen Orte koordiniert wurde.

Im 17. Jahrhundert taucht für die Bezeichnung solcher Gebetsformen auch der Begriff Bettag auf. Am Jahreswechsel 1643/44 ordnete die Konferenz der katholischen Orte an:

> «Weil durch die Gnade Gottes das Vaterland bis dahin in Ruhe, Frieden und Wohlstand erhalten worden ist, so wird es für passend gehalten, Andachten und Bettage anzuordnen und, wo es vonnöthen ist, der im Schwange gehenden Ueppigkeiten halber ein Einsehen zu thun»[34].

Angesichts der vorauszusetzenden gängigen Praxis von Bussvollzügen geht es wohl zu weit, allein wegen des Terminus von einer Nachahmung des reformierten Bettags zu sprechen[35]. Kein Zweifel kann jedoch tatsächlich

---

30 Vgl. Ochsenbein, Beten 157, mit Bezug auf diverse Beschlüsse der Konferenz der V Orte. Vgl. 28.4.1534 (allgemeine Sorgen); 22.1.1538 (Komet); 23.8.1540 («unerhörte Dinge am Himmel»). In: EA 4/1c, 315.927.1237; 21.2.1576 (Erdbeben) und 27.3.1586 (Geschäfte). In: EA 4/2a, 591.917; 4.5.1589 (Gefahren für die katholische Religion). In: EA 5/1a, 157.
31 Vgl. Ochsenbein, Beten 160; Tag der VII Orte, Luzern, 28.4.1534. In: EA 4/1c, 315.
32 Vgl. die Planung an der Konferenz der V Orte, Luzern, 22.3.1576. In: EA 4/2a, 593 f, sowie die Angaben bei der Konferenz der V katholischen Orte samt Glarus, Gersau, 14.12.1587; Konferenz der V katholischen Orte, Luzern, 8.1.1588. In: EA 5/1a, 73.79; Ochsenbein, Beten 155 f.
33 Vgl. Schaufelberger, Geschichte 59–62; Meier, Geschichte 41 f.
34 Beschluss der Konferenz der katholischen Orte und des Abtes von St. Gallen vom 30.12.1643 bis 2.1.1644. In: EA 5/2a, 1303.
35 So Ehrensperger, Gottesdienst Bern 243: «Durch den Beschluss einer Konferenz vom 30. Dezember 1643 ahmten die Katholiken den Bettag der evangelischen Stände nach».

darüber bestehen, dass man sich gegenseitig beobachtete und dadurch auch beeinflusste.

Die vielfältigen gemeinschaftlichen Bussvollzüge im katholischen Bereich dauerten durch Jahrhunderte und auch noch neben dem Eidgenössischen Bettag fort[36].

2.2 Bussvollzüge in den reformierten Gebieten im 16. Jahrhundert

Die Reformation begegnete zwar den in der römischen Kirche gesetzlich angeordneten Formen der Busse und des Fastens kritisch. Dennoch legten auch reformierte Gemeinwesen vor allem in Krisenzeiten Wert auf Ausdrucksformen der gemeinsamen Bitte und Busse. Zuerst greifbar wird ein Bettag im Bereich der Reformation, als unter dem Eindruck der Türkengefahr in Strassburg 1532 ein Bettag durchgeführt wurde[37]. Nach Beginn des Schmalkaldischen Krieges beraumte Martin Bucer 1546 monatliche Busstage und wöchentliche Busspredigten an[38]. In seinem späten Werk *De regno Christi* beschrieb er Bettage als wichtige kirchliche Institutionen in Notlagen der Kirche, wenn es zu schweren Verfehlungen gekommen ist, aber auch vor wichtigen Herausforderungen[39].

Die Strassburger Praxis beeinflusste in Deutschland die Kasseler Kirchenordnung (1539) sowie den Entwurf Bucers für eine reformatorische Kölner Kirchenordnung im «Einfältigen Bedencken» (1543)[40]. Ein Einfluss auch in die Eidgenossenschaft hinein ist angesichts der geografischen Nähe sowie der Beziehungen von Schweizer Reformatoren zu Bucer wahrscheinlich[41]. In Notzeiten kann die Praxis von Bettagen sich aber auch ganz einfach aufgedrängt haben.

Jedenfalls kam es ab den 40er Jahren des 16. Jahrhunderts in der Eidgenossenschaft an verschiedenen reformierten Orten zur Einführung von Bussvollzügen. In Basel wurde 1541 aus Anlass des Einfalls der Türken in

---

36 Vgl. für die Zeit der Helvetik Godel, Zentralschweiz 174–204.
37 Vgl. Wendel, Église 207 f.; Schmidt, Busse 493; Simons, Anfänge; Weismann, Predigtgottesdienst 88–93.
38 Vgl. Greschat, Bucer 238 f.
39 «Si aliqua Ecclesiam urgeat calamitas, si qui in Ecclesia in grauiora sint prolapsi flagitia, aut si grande aliquod negotium ueniat Ecclesiis ad Dei gloriam suscipiendum»: Bucer, De regno Christi 1,12: Opera omnia 2,15,85. Vgl. dazu auch Hall/Crehan, Fasten 55–57.
40 Vgl. Köhn, Entwurf 155 f.; Bucer, Schriften 392–396.
41 «Bucer und Calvin, beide mit einer stark gemeindegeprägten Vorstellung von Kirchendisziplin, waren die ersten Reformatoren, die das Fasten wieder als feierlichen öffentlichen Akt der Kirche einsetzten»: MacCulloch, Reformation 723.

Ungarn und der Pest im eigenen Land ein erster Bettag durchgeführt. In der Folge wurde in Basel der Dienstag zu einem wöchentlichen Busstag[42]. Wiederum in einer Pestzeit wurde 1564 in Bern die übliche Praxis von Frühpredigten 1564 an einigen Wochentagen durch nachmittägliches Gebet und Abendpredigten ergänzt. 1577 wurde jeweils der Donnerstag als beständiger Bettag verordnet[43].

In Zürich hatte Huldrych Zwingli im Blick auf kriegerische Auseinandersetzungen bereits früh Formen des gemeinschaftlichen Bittens vorgesehen[44]. Nach Ausbruch des Schmalkaldischen Krieges führte der Rat der Stadt am 19. Juli 1546 wöchentlich zwei Predigtgottesdienste im Grossmünster ein[45]. Ähnliches geschah mit Blick auf die Glaubenskriege in Frankreich und den Niederlanden in den Jahren 1566 und 1567[46].

Dem entsprechen Bezugnahmen auf Fasten und Busse in der Verkündigung. Im Oktober 1552 hielt Heinrich Bullinger Predigten über die letzten zwei Kapitel des Jonabuches, die 1553 unter dem Titel «Von rechter buoss oder besserung dess sündigen menschens» erschienen[47]. Darin unterscheidet Bullinger die persönliche von einer allgemeinen Busse, in der – nach dem Vorbild der Menschen in Ninive – eine ganze Stadt oder ein ganzes Volk während einer Notzeit miteinander öffentlich Busse wirkt. Auch das Zweite Helvetische Bekenntnis von 1566 führt im 24. Artikel neben dem privaten Fasten eine öffentliche Form des Fastens an. Letztere sei in Zeiten des Unheils und der Anfechtung der Kirche begangen worden. Biblischer Bezugspunkt ist Joël 2,12–17. Das Bekenntnis ordnet an: «Ein Fasten solcher Art soll auch heute in schwierigen Situationen der Kirche gefeiert werden»[48].

Per Mandat vom 19. September 1571 ordnete der Zürcher Rat in einer durch Missernten verursachten Notlage formell ein Buss- und Bittgebet, das «gemeine Gebet», an. Im Hintergrund stand die Sorge Bullingers für die Not der Menschen in einer Zeit, die sich trotz diverser Bemühungen nicht zum Besseren wendete[49]. Unter Klage über die Nichtbeachtung der obrigkeitli-

---

42 Diese Einrichtung wurde 1582 bestätigt: vgl. Sallmann, Innerlichkeit 172 f.; Schaufelberger, Geschichte 40 f.
43 Vgl. Ehrensperger, Gottesdienst Bern 241.323 f., sowie den Beitrag von Martin Sallmann in diesem Band.
44 Vgl. Zwingli, Ordnung 702 f.; Lutz, Ergib 258; Bächtold, Hunger 17 f.
45 Vgl. Bächtold, Hunger 18.
46 Vgl. Bächtold, Hunger 17 f.
47 Bullinger, Von rechter buoss 13. Siehe auch: ders., Dekade 2,10 (83ᵛ–84ᵛ): HBTS 3/1,246–249. Bullinger predigte 1571 und 1572 in den Dienstagsgottesdiensten erneut über die Bücher Joël und Jona: vgl. Büsser, Bullinger Prediger 148.155 f.
48 Confessio Helvetica posterior (1566), Art. 24: Mühling/Opitz 337.
49 Vgl. Bächtold, Hunger; Bächtold, Bullinger 255–261.

chen Mahnungen hinsichtlich des Lebenswandels wurde ein einstündiger Predigtgottesdienst mit einem (Fürbitt-)Gebet, das Bullinger verfasst hatte, jeweils an den Dienstagen eingeführt[50]. Daraus wurde formell ein wöchentlich wiederholter Bettag, wie die Kirchengeschichte Johann Jakob Hottingers festhält: «Eine selbigen Jahrs ungemeine Theurung / und jamerhaffte Zeiten verursacheten / dass in Zürich zu Statt und Land / der Dinstag zu einem wochentlichen Bettag geordnet / und am 24. Tag Herbstm. der Anfang gemachet worden»[51]. Bächtold weist darauf hin, dass sich diese Dienstagsgottesdienste neben den anderen später eingeführten Bettagen noch bis ins 18. Jahrhundert, im Grossmünster womöglich bis 1841 gehalten haben[52].

Insbesondere jene Reformatoren, die von vornherein im Aufbau einer Kirche engagiert waren, traten für gemeinsame und öffentliche Fast- und Busstage ein. So fürchtete Johannes Calvin zwar, dass man, wenn man die Übung des Fastens nicht richtig verstehe, leicht in Aberglauben falle[53]. Er befürwortete aber – bereits in der *Institutio* von 1543 – ein «heiliges und rechtmässiges Fasten», das teils im persönlichen, teils im öffentlichen Bereich eine Bedeutung habe. Entsprechend der Mentalität seiner Zeit führte Calvin Notzeiten auf Gott zurück, der «ein bestimmtes Volk mit Krieg, Pestilenz oder irgendwelcher Not schlägt». Dann solle sich das Volk als «schuldig anerkennen»[54].

> Es ist «Amtspflicht der Hirten, die Kirche zum Fasten zu ermahnen, um den Herrn demütig um Abwendung seines Zorns zu bitten»[55].

Biblische Bezugspunkte sind neben den Bezugnahmen auf das Fasten in der Apostelgeschichte v. a. die alttestamentlichen Bücher Joël und Jona.

Die Genfer Gottesdienstordnung von 1542 sieht in Notzeiten ein Bussgebet vor.

---

50 Vgl. Einführung wöchentlicher Fürbitten am Dienstag (19.9.1571). In: Campi/Wälchli, Kirchenordnungen 1, 391–394. Dazu auch Büsser, Heinrich Bullinger 1, 191, der Heinrich Bullinger den «eigentlichen Vater des [...] ‹Eidgenössischen Dank-, Buss- und Bettags›» nennt. Damit werden indes parallele Entwicklungen an anderen Orten übersehen.
    Zum Besuch dieser Gottesdienste wurde 1575 erneut gemahnt: vgl. Einschärfung der Pflicht zum Besuch der Fürbitten an Dienstagen (1575). In: Campi/Wälchli, Kirchenordnungen 1, 409 f.
51 Hottinger, Kirchengeschichten 902.
52 Bächtold, Hunger 26.
53 Vgl. Institutio IV,12,14: Opera Selecta 5,225; Ed. Weber 696.
54 Institutio IV,12,15: Opera Selecta 5,225; Ed. Weber 696.
55 Institutio IV,12,17: Opera Selecta 5,226; Ed. Weber 697.

> «Wie uns die heilige Schrift lehrt, dass Krankheiten, Kriege und andere solche Nöte Heimsuchungen Gottes sind, durch welche er unsere Sünden straft, so müssen wir erkennen, wenn wir sie kommen sehen, dass Gott über uns erzürnt ist. Und wenn wir wahre Gläubige sind, müssen wir unsere Fehler erkennen, um Missfallen an uns selbst zu haben, müssen in Busse und Besserung des Lebens zum Herrn zurückkehren und ihn in wahrer Demut bitten, dass wir Vergebung erlangen»[56].

Derartige Bussvollzüge sollen nicht nur reaktiv auf Notzeiten angesetzt werden. Um Gottes Gericht zuvorzukommen,

> «ist es gut, einen Tag der Woche zu bestimmen, an welchem besonders diese Dinge aufgezeigt werden. Da soll man Gebet und Fürbitten halten, wie es die Zeit erfordert»[57].

Formelle Fast- und Busstage standen in Genf zunächst vor allem mit dem Geschick der französischen Glaubensgenossen in Verbindung. So wurden Fast- und Busstage am Anfang des zweiten Hugenottenkrieges sowie nach der Bartholomäusnacht in den Jahren 1567 sowie 1572 durchgeführt[58]. In den Folgejahren legte auch die Bedrohung Genfs durch Savoyen Fasttage nahe[59]. Sie wurden von der Compagnie des Pasteurs vorgeschlagen, durch den Rat angeordnet und von den kirchlichen Amtsträgern gestaltet[60].

Im 16. Jahrhundert entstanden somit in den reformierten Gebieten variable Bussformen: von mit Bittgebet erweiterten Predigtgottesdiensten bis zu ganztägigen Bettagen (wobei der Name «Bettag» nicht für die ganztägigen Formen reserviert ist), von je und je angeordneten bis zu regelmässigen und sogar wöchentlichen Bussvollzügen bzw. Bettagen. In diesen Gottesdiensten empfahl sich die lokale Gemeinschaft im Eingeständnis der eigenen Sündhaftigkeit der Barmherzigkeit Gottes.

Unter dem Einfluss Zürichs erachtete es die gemeineidgenössische (!) Tagsatzung am 30. September 1571 für «zweckmässig»,

> «dass in den Orten und gemeinen Herrschaften öffentliche Gebete angestellt werden und dass die Pfarrer und Prediger von der Kanzel das Volk fleissig

---

56   Calvin, Forme: Calvin-Studienausgabe 2,174 f. Siehe unten den Beitrag von Pierre Bühler, insbesondere Seite 137 f., sowie McKee, Day.
57   Calvin, Forme: Calvin-Studienausgabe 2,174 f.
58   Vgl. Schaufelberger, Geschichte 44 f.
59   Vgl. Schaufelberger, Geschichte 45–47.
60   Vgl. Schaufelberger, Geschichte 47.

ermahnen, Gott dringend anzurufen, er möchte von seinem Zorn ablassen und seine göttliche Gnade wieder verleihen»[61].

Damit kam es noch vor der Institutionalisierung eines gemeinsamen reformierten Bettags zu einer überkonfessionellen Vereinbarung von Bussgebeten, deren Ausführung Hans Ulrich Bächtold zufolge aber nicht belegt ist.

2.3 Die weitere Institutionalisierung der Bettage im 17. Jahrhundert

Die Institutionalisierung des Bettags geschah im 17. Jahrhundert nicht zuletzt unter dem Eindruck des Dreissigjährigen Krieges sowie der Bündner Wirren[62]. Zunächst intensivierten sich die lokalen Traditionen. An manchen Orten, so in St. Gallen 1619, kam es überhaupt erst jetzt zu einem ersten Bettag[63]. Für den 10. September 1620 verordnete der Kleine Rat in Basel wegen des Kriegs in Böhmen, der Pfalz sowie im Veltlin und den Drei Bünden die Durchführung eines Bettags mit drei Predigten und unter Einhaltung von Fasten[64]. An verschiedenen Orten wurden Abendpredigten mit Busscharakter angesetzt[65].

Exemplarisch sei die Entwicklung hier an der Geschichte des Bettags im Zürich des 17. Jahrhunderts dargelegt, die eng mit dem von 1613 bis 1645 amtierenden Zürcher Antistes Johann Jakob Breitinger verbunden ist. Dieser wurde während seiner Teilnahme an der Synode zu Dordrecht (1618–1619) Zeuge des anlässlich dieser Synode in den Niederlanden angeordneten allgemeinen Bettags am 7. April 1619. Von diesem Vorbild inspiriert, verfasste er ein «Bedenken der Diener der Kilchen und Schul allhie», das am 29. Oktober 1619 an die Regierung ging. Darin schlug er für Zeiten von Kriegsgefahr, Pest, Teuerung und Hunger die Durchführung eines allgemeinen Fast- und Bettags vor. Mit Zustimmung der Regierung wurde am 2. November 1619 der erste allgemeine Fast- und Bettag durchgeführt und an zwei weiteren Tagen im November wiederholt[66].

---

61 Gemeineidgenössische Tagsatzung, Baden, 30.9.1571. In: EA 4/2,a, 482. Vgl. Bächtold, Hunger 24.
62 Vgl. Schaufelberger, Geschichte 28; Sallmann, Innerlichkeit 162 f.
63 Vgl. Ehrensperger, Gottesdienst St. Gallen 306.
64 Vgl. dazu Sallmann, Innerlichkeit.
65 Vgl. Schaufelberger, Geschichte 41–43.
66 Vgl. die Lebensbeschreibung Johann Jakob Breitingers in: Miscellanea 5,1–119, 40 f.; Schaufelberger, Geschichte 28–31. Schaufelberger stellt das «Gmein Gebaett Zuobruchen am Baettag / Jn Kriegsgefahren» von 1619 in diesen Zusammenhang. Es dürfte der von ihr (ohne Quellenangabe) erwähnte Text sein, der als

Bürgermeister und Rat ordneten 1620 in einem Bettagsmandat aus obrigkeitlichem christlichem Gemüt für drei Dienstage im Februar einen allgemeinen «Fast- und Bättag» in Stadt und Landschaft an. Die zwei Predigten am Morgen und am Mittag, Gebet und Gottesdienst sollten mit Fleiss und Ernst besucht und verrichtet werden. Leben und Wandel eines jeden sollten von wahrer Bekehrung und Bussfertigkeit gekennzeichnet sein, damit Gott sich mit seiner Barmherzigkeit zu den Menschen neige und diese seine Güte zu zeitlichem und ewigem Heil und Wohlfahrt geniessen mögen[67]. Im selben Jahr veranlasste der Veltliner Mord Bürgermeister und Rat der Stadt Zürich mit einem im Juli datierten Bettagsmandat, am nächstfolgenden Sonntag und an den darauffolgenden Sonntagen einen allgemeinen Fast- und Bettag anzusetzen[68]. Dass dafür ein Sonntag gewählt wurde, wurde mit den anstehenden Erntearbeiten begründet. Ab 1620 sind regelmässig Mandate und Begleitschreiben zu Bettagen, die zeitweise mehrmals jährlich stattfanden, erhalten[69]. Nach dem Sieg der Schweden in der Schlacht von Breitenfeld kehrte ein neuer Ton ein: Das Bettagsmandat betonte nun das Motiv des Dankens. So wurde der zu begehende Anlass 1631 «dancksagungs- Fast- und Ba^{e}ttag»[70] genannt.

1638 veröffentlichte wiederum der Zürcher Antistes Jakob Breitinger ein *Consilium de mutandis encaenijs in jejunia* (Rat, die Kirchweihe in ein Fasten umzuwandeln). Sein Anliegen war es, das überkommene Kirchweihfest durch einen Fast- und Bettag am Fest Felix und Regula (11. September) zu ersetzen[71]. Wie Thomas Maissen zeigt, war die Kilbi in Zürich ein überaus beliebtes Volksfest am Tag der Zürcher Stadtheiligen Felix und Regula. Ungeachtet der Reformation hatte es im 16. Jahrhundert eine grosse Bedeutung erlangt, nicht zuletzt zur Demonstration der Unterstützung, welche die Zürcher Reformation vonseiten der umliegenden Gebiete erfuhr. Zugleich war die Kilbi Anlass für politischen Austausch zwischen der Zürcher Obrigkeit und hochstehenden Gästen aus anderen Gebieten. Andererseits war die Kilbi seit langem Anlass für Ermahnungen gegen Exzesse bei den Feierlichkeiten. Dies hatte bereits ein Jahrhundert früher 1538 (erfolglos) zu einer

---

Fürbitt-Gebet in Kriegsgefahr von 1619 in Campi/Wälchli, Kirchenordnungen 1, 562–565, aufgeführt, in dieser Ausgabe aber nicht datiert wird.
67 Vgl. Bettagsmandat (1620). In: Campi/Wälchli, Kirchenordnungen 1, 593–595.
68 Vgl. Bettagsmandat (1620). In: Campi/Wälchli, Kirchenordnungen 1, 606–608.
69 «Bettage stellten offenkundig einen wesentlichen Teil der Liturgie des 17. Jahrhunderts dar»: [Emidio Campi/Philipp Wälchli]: Einleitung. In: Campi/Wälchli, Kirchenordnungen 1, XIX–XLVIII, XXXIII.
70 Bettagsmandat (1631). In: Campi/Wälchli, Kirchenordnungen 2, 723–726, 724.726.
71 Vgl. zum Folgenden Maissen, Tag.

Empfehlung geführt, die Kirchweih abzuschaffen. Anlass für ein erneutes Bestreben, die Kirchweih abzuschaffen, war sodann ein Unglück, das sich während der Kilbi 1566 ereignete. Eine grosse Menschenmenge hatte sich auf einer Brücke versammelt, um die Einfahrt der Schiffe der Anrainer zu beobachten. Bullinger beschreibt, dass «ein gar grosse wält uff der oberen bruggen stund» und bei Durchfahrt der Schiffe auf einen anderen Teil der Brücke lief, so dass dieser Teil der Brücke zusammenbrach. «Die wält fiel in das wasser» und sieben Personen ertranken[72]. Gleichwohl beschloss der Grosse Rat eine Weiterführung des Festes.

In verschiedenen einschränkenden Vorschriften oder Verboten wurde die Durchführung der Kilbi immer wieder kontrolliert und abzuschaffen versucht. 1638 wurde dieses Bemühen mit der Einführung eines jährlichen Buss- und Bettags verbunden. Breitingers oben genanntes Consilium wandte sich kritisch gegen den Sittenverfall, der an der Kilbi zum Ausdruck komme. Er plädierte dafür, an deren bisherigem Tag im Angesicht von Kriegsgefahr einen Anlass zur Sittenbesserung und zu öffentlichem Fasten einzuführen. Breitinger empfahl dabei Felix und Regula, Märtyrer der Alten Kirche, als Vorbilder, da sie sich selbst – sogar bei ihrer Hinrichtung – von Heiligenverehrung ferngehalten hätten[73]. So fand am 11. September 1638 in Zürich ein Fast- und Danktag statt. Johann Jakob Breitinger verfasste daraufhin seine Schrift «Die Alt und Neüw Kilbe»[74].

Charakteristisch für diese Phase des Bettags ist eine zweifache Ausweitung des Anliegens. Einerseits wandte sich der Blick angesichts der eigenen Bewahrung vor dem Unheil des Dreissigjährigen Krieges auf die Glaubensgenossen andernorts, die unter diesem Krieg zu leiden hatten. So heisst es in einem für den Bettag vorgesehenen Gebet von 1619 noch eher allgemein:

> «Und wo sonst diser zyt andersswo unsere lieben mitglider und Glaubensgnossen gedraengt / angfochten und verfolget werdend / befehlend wir die selbigen glycherwyss in dyn gnedigs erbarmen / uss waarem mitlydigem gmuet»[75].

---

72 Bullinger, Diarium 87; siehe Maissen, Tag 221 f.
73 Vgl. Maissen, Tag 232, mit Bezug auf Breitingers Kommentar der Legende der Stadtheiligen.
74 Breitinger, Kilbe. Die Wiederholung von Verboten bis 1781 zeigt die fehlende Durchsetzungskraft auch dieser Veränderung. Erst 1798 wurde die Kilbi endgültig aufgehoben: vgl. Maissen, Tag 230.
75 Fürbitt-Gebet in Kriegsgefahr (1619). In: Campi/Wälchli, Kirchenordnungen 1, 565.

Ein konkreter Bezug vor allem auf das «blu°t-trieffende Teütschland»[76] gehört zu den wiederkehrenden Motiven von Bettagsgebeten und -mandaten dieser Zeit (siehe auch Abschn. 3.1 Zusammenwirken von staatlicher und kirchlicher Autorität).

Andererseits enthalten die Zürcher Bettagsmandate ab 1650 die Mahnung zu «Wercken der barmhertzigkeit und liebe gegen den armen und Dürfftigen» zu den üblichen Motiven von Bettagsmandaten[77]. Der Bettag diente der kirchlichen und staatlichen Obrigkeit dazu, die lokale Solidarität zu stärken.

2.4 Das Entstehen eines gemeinsamen reformierten Bettags

Die Idee eines gemeinsamen Busstags reformierter Orte wird in einer Korrespondenz zwischen dem Genfer Johann Deodati und dem Zürcher Antistes Breitinger 1627 greifbar. Interessanterweise äusserte Breitinger dabei durchaus Vorbehalte gegenüber einer regelmässigen Durchführung des Bettags, die mit einem nachlassenden Eifer dafür einhergehen könnte[78]. Einer umgehenden Realisierung standen auch unterschiedliche Gepflogenheiten im Zeitansatz entgegen.

Trotz der Schwierigkeiten, die unterschiedlichen Traditionen auf einen Nenner zu bringen, wurde schliesslich am 15. März 1639 auf der Tagsatzung der evangelischen Orte in Aarau ein gemeinsamer reformierter Bettag beschlossen:

---

76 Gebet auf den Bettag (1637). In: Campi/Wälchli, Kirchenordnungen 2, 834–837, 835 f.
77 Bettagsmandat (1650). In: Campi/Wälchli, Kirchenordnungen 2, 1009 f., 1009.
78 «Ich gestehe Dir aufrichtig, wir haben bisher diesen Tag nicht gefeiert, ohne dass Vieles mich schmerzlich berührt. Der Kirchenbesuch war ein ausserordentlicher, eine grosse Zahl frommer Leute bezeugte mir genugsam ihre Frömmigkeit und ihre Erkenntniss. Indessen aber war vor und nach dem Tage gar nichts von einer Besserung der Sitten wahrzunehmen, und so redlich ich bemüht war, meine Pflicht als Prediger zu erfüllen, so war doch bei manchen der Fasttag selbst nicht von Leichtfertigkeit frei und zwar ohne alle Bestrafung. [...] Um dagegen zu arbeiten, kränke ich viele fromme Leute gleichsam mit Vorbedacht, indem diese die Wiederholung der Fasttage verlangen, ich aber dieselben zu verschieben trachte, bis jene die Grösse der Gefahr erkennen, welche sie früher verkleinerten. So hoffe ich, dass mit Gottes Hülfe die künftigen Fasttage Gott wohlgefälliger sein werden, und dass jene leichtsinnigen Leute bei allem ihrem Ansehen sich bekehren oder dafür büssen»: zitiert nach Mörikofer, Breitinger 54 f.

Solidarisch beten

> «Weil die evangelischen Orte von den ringsum drohenden Kriegsgefahren bisher gnädig verschont geblieben sind, soll noch vor den nächsten hohen Festen an einem passenden Tage in allen evangelischen und ihren zugewandten Orten ein allgemeiner Fast- und Bettag angesetzt und dem Herrn der Heerschaaren mit demüthigem Fussfall und geistlicher Bewaffnung gedankt werden»[79].

Es handelte sich zunächst um eine Festlegung für das aktuelle Jahr. Dieser Bettag wurde in Zürich, Basel, Schaffhausen und wahrscheinlich Bern am 4. April 1639 durchgeführt[80].

1640 wurde auf Berns Antrag wiederum ein gemeinsamer Bettag geplant. Obwohl dafür aktuelle Anlässe benannt wurden – ein Reichstag sowie die Situation der englischen und schottischen Kirche –, hielt man eigens den Wunsch nach Regelmässigkeit fest.

> «Dabei wird für gut befunden, darauf zu denken, wie künftig jedes Jahr auf die gleiche Zeit in allen evangelischen Orten ein allgemeiner Fast- und Bettag angesetzt werden möchte»[81].

Dieser Bettag fand am 19. August 1640 statt. Ab 1650 scheinen dann nahezu lückenlos jährlich gemeinsame Bettage stattgefunden zu haben[82]. Aus einem für ausserordentliche Notzeiten vorgesehenen Bettag wurde eine regelmässig wiederkehrende Institution. Die Benennung schillert; kurz ist vom «Bättag» die Rede, oft wird das Fasten thematisiert, in ausführlicher Fassung handelt es sich um den «Dank-, Bet-, Buss- und Fasttag»[83].

Der Bettag hatte zunächst kein festes Datum. Die evangelische Tagsatzung, die sich vor und zwischen gesamteidgenössischen Tagsatzungen, meist in Aarau, versammelte, entschied jeweils über das Datum des evangelischen Buss- und Bettags. Dies war zwischen 1652 und 1794 zumeist ein Donnerstag; seit 1713 wurde regelmässig ein Datum im September gesucht[84].

---

79 Konferenz der IV evangelischen Städte, Aarau, 15.3.1639. In: EA 5/2a, 1123.
80 Vgl. Schaufelberger, Geschichte 66 f.; Bettagsmandat 25.3.1639. In: Campi/Wälchli, Kirchenordnungen 2, 864 f.
81 Konferenz der evangelischen Städte und Orte, Aarau, 7./8.8.1640. In: EA 5/2a, 1179.
82 Vgl. Schaufelberger, Geschichte 67. Siehe zusammenfassend auch: Koch, Zeitalter 128.
83 Vgl. für Belege das Stichwort Buesstag in: Schweizerisches Idiotikon 12, 969–974.
84 Vgl. Schaufelberger, Geschichte 72–74.

Neben dem gemeinsamen Bettag wurden gelegentlich auch weiterhin besondere Bettage durchgeführt, wenn dies durch besonders bedrohliche Situationen naheliegend schien[85].

Mit dem Entscheid der Tagsatzung von 1640 waren noch nicht gleich alle Gebiete erfasst, doch machte sich davon ausgehend eine Dynamik bemerkbar. So heisst es in einem aus dem Toggenburg stammenden Bericht des Pfarrers Alexander Bösch in den «Toggenburgischen Kirchensachen»:

> «Nachdem die Evangelischen im Toggenburg veilfaltig begehrt vnd ernstlich bey der Oberkeit angehalten, ist ihnen endtlich anno 1647 verwilliget worden, dass sy auch wie andere Evangelische orth der Eidtgnoschafft gemeine Bettag halten mögind»[86].

Im benachbarten (noch nicht zur Eidgenossenschaft gehörigen) Gebiet der Drei Bünde waren vonseiten der weltlichen Obrigkeit zwar Mahnungen zur Busse und Besserung ergangen[87], doch sieht Schaufelberger die Einführung von eigentlichen Bettagen erst durch das Vorbild anderer reformierter Orte gegeben. Nach Einführung eines gemeinsamen Bettags der reformierten Orte erging auch an die Bünde die Einladung zur Teilnahme[88], «was bald befolgt, bald abgelehnt wurde»[89]. Jedoch monierten die Bündner das Unterlassen einer solchen Einladung, obgleich sie sich ungebunden fühlten, ggf. ein eigenes Datum für den Bettag zu bestimmen[90].

---

85 Ehrensperger, Gottesdienst Bern 244, führt für Bern konfessionelle Bedrohungen wie die Gegenreformation, die Täuferbewegung, die Verfolgung der Reformierten in Frankreich und der Waldenser durch Savoyen an; dazu kamen beunruhigende Naturereignisse (Erdbeben) oder landwirtschaftliche Bedrohungen (Viehseuche).
86 Zitiert nach Ehrensperger, Gottesdienst St. Gallen 308.
87 Vgl. Jecklin, Materialien Nr. 1165 (1605), Nr. 1432 (1622); Nr. 1496 (1625); Nr. 1538 (1628).
88 Vgl. Jecklin, Materialien Nr. 1751 (1651; Bezug auf Antrag von Zürich); Nr. 1753 (1652; Bezug auf Antrag «der zu Baden gehaltenen eidgenössischen Tagsatzung [evangelische Session])».
89 Schaufelberger, Geschichte 77.
90 Vgl. Schaufelberger, Geschichte 77 f., sowie das «Ausschreiben der evangelischen Häupter, zu Chur versammelt»: «Ansetzung eines allgemeinen Fast-, Buss- und Bettages auf Donnerstag den 2. Dezember»: Jecklin, Materialien Nr. 1798 (1658).

2.5 Der Eidgenössische Bettag von 1794 bis 1832

«Bern gebührt die Ehre, den Gedanken eines eidgenössischen Bettages in Umlauf gesetzt zu haben»[91]. Wie oben erwähnt, hatte zwar die anhaltende Teuerung schon im Jahr 1571 dazu geführt, dass die Tagsatzung überkonfessionell die Durchführung von Gebeten empfahl. Hier blieb es jedoch bei einem allgemeinen Appell. Ende des 18. Jahrhunderts richtete sich das Bestreben auf eine formelle Vereinbarung. Im Blick auf den Bettag 1794 unterbreitete man von Bern aus Zürich, dass es doch wünschenswert wäre, wenn

> «unsere katholischen Brüder, die sich mit uns in einer Lage befinden, gleiche Guttaten von dem Allerhöchsten genossen und gleichen Gefahren ausgestellt sind, sich auch hierin mit uns vereinigen und gemeinsam mit uns ein ausserordentliches Fest feiern»[92].

Mit Zustimmung Zürichs wurden weitere Schritte unternommen, die am Sonntag, 16. März 1794, zum ersten gemeinsamen Eidgenössischen Bettag führten. Das Echo der katholischen Orte fiel, wie Hans Stadler-Planzer in seinem Beitrag näher ausführt, positiv aus. In einem Schreiben der Luzerner Regierung heisst es:

> «Es haben die eidgenössischen Regierungen im tiefen Gefühl dieser unschätzbaren Wohltaten [der in der Schweiz bewahrte Friede sowie die Eintracht der Glieder des helvetischen Staatskörpers] sich einmüthig vereinigt, eine allgemeine Andachtsfeyer auf Sonntag den 16ten nächstkünftigen Märzens anzustellen»[93].

In Zug verschob man ein bereits beschlossenes Bitt- und Dankfest auf das Datum des gemeinsamen Bettags[94]. Beiderseits erging die Weisung, sich konfessioneller Kontroversen zu enthalten[95].

Im Folgejahr wurde der gemeinsame Bettag auf Initiative Luzerns erneut begangen[96]. Erst recht fand sich die Eidgenossenschaft unter dem Eindruck der Bedrohung durch den Italienfeldzug Napoleon Bonapartes zu einem gemeinsamen Bettag am 10. April 1796 zusammen. Die beginnende Ge-

---

91 Schaufelberger, Geschichte 86.
92 Zitiert nach Schaufelberger, Geschichte 86. Siehe zu den Hintergründen im Beitrag von Hans Stadler-Planzer in diesem Band 83.
93 Zitiert nach Bucher-Häfliger, Bettag 4.
94 Vgl. Schaufelberger, Geschichte 86.
95 Vgl. Schaufelberger, Geschichte 88.
96 Vgl. ebd.; Bucher-Häfliger, Bettag 4f. Gemäss Meier, Geschichte 43, wurde der Bettag in Luzern sogar drei Tage lang begangen.

wohnheit wurde 1796 durch die eidgenössische Tagsatzung in eine dauernde Einrichtung überführt. Im Tagsatzungsbeschluss heisst es:

> «Der vom Stande Bern gestellte Antrag, es möchte der Bettag ‹zum Lob und Preis des Höchsten für den genossenen Frieden und Ruhe› in eine allgemeine eidgenössische Festfeier umgeändert und auf eine sämmtlichen Ständen schickliche Zeit angesetzt werden, hat zufolge der Instructionen überall Beifall gefunden. Es wird beschlossen, in Zukunft wirklich eine solche gemeinsame Festfeier zu begehen und dieselbe für gegenwärtiges Jahr auf Donnerstag den 8. September angeordnet»[97].

Dieser erste institutionalisierte Bettag 1796 wird oft als erster Eidgenössischer Bettag angegeben, wenngleich der erste gemeinsame Bettag 1794 stattfand[98]. Mit einer vorläufigen Einigung über den Zeitansatz an einem Sonntag im September wurde auch das Nebeneinander eines gemeinsamen Bettags und des vorher noch weiter begangenen reformierten Bettags im September überwunden. Allerdings wurde der Bettag noch nicht überall durchgeführt[99].

Zur Zeit der Helvetik wurde die gerade begründete Tradition – unter Einfluss des Berner Theologen und Vorstehers des Ministeriums der Künste und Wissenschaften Albert Stapfer – fortgesetzt[100]. Hier erhielt der Bettag stark patriotische Züge und wurde den Interessen der helvetischen Republik nutzbar gemacht[101].

Nach der Annahme der Mediationsakte übernahm wiederum die Tagsatzung ihre alte Aufgabe für den Bettag, der jedoch aus verschiedenen Gründen, nicht zuletzt wegen des Zeitansatzes, in die Krise kam[102]. Eine Lösung und definitive Festschreibung des gemeinsamen Bettags gelang 1832. Der in

---

97 Gemeineidgenössische Tagsatzung, Frauenfeld, 4.–28.7.1796. In: EA 8, 226.
98 Vgl. Conzemius, Bettag. Der Bettag von 1794 wird von Schaufelberger, Geschichte 87, sowie Maissen, Tag 233, als erster Bettag angegeben.
99 Vgl. Godel, Zentralschweiz 170.
100 In einem Rundschreiben von Albert Stapfer wurde die Feier des Bettags für den 6. September 1798 angeordnet. 1799 konnte wegen der Besetzung der Ostschweiz und eines Teils der Innerschweiz durch österreichische und russische Truppen kein gesamtschweizerischer Bettag abgehalten werden. Nach 1800 fiel der Bettag in der Zeit der Helvetik wiederum in die Kompetenz der Kantone: vgl. Godel, Zentralschweiz 170–173.
101 Siehe dazu Hadorn, Bettag 48–63, sowie den Beitrag von Hans Stadler-Planzer in diesem Band.
102 Vgl. Schaufelberger, Geschichte 90–99, sowie den Beitrag von Hans Stadler-Planzer in diesem Band.

Luzern auf Antrag des Standes Aargau gefasste Tagsatzungsbeschluss vom 1. August 1832 lautet:
«Der gemeineidgenössische Dank-, Buss- und Bettag soll künftig, und zwar mit dem gegenwärtigen Jahr (1832) angefangen, in allen Ständen der Eidgenossenschaft immer gleichzeitig am dritten Sonntag des Septembers gefeiert werden»[103].

In Graubünden, obwohl inzwischen formell zur Eidgenossenschaft gehörig, wurde der Tagsatzungsbeschluss bekannt gegeben, ohne dass deswegen die eigene Tradition des Bettags am zweiten Donnerstag im November aufgegeben wurde. Erst 1847 beschloss der Grosse Rat, sich der Praxis des Eidgenössischen Bettags anzuschliessen[104].

2.6 Fazit

Der Rückblick auf die Entstehungsgeschichte lässt erkennen, aus welchen Wurzeln sich der Eidgenössische Dank-, Buss- und Bettag speist.

- Grundlegend ist die religiöse Lebenshaltung, in der gläubige Menschen als Einzelne und als Gemeinschaft ihr Leben in all seinen Dimensionen im Angesicht Gottes zu führen bemüht sind. Konkreter Ausdruck dafür sind gottesdienstliche Vollzüge, wie sie sich als Dank, Busse und Bitte im Bettag kristallisieren. In dem Masse, wie die Menschen sich in Beziehungen sehen und verstehen, findet dies gerade am Bettag Niederschlag im solidarischen Gebet.

- Im Blick auf seine Trägerschaft setzt die Entstehung des Bettags die traditionelle Verwobenheit von politischem und kirchlichem Gemeinwesen im christlichen Abendland bis in die Neuzeit hinein voraus. Demzufolge beruht die politische Gemeinschaft auf religiösem und näherhin christlichem Fundament, während die Kirche eine politische Mitverantwortung trägt. Nur so konnte der Eidgenössische Bettag als staatlicher und kirchlicher Feiertag entstehen.

- Hinzu kommt in der Eidgenossenschaft, dass der Bettag Frucht des Wunsches nach einem gedeihlichen Zusammenwirken verschiedener

---

103 Tagsatzungsbeschluss über den Eidgenössischen Bettag § 1. § 2 lautet: «Der eidgenössische Vorort wird beauftragt, diese Schlussnahme unverweilt sämtlichen Ständen mit der Einladung zur Kenntnis zu bringen, die angemessenen Anordnungen zu treffen, auf dass derselben überall genau nachgelebt werde»: https://gesetzessammlungen.ag.ch/frontend/versions/803 (29.12.2016).
In dieser Form wurde der Eidgenössische Dank-, Buss- und Bettag 1848 im neu gegründeten Bundesstaat aufgenommen. Die Zuständigkeit blieb staatlicherseits bei den Kantonen.

104 Vgl. Schaufelberger, Geschichte 108 f.

eigenständiger Regionen ist. Die Tagsatzungen als Ort für gegenseitige Information und Absprache ebenso wie für gegenseitige Vereinbarung und Hilfeleistung erachteten es als sinnvoll, die Durchführung von Bettagen, wiewohl primär Sache der einzelnen Orte, zu koordinieren. Die Bettage dienten auf diese Weise der Solidarität und dem Zusammengehörigkeitsgefühl innerhalb der Eidgenossenschaft.
– Wiewohl der Bettag unübersehbar eine stabilisierende Funktion für die ihn begehende Gemeinschaft hatte und von den jeweiligen Eliten in dieser Weise obrigkeitlich angeordnet wurde, entfaltete er eine Dynamik, derzufolge sich die Akteure mit den «Nicht-Arrivierten» im eigenen Bereich und mit Menschen ausserhalb der eigenen Grenzen in ein Verhältnis setzten. Je nach spezifischer Situation standen dabei unterschiedliche Personenkreise im Vordergrund. Im Binnenbereich wurde der Bettag zu einer Institution, die ideell und materiell an die Armen und Bedürftigen erinnerte. Nach aussen hin öffnete sich der Blick für die Glaubensgenossen in anderen Gebieten, in der Eidgenossenschaft und darüber hinaus. Schliesslich erwies sich die damit angelegte Dynamik als so stark, dass sie auch in «vorökumenischen» Zeiten die Grenzen der Konfessionen überschritt. Die gemeinsame Bedeutung eines Bettags wurde als stärker angesehen als das, was trennend zwischen den Konfessionen stand.

Die Verankerung des Eidgenössischen Bettags in staatlichen Strukturen sowie seine überkonfessionelle Durchführung sind zumindest in jenem Sprachraum, der die Schweiz mit anderen Nationen verbindet, ein Alleinstellungsmerkmal. Wie anfangs formuliert, lässt sich seine besondere Eigenart als Resultat von Verhältnisbestimmungen verstehen, die im Folgenden zu vertiefen sind.

3. Der Bettag in den Wechselbeziehungen seiner Akteure

Der Eidgenössische Dank-, Buss- und Bettag beruht auf dem Zusammenwirken von staatlicher und kirchlicher Autorität und verbindet Konfessionen, heute sogar Religionen. Die folgenden Ausführungen wollen diese Wechselbeziehungen und ihr konkretes Funktionieren näher betrachten. Je besser die Konzepte der jeweiligen Verhältnisbestimmung bewusst sind, desto besser kann es heute den verschiedenen Akteuren und Trägern gelingen, die komplexe Gestalt des Bettags als fruchtbare Tradition in veränderten Kontexten zu pflegen.

3.1 Zusammenwirken von staatlicher und kirchlicher Autorität

Besonders augenfällig ist der Eidgenössische Bettag in seiner Entstehung Ergebnis des Zusammenwirkens von staatlicher und kirchlicher Obrigkeit. Historischer Hintergrund dafür ist deren enge Verwobenheit in einer Zeit, als sich weltliche Obrigkeiten und staatliche Gebilde nicht als säkular verstanden. Um des zeitlichen Wohls willen (Schutz vor Katastrophen und Erfolg in politischen Auseinandersetzungen) hatte der Staat ein Interesse an der ordnungsgemässen Durchführung von Fastenzeiten und Bittgebeten und ordnete solche selbst an. Dabei oblag hinsichtlich der Bettage der staatlichen Obrigkeit die Entscheidung über deren Durchführung und die damit verbundenen organisatorischen Fragen (z. B. Datum, Weisungen zur Arbeitsruhe), der kirchlichen Obrigkeit hingegen die liturgische Ausgestaltung. Inhaltlich äusserten sich die jeweiligen Regierungen ggf. durch ein Bettagsmandat, während kirchlicherseits für die Gottesdienste gesorgt wurde. Dabei wurden auch die Regierungsmandate vielerorts durch Vertreter der Kirche geschrieben, allerdings keineswegs unbesehen übernommen. So akzeptierte der Regierungsrat in Bern einen kirchlichen Vorschlagstext nicht, da der Ton mehr der eines Predigers von der Kanzel als jener der Regierung gegenüber dem Volke sei[105]. In den katholischen Gebieten galt es (nicht nur in Sachen Bettag), die ständische Struktur des Kirchenwesens mit den die Stände übergreifenden diözesanen Kirchenstrukturen zu vermitteln, und dies in der Schweizer Quart des Bistums Konstanz noch bei einem Bischofssitz ausserhalb der Eidgenossenschaft. Der Beitrag von Hans Stadler-Planzer in diesem Band zeigt das damit verbundene Konfliktpotenzial auf.

In einer speziellen Konstellation steht der Eidgenössische Bettag dadurch, dass er einerseits selbstverständlich in der Hoheit der einzelnen Orte lag und liegt, andererseits aber in der Eidgenossenschaft gemeinsam begangen wurde und wird. Hervorzuheben ist zunächst die lokale Bezogenheit auf die Stände bzw. Kantone. Darin entspricht der Bettag den eidgenössischen Gepflogenheiten, welche das Kirchenwesen bzw. die religiösen Angelegenheiten der Hoheit der Stände zuweisen. Demgegenüber hatte die Tagsatzung nur eine sekundäre Funktion. In der Konsequenz gestaltete sich der Bundesstaat von Anfang an religiös neutral und überkonfessionell[106]. Umso bemerkenswerter ist die durch die Tagsatzung 1794 errungene Praxis, diesen in der Hoheit der Stände liegenden religiösen Bettag doch in eidgenössischer Verbundenheit gemeinsam zu feiern. Gleichzeitig blieb die Verantwortung für

---

105 Vgl. Hadorn, Bettag 77.
106 Wie Maissen, Bedeutung 26, unterstreicht, ist die schweizerische Nationalgeschichte «als säkulare Erfolgsgeschichte jenseits der Glaubensbekenntnisse» geschrieben worden.

die konkrete Gestaltung unangetastet bei den verschiedenen Orten. Gerade dies ermöglichte auch ein überkonfessionelles Zusammenspiel bei gleichzeitiger Wahrung der konfessionellen Eigenheiten (siehe Abschnitt 3.2). Einzige Ausnahme solcher Gestaltungsfreiheit war um des gemeinsamen Begehens des Bettags willen der Zeitansatz, der folgerichtig zu einem der grössten Stolpersteine wurde. Zugleich wird erkennbar, dass die 1832 erreichte stabilisierende Bestimmung eines definitiven Zeitansatzes eine Kehrseite hatte: Die Tagsatzung befasste sich von nun an nicht mehr mit der Durchführung des Bettags[107].

Das Zusammenspiel von Staat und Kirche wurde in unterschiedlichen Rollen konkret. Sie manifestierten sich einerseits in den Bettagsmandaten der Regierungen, andererseits (siehe dazu Abschnitt 3.2) in kirchlichen Bestimmungen und vor allem Predigten zum Bettag.

Mandate der staatlichen Obrigkeiten – die sogenannten Bettagsmandate, Bettagsproklamationen oder Bettagszettel[108] – sind auf reformierter Seite seit dem 17. Jahrhundert zu finden (in Zürich ab 1620). Auf katholischer Seite beginnt eine solche Praxis erst mit dem gemeinsamen Bettag[109]. Die Bettagsmandate enthielten in erster Linie den Beschluss über die Durchführung des Bettags sowie die entsprechenden Anordnungen. Damit verbanden sich ggf. einige Ausführungen über die damit verbundene Intention und nicht selten Mahnungen zur Besserung der Sitten. Insbesondere solange der Bettag auf einer Anordnung in ausserordentlichen Notzeiten beruhte, wurden die Anlässe deutlich hervorgehoben. Bezüge auf die Zeitsituation finden sich vor allem in den Mandaten während des Dreissigjährigen Krieges. Hier ist die Ambivalenz zwischen der Sorge angesichts der steten Kriegsgefahr (und deswegen der Mahnung zur Busse) und dem Dank für die einstweilige Bewahrung vor dem Übergreifen des Krieges auf die Eidgenossenschaft offenkundig[110]. Gleichzeitig betonten die reformierten Mandate des 17. Jahrhunderts die Solidarität mit Glaubensgenossen anderer Länder. Im Blick waren z. B. in Zürich die Waldenser im Piemont, die Glaubensgenossen in den Niederlan-

---

107 «Im übrigen aber schied der Bettag mit diesem Beschluss aus der Reihe der Beratungsgegenstände und Traktanden der eidgenössischen Behörden aus. Weder die Tagsatzung noch später die Bundesversammlung hatten einen Grund, sich weiter mit dieser Feier zu beschäftigen»: Hadorn, Bettag 72.
108 In Bern erhielten die Kirchenverantwortlichen «Zedel» bzw. «Zettel an Cantzel»: vgl. Hadorn, Bettag 20.
109 Siehe dazu im Beitrag von Hans Stadler-Planzer in diesem Band 92.
110 Vgl. die Zürcher Bettagsmandate dieser Zeit in: Campi/Wälchli, Kirchenordnungen 2.

den, England, Schottland, Ungarn und Siebenbürgen[111]. Für die bedrängten Glaubensgenossen wurden dabei auch Liebesgaben gesammelt[112]. Weitere Bezugspunkte waren Seuchen – vor allem die Pest («Sterbsucht») –, Witterungsverhältnisse wie Gewitter und Hagel sowie Naturereignisse wie Kometen[113] und Erdbeben. Als 1650 die Erde bebte, wurde dies in Zürich zum Anlass, das grosse Erdbeben von 1601 zu erinnern und daraufhin umso mehr die bisher versäumte und nun fällige Busse anzumahnen.

> «Alssdann der gerechte Gott vor fünftzig Jahren / alss grad im anfang dises lauffenden Seculi / die Welt / von ihrer grossen undanckbarkeit und sünden wegen / mit einem erschrockenlichen Erdbidem geschreckt und gweckt / und synen heiligen und billichen zorn dardurch zuo erkennen gegeben / hette hierüber die erwünschte buoss und besserung des laebens / wie billich / erfolgen sollen: Sittenmalen aber dasselbige nit beschehen / ist Er / der starcke und grosse Gott dardurch verursachet worden / dieselbige mit allerhand synen schweren und unufhoerlichen straffen und plagen heimzesuochen / und in deme noch zuo der zyt Jhme / dem Herren unserem Gott / nit mit erforderlicher Buosswürckung entgegen gegangen wird / thuot derselbige auch anjetzo uf dem halben theil dises hundertjaehrigen Welt-lauffs / mit mehreren / und zwaren ungewohnten Erdbidmen / alss waare zeichen synes grossen zorns / uf vast nachdenckliche wyss sich ernstlich vermercken / und hiemit syn schwere hand nochmalen hochbetraewlich verspüren lassen»[114].

Je nach dem zeitlichen Ansatz des Bettags wurden Bitte oder Dank für die Ernte thematisiert[115].

Dass das Zürcher Bettagsmandat im Jahr 1646 «die grosse widersetzlichkeit des mehreren theils von den Unseren der Herrschafft Waedeschwyl» zum Anlass nahm, auch die übrigen Gebiete der Zürcher Herrschaft zu vermahnen[116], lässt erkennen, dass der Bettag auch als Machtinstrument seitens

---

111 Vgl. [Emidio Campi/Philipp Wälchli]: Einleitung. In: Campi/Wälchli, Kirchenordnungen 1, XIX–XLVIII, XXXIV.
112 Vgl. Schaufelberger 31.68 f.127 sowie die ausführlichen Angaben in Hadorn, Bettag 32–42.
113 Vgl Sallmann, Innerlichkeit 167 f.
114 Bettagsmandat (1650). In: Campi/Wälchli (Hg.), Kirchenordnungen 2, 1009 f., 1009. Siehe zu den verschiedenen Notsituationen in Zürich Sigg, 17. Jahrhundert 284–292.
115 Vgl. Schaufelberger, Geschichte 70.
116 Bettagsmandat (1646). In: Campi/Wälchli, Kirchenordnungen 2, 907 f., 907. Wädenswil hatte die Abgabe der Steuern an die Zürcher Obrigkeit verweigert. Siehe Sigg, 17. Jahrhundert 316 f.

der Obrigkeiten gebraucht und wohl auch missbraucht werden konnte. Nicht zu verkennen ist ein moralisierender Ton. So wurden in Zürich ab 1662 Eltern regelmässig zu vorbildhaftem Leben und entsprechenden Erziehungsbemühungen ermahnt:

> «Jnsonderheit auch alle Elteren / Hussvaetter und Hussmuetteren / Meister und Frauen / sich ernstlich bearbeiten / Jhr Kind und Gsind / von allem ungutem abzuzuehen / und zu einem frommen / stillen / und yngezognen leben zuvermoegen»[117].

In den weniger bewegten Zeiten fiel der Wortlaut der Mandate über viele Jahre hinweg relativ konstant aus[118]. In Zürich – so kommentiert Schaufelberger die Gleichartigkeit und Erstarrung der Formulierungen – sei das Bettagsmandat von 1724 bis 1790 jährlich mit dem wörtlich identischen Text herausgegeben worden, und erst 1791 seit der stereotyp und gedankenlos wiederholte Urteil über den «fürwährenden traurigen und jammerhaften Zustand der lieben Kirche Gottes» gestrichen worden[119].

Gesetzliche Vorschriften der politischen Obrigkeit zur Durchführung des Bettags betrafen nebst der Anweisung zur Teilnahme an den Gottesdiensten vor allem die Arbeit und die Schliessung von Wirtshäusern. Dabei ist eine Entwicklung hin zu gesetzlichen Vorschriften unübersehbar. In den frühen Phasen des reformierten Bettags war das Arbeitsverbot am Bettag nicht selbstverständlich. In Zürich wurden im 16. Jahrhundert während der Dienstagspredigt Geschäfte geschlossen und war das Arbeiten verboten[120], was jedoch (v.a. wegen des Arbeitszeitverlusts) auf einigen Widerstand stiess[121]. In seinen Überlegungen zu einem Bettag von 1609 wollte Breitinger wie das Fasten so auch das Arbeiten freistellen[122]. In den Zürcher Bettagsmandaten sind 1620 und in den Folgejahren keine Angaben zur Arbeitsruhe ersichtlich. Ab 1638 wurde während einiger Jahre die Mahnung ausgesprochen, sich unnötiger Arbeit zu enthalten[123]; 1653 wurde verfügt, dass Hand- und Feldarbeit eingestellt werden und Läden und Werkstätten

---

117 Bettagsmandat (1662). In: Campi/Wälchli, Kirchenordnungen 2, 1181f., 1182.
118 Vgl. Hadorn, Bettag 20; Schaufelberger, Geschichte 83f.109f.
119 Schaufelberger, Geschichte 84.
120 Vgl. Einführung wöchentlicher Fürbitten am Dienstag (19.9.1571). In: Campi/Wälchli, Kirchenordnungen 1, 392. Grosses Mandat (1609 [1616]). In: Campi/Wälchli, Kirchenordnungen 1, 482–498, 484f. Siehe dazu Bächtold, Hunger 20f.
121 Vgl. Bächtold, Hunger 20–24.
122 Vgl. Schaufelberger, Geschichte 30.
123 Vgl. z.B. Bettagsmandat 14.2.1638. In: Campi/Wälchli, Kirchenordnungen 2, 845–847, 846.

geschlossen bleiben sollten[124]. Fortan gehörten diesbezügliche Bestimmungen zum gewöhnlichen Repertoire der Mandate. Als es bei den überörtlichen Vereinbarungen zur Diskussion um den für den Bettag gewählten Tag kam, wurde als Argument für einen Tag während der Arbeitswoche ausgeführt, dass die an einem Werktag verordnete Arbeitsruhe die Bedeutung des Bettags hervorheben würde[125].

Am Bettag und am Tag vorher blieben in Bern ausser für Reisende alle Wirtshäuser geschlossen. Während der Gottesdienste wurden die Stadttore geschlossen und die Gassen mit Ketten abgesperrt[126]. 1628 erwähnt das Zürcher Bettagsmandat, dass «jedermann» sich des Besuchs von Wirts- und Trinkhäusern enthalten solle, und zwar am Bettag selbst ebenso wie «etliche» Tage danach[127]. 1638 wurde aus dieser Ermahnung die Vorschrift, dass die Wirtshäuser «gaentzlichen beschlossen blybind»[128].

In katholischen Gebieten dürften wegen der ohnehin zahlreichen Feiertage für besondere Gebetsanlässe flexible Bestimmungen gegolten haben. Moralische Erwartungen formulierte die Konferenz der katholischen Orte 1576 bei der Vereinbarung des allgemeinen Gebets:

> «Inzwischen sollen Spiel, Tanz, überflüssiges Zutrinken und andere Laster so viel möglich eingestellt werden»[129].

Es lässt sich unschwer vorstellen, dass moralisierende Mahnungen und reglementierende Verbote, mit denen oft nicht hinreichend ein positiver Gehalt verbunden war, dem Bettag auf längere Sicht schaden mussten.

Staatliche Bettagsmandate und kirchliche Positionen konnten divergieren, sowohl auf reformierter als auch auf katholischer Seite. Wilhelm Hadorn schildert entsprechende Spannungen im Bern der 40er Jahre des 19. Jahrhunderts. Demnach wurde von gewissen Kreisen des Volkes die Bettagsproklamation auf die religiöse und christliche Gesinnung der Regierung abgehorcht. Umgekehrt scheint nicht immer selbstverständlich gewesen zu sein, dass die Pfarrer die Proklamation vollständig verlasen, was wiederum von der Regierung beobachtet wurde[130]. Katholischerseits erliess der Regierungs-

---

124 Vgl. Bettagsmandat 6.4.1653. In: Campi/Wälchli, Kirchenordnungen 2, 1048f.
125 Vgl. Schaufelberger, Geschichte 73.
126 Vgl. Hadorn, Bettag 75.
127 Vgl. zwei Bettagsmandate von 1628. In: Campi/Wälchli, Kirchenordnungen 1, 669–671.693–695.
128 Bettagsmandat (1638). In: Campi/Wälchli, Kirchenordnungen 2, 845–847, 846.
129 Konferenz der V katholischen Orte, Luzern, 22. März 1576. In: EA 4/2a, 594.
130 Vgl. Hadorn, Bettag 82–85, und im Beitrag von Martin Sallmann in diesem Band 125.

rat von Luzern in einer Zeit, in der die römische Kirchenleitung im «Syllabus errorum» die neuzeitlichen Freiheitsrechte scharf verurteilte, ein Bettagsschreiben, das Toleranz und Freiheitsrechte propagierte[131].

3.2 Konfessionelle Wurzeln

Infolge der Reformation entstanden in der Schweiz konfessionell unterschiedliche Religionskulturen. Die hier gewählte Darstellung der Entstehung des Eidgenössischen Bettags arbeitet Wurzeln in beiden Konfessionen heraus. Ein solcher Ansatz ist nicht unumstritten. Je nach konfessioneller Verortung der entsprechenden Literatur gilt der Bettag als ursprünglich reformierte oder als ursprünglich katholische Tradition. Heisst es einerseits, der Eidgenössische Bettag sei von Haus aus ein (reformiert-)«konfessionelles Sonderzeichen»[132], so wird andererseits beansprucht: «Damit ist eigentlich aus dem Grossen Gebet im Mittelalter der Eidgenössische Bettag entstanden»[133].

Je nach dem, welche Aspekte im Vordergrund stehen, ist an beiden Einschätzungen etwas Richtiges. Wie der historische Abriss gezeigt hat, ist der heutige Eidgenössische Bettag aus der Tradition des gemeinsamen Bettags der reformierten Stände hervorgegangen und auf Initiative reformierter Stände zu einer überkonfessionellen Institution geworden. Aufgrund dieser Vorgeschichte stammt die einschlägige Literatur zum Thema vorwiegend aus reformierter Feder. Zu nennen ist hier die 1920 verfasste und immer noch unverzichtbare Geschichte des Bettags von Rosa Schaufelberger. Eine Studie mit Schwerpunkt auf der Berner Tradition stammt von Wilhelm Hadorn (1869–1929), Pfarrer am Berner Münster, Professor für Neues Testament und für Schweizerische Kirchengeschichte der Theologischen Fakultät in Bern und Präsident des Synodalrates der Reformierten Kirche des Kantons Bern. Er urteilte 1908:

> «Es ist übrigens nicht zu verwundern, dass der Bettag bei den Katholiken nicht mehr Anklang fand, da er aus dem reformierten Bettag hervorgegangen und die ihm zugrunde liegende Idee eines vaterländischen Feiertages dem Wesen des Katholizismus fremd war»[134].

---

131 Vgl. Schaufelberger, Geschichte 114 f., sowie im Beitrag von Hans Stadler-Planzer in diesem Band 97.
132 Pfister, Kirchengeschichte 23.
133 Bucher-Häfliger, Bettag 7.
134 Hadorn, Bettag 64.

Andererseits erhebt derselbe Autor hinsichtlich der Vorgeschichte des Bettags, dass alle wesentlichen Momente des späteren Eidgenössischen Bettags bereits in der frühen Zeit des Christentums und so auch in der vorreformatorischen Eidgenossenschaft gegeben waren[135].

Tatsächlich kannten, wie gesehen, auch die katholischen Orte gemeinsame Bet- und Busstraditionen, in denen sie selbstverständlich an eine für sie ungebrochene vorreformatorische Frömmigkeitstradition anknüpften. Dabei wurde auch in den vorreformatorischen und dann in den katholischen Gebieten der Eidgenossenschaft ein Zusammenwirken von staatlicher und kirchlicher Autorität praktiziert. Insofern ist auf katholischer Seite eine sachliche Kontinuität zwischen hergebrachten Formen von Busstagen und dem Eidgenössischen Bettag gegeben, selbst wenn sich die katholische Kirche 1794 bzw. 1832 dem reformierten Aufruf zum Bettag anschloss.

Für das Verständnis des Bettags dürfte es weiterführend sein, beide Wurzeln gerade nicht gegeneinander auszuspielen, sondern die Lerngeschichte wechselseitiger Verhältnisbestimmung als wesentlich für den Werdegang des Bettags anzusehen[136]. Dabei sind je spezifische konfessionelle Herausforderungen ebenso interessant wie Parallelgeschichten, Interaktionen und wachsende Gemeinsamkeiten.

Erfreulicherweise wurden die jeweils separaten Traditionen schon vor der Etablierung eines gemeinsamen Bettags nicht konfessionalistisch verengt. Dies ist besonders deswegen beachtenswert, weil sowohl reformierte wie auch katholische Bettage in ihren Intentionen nicht selten das Geschick der jeweiligen Glaubensgenossen in den Blick nahmen. Dabei konnte es gewissermassen zu konkurrierenden Gebetsanlässen kommen:

> «Als die katholischen Orte im Jahr 1587 gemeinschaftliche Gebete für den Sieg ihrer Söldner in Frankreich ansetzten, rief der Zürcher Rat in wetteifernder Manier seine Pfarrer auf, sich noch kräftiger durch Predigt und Gemeines Gebet für den Sieg der Evangelischen in Frankreich einzusetzen»[137].

Hadorn erwähnt einen Zwischenfall von 1686 im Stand Schaffhausen, wo ein Stadtschreiber sich zu beleidigenden Aussagen über die Katholiken hatte hinreissen lassen, was noch vor der öffentlichen Bekanntgabe des Mandates durch einen unglücklichen Zufall Katholiken bekannt wurde. Der Stadtschreiber musste vor dem Kleinen und Grossen Rat des Standes Schaffhau-

---

135 Vgl. Hadorn, Bettag 3 f.
136 So auch Schaufelberger, Geschichte 1: «Sein Ursprung liegt weder im Katholizismus noch im Protestantismus».
137 Bächtold, Hunger 25.

sen Abbitte leisten[138]. Gerade ein solcher Zwischenfall zeigt, dass im Regelfall weitgehend auf konfessionelle Polemik verzichtet wurde. Mehr noch: Bereits im 16. Jahrhundert entschloss sich Bern am Bettag zur Solidarität mit anderskonfessionellen Menschen. Während in den Intentionen des Bettags meist das Geschick der konfessionellen Verbündeten im Vordergrund stand, wurden 1578 die konfessionellen Grenzen überstiegen.

> «Als im Juli 1578 die Pest auch in Freiburg wütete, wurde ‹im gemeinen Gebätt zu Bern auch ihrer gedacht›. Das ist die erste Spur eines gemeineidgenössischen Gedankens an einem Bettage»[139].

Unübersehbar sind je spezifische Herausforderungen, welche die Praxis des Bettags für die beiden Konfessionen darstellte.

Reformierterseits war es nach dem «ur-reformatorischen» Protest gegen gesetzliche Bussformen, seien sie von kirchlichen oder von staatlichen Autoritäten vorgeschrieben, alles andere als selbstverständlich, institutionelle Formen der Busse oder gar des Fastens (siehe dazu Seite 72) einzurichten. Hadorn diagnostiziert, dass in der Reformationszeit «diese ausserordentlichen Veranstaltungen staatlich befohlener Busse eine Zeitlang ganz von der Bildfläche» verschwanden[140]. Ähnlich schreibt Schaufelberger:

> «Die Beseitigung der Zeremonien und kultischen Gebräuche durch die Reformation verbot zum vornherein Bussfeste im alten Stil. Sie verschwanden völlig»[141].

Entsprechend erklärungsbedürftig ist das erneute Entstehen institutioneller Bussformen. Hadorn stellt sogar die Frage, ob nicht der Rückgriff auf die aus katholischer Zeit bekannten Busstage ein «Zeichen des Sinkens von einer bereits erreichten Höhe der Erkenntnis» gewesen sei. Denn das reformatorische Ideal sei doch, dass jedes Glied in der eigenen Verantwortung «persönlich Gott gegenüber die Stellung» einnehme, «die allein dem evangelischen Christentum entspricht». So ist für Hadorn «der Bettag [...] ein Stück Volksreligion». Die Kirche könne «in ihrer Eigenschaft als sittliche Erziehungsanstalt [...] diese psychologisch wirksamen Mittel nie ganz entbehren»[142]. Nach Schaufelberger wurde der «schroffe Standpunkt gegenüber Fast- und Buss-

---

138 Vgl. Hadorn, Bettag 30–32.
139 Hadorn, Bettag 17.
140 Hadorn, Bettag 5.
141 Schaufelberger, Geschichte 17 f.
142 Hadorn, Bettag 5 f.

tagen» aufgrund von moralisierender Klage über Unsittlichkeit ebenso aus der Erfahrung von Bedrohungen verlassen[143]. Die Lebensbeschreibung Breitingers erklärt dies «weisheitlich» mit dem Überschwang von Reformen und der korrigierenden Nachjustierung, die gleichwohl einer kritischen Haltung Recht gibt:

> «Wann man den Guᵉssel vom Korn hinweg thut / so wird offt auch ein Koᵉrnlein mit hinfallen / dessenthalben man wol thut / so man es widerum auflisst: So gieng es zur Zeit der Reformation. Mit der Papisten Phariseyschen und verdienstlichen Fasten / wurd bey uns auch das wahre deemuᵉthige hingeworffen. Hr. *Breitinger* las es wiederum auf. Aber dafern es zuviel gebraucht wurd / oder nicht in rechtem Absehen / da doᵉrfft es mehr Schadens als Nutzens bringen. Eine Artzney soll niemal zur Speiss gemacht werden»[144].

Insofern zeugen die reformierten Quellen von dem Versuch, die Institutionen der Busse mit dem reformatorischen Ansatz einerseits bei der christlichen Freiheit, andererseits bei der Notwendigkeit innerer Umkehr zu vermitteln[145]. In diesem Sinne arbeitet Martin Sallmann in den Basler Weisungen zum Bettag von 1620 die Spannung von Innerlichkeit und Öffentlichkeit heraus. Die Predigten legen den Akzent einerseits auf die Busse, die im Herzen beginnt. Andererseits mahnen sie dazu, dem inneren Verhalten durch den kirchlichen Feiertag einen äusseren Ausdruck zu geben[146].

Im Vergleich dazu ist in der katholischen Tradition die Praxis von besonderen Formen der Busse und des Fastens mit gemeinschaftlichem und öffentlichem Charakter über die Reformation hinaus ungebrochen weitergeführt worden. Weniger selbstverständlich ist hingegen, vor allem von heute aus betrachtet, die Beteiligung an einer mit lokalen politischen Instanzen verwobenen Praxis. Der katholische Feiertagskalender orientiert sich am Kirchenjahr und ist zumeist gesamtkirchlich zurückgebunden. Nicht übersehen werden darf indes, dass auch in den katholischen Ständen ein Zusammenwirken von kirchlichen und politischen Autoritäten üblich war und dass die katholischen Orte der Eidgenossenschaft u. a. über die Tradition des

---

143 Schaufelberger, Geschichte 19.
144 Lebensbeschreibung Johann Jakob Breitingers in: Miscellanea 5,1–119, 41.
145 Vgl. z. B. Art. 24 der Confessio Helvetica posterior: «Alles Fasten soll aus freiem, bereitwilligen und gedemütigtem Geiste hervorgehen und nicht auferlegt sein, um den Beifall oder die Gunst von Menschen zu erlangen, noch viel weniger dazu, dass der Mensch sich dadurch verdienstliche Gerechtigkeit erwerben will»: Mühling/Opitz 337.
146 Vgl. Sallmann, Innerlichkeit 169.175–177.

Grossen Gebetes schon früher zu einem Zusammenwirken gefunden hatten. Wenig förderlich für das katholische Interesse am Eidgenössischen Bettag war indes der nationale Einschlag, den der Bettag in der Zeit der Helvetik erhielt. Allerdings waren Katholiken und Reformierte sich in dieser Aversion, wie Hans Stadler-Planzer bemerkt, durchaus verwandt[147].

3.3 ... und überkonfessionelle Durchführung

Der grösste Stolperstein des gemeinsamen Bettags war die durchaus auch konfessionell bedingte Uneinigkeit über den Zeitansatz, da die Reformierten eher einen Wochentag, die Katholiken – wegen der ohnehin häufigen Feiertage, die auf Wochentage fielen – eher einen Sonntag befürworteten[148]. Auf der Tagsatzung in Frauenfeld im Juli 1797 gelang eine (vorläufige) Einigung, bei der die Reformierten nachgaben, wobei Zürich sich mit dem Wunsch durchsetzte, dass es ein Sonntag im September sein solle[149]. Auf diese Weise wurde das Nebeneinander eines gemeinsamen Bettags und des vorher noch weiter begangenen reformierten Bettags im September überwunden. Nach der Zeit der Helvetik brachen die alten Zwistigkeiten wegen des Wochentags wieder auf. Es schien, als würde die gemeinsame Feier doch wieder in konfessionelle gesonderte Bettage, einerseits ein Donnerstag, andererseits ein Sonntag, auseinanderfallen. 1807 einigte man sich darauf, den Bettag jeweils am 8. September zu feiern und ihn in jenen Jahren, in denen der 8. September auf einen Samstag oder einen Montag falle, am Sonntag anzusetzen[150]. Dieser Kompromiss zerbrach 1817: der Bettag wurde am 7. (Graubünden), 8. (katholische Gebiete) und 11. (reformierte Gebiete) gefeiert, was der Abt des Klosters Rheinau, Januarius Frey, ironisch kommentierte: «Ein neuer Beweis der Einigkeit»[151].

1794 wird den eidgenössischen Ständen bewusst gewesen sein, dass sie nach dem Entscheid für einen gemeinsamen Bettag in sehr unterschiedlicher Weise an die Durchführung gehen würden. Die reformierten Pfarrer machten sich ans Predigtschreiben; der katholische Klerus bereitete Prozessionen und eucharistische Liturgien vor (wenngleich es auch hier nicht an

---

147 «Es ist [...] anzunehmen, dass gerade der revolutionäre Charakter dieser Kirchenfeier in der Zentralschweiz eine ablehnende Haltung bei den katholischen Geistlichen hervorrief»: Godel, Zentralschweiz 172. Siehe im Beitrag von Hans Stadler-Planzer in diesem Band 86 f.
148 Vgl. Gemeineidgenössische Tagsatzung, Frauenfeld, 4.–28.7.1796. In: EA 8, 226. Siehe dazu Schaufelberger, Geschichte 89; Hadorn, Bettag 47 f.
149 Vgl. Schaufelberger, Geschichte 89 f.
150 Vgl. Schaufelberger, Geschichte 101.
151 Zitiert nach Meier, Geschichte 45.

Predigten fehlte). Beide Seiten führten damit die Traditionen weiter, die bereits vor der Einführung des gemeinsamen Bettags praktiziert wurden.

Im Zentrum der reformierten Durchführung des Bettags stand die Predigt. Schon die ersten Bussformen knüpften an die mit der Reformation eingeführten Predigten an Wochentagen an. Im Blick auf Notsituationen wurde eine dieser Predigten mit Fürbitte und Busselementen erweitert. Der formelle Bettag im ausgeprägten Sinn war durch mehrere Predigten ausgezeichnet. In Zürich waren zwei Predigten vorgesehen, und es erging die Mahnung, dass niemand sich des Besuchs des göttlichen Wortes und Gottesdienstes entziehen solle[152]. An Orten wie Basel oder Genf waren es sogar drei Predigten. Die Zeit der Helvetik wurde demgegenüber auch zur Kritik genutzt. So ist von Statthalter Schmid von Basel eine Eingabe vom 5. August 1798 erhalten, in der er den Sinn von drei Predigten infrage stellt:

> «Nun glaube ich wahrhaftig nicht zu weit zu gehen, wenn ich behaupte, dass diese drei Predigten an einem Tag sowohl den Geistlichen als auch einem grossen Teil der Laien lästig waren, und dass mancher, der einem oder vielleicht auch zwei Canzelvorträge [sic] andächtig zuhörte, beim dritten aber nur um als ein guter Christ zu paradieren sich einfand, sich stark nach dem letzten Wort des Pfarrers sehnte und sich am Ende des Tages im stillen bekannte, dass er sich heute weidlich gekreuzigt habe»[153].

An den meisten reformierten Orten war bereits vor Einführung des Bettags ein vierter Abendmahlssonntag als «Herbstkommunion» eingeführt worden. Als sich der Bettag an einem Sonntag im September etablierte, stellte sich die Frage, ob der Bettagssonntag gleichzeitig der Sonntag der Herbstkommunion sein solle. In Zürich führte der Weg bereits 1768 dazu, am Bettag das Abendmahl zu feiern[154]. An anderen Orten wurde diese Verbindung zunächst abgelehnt[155].

An den reformierten Orten ist eine der besonders interessanten und brisanten Fragen die, wie an den Bettagen mit dem Fasten umgegangen wurde. Insbesondere das symbolische Ursprungsereignis der Zürcher Reformation – das Wurstessen – legte eine erneute Aufnahme des Fastens nicht gerade nahe. Als Johann Jakob Breitinger sich für den Bettag einsetzte, monierte er indes, dass Zürich die einzige reformierte Kirche der Eidgenos-

---

152 Vgl. diverse Bettagsmandate ab 1620 in Zürich. In: Campi/Wälchli, Kirchenordnungen 1, 593.607.617.620.623 u.ö.
153 Zitiert nach Hadorn, Bettag 52.
154 Vgl. Maissen, Tag 233 f.; Bähler, Abendmahl 53.
155 Siehe zu Bern im Beitrag von Martin Sallmann in diesem Band 122 f.

senschaft gewesen sei, «die das Fasten so gar fallen lassen» hat, obwohl es doch in anderen Kirchen «mit augenscheinlicher Frucht gebraucht werde»[156]. In seinem «Bedenken der Diener der Kilchen und Schul allhie» von 1619 wird der Bettag als Fasttag deklariert, doch wird

> «niemanden vorgeschrieben, was oder wie er und die seinigen essen, oder nicht essen sollen, sondern es *behält jeder diesfalls seine Freyheit* nach Erfordern seiner Complexion, wie ihn zu seiner Andacht dienlich seyn bedünkt und Gott einen jeden ermahnet»[157].

Grosse Bedeutung hatte das Fasten in Genf beim «Jeûne fédéral». Dort wurden bis 1815 drei Predigten um 5 Uhr, 8 Uhr und 11 Uhr gehalten. Die Menschen verblieben bis zur Beendigung aller Gottesdienste in der Kirche, was nach Schaufelberger bedeutete, dass sie sich bis 15 Uhr jeglicher Nahrung enthielten[158].

Auf katholischer Seite wurden neben der sonntäglichen Eucharistiefeier am Bettag verschiedene, z.T. auch lokal geprägte Andachtsformen weitergeführt. Eine gewisse Vereinheitlichung geschah durch die Weisungen der Schweizer Bischofskonferenz von 1886. Sie ordneten für den Bettag ein zehnstündiges Gebet vor dem Allerheiligsten an, das in eine öffentliche Feier mit Erneuerung der Taufgelübde, gemeinsamer Buss- und Bittandacht sowie Te Deum und Segen mündete[159].

3.4 Neuere Lerngeschichten

Im 19. Jahrhundert stabilisierte sich der überkonfessionell institutionalisierte Eidgenössische Dank-, Buss- und Bettag. Einen Abschluss der Geschichte seiner Gestaltung konnte und kann dies nicht bedeuten. Der hier vorgelegte Band will einen Beitrag gerade auch zur Erhellung der neueren Geschichte leisten und zu einer weiteren Pflege des Bettags ermutigen. Dafür kann und soll nur kurz noch ein Rahmen abgesteckt werden.

---

156 Zitiert nach Mörikofer, Breitinger 53. «Frucht» gemäss Corrigenda (VIII) korrigiert aus «Furcht». Mörikofer bezeichnet Breitinger als den Urheber des Eidgenössischen Buss-, Bet- und Danktages: Breitinger 54.
157 Zitiert nach: Schaufelberger, Geschichte 30 (Hervorhebung dort im Sperrdruck); vgl. auch Schaufelberger, Geschichte 76.
158 Vgl. Schaufelberger, Geschichte 47.
159 Vgl. den Eintrag in der Kirchenchronik der SKZ 54 (1886) 304. Siehe im Beitrag von Hans Stadler-Planzer in diesem Band 98f.

Schon früh machte sich die Tendenz bemerkbar, den staatlichen Einfluss auf den Bettag zurückzunehmen und die Verantwortung primär den Kirchen zuzuweisen. In Zürich wurden Proklamation und Ausgestaltung des Bettags, wenngleich staatliche Angelegenheit, seit 1874 von den kirchlichen Behörden übernommen. Konkret verfasste ab 1874 der Antistes, ab 1896 der alt Antistes, von 1899 an im Wechsel einer der Kirchenräte das Bettagsmandat[160].

Andererseits ist der Bettag auch weiterhin ein staatlich angeordneter Feiertag mit kantonal unterschiedlichen Regelungen z. B. für Kultur- und Sportanlässe. Bis heute bringen sich zahlreiche kantonale Regierungen (z. T. jährlich, z. T. im Wechsel mit anderen Instanzen) durch ein Mandat aktiv in den Eidgenössischen Bettag ein. Dies geschieht heute vor dem Hintergrund der mühevollen Ausdifferenzierung von Staat und Kirche seit der Neuzeit, die inzwischen von vermutlich allen Akteuren positiv bewertet und entsprechend akzeptiert wird. Der Staat ist sich bewusst, dass er nur dann allen Bürgern und Bürgerinnen gleiche Würde und Rechte zuerkennt, wenn er sich gegenüber den verschiedenen Wertsystemen, Glaubensüberzeugungen und Weltanschauungen seiner Bürger, seien sie religiös oder nichtreligiös, neutral verhält[161]. Kirchlicherseits wird rückblickend die Verschränkung kirchlicher und staatlicher Autorität, die katholischerseits vor allem an den mittelalterlichen Machtverhältnissen, reformierterseits am Zusammenwirken zwischen reformatorischen Kräften und der Obrigkeit in der Reformation bis in die Neuzeit hinein idealtypisch ablesbar ist, in ihren Schattenseiten erkannt. Vor diesem Hintergrund haben integralistische Modelle des Verhältnisses von Staat und Kirche ausgedient. Von beiden Seiten – Staat und Religionen – ist jedoch je neu zu überdenken, wie die Unterscheidung von Staat und Kirche ausgestaltet wird. Denn diese muss, wie in zahlreichen Diskussionen der zurückliegenden Jahrzehnte deutlich wurde, nicht als rigorose Trennung entfaltet werden, sondern kann mit Kooperation einhergehen.

In der kirchlichen Praxis haben sich die Formen markant verändert. An vielen Orten hingegen hat sich eine Perspektive aufgetan, die in der Konsequenz der Entstehungsgeschichte des Bettags liegt: Die Entwicklung zu einem von Reformierten und Katholiken gemeinsam getragenen, aber getrennt begangenen Bettag verlängerte sich hin zu ökumenischen Feiern.

---

160 Schaufelberger, Geschichte 112.119. Ähnlich war die Entwicklung in Bern; vgl. im Beitrag von Martin Sallmann in diesem Band 124. Hadorn, Bettag 86, bewertet die Übergabe der Verantwortung für die Bettagsproklamationen an die Kirchenbehörden als Abschluss der staatlichen Verantwortlichkeit für den Bettag überhaupt, was der komplexen Gestalt des Bettags bis heute nicht entspricht.

161 Vgl. Maclure/Taylor, Laizität 17–28.

Anstoss für diese an manchen Orten heute regelmässige Praxis war nicht zuletzt die interreligiöse Bettagsfeier zur Siebenhundertjahrfeier der Eidgenossenschaft 1991 auf dem Landenberg, an der neben Vertretern der christlichen Kirchen Juden und Muslime teilnahmen[162]. Folgerichtig zu seiner gesellschaftlichen Verankerung öffnet sich der Eidgenössische Bettag in der zunehmend multikulturellen Gesellschaft des 20. Jahrhunderts für eine Beteiligung anderer Religionen und darüber hinaus eine interreligiöse Praxis.

4. Ausblick

Der Eidgenössische Dank-, Buss- und Bettag ist Ausdruck religiöser Bewältigung von Erfahrungen der Bedrohung und Bewahrung, der gemeinsamen und persönlichen Verantwortung und der wechselseitigen Verbundenheit. Charakteristisch ist das Zusammenspiel von politischem und kirchlichem Gemeinwesen, das im Rahmen der Tagsatzung überregional gesucht wurde. Dadurch wurde der Bettag zum Zeichen der Verbundenheit zwischen den verschiedenen Ständen der Eidgenossenschaft. Auf der Basis einer gemeinsamen Vorgeschichte und einer Zeit von Parallelgeschichten wurde er nach 1794 zu einem Bindeglied zwischen katholischen und reformierten Gebieten. Unbeschadet dieses übergreifenden Ansatzes wurde der Bettag in regional und konfessionell unterschiedlichen Ausprägungen begangen, so wie sich seine Gestalt epochal durch sich wandelnde Frömmigkeitsformen veränderte.

Damit tritt zugleich die bleibende Herausforderung vor Augen. Aufgrund seiner konkreten Bezogenheit auf menschliche Lebenswelten bedarf der Bettag einer zeitsensiblen Gestaltung, die den «Zeichen der Zeit» entspricht und eine religiös vollziehbare Gestalt von Dankbarkeit und Bitte, von Zuspruch gnadenhaften Getragenseins wie ethischer Herausforderung anbietet. Einer steten Reflexion bedarf auch das Zusammenspiel der Trägerschaften und Akteure. Es ist beeindruckend, sich rückblickend zu vergegenwärtigen, wie der Bettag nicht zuletzt hinsichtlich seiner Wechselbeziehungen zwischen kirchlicher und staatlicher Obrigkeit und zwischen den Konfessionen jeweils den zeitgeschichtlichen Konstellationen entsprechend ausgestaltet wurde. In einer veränderten Gesellschaft ist es ebenso unabdingbar, in religionspolitischer Reflexion das Verhältnis von staatlicher und kirchlicher Verantwortlichkeit zu gestalten, wie der veränderten religiösen Landschaft der Schweiz zu entsprechen.

---

162 Vgl. Imfeld, Formen 362.

Solidarisch beten

Kirchlicherseits kann die Differenzierung von Staat und Kirche mitnichten bedeuten, dass Christen und Christinnen die gesellschaftlichen Belange gleichgültig würden. Auch wenn es keinen Eidgenössischen Bettag gäbe, könnten die Kirchen es für gut befinden, einen Bettag für die Eidgenossenschaft zu halten. Erfreulich ist es aber, wenn ein solcher Bettag nicht nur eine kirchliche, sondern auch eine gesellschaftliche Einrichtung ist. Um diese staatlich-kirchliche Verfasstheit des Bettags zu erhalten, tun die Kirchen gut daran, einerseits die kirchlichen Bettagstraditionen intern in aktuellen Formen zu pflegen und andererseits offen für religionsübergreifende und in säkulare Konstellationen hineinrückende Bettagsinitiativen zu sein. Im Blick auf die Geschichte des Bettags ist unübersehbar, dass sich die religiösen Deutungen seines Sinnes verändert haben. Wie anfänglich ausgeführt, lässt sich aus genuin christlichen Gründen ein Verständnis von bedrohlichen Zeitereignissen als Gericht Gottes und der Einsatz von Busse als Mittel der Umstimmung Gottes nicht halten. Der Bettag ist daher gewissermassen ein Ernstfall christlicher Spiritualität, die inmitten einer immanent verstehbaren, in diesem Sinne «säkularen» Welt auf eine tragende Gottesbeziehung setzt[163], und zwar nicht in einer innerlichen Religion der Gefühlswelt, sondern in einem politisch und sozial engagierten Selbstverständnis.

Wenn so auch binnenkirchlich die Sinngebung des Bettags Veränderung erfahren hat und weiterhin erfährt, sollte es den Kirchen möglich sein, den eigenen Glauben an die Verbundenheit aller Menschen im Angesicht Gottes und das Bewusstsein der eigenen Verantwortung so zu formulieren, dass der darin implizierte Solidaritätsgedanke über Glaubensgrenzen hinaus in wechselseitiger Gemeinschaft expliziert werden kann.

Dringlich für die Akzeptanz des Bettags ist die Frage, welche Bedeutung er im Kontext von nichtinstitutioneller Religiosität und im Kontext von nichtreligiösem Selbstverständnis vieler Menschen haben kann. So sehr die Angehörigen der Religionen die Dimension ihrer Verantwortung vor Gott und die Praxis des Betens pflegen, so sehr sollten sie den Eidgenössischen Dank-, Buss- und Bettag für Menschen offen halten, die sich selbst keiner religiösen Tradition zurechnen und sich selbst ggf. sogar als areligiös bezeichnen. Es ist eine Tatsache, dass in unserer Gesellschaft Menschen verschiedener weltanschaulicher Gesinnung gemeinsam Verantwortung übernehmen. Der Bettag könnte darüber hinaus eine «gemeinsame Nachdenklichkeit» stiften, die vor Aktionismus bewahrt. Die blosse Opposition «Denken statt beten» sollte von beiden Seiten konstruktiv überwunden werden.

Tatsächlich wird der Bettag bis heute immer wieder von Intellektuellen – seien sie Angehörige von Religionen oder nicht – zu z. T. provokanten Wort-

---

163 Vgl. Taylor, Zeitalter 906 u. ö.

meldungen in der Gesellschaft genutzt. Die Palette reicht von den berühmten offiziell verfassten, aber nicht genehmigten Bettagsmandaten Gottfried Kellers[164] über die von Sorge erfüllten Artikel aus der Feder von Leonhard Ragaz aus den Jahren vor und während des 2. Weltkriegs[165] bis zur Wortmeldung von Adolf Muschg von 2009[166].

Die Religionsgemeinschaften nehmen ihre gesellschaftliche Verantwortung heute vielleicht gerade dann wahr, wenn sie einer Gefahr entgegentreten, die dem Bettag seit seinen Anfängen innewohnt: Solidarität nur im Binnenbereich zu leben. Dabei führten die sich verändernden Strukturen des Bettags immer wieder zum Aufbrechen eines verengten Solidaritätsgedankens. Die binnenorientierte Verbundenheit der lokalen Bevölkerung lernte übergreifende Verbundenheit durch das in der Tagsatzung vereinbarte Zusammenspiel mit anderen Ständen; die nur eidgenössische Solidaritätsgedanke wurde nachreformatorisch (auf beiden Seiten) geöffnet durch den Blick auf Glaubensgenossen im Ausland; der gemeinsame Eidgenössische Bettag lehrte eine konfessionsübergreifende Solidarität. Gerade im heutigen globalen Kontext muss am Eidgenössischen Bettag auch die Nation und Kultur übergreifende Schicksalsgemeinschaft der Menschheit im Bewusstsein stehen. Die Religionen könnten als «weltreligiöse» und nicht «nationalreligiöse» Gemeinschaften Vorreiter eines alternativen Gesellschaftsverständnisses sein, das soziale, kulturelle und nationale Grenzen überschreitet[167].

Literatur

Amtliche Sammlung der ältern eidgenoessischen Abschiede. Hg. auf Anordnung d. Bundesbehoerden unter d. Direction d. eidgenoessischen Archivars Jacob Kaiser. Lucern 1839–1886: http://digital.ub.uni-duesseldorf.de/periodical/structure/207967 (29.12.2016).

Bächtold, Hans Ulrich: Gegen den Hunger beten. Heinrich Bullinger, Zürich und die Einführung des Gemeinen Gebetes im Jahres 1571. In: ders./Henrich, Rainer/Rüetschi, Kurt Jakob: Vom Beten, vom Verketzern, vom Predigen. Beiträge zum Zeitalter Heinrich Bullingers und Rudolf Gwalthers. Prof. Dr. Alfred Schindler zum 65. Geburtstag. Zug o.J. [1999] (Studien und Texte zur Bullingerzeit 1), 9–44.

Bächtold, Hans Ulrich: Heinrich Bullinger vor dem Rat. Zur Gestaltung und Verwaltung des Zürcher Staatswesens in den Jahren 1531 bis 1575. Bern 1982 (Zürcher Beiträge zur Reformationsgeschichte 12).

---

164 Vgl. Keller, Bettagsmandate.
165 Ragaz, Dürfen; ders., August.
166 Muschg, Selbstachtung.
167 Vgl. Beck, Gott, v.a. 103–107.

Bähler, Eduard: Art. Abendmahl. In: Historisch-biographisches Lexikon der Schweiz 1 (1921) 53f.
Beck, Ulrich: Der eigene Gott. Von der Friedensfähigkeit und dem Gewaltpotential der Religionen. Frankfurt a. M./Leipzig 2008.
Blösch, Emil: Die Vorreformation in Bern. In: Jahrbuch für schweizerische Geschichte 9 (1884) 1–107.
Breitinger, Johann Jacob: Die alt und neüw Kilbe oder ein kurtzer Bericht was Kilbe, was alte unnd neüwe Kilbe ... Zürich 1639: http://www.e-rara.ch/doi/10.3931/e-rara-10744 (29.12.2016).
Brown, Peter: Die Entstehung des christlichen Europa. München 1999 (Beck'sche Reihe 4023).
Bucer, Martin: De regno Christi libri duo. 1550. Paris; Gütersloh 1955 (Martini Buceri Opera omnia. Series 2: Martini Buceri Opera latina 15).
Bucer, Martin: Schriften zur Kölner Reformation. Gütersloh 1999 (Martini Buceri Opera Omnia I: Deutsche Schriften 11/1), 147–432.
Bucher-Häfliger, Josef: Der Eidgenössische Bettag. Übersicht über seine Entstehung, im Besondern im Kanton Luzern. Grossdietwil [Separatdruck] 2000.
Büsser, Fritz: Heinrich Bullinger (1504–1575). Leben, Werk und Wirkung. 2 Bde. Zürich 2004.
Büsser, Fritz: Bullinger – der Prediger. In: ders.: Wurzeln der Reformation in Zürich. Zum 500. Geburtstag des Reformators Huldrych Zwingli. Leiden 1985 (Studies in medieval and Reformation thought 31), 143–158.
Bullinger, Heinrich: Dekaden = ders.: Theologische Schriften. Bd. 3: Sermonum Decades quinque de potissimis Christianae religionis capitibus (1552). Zürich 2008 (Heinrich Bullinger Werke [HBW] 3).
Bullinger, Heinrich: Diarium (Annales vitae) der Jahre 1504–1574. Zum 400. Geburtstag Bullingers am 18. Juli 1904. Basel 1904 (Quellen zur schweizerischen Reformationsgeschichte 2): http://www.irg.uzh.ch/de/hbbw/diarium.html (29.12.2016).
Bullinger, Heinrich: Von rechter buoss oder besserung dess sündigen menschens ... Zürich 1553: http://data.onb.ac.at/ABO/%2BZ18 2913900 (29.12.2016).
Calvin, Johannes: La forme des chantz et prières ecclésiastiques / Genfer Gottesdienstordnung (1542) mit Nachbartexten. Bearb. v. Andreas Marti. In: Busch, Eberhard/Heron, Alasdair/Link, Christian u. a. (Hg.): Calvin-Studienausgabe Bd. 2: Gestalt und Ordnung der Kirche. Neukirchen-Vluyn 1997, 137–225.
Calvin, Johannes: Institutio christianae religionis [Inst.] = Calvin, Johannes: Ioannis Calvini Opera Selecta. Ediderunt Petrus Barth, Guilelmus Niesel, Dora Scheuner. Bde. 3–5. München 1928–1936. Übersetzung nach: Calvin, Johannes: Unterricht in der christlichen Religion. Institutio christianae religionis. Nach der letzten Ausgabe übersetzt und bearbeitet von Otto Weber. Neukirchen-Vluyn 2008.
Campi, Emidio/Wälchli, Philipp (Hg.): Zürcher Kirchenordnungen 1520–1675. Zwei Teile. Zürich 2011.
Confessio Helvetica posterior (1566). In: Mühling, Andreas/Opitz, Peter (Hg.): Reformierte Bekenntnisschriften. Bd. 2/2: 1562–1569. Neukirchen-Vluyn 2009, 243–345.
Conzemius, Victor: Art. Bettag. In: Historisches Lexikon der Schweiz: http://www.hls-dhs-dss.ch/textes/d/D10106.php (29.12.2016).

Ehrensperger, Alfred: Der Gottesdienst in Stadt und Landschaft Basel im 16. und 17. Jahrhundert. Zürich 2010 (Geschichte des Gottesdienstes in den evangelisch-reformierten Kirchen der Deutschschweiz 1).

Ehrensperger, Alfred: Der Gottesdienst in Stadt und Landschaft Bern im 16. und 17. Jahrhundert. Zürich 2011 (Geschichte des Gottesdienstes in den evangelisch-reformierten Kirchen der Deutschschweiz 2).

Ehrensperger, Alfred: Der Gottesdienst in der Stadt St. Gallen, im Kloster und in den fürstäbtischen Gebieten vor, während und nach der Reformation. Zürich 2012 (Geschichte des Gottesdienstes in den evangelisch-reformierten Kirchen der Deutschschweiz 3).

Faber, Eva-Maria: Eidgenössischer Dank-, Buss- und Bettag. In: Frettlöh, Magdalene L./Mathwig, Frank/Zeindler, Matthias (Hg.): «In Deiner Hand meine Zeiten ...». Das Kirchenjahr in reformierter Perspektive mit ökumenischen Akzenten. Zürich 2018 (in Vorbereitung).

Godel, Eric: Die Zentralschweiz in der Helvetik (1798–1803). Kriegserfahrungen und Religion im Spannungsfeld von Nation und Region. Münster 2009.

Greschat, Martin: Martin Bucer. Ein Reformator und seine Zeit (1491–1551). Münster ²2009.

Hadorn, Wilhelm: Der eidgenössische Dank-, Buss- und Bettag. Mit besonderer Berücksichtigung der bernischen Geschichte. Bern 1908 (Separatdruck der Blätter für bernische Geschichte, Kunst und Altertumskunde).

Hall, Stuart George/Crehan, Joseph H.: Art. Fasten. Fasttage III. Biblisch und kirchenhistorisch. In: TRE 11 (1983) 48–59, 55–57.

Heinz, Andreas: Art. Bittprozession. In: LThK³ 2 (1994) 512–514.

Heinz, Andreas: Art. Quatember, Quatembertage. I. Liturgiegeschichtlich. In: LThK³ 8 (1999) 764 f.

Hottinger, Johann Jakob: Helvetische Kirchengeschichten. 3. Teil. Zürich: Bodmerische Truckerey, 1708: http://reader.digitale-sammlungen.de/de/fs1/object/display/bsb10716162_00962.html (29.12.2016).

Imfeld, Karl: Formen der Volksfrömmigkeit im Jahreslauf. In: Halter, Ernst/Wunderlin, Dominik (Hg.): Volksfrömmigkeit in der Schweiz. Zürich 1999, 314–371.

Janowski, Bernd: Sühne als Heilsgeschehen. Studien zur Sühnetheologie der Priesterschrift und zur Wurzel KPR im Alten Orient und im Alten Testament. Neukirchen-Vluyn ²2000 (WMANT 55).

Jecklin, Fritz (Hg.): Materialien zur Standes- und Landesgeschichte Gem. III Bünde (Graubünden). 1464–1803. 1. Teil: Regesten. Basel: Basler Buch- und Antiquariatshandlung, 1907.

Jussen, Bernhard: Liturgie und Legitimation, oder: Wie die Gallo-Romanen das römische Reich beendeten. In: Blänkner, Reinhard/Jussen, Bernhard (Hg.): Institutionen und Ereignis: Über historische Praktiken und Vorstellungen gesellschaftlichen Ordnens. Göttingen 1998, 75–136.

Keller, Gottfried: Bettagsmandate. Zollikon 2004.

Keller, Zsolt: Der Eidgenössische Bettag als Plattform nationaler Identität der jüdischen und katholischen Schweizer. In: Altermatt, Urs (Hg.): Katholische Denk- und Lebenswelten. Beiträge zur Kultur- und Sozialgeschichte des Schweizer Katholizismus im 20. Jahrhundert. Freiburg i. Ü. 2003, 135–150.

Koch, Ernst: Das konfessionelle Zeitalter – Katholizismus, Luthertum, Calvinismus (1563–1675). Leipzig 2000 (Kirchengeschichte in Einzeldarstellungen 2/8).

Köhn, Mechtild: Martin Bucers Entwurf einer Reformation des Erzstiftes Köln. Untersuchung der Entstehungsgeschichte und der Theologie des «Einfaltigen Bedenckens» von 1543. Witten 1966 (Untersuchungen zur Kirchengeschichte 2).

Kreis, Georg: Art. Schlachtjahrzeiten. In: Historisches Lexikon der Schweiz: http://www.hls-dhs-dss.ch/textes/d/D24627.php (28.12.2016).

Lutz, Samuel: Ergib dich ihm ganz. Huldrych Zwinglis Gebet als Ausdruck seiner Frömmigkeit und Theologie. Zürich 1993.

MacCulloch, Diarmaid: Die Reformation. 1490–1700. München 2010.

Maclure, Jocelyn/Taylor, Charles: Laizität und Gewissensfreiheit. Frankfurt a.M. 2011.

Maissen, Thomas: Die Bedeutung der Religion in der politischen Kultur der Schweiz. Ein historischer Überblick. In: Acklin Zimmermann, Béatrice/Siegrist, Ulrich/Uster, Hanspeter (Hg.): Ist mit Religion ein Staat zu machen? Zu den Wechselbeziehungen von Religion und Politik. Zürich 2009 (Schriften Paulus Akademie Zürich 5), 13–28.

Maissen, Thomas: «Unser Herren Tag» zwischen Integrationsritual und Verbot: Die Zürcher Kirchweihe (Kilbi) im 16. Jahrhundert. In: Zürcher Taschenbuch 118 (1998) 191–236.

McKee, Elsie: Calvin's Day of Prayer. Its Origin, Nature, and Significance. In: Dingel, Irene/Selderhuis, Herman J. (Hg.): Calvin und Calvinismus. Europäische Perspektiven. Göttingen 2011 (Veröffentlichungen des Instituts für Europäische Geschichte Mainz. Abt. für abendländische Religionsgeschichte 84), 315–332.

Meier, Gabriel: Zur Geschichte des eidg. Bettages, nach Tagebüchern des Klosters Rheinau. In: Zeitschrift für Schweizerische Kirchengeschichte 14 (1920) 40–47.

Miscellanea Tigurina: edita, inedita, vetera, nova ... 5. Ausgabe. Zürich 1722.

Mörikofer, Johann Caspar: J.J. Breitinger und Zürich. Ein Kulturbild aus der Zeit des dreissigjährigen Krieges. Leipzig 1874.

Muschg, Adolf: Selbstachtung 2009. In: Die Zeit vom 17.9.2009: http://www.zeit.de/2009/39/CH-Bettag (29.12.2016).

Ochsenbein, Peter: Beten «mit zertanen armen» – ein alteidgenössischer Brauch. In: Schweizerisches Archiv für Volkskunde = Archives suisses des traditions populaires 75 (1979) 129–172.

Ochsenbein, Peter: «Grosses Gebet der Eidgenossen» und «Grosses allgemeines Gebet». Zwei Volksandachten im 16. Jahrhundert. In: Zeitschrift für schweizerische Kirchengeschichte / Revue d'histoire ecclésiastique suisse 73 (1979) 243–255.

Ochsenbein, Peter: Das grosse Gebet der Eidgenossen. Überlieferung – Text – Form und Gehalt. Bern 1989 (Bibliotheca Germanica 29).

Ochsenbein, Peter: Das Luzerner «Grosse Gebet» im 15. Jahrhundert. In: Zeitschrift für schweizerische Kirchengeschichte 76 (1982) 40–62.

Pfister, Rudolf: Kirchengeschichte der Schweiz. Bd. 1. Zürich 1964.

Ragaz, Leonhard: Dürfen wir noch an die Schweiz glauben? Zum Bettag. In: Neue Wege 17 (1923) 393–400.

Ragaz, Leonhard: Vom ersten August zum Bettag. In: Neue Wege 35 (1941) 21–28.

Rück, Peter: Die Durchführung des «Grossen Gebets» in den Jahren 1587–1588. In: Zeitschrift für Schweizerische Kirchengeschichte 60 (1966) 342–355.

Sallmann, Martin: «Innerlichkeit» und «Öffentlichkeit» von Religion. Der Fast- und Bettag von 1620 in Basel als offizielle religiöse Krisenbewältigung der Kriegsbedrohung. In: Jakubowski-Tiessen, Manfred/Lehmann, Hartmut (Hg.): Um Himmels Willen. Religion in Katastrophenzeiten. Göttingen 2003, 157–178.

Schaufelberger, Rosa: Die Geschichte des Eidgenössischen Bettags mit besonderer Berücksichtigung der reformierten Kirche Zürich. Zürich 1920.

Schmidt, Ludwig: Art. Busse. VIII. Kirchliche Buss- und Bettage. In: TRE 7 (1981) 492–496.

Schweizerisches Idiotikon. Wörterbuch der schweizerdeutschen Sprache. Frauenfeld 1961: https://idiotikon.ch/ (29.12.2016).

Sigg, Otto: Das 17. Jahrhundert. In: Geschichte des Kantons Zürich. Bd. 2: Frühe Neuzeit – 16. bis 18. Jahrhundert. Zürich 1996, 282–363.

Simons, Ed[uard]: Die Anfänge der evangelischen Bettagsfeier in Deutschland. In: Monatsschrift für Gottesdienst und kirchliche Kunst (1899) 206–211.

Suntrup, Aloys: Studien zur politischen Theologie im frühmittelalterlichen Okzident. Die Aussage konziliarer Texte des gallischen und iberischen Raumes. Münster 2001 (Spanische Forschungen der Görresgesellschaft 36).

Taylor, Charles: Ein säkulares Zeitalter. Frankfurt a. M. 2012.

Weismann, Eberhard: Der Predigtgottesdienst und die verwandten Formen. In: Müller, Karl Ferdinand/Blankenburg, Walter (Hg.): Leiturgia. Handbuch des evangelischen Gottesdienstes. 3. Bd.: Gestalt und Formen des evangelischen Gottesdienstes. II. Der Predigtgottesdienst und der tägliche Gottesdienst. Kassel 1956, 1–96.

Wendel, François: L'Église des Strasbourg. Sa constitution et son organisation 1532–1535. Paris 1942 (Université de Strasbourg B,11).

Zwingli, Huldrych: Ordnung der christlichen Kirche zu Zürich. Nach Ostern 1525. In: Huldreich Zwinglis sämtliche Werke. Bd. 4: Werke April 1525 – März 1526. Leipzig 1927 (Corpus Reformatorum 91), 671–717.

Hans Stadler-Planzer

Der Eidgenössische Bettag in der katholischen Innerschweiz
Entstehung und Entfaltung

Der Eidgenössische Bettag wurde erstmals 1794 in gegenseitiger Absprache der katholischen und reformierten eidgenössischen Stände begangen. Zwei Jahre später beschloss die allgemeine gesamtschweizerische Juli-Tagsatzung 1796 die regelmässige Durchführung der Feier. Die Geschichte des Bettags, des wohl bedeutendsten Zeichens einer sich anbahnenden ökumenischen Zusammenarbeit am Ende der Frühen Neuzeit, wurde bis jetzt vor allem von reformierter Seite untersucht. Eva-Maria Faber betont den überkonfessionellen Gesichtspunkt[1]. Der folgende Beitrag richtet den Blick auf die Entstehung und Entfaltung des Bettags in den katholischen Ständen mit besonderer Berücksichtigung Luzerns und der katholischen Innerschweiz.

1. Vorformen

Gemeinsames Beten, über die Grenzen der Pfarrei und sogar des Standes hinaus, findet sich in der Eidgenossenschaft seit dem Spätmittelalter bei Katholiken wie bei Reformierten.

Der erste gemeinsame Bettag aller reformierten Stände datiert von 1639. Er festigte sich seit etwa 1650 und ging 1794 im gesamteidgenössischen Bettag auf[2]. Die Reformierten bevorzugten als Bettag jeweils einen Werktag, mit Vorliebe den Donnerstag, um ihn als einen eigentlichen Feiertag auszuzeichnen.

Bei den Katholiken waren ihrer weltkirchlichen Verfasstheit wegen gemeinsame Feiern im Rahmen des Kirchenjahres üblich. Im Diözesanverband gab es immer wieder vom Bischof aus aktuellem Anlass angeordnete Andachten[3]. Gemeinsames Beten wurde auch von den katholischen Obrig-

---

1 Vgl. Hadorn, Bettag. Schaufelberger, Bettag. Faber, Solidarisch beten (in diesem Band). Die drei allgemeinen Werke sind für die weiteren Ausführungen dieser Arbeit stets mitzuberücksichtigen.
2 Vgl. EA V/2, 1123.1179.
3 Vom Bischof von Konstanz angeordnete Gebetstage des 16. bis 18. Jahrhunderts in: StALU, AKT 19B/539–555.

keiten in vielfältig eigenen Formen angeordnet. Wir finden auf der Ebene von Pfarreien und Kirchhören, von Ständen und gar Regionen, beispielsweise der katholischen Innerschweiz, in Zeiten von Not und Gefahr durchgeführte Gebetstage, Wallfahrten, Bittgänge. Augenfällig war dies vor allem während der Glaubenskriege, bei Naturkatastrophen, Missernten und Teuerungen[4]. Bedrängt vom Dreissigjährigen Krieg, beschloss auch die katholische Tagsatzung 1643 einen gemeinsamen Bettag. Doch setzte sich dieser nicht als dauernde Einrichtung durch[5].

Besonders verankert in den drei Ländern Uri, Schwyz und Unterwalden, aber auch in andern katholischen Orten, war das «Grosse Gebet der Eidgenossen», eine mehr als drei Stunden dauernde Meditationsandacht mit hundert und mehr Betrachtungen, die vom Priester vorgetragen wurden, nach jedem Geheimnis beteten die Gläubigen in verschiedenen Haltungen mehrere Vater unser und Ave Maria. In Schwyz überlebte das «Grosse Gebet der Eidgenossen» bis weit ins 20. Jahrhundert hinein. In der Pfarrkirche St. Martin von Schwyz ist es bis 1968 als sogenannte Bettagsandacht bezeugt[6]. In Uri scheint sich das «Grosse Gebet der Eidgenossen» bis im 18. Jahrhundert weiterentwickelt und die Form einer Rosenkranzandacht angenommen zu haben. Bei allen fünfzehn Geheimnissen des freudenreichen, schmerzhaften und glorreichen Rosenkranzes las der Priester zehn Betrachtungstexte, die das Geheimnis näher darlegten, das Volk antwortete nach jeder Betrachtung mit einem Ave Maria[7].

Von anderer Art war das «Grosse allgemeine Gebet», das vor allem im letzten Viertel des 16. Jahrhunderts gut bezeugt ist. Es handelte sich um ein ununterbrochenes Beten von aneinandergereihten Vater unser und Ave Maria. Die Dauer konnte Stunden, Tage, Wochen betragen. Die Gläubigen einer Pfarrei wurden quartierweise in Gruppen aufgeboten. Ein Dorf reichte das Gebet dem Nachbardorf weiter. Ein Stand übergab es dem Nachbarstand. Alles war von der lokalen und kantonalen Obrigkeit und gegebenenfalls von der katholischen Tagsatzung genau abgesprochen und geregelt. Das «Grosse

---

4   Kappel 1531 in: Stadler-Planzer, Geschichte Uri 2a, 308–309; Dorfbrand von Altdorf 1693 in: Lusser, Geschichte 278. Siehe allgemein: StALU, AKT 19B/539–555; Wicki, Staat 258; Stadler-Planzer, Geschichte Uri 2a, 308–309.394–395; Jäggi, Religion 243–271; Waser, Religion 173–181.
5   Vgl. EA V/2, 1303.
6   Vgl. Ochsenbein, Das grosse Gebet der Eidgenossen 1989. Ochsenbein, Das Grosse Gebet der Eidgenossen 1991.
7   Siehe dazu: Maximus Planzer: Der Rosenkranz, alle Geheimnisse, mit 10 Betrachtungstexten zu jedem Rosenkranzgeheimnis; Allerheiligenlitanei; Schlussgebete. Manuskript von Maximus Planzer, 1769. In: FamA Planzer, Bürglen, Nr. 46.

allgemeine Gebet» scheint sich im Verlauf des 17. Jahrhunderts verloren zu haben und durch das «Vierzigstündige Gebet» abgelöst worden zu sein. In Rheinau war diese Gebetsform 1739 folgendermassen gestaltet: erster Anbetungstag von 5 Uhr bis 15 Uhr mit zehn Anbetungsstunden; zwei Tage später zweiter Anbetungstag, zusätzlich mit Prozession; fünf Tage später dritter Anbetungstag; am Sonntag darauf der letzte Anbetungstag mit zwei Ämtern, Vesper, Prozession, Litanei und Segen[8].

Als gemeinsames Beten von besonderer Eindrücklichkeit erscheint uns die Zusammenkunft der Urschweiz nach der Niederlage bei Villmergen 1712. Die politischen Häupter der drei Orte versammelten sich mit viel Volk am 24. Juni 1713 auf dem Rütli zur Feier der heiligen Messe und zur Erneuerung des Dreiländerbundes von 1315 sowie zur Bekräftigung des Sempacherbriefes 1393 und des Goldenen Bundes 1586[9].

2. Die Entstehung des eidgenössischen Bettags 1794 bis 1796

Die seit 1789 vom revolutionären Frankreich ausgehende Bedrohung, die Angst vor dem Eindringen des Koalitionskrieges in die Schweiz, der Schrecken vor der vermeintlich fortschreitenden Zersetzung religiöser und politischer Werte führten zum ersten gemeinsamen Eidgenössischen Bettag am 16. März 1794. Der Vorschlag hierzu erging am 5. Februar von Bern an den Vorort Zürich und gleichzeitig an die eidgenössischen Stände. Sie möchten, so die Aufforderung des Berner Rates, «gedachtes Fest als die gantze christliche Religion und unser gemeinsames Vaterland betreffend, mit uns und übrigen Eidgenossen» mitbegehen. Die Anregung fiel überall auf fruchtbaren Boden. Bettage auf diözesaner Ebene und von einzelnen Ständen waren für die katholischen Orte nichts Ungewohntes und aus den erwähnten Motiven teils bereits angeordnet worden. Deshalb antworteten die katholischen Stände auf die Umfrage ihres Vorortes Luzern zustimmend[10]. Ihre Haltung kam im Brief Luzerns an Bern vom 7. Februar 1794 zum Ausdruck. Die katholischen Stände, so Luzern, seien

---

8 Vgl. Rück, Durchführung 342–355; Stadler, Gebet; Ochsenbein, Das grosse Gebet der Eidgenossen 1989. Siehe auch StALU, AKT 19B/539–555. Die Durchführung des «Vierzigstündigen Gebetes» 1739 in Rheinau bei: Meier, Geschichte 41.
9 Vgl. EA VII/1, 31; Lusser, Geschichte 291; Stadler-Planzer, Geschichte Uri 2a, 254.
10 Vgl. StALU, AKT 19B/551. Siehe auch Bucher-Häfliger, Bettag 3f. Bucher-Häfliger ist auch für die weiteren Ausführungen stets beizuziehen.

«von den gleichen Gefühlen durchdrungen, von dem nemlichen Eifer beseelt, dieselbigen mittels öffentlicher Feier an Tag zu legen, und in unseren Landen auszubreiten und zu befestigen».

Gleich wie Zürich den reformierten erteilte Luzern den katholischen Bewohnern in den gemeinen Herrschaften Weisungen für die Durchführung des Bettags. Ebenso verfuhr Uri in späteren Jahren gegenüber den Untertanen der dreiörtigen ennetbirgischen Vogteien. Die Landvögte sorgten für den Vollzug[11]. Schon Mitte Februar legte der Rat von Luzern die Liturgie des Bettags in der Stadt fest: Um acht Uhr Prozession von der Xaverikirche bis zum Hof unter Beten des Rosenkranzes, Stadtbewohner und Stadtkirchgänger, Geistlichkeit, Studenten, Schultöchter hatten teilzunehmen; in St. Leodegar dann Lobamt mit Predigt, nachmittags Aussetzung, Vesper und Te Deum. Alle Wirtshäuser blieben geschlossen. Die Staatskanzlei erliess ein wortreiches gedrucktes Mandat, der Kommissar hatte zudem allen Landdekanen von diesem «hoheitlich verordneten Bet-Tag» Mitteilung zu machen.

Der Bettag wurde von den Pfarrern und geistlichen Institutionen der katholischen Schweiz sehr vielfältig gestaltet. Von Rheinau ist überliefert, dass vormittags zehn Uhr das Allerheiligste ausgesetzt und den Tag durch 15 Rosenkränze gebetet wurden, die Mönche sangen die Vesper, zum Abschluss wurde der eucharistische Segen erteilt. «Das Volk zeigte grosse Andacht und Erbauung», steht im Klostertagebuch. In Muri ging der Konvent in die Pfarrkirche, wo bei ausgesetztem Allerheiligsten 3 Rosenkränze und das «Allgemeine Gebet» verrichtet wurden. Am Nachmittag begab sich das Volk in die Klosterkirche, wo die gleiche Andacht wiederholt wurde[12]. Der Bischof von Konstanz – der Episkopat beanspruchte gemäss Kirchenrecht die Zuständigkeit zur Anordnung liturgischer Feiern – lobte den Glaubenseifer der Schweizer, die Wohltaten der göttlichen Güte zu verdanken. Er stimme zu, doch wünsche er, dass derartige Andachten ihm oder der bischöflichen Kurie rechtzeitig mitgeteilt werden, habe er doch vom Bettagsvorhaben nur über den Landvogt des Thurgaus erfahren.

Was bekam das gläubige Volk am 16. März 1794 in der Kirche zu hören? Einige Zeugnisse sind überliefert. Hierzu zwei Beispiele: In Sursee donnerte eine Predigt über den Zerfall von Glaube und Moral und dass die «Helvetier» einig sein müssten[13]. Eine Basler Publikation mit Mandaten reformierter und katholischer Stände, mit dem Hirtenbrief des Bischofs von Lausanne

---

11 Belegt durch Briefe der Landvögte von den Oberen Freien Ämtern, Mendrisio, Meiental, Thurgau.
12 Vgl. Meier, Geschichte 43.
13 Vgl. Predigt 1794.

sowie mit Predigten und Gebeten aus beiden Konfessionen dokumentierte den ökumenischen Geist des ersten Bettags[14].

Schon im Januar 1795 ging Luzern voran und forderte die katholischen Stände auf, am 15. März einen gemeinsamen Bettag zu begehen. Ausser Schwyz, das bereits auf den 12. Februar für sich einen Bettag angeordnet hatte, trafen in Luzern von allen katholischen Ständen einschliesslich von katholisch Glarus, ebenso vom Wallis und vom Abt von St. Gallen, begeisterte Zusagen ein. Uri zum Beispiel stimmte «mit namenloser Freude und mit wonnigster Seelen-Wollust» zu. Die Katholiken in den «mediaten Landen», d.h. in den Vogteien, wurden über die Landvögte miteinbezogen. Luzern hatte auch Zürich eingeladen, das ebenfalls mitzumachen sich bereit erklärte und bald melden konnte, dass die meisten reformierten Stände sich anschliessen würden. Der Konstanzer Bischof stimmte zu, setzte für alle Pfarreien den Bettag auf den 15. März fest und ordnete Predigten «ohne Anstössigkeiten» an[15].

In ganz ähnlicher Art verlief das Vorgehen unter der Leitung Luzerns bei der Vorbereitung und Durchführung des nächsten Bettags am 10. April 1796[16].

Die Bereitschaft zum gemeinsamen Beten war nun erwiesen. Und es galt in der vom rundum tobenden Revolutionskrieg geschüttelten Zeit, das Rheinauer Tagebuch belegt es, das Sprichwort: «Not lehrt beten!». Vorbereitung und Anordnung des Bettags unter Leitung und Koordination von Luzern und Zürich erschienen Bern nun aber unpassend und schwierig. Es schlug am 10. Juni 1796 dem Vorort vor, dass

«eine solche allgemeine Eidgenössische Religiöse Feierlichkeit gemeinsam abgerathen und auf eine allen und jeden Ständen schikliche Zeit gesetzt werden könnte».

Auch jetzt schlossen sich alle an. Die eidgenössische Juli-Tagsatzung 1796 konnte deshalb beschliessen, dass am kommenden 8. September (Maria Geburt) ein weiterer allgemeiner Bettag durchgeführt wurde. Der Bischof von Konstanz stand nicht an, auch jetzt seine Zustimmung zu erteilen und die nötigen Anordnungen zu erlassen. Nun war der Bettag fest und bleibend auf eidgenössischer Ebene verankert. Die Ansetzung auf das Fest Maria Geburt, bei den Katholiken ein Feiertag, wollte man für die kommenden

---

14 Vgl. Denkmaale.
15 StALU, AKT 19B/552.
16 Vgl. StALU, AKT 19B/553; StASZ, 564.001.

Jahre allerdings offenlassen und eine endgültige Schlussnahme abwarten[17]. Die Terminfrage blieb dann aber bis 1832 eine ungelöste Knacknuss.

3. Der Bettag in der Helvetik 1798 bis 1803

In der Helvetik 1798 bis 1803 bestimmte das Direktorium, das zentrale und mit grosser Befugnis ausgestattete Exekutivorgan, das Kirchenwesen der Schweiz und damit den Bettag. Philipp Anton Stapfer als Minister der Künste und Wissenschaften wollte den Bettag weiterführen und liess im Juli 1798 vom Direktorium ein entsprechendes Mandat verabschieden[18]. Dieses war geprägt von aufgeklärtem Religionsverständnis, enthielt viele ethische Postulate und mahnte beim Volk Bürgertugenden und patriotische Gesinnung an. Über die kantonalen Regierungsstatthalter wurde der Erlass an die «Religionsdiener» geleitet. Das Ministerium für den öffentlichen Unterricht wollte zeitweilig die Anordnungen der Pfarrer und ihre Predigten zur Genehmigung unterbreitet erhalten.

Die Weisung wurde in den katholischen Gegenden unterschiedlich befolgt. Luzern, wo mit den Regierungsstatthaltern Vinzenz Rüttimann und Franz Xaver Keller sowie mit Kommissar Thaddäus Müller eine der Helvetik gewogene Obrigkeit waltete, förderte den Bettag und verpflichtete 1803 die Behörden gar, in Amtskleidung am Gottesdienst teilzunehmen. In den Landpfarreien gab es allerdings Unterschiede. In den übrigen katholischen Kantonen und Distrikten wurde nur wenig gefeiert. Für das Wallis, für katholisch Glarus, St. Gallen, Fribourg sind Skepsis und Ablehnung überliefert. Die Urschweiz stand der Helvetik und ihren Exponenten besonders kritisch gegenüber. Fürstabt Pankraz Forster von St. Gallen ordnete an, am Bettag für Kaiser Franz II. und Erzherzog Karl zu beten.

Vom einstigen gemeineidgenössischen Sinn kann an den Bettagen der Jahre der Helvetik also nicht die Rede sein. Was waren die Gründe? Die alteidgenössischen, konservativen Eliten bestimmten das politische Klima. Das galt auch in den reformierten Ständen, vor allem im aristokratischen Bern. Dort lobte der Münsterpfarrer Müslin in der Bettagspredigt 1803, nach dem Sturz der Helvetik und der Einführung der Mediation also, die neuen Magistraten mit den Worten: «Ihr, unsre allgeliebten Regenten, die Gott

---

17 Vgl. StALU, AKT 19B/554; EA VIII, 226; Muheim, Einheitstermin; Akten zum Bettag 1797 in: StALU, AKT 19B/555.
18 Vgl. Actensammlung Helvetik 2, 746–755. Zu den 1799 erhobenen Einwänden des Direktoriums gegen die Bettagspflicht wegen der Religionsfreiheit siehe Actensammlung Helvetik 4, 1169–1174.

nicht wie jene im Zorn uns gab»[19]. Dem Klerus war die Helvetik verdächtig. Er lehnte die Einmischung weltlicher Behörden in die Kirche ab. Offen oder versteckt mahnte der Klerus vor angeblicher Religionsgefahr. Deshalb versuchten die helvetischen Behörden – allerdings erfolglos –, die Urschweizer Kommissariate in der Hand des Luzerner Kommissars und Helvetikfreundes Thaddäus Müller zu vereinigen, ein Bemühen, welches das Verhältnis zusätzlich belastete. Das Volk litt in dieser Zeit unter der französischen Besatzung, den fremden Heeren, den helvetischen Zwangsrekrutierungen. Sein Widerstand war verbissener als jener der bedächtigeren Magistraten[20].

4. Mediation und Restauration 1803 bis 1817

Die dank Napoleon 1803 eingeführte Mediation brachte in der Eidgenossenschaft eine politische Entspannung. Unter diesen Voraussetzungen war es gegeben, dass die Tagsatzung am 11. Juli 1803 dem Antrag von Louis d'Affry, des Landammanns der Schweiz, Folge leistete und auf den 8. September einen Bettag ansetzte[21]. Nun erhielt die gemeinsame Feier überall wieder Schwung. Obrigkeiten und Klerus setzten sich ein, dass der Gottesdienst festlich, da und dort gar mit musikalischer Verschönerung[22] begangen wurde. Polizeivorschriften verboten für den Bettag das Schiessen und ahndeten Ruhestörungen[23]. Uri regte 1803 gar an, für den Landammann der Schweiz in seiner schwierigen Aufgabe das «Allgemeine Gebet» durchzuführen[24]. Und Schwyz verordnete im gleichen Jahr, es sei während der Juli-Tagsatzung an allen Sonntagen in den Kirchen vor ausgesetztem Allerheiligstem der Rosenkranz zu beten, damit Gott helfe «zum Besten und zur Wohlfahrt unseres liebreichsten Vaterlandes»[25]. Lange beten und schön feiern? Gewiss, aber wie stand es mit der Busse? In Altdorf mahnte der strenge und weise Pfarrer Anton Dewaya 1806 zur Besserung: Laster seien zu sühnen, Gerechtigkeit erhebe ein Volk, Uneinigkeit und zelotischer Eifer könne Untergang bedeuten – ernste Worte in Zeiten von Krieg und politischer

---

19 Hadorn, Bettag 63.
20 Vgl. Arnold, Uri; Stadler-Planzer, Geschichte Uri 2b, 7–41; Oberholzer, Verhältnisse 125–226; Waser, Religion 173–181; Röllin, Ringold 92–101; Godel, Zentralschweiz 169–173; StALU, AKT 29/57A.1-2; StAUR, P-85/82; StAOW, 3.07.
21 Vgl. EA Repertorium 1803 bis 1813, 146.
22 Zur Kirchenmusik in Altdorf 1805: StAUR, RR 2/206.
23 Zu den Urner Polizeibestimmungen 1803–1805: StAUR, RR 1/40; RR 17/65.
24 Vgl. StAUR, RR 13/70.
25 StASZ, 564.002.

Spannungen[26]. 1807 einigte sich die Tagsatzung mehrheitlich, dass der Bettag fortan am 8. September stattfinden solle[27]. Damit hatte sich das von den Katholiken bevorzugte Datum durchgesetzt. Denn der 8. September war der Festtag Maria Geburt, der schon seit alter Zeit ein Feiertag war.

Von 1812 bis 1817 durchlief der Bettag eine Krise. Bern zeigte sich erbost wegen der in katholischen Gegenden nachlässigen Art und Weise, den Bettag zu begehen, und erwirkte 1813 einen Tagsatzungsbeschluss, die «gemeinschaftliche religiöse Andacht aller Eidgenossen» sei «überall mit dem gehörigen Anstand» zu feiern[28]. Ganz unbegründet dürften die Vorwürfe nicht gewesen sein. Kommissar Linggi von Lauerz und die Landesgeistlichkeit von Schwyz hatten sich schon 1804 veranlasst gesehen, die Obrigkeit zum Erlass von Vorschriften gegen «Lustbarkeiten und Saufgelage» während der Andachten aufzufordern. Zudem, so Kommissar Linggi, sollten auch die oberen Schichten, nicht nur das Volk, an den Gottesdiensten teilnehmen[29]. Störend war ferner der Wirtshausbesuch nach dem Kirchgang. In Rheinau blieb das Volk kaum bis zur Wandlung in der Messe, weshalb das Kloster noch 1824 und 1825 auf die Aussetzung verzichtete[30]. Die stets und überall auf den Bettag hin erlassenen Polizeiverordnungen dürften auch auf von Bern gerügte Missstände hinweisen. Ob diese Differenzen schuld waren, dass für die Tagsatzung 1814 der Bettag nicht mehr auf der Traktandenliste stand? Luzern witterte Gefahr. Es trat hervor und warb bei allen katholischen Ständen für die weitere Gültigkeit des Konkordates von 1807. Der Erfolg war durchschlagend. Alle angefragten Obrigkeiten lobten die Initiative Luzerns und bekannten sich zum Bettag am 8. September. Fribourg dankte «für den Eifer für die Beibehaltung jener Sitte, die des Schweitzers frommen Sinn ehrt»[31]. Die Episode belegt, dass der Bettag nun, trotz aller in der Praxis vorkommenden Unzulänglichkeiten, fest verankert war und als eidgenössische Sitte empfunden wurde.

Der Sturz Napoleons 1814 und der glückliche Ausgang des Wiener Kongresses mit der Erstarkung der altkonservativen Kräfte 1815 verlieh manchen Obrigkeiten neuen Auftrieb. Die Tagsatzung vom 24. Juli 1815 beschloss wieder einen Bettag auf den 8. September, was einer gesamteidgenössischen

---

26 Vgl. PfrA Bürglen, 47.63(40).
27 Vgl. EA Repertorium 1803 bis 1813, 147; StALU, AKT 29/57A.2; StAUR, R-102-10/10, Bd. II; RR 19/73. Bern, Basel und Appenzell stimmten nicht für den 8. September und behielten ihre eigene Konvenienz vor.
28 EA Repertorium 1803 bis 1813, 147.
29 StASZ, 564.002.
30 Vgl. Meier, Geschichte 46.
31 StALU, AKT 29/57A.3.

Erneuerung des Konkordates von 1807 gleichkam. Der Terminentscheid war allerdings nicht einstimmig[32]. Für das katholische Lager förderlich waren insbesondere die Ausscheidung der schweizerischen Quart aus dem Bistum Konstanz und die Ernennung von Franz Bernhard Göldlin von Tieffenau, des traditionell eingestellten Propstes von Beromünster, zum apostolischen Administrator. Göldlin engagierte sich sofort und aus grösserer Nähe, als dies die geistliche Regierung mit Generalvikar Wessenberg in Konstanz bis anhin getan hatte, für den Bettag. Er richtete schon 1815 einen langen Hirtenbrief an die katholischen Stände und die ihm unterstellten Pfarreien, in dem er zur Abhaltung des Bettags verpflichtete und Predigtimpulse mitteilte. Die Kanzelworte sollten unter anderem enthalten: Lob auf die neuen politischen Verhältnisse, Dankbarkeit, Pflichtbewusstsein, Sittenreinheit, Vaterlandsliebe, Treue und Anhänglichkeit zu geistlichen und weltlichen Obrigkeiten, Erfüllung der «Amts-, Standes- und Berufspflichten», reine Gottes- und Nächstenliebe, Fürsorge für Arme, Witwen und Waisen[33].

Doch noch immer war die Terminfrage unentschieden. 1816 liess sie die Tagsatzung offen, und 1817 wurde das Konkordat vom 3. Juni 1807 (Festsetzung auf den 8. September) mit einer Mehrheit von 12 Ständen aufgehoben. Es war nun Sache der verschiedenen Konfessionen, unter sich durch «besondere Verabredungen» den Tag festzulegen. Das bedeutete ein Rückschritt in den Zustand vor 1796. Die katholischen Stände verständigten sich bereits am 14. August 1817 erneut auf den 8. September, was Luzern wenige Tage später für sich in einer Verordnung festhielt. Darin dekretierte der Rat auch, dass die Wirtshäuser vormittags geschlossen bleiben mussten und Lustbarkeiten zu unterbleiben hatten[34].

5. Der dritte Sonntag im September: Einheitstermin seit 1832

Der Weg zum einheitlichen Bettagstermin war lang und steinig. Die Standpunkte waren zu unterschiedlich. Die Reformierten bevorzugten einen Werktag. Dies entsprach ihrer langen Bettagstradition. Sie hielten dafür, damit komme dem Bettag vermehrt Würde und Wert zu. Die Vorkämpfer der «Werktagslösung» waren die Stände Zürich, Bern, Basel und Schaffhausen. Die Katholiken hingegen wollten einen Sonntag, der ohnehin als «Tag des Herrn» galt. Was für sie gar nicht infrage kam, war die Einführung eines neuen Feiertages. Denn ihr Kalender war schon übervoll von Feiertagen, an

---

32 Vgl. EA Repertorium 1814–1848, Bd. 1, 885.
33 StALU, AKT 29/57A.3.
34 Vgl. EA Repertorium 1814–1848, Bd. 1, 885–886; StALU, AKT 29/57A.3.

denen die Arbeit untersagt war. Besonders unpassend gewesen wäre dies im Monat September, in dem sich der Bettag seit 1796 festgesetzt hatte, weil die Bauern noch stark mit Feldarbeiten und in der Bergregion mit Alpwirtschaft beschäftigt waren[35]. Einem strikten Einheitstermin stellten sich auch die vielen lokalen liturgischen Besonderheiten in den katholischen Pfarreien entgegen. Beispielsweise antwortete der Landvogt von Sargans, von Luzern aufgefordert, den Bettag gemäss Tagsatzungsbeschluss auf den 17. September 1797 anzuordnen, in seiner Vogtei habe dieser am 20. September stattgefunden, weil

> «Sonntags, 17ter huius, das titular-fest der Ertz Brüderschafft dess Allerheiligsten Altars Sacrament abgehalten werden muste, und zwar allhier zu Sargans, dahin die beyden Kirchörinen Mels und Vilters mit procession, auss übrigen Sargansischen Gemeinden Aber eine zahlreiche Menge Volkhes ankamen»[36].

Doch ein Einheitstermin war auch immer das Ziel der Bettagsbewegung. Dem gemeinsamen Beten am gleichen Tag kam eine starke symbolische Kraft zu. Ein erster Lösungsansatz setzte sich 1807 mit dem 8. September durch. Der Termin war für die Katholiken passend, er fiel – wie erwähnt – auf das althergebrachte Fest Maria Geburt[37], das, da kein Hochfest, in gewissen Gegenden wohl als sogenannter Halbfeiertag eingestuft war und somit nur bis nach dem Gottesdienstbesuch arbeitsfrei bleiben musste. Dieser Ansatz scheiterte ein Jahrzehnt später wieder am Widerstand der Tagsatzungsmehrheit[38]. Nun verlor der Bettag wegen der Zersplitterung der Kantone seine ursprünglich schöne Gestalt.

Mit der Regenerationsbewegung bildeten sich erneut scharfe politische Fronten. Zur Überwindung der Gegensätze erwachte das Bedürfnis nach religiöser Nähe neu. Karl Bertschinger (1781–1859) von Lenzburg, Tagsatzungsgesandter des Kantons Aargau, stellte am 29. Juli 1831 den Antrag auf einen einheitlichen Bettagstermin[39]. Die Schweiz solle das Zusammengehörigkeitsbedürfnis

---

35 Vgl. StALU, AKT 19B/554; EA VIII, 226. Zur Häufung der Feiertage in katholischen Gebieten s. Stadler-Planzer, Geschichte Uri 2a, 373; Stadler-Planzer, Geschichte Uri 2b, 256.
36 StALU, AKT 19B/555.
37 Vgl. Maas-Ewerd, Marienfeste.
38 Vgl. EA Repertorium 1814–1848, Bd. 1, 886.
39 Zum Folgenden: StALU, AKT 29/57A.4; PA 268/671; StAUR, RR 57b/85; EA 1832, 83 (§ XXXVII); EA Repertorium 1814–1848, Bd. 1, 886.

«von nun an durch die gleichzeitige Feier des Buss- und Bettages beweisen. [...] Es wäre erhebend, das gesammte Volk der Eidgenossen wenigstens ein Mal des Jahres zur gleichen Stunde im Gebet zu Gott und für das Vaterland vereinigt zu sehen».

In der Zuwendung zu Gott walte keine Verschiedenheit der Interessen und Ansichten, «die in irdischen Dingen unsere Nationalkräfte so sehr lähmt und zersplittert». Welche Haltung nahm das katholische Lager bei der Beratung und Entscheidung des Vorstosses Bertschinger ein? Während Luzern die volle Unterstützung zusicherte, machten die meisten Kantone zur Bedingung, dass die neue Lösung auf einen Feiertag falle. Solothurn und Wallis zögerten; für sie kam eine Änderung nur bei Einstimmigkeit infrage. Uri, Schwyz und Fribourg wünschten, beim Alten zu bleiben. Uri fügte schliesslich bei, es habe den Bettag immer aus «verschiedenen moralischen und phisischen Gründen» an Maria Geburt gefeiert, es werde aber mitmachen, «wenn alle Cantone beytretten». Die paritätischen Kantone St. Gallen, Aargau und Thurgau sagten, bei ihnen hätten sich Katholiken und Reformierte bereits auf den 8. September geeinigt, sie begrüssten einen gemeinsamen Termin auch auf schweizerischer Ebene. Nach intensiver Kommissionsarbeit, weiteren Vernehmlassungen und Instruktionen reichten sich beide Konfessionslager die Hand zu einem Kompromiss: Die Tagsatzung beschloss am 1. August 1832 einstimmig, der Bettag finde ab jetzt am dritten Sonntag im September statt.

Die Lösung wurde auch – bei wenigen Ausnahmen – sofort umgesetzt. Der Luzerner Kommissar Waldis forderte von seinen Dekanen, dass sie dabei mitwirkten, und ermahnte sie:

«Sie werden in ihren zu haltenden Vorträgen neben dem christlichen Geiste, der die Herzen zu Gott emporhebt, auch jenen vaterländischen Geist durchwehen lassen, der zur Liebe zum Vaterland, zur brüderlichen Eintracht und zur freudigen Erfüllung aller Bürgerpflichten stimmt»[40].

Weil in Uri einzelne Pfarreien den Bettag auf andere Tage verschoben hatten, intervenierte der Rat 1838 und bestand auf dem dritten Septembersonntag,

«da für die ganze Eidgenossenschaft das Gebeth zum Himmel gerichtet und dieselbe seinem Schutze empfohlen werde»[41].

---

40 StALU, PA 268/671.
41 StAUR, RR 62/923; P-85/932.

Mit dem Beschluss von 1832 fiel der Bettag aus Abschied und Traktanden der Tagsatzung bzw. später der Bundesinstanzen heraus. Der dritte Sonntag im September hat bis heute unangefochtene Gültigkeit.

6. Erscheinungsformen und Gehalte 1832 bis 1886

Der Bettag nach Einführung des Einheitstermins 1832 bis zum Engagement der Schweizer Bischofkonferenz 1886 war in seinen Erscheinungsformen und Grundgehalten von erstaunlicher Vielfältigkeit.

Die Kantone schufen Vorschriften gegen ungeziemendes Verhalten, Vergnügungssucht und öffentliche Lustbarkeiten sowie zur Einschränkung gewerblicher Aktivitäten. Die Erlasse wurden von Jahr zu Jahr beschlossen und in den offiziellen Publikationsorganen (Amtsblatt, Kantonsblatt) bekanntgemacht, bisweilen in die Gesetze zur Sonntagsheiligung integriert[42]. Den Impuls zu derartigen Rechtsvorschriften gab bisweilen der Klerus[43]. In Mandaten legten die Obrigkeiten den Sinn des Bettags dar und nahmen Bezug zu aktuellen Ereignissen und Zuständen. In Zürich hatte das Bettagsmandat seit dem ersten Drittel des 17. Jahrhunderts eine feste Tradition[44]. Luzern ahmte das Beispiel der reformierten Limmatstadt bereits 1794 beim ersten gemeinsamen Bettag nach. Seit 1832 veröffentlichten Schultheiss und Rat regelmässig Bettagsmandate. 1875 jedoch, unter der revidierten Bundesverfassung mit ihrer stärkeren Betonung der Religionsfreiheit und der Trennung von Staat und Kirche, hörte Luzern damit auf[45]. Nidwalden publizierte ein Mandat bis um 1880[46]. Die übrigen Innerschweizer Kantone kannten im 19. Jahrhundert keine regelmässigen Bettagsmandate, Schwyz lehnte sie ausdrücklich ab[47]. 1871 regte Aargau an, der Bundesrat solle zum Bettag aufrufen und ein Mandat publizieren, was jedoch bei den Kantonen keine Einmütigkeit fand und daher unterblieb[48].

---

42 Vgl. Schwyzer Polizeiverordnung betreffend die Sonn- und Feiertagsruhe, vom 12.1.1884, in: StASZ, Amtliche Gesetzessammlung, Bd. 2, 1893, 641–644.
43 So in Zug 1832: StAZG, CA 14/73, Theke 52.
44 Im Katalog der Zentralbibliothek Zürich sind die Zürcher Mandate seit 1630 zahlreich nachgewiesen.
45 Vgl. StALU, AKT 19B/551; AKT 29/57A.4; AKT 39/25 F 4; Kantonsblatt 1848–1874.
46 Vgl. StANW, Amtsblatt 1853–1880.
47 Die Ablehnung der Bettagsmandate durch Schwyz in: Schwyzer Zeitung vom 20.9.1862.
48 Vgl. StALU, AKT 39/25 F 3; StAOW, D. 03. 0167. 02/A; StAZG, CB 2, Theke 6. Befürwortende Kantone: ZH, BE, LU, SZ, GL, SO, SH, SG, GR, AG, TG, TI, VS,

Der Bettag hatte auch in der Innerschweizer Presse, schwergewichtig allerdings erst in der zweiten Hälfte des 19. Jahrhunderts, ein Sprachrohr. Gelegentlich erschienen Leitartikel. Öfters oszillierten rund um den Bettag Diskussionen grundsätzlicher Art: über die Ausschliesslichkeitspolitik der freisinnigen Mehrheit auf Bundesebene; über das kirchenfeindliche Verhalten liberaler Kantone, das sich mit dem Bettagsgedanken nicht in Einklang bringen lasse, und anderes mehr. Leitblätter waren die Luzerner Zeitung und das auf sie folgende Vaterland, die Schwyzer Zeitung, die Zuger Nachrichten, das Urner Wochenblatt, beim Klerus zudem die Schweizerische Kirchenzeitung. Als Gegenpol erhob das Luzerner Tagblatt, wenn nötig in schrillem Ton, seine Stimme.

Die bischöflichen Hirtenschreiben erschienen vor allem auf die Fastenzeit hin. Doch es gab auch gelegentlich Bettagsbotschaften der Bischöfe[49]. Sie erteilten auch Weisungen für die liturgische Gestaltung des Bettags. Der Kern der Feier war der Gottesdienst mit Predigt am Vormittag, die nachmittägliche Andacht (Vesper) mit Te Deum bei ausgesetztem Allerheiligsten und der eucharistische Segen. Es versteht sich, dass die Diözesen und vor allem Pfarreien in Gottesdiensten und Andachten regionale und lokale Eigentümlichkeiten aufwiesen[50].

Die Predigten waren das wohl wichtigste Medium, die Botschaft des Bettags zu verbreiten. Das Volk hörte unmittelbar, was gepredigt wurde. Deshalb gehören die Predigten zu den bedeutendsten, weil authentischsten Quellen. Doch während aus reformierten Gegenden Predigten und Gebete zum Bettag zahlreich gedruckt vorliegen, ist dies aus katholischen Gegenden seltener der Fall[51]. Dies, obwohl die Prediger für die Kirche St. Leodegar im Hof zu Luzern ab 1869 von der Kantonsregierung bestellt und besoldet wur-

---

GE, BL, AI; ablehnende Kantone: UR, OW, NW, ZG, FR, BS, AR, VD, NE.

49 Der Basler Bischof Josef Anton Salzmann richtete am Bettag 1847, als die Sonderbundskrise ihrem Höhepunkt zusteuerte, an seine Diözesanen einen Seelsorgebrief: «Diese gottseelige Vereinigung ist wahrhaft ein leuchtender und erwärmender Sonnenstrahl, welcher das schwarze Gewölk der unglücklichen Zeitverhältnisse erfreulich durchdringet»: StALU, AKT 29/57A 4. Der Basler Bischof Friedrich Fiala sandte 1886 einen Bettagsbrief an die Regierungen. Die Pfarrer waren verpflichtet, diesen in der Kirche zu verlesen. Das Schreiben war stark patriotisch gefärbt, das Schlachtjahrzeit der alten Eidgenossen für die «für Gott und Vaterland» Gefallenen sei der «erste Bettag» gewesen: StALU, AKT 39/25 F 4.

50 Erst 1886 drangen die Schweizer Bischöfe auf eine einheitlichere Liturgie in der gesamten Schweiz: vgl. StALU, AKT 39/25 F 4. Siehe Seite 99.

51 Nachweis der Bestände in Schweizer Bibliotheken bei: www.swissbib.ch (Stichwort «Bettag»).

den[52]. In den Pfarr- und Kirchenarchiven sind jedoch da und dort Predigtnachlässe aufbewahrt, die noch der gründlichen Erforschung harren[53].

Die politischen Aktualitäten beeinflussten den Bettag stark. Nach der Euphorie ob der Einigung der Tagsatzung im Bundesvertrag 1815 folgten die Belastungen der Regeneration 1830, der Badenerartikel 1834 und deren Verurteilung durch Papst Gregor XVI., des Straussenhandels 1839, der Aargauer Klosteraufhebungen 1841, der Freischarenzüge 1845 und der Sonderbundskrise 1847, des Ringens um die Bundesverfassung 1848, um die Niederlassungs- und Gewerbefreiheit für die Juden 1866, des Kulturkampfes und der Revision der Bundesverfassung von 1871 bis 1874, der sogenannten Schulvogt-Debatte 1882–1883. Eine gewisse Entspannung stellte sich ein, als die Wogen des Kulturkampfes verebbten und das Pontifikat Leos XIII. den Schweizer Katholizismus zu prägen anfing[54].

Das Volk musste sich mit dem Bettag zuerst anfreunden, was wie jede Mentalitätsanpassung eine Weile dauerte. Wie Äusserungen aus dem Wallis und in Rheinau belegen, vermeinte man, hinter dem Bettag «etwas Protestantisches» wittern zu müssen[55]. Unverblümt notierte Frater Leodegar Ineichen, später Abt des Klosters Rheinau: «Heute war der allgemeine Bettag, der in den protestantischen Kantonen so strenge gehalten werden muss. Warum er eigentlich eingesetzt ist, weiss ich nicht. Etwas Protestantisches muss er beabsichtigen, weil er den Katholiken nicht so gar angenehm, beinahe verhasst ist. – Aber auch wir können ihn gut anwenden, wenn wir nur wollen»[56].

---

52 Vgl. StALU, AKT 39/25 F 1–5.
53 Als Beispiel sei auf die Archive der Urner Pfarreien Bürglen und Erstfeld hingewiesen, in denen sich Predigtnachlässe massgeblicher Pfarrer seit der Frühen Neuzeit bis ins 20. Jahrhundert finden.
54 Die Spannungen kamen vor allem in Predigten und in der Presse, zeitweise auch in Bettagsmandaten zum Ausdruck. Quellenhinweise in chronologischer Folge:
1834–1835: StAUR, P-85/734–735, 748. 1839: StAUR, P-85/958–960, 1027.
1844: Niederberger, Predigt. 1845–1848: StALU, AKT 29/57 A4;
1866: Bossard, Predigt: Luzerner Zeitung vom 15.9.1866;
1871: Imfeld, Predigt. Luzerner Zeitung vom 16.9.1871;
1882: UW 1882, Nr. 37;
1883: UW 1883, Nr. 37.
Für Hinweise und anregende Gespräche danke ich Renato Morosoli und Beatrice Sutter vom Staatsarchiv Zug.
55 Allgemein: Actensammlung Helvetik 2, 746–755; 4, 1169–1174. Für das Wallis in der Helvetik: Godel, Zentralschweiz 169–173. Für Rheinau um 1830: Meier, Geschichte 46.
56 Zitiert nach Meier, Geschichte 46. Meier merkt an, die letzten Worte seien später mit Bleistift durchgestrichen worden.

Mit dem Bettag, dem ein patriotischer Gehalt zukam, konkurrierten in der Innerschweiz manche andere Gedenktage und Andachtsformen. Wichtig war das traditionsreiche Schlachtjahrzeit, das mindestens in Uri durch den Sieg über die Freischaren 1844/1845 eine Aufwertung erfuhr[57]. Bezeichnenderweise erhob Uri die seit dem 16. Jahrhundert von einer Bruderschaft begangene Tellenfahrt 1885 zur offiziellen Landeswallfahrt, an der kantonale Behörden teilzunehmen hatten[58]. Man darf allgemein sagen, dass die Erinnerungskultur, in der die Urschweiz mit ihren Helden der Befreiungs- und Schlachtentradition (Tell, Winkelried) im religiös geprägten Patriotismus als die «ersten Eidgenossen» einen Vorrang beanspruchen zu können glaubten, nicht ohne Einfluss auf das Verständnis und die Wertschätzung des Bettags war[59].

Für die freie Entfaltung des Bettags belastend war der Kompetenzkonflikt zwischen der Kirche und den weltlichen Obrigkeiten bei der Anordnung und Gestaltung des Bettags. Die Spannung manifestierte sich im Bistum Konstanz während der apostolischen Administration von Göldlin und auch noch später unter den Bischöfen von Chur und Basel. Kantone mit stark staatskirchenrechtlicher Tradition, vor allem Luzern und Zug, beanspruchten bei den kirchlichen Bettagserlassen das Placetrecht oder ordneten den Bettag und seine liturgische Gestaltung von sich aus an. Der Klerus reagierte empfindlich[60], vereinzelte Pfarrer leisteten passiven Widerstand[61]. 1815 kam es gar zum offenen Konflikt zwischen der Luzerner Obrigkeit und Franz Bernhard Göldlin von Tieffenau. Der Apostolische Administrator beschwerte sich, er fühle sich gleichsam als untergeordneter Beamter, und rügte die Regierung, ihre Handlungsweise sei «eine Nachahmung protestantischer Regierung, wo das Episkopat mit dem Principat vermischt und vermengt ist». Doch Schultheiss und Rat hatten kein Gehör, es sei «von jeher der

---

57 Vgl. StAUR, RR 89/730; RR 90/105; Wymann, Schlachtenjahrzeit; Henggeler, Schlachtenjahrzeit.
58 Vgl. StAUR, LL 16/246; Gasser, Kunstdenkmäler 2, 27–29.
59 Vgl. Bettagspredigt 1845 von Pfarrer Peter Furrer, Seelisberg, in: PfrA Erstfeld, 4.8.4/6, Bd. 9; Kapuzinerpredigt am Bettag 1852 in der Pfarrkirche Schwyz, in: Schwyzer Zeitung vom 19.9.1852; Festreden an der Schlachtfeier in Sempach, gedruckt Luzern 1784–1961. Allgemein: Marchal, Gebrauchsgeschichte.
60 Dekan und Kommissar Johann Matthaeus Diethelm in Altendorf, Kommissar für Glarus, Uznach, March, Rapperswil und Höfe mahnte 1800 beim Schwyzer Rat Bettagsweisungen von den Diözesanordinariaten an, so gehe es bei den Katholiken, «denn dadurch würden wir und das Volk von mancher rügenden Klemme gesichert seyn»: StASZ, 564.001.
61 Widerstand des Luzerner Klerus 1829 gegen obrigkeitlich angeordnete Andachten, in: StALU, AKT 29/57A.4.

Regierung zugestanden, solche Gebethe anzuordnen, so wie die Art und Weise zu bestimmen, wie dieselben sollen gehalten werden», und verlangten von Göldlin weiterhin, Bettagsschreiben «jeweilen vor der Publication zur Einsicht und Genehmigung mitzutheilen»[62]. Zug schrieb Göldlin vor dem Bettag 1815:

> «Wir haben auch keinen Anstand genommen, zur Verkündigung dieses Hirtenbriefes das uns zustehende obrigkeitliche Placet zu ertheilen»[63].

Auch in Uri wurde während des Straussenhandels 1839–1840 die Placetfrage leidenschaftlich diskutiert[64].

Doch trotz derartigen Bedingtheiten oder vielleicht gerade deretwegen lebte der Bettag als religiöse Feier des Dankens, Büssens und Bittens im Rahmen der positiven katholischen Religion und überspannte die konfessionellen und politischen Gegensätze. Betont wurde das Busse tun wegen eigener Verfehlungen, und man war sich der göttlichen Vergeltung gewahr, die das Volk aus seiner Ungerechtigkeit erheben werde. Die Vaterlandsliebe verstand man als eine Frucht des richtigen Glaubens. Volk und Behörden wurden aufgefordert, den Glauben zu leben durch den sonntäglichen Gottesdienstbesuch, dies sei die beste Einübung in die Bürgertugenden[65].

Das katholische Verständnis des Bettags als Feier im Rahmen der positiven Religion und des von der Kirche geforderten Praktizierens (Besuch des Gottesdienstes und Empfang der Sakramente) führte insbesondere nach 1850 in der katholischen Presse zu einer gewissen Distanz zum reformierten Bettag. Es wurden Vorwürfe laut, in protestantischen Gegenden werde der Bettag zu wenig geheiligt; es mache sich Aktivismus und Genusssucht breit[66]. Mandate freisinniger Regierungen empfand man oft als «etwas Gemachtes und

---

62 Konflikt Luzern/Göldlin in: StALU, PA 254/103; AKT 29/57A.3.
63 StAZG, CA 14/31, Theke 50.
64 Vgl. StAUR, P-85/958–960, 1027.
65 Predigt von Pfarrer Anton Dewaya in Altdorf 1806, in: PfrA Bürglen, 47.63 (40). Kapuzinerpredigt am Bettag 1852 in der Pfarrkirche Schwyz, in: Schwyzer Zeitung vom 19.9.1852. Von «reiner Liebe zum Vaterland» getragen war auch Pfarrer Elsener in der Bettagspredigt 1853, in: Elsener, Bettag Predigt.
66 Die Luzerner Zeitung kritisierte im Bettagsartikel 1850 das mangelhafte Bettagsverhalten der «eidgenössisch Gesinnten». Das Urner Wochenblatt stellte am Bettag 1883 in Bern und Zürich eine «hochgradige Vergnügungs- und Genusssucht» fest: UW 1883, Nr. 37. Der Nidwaldner Kalender 1895, 48 brachte unter dem Titel «Eidgenössischer Blitzzug- und Bettag» eine Karikatur mit rauchenden Dampfschiffen, voll besetzten Eisenbahnzügen, Scharen von Velofahrern und Wanderern, aber einer offenstehenden, leeren Kirche.

Affektiertes», durchsetzt mit parteipolitischen Akzenten; das Christentum sei in vielen Kantonen so verdunstet, dass man es mit «den einfachen Augen des positiven Glaubens» nicht mehr entdecken könne; der Staat solle nicht, so die Mahnung, «jenem nivellierenden Geist, welcher nur mehr Menschen [...], das will sagen, keine Religion im Staate kennen will», huldigen[67].

Es gab aber auch Zeugnisse einer von lokalhistorischen und konfessionellen Bedingtheiten befreiten Religiosität. So wurde 1841 der Schweizerpsalm «Trittst im Morgenrot daher» komponiert vom Zisterziensermönch P. Alberik Zwyssig (1808–1854) und gedichtet vom liberalen Zürcher Protestanten Leonhard Widmer (1808–1868); 1849 erschien der Bettagsartikel von Leonhard von Muralt, Zürich, in der katholisch-konservativen Luzerner Zeitung; 1864 rief das Luzerner Bettagsmandat anlässlich der Edition des «Syllabus errorum» auf zur Toleranz, die «im Herzen reifen müsse»[68].

7. Bischöfliche Prägung seit 1886

Nach den stürmischen Zeiten des Kulturkampfes setzten um 1881 die Jahre der politischen und konfessionellen Versöhnung ein. Den Beginn markierte die Gedenkfeier zum Stanser Verkommnis von 1481, die im Herbst 1881 in Stans und Sachseln stattfand. Bundespräsident Numa Droz (1844–1899) unterstrich die Achtung vor dem andern:

> «Lasst uns nie vergessen, dass wir die gegenseitigen Rechte und Pflichten des Staates und der Bürger, des Bundes und der Kantone, der verschiedenen Glaubensbekenntnisse untereinander fortwährend gewissenhaft achten und hasslos erfüllen».

Der demokratische Zürcher Nationalrat Friedrich Salomon Vögeli (1837–1888) mahnte zur Überwindung der vorhandenen Gräben[69]. Der konservative Luzerner Nationalrat Josef Zemp (1834–1908) ergriff in der viel beachteten Rede an der Sempacher Jubiläumsfeier 1886 die ausgestreckte Hand. An der Zentenarfeier zum Todesjahr von Niklaus von Flüe am 19. bis 21. März 1887 war das Eis gebrochen. Vor dem Episkopat und den zahlreich versammelten weltlichen Behörden versicherte Bundesrat Droz:

---

67 Diese Optik vor allem in den Bettagsartikeln der Schwyzer Zeitung vom 14.9.1861 und 20.9.1862.
68 Schaufelberger, Geschichte 114 f.
69 Die Äusserungen von Droz und Vögeli werden referiert in: Zwei Lichtblicke. In: Schweizerische Kirchenzeitung [49] (1881) 343 f., 343.

«Ich kann Euch die bestimmte Erklärung abgeben, dass es das ernste Bestreben des Bundesrathes ist und sein wird, einer gesunden, auf dem Geist der gegenseitigen Achtung und Gerechtigkeit beruhenden Versöhnungspolitik zum Siege zu verhelfen»[70].

Der von Bischof Gaspard Mermillod (1824–1892) eingangs September 1885 in Fribourg durchgeführte eucharistische Kongress war ein Zeichen dafür, dass die katholische Kirche gestärkt aus den Spannungen der vergangenen Zeit hervorgegangen war. Die triumphale Veranstaltung wurde als «eine der glänzendsten Kundgebungen katholischen Glaubens, als des anticipirten *eidgenössischen Bettages*> bester Theil» wahrgenommen[71]. Nun zögerten die Bischöfe nicht mehr, dem Bettag vermehrte Beachtung zu schenken und auf gesamtschweizerischer Ebene zu gestalten. 1886 empfahlen sie den Tag mit wärmsten Worten:

«Es ist ein schöner und erhebender Gedanke, dass ein Volk, welches sich rühmt, keinen irdischen Herrn über sich zu haben, eine Feier, wie wir sie in dem eidgenössischen Dank-, Buss- und Bettag haben, alljährlich öffentlich und feierlich begeht. Mit der Feier des Danktages anerkennt das Volk seine Abhängigkeit von dem allmächtigen und allgütigen Gott, dem es die Früchte der Erde, die Segnungen des Friedens, seine zeitliche Wohlfahrt und die noch viel höhern Güter, die im Christenthum liegen, zu verdanken hat. Der Busstag ist ein öffentliches Bekenntnis, dass auch ein freies Volk dem höchsten Gesetzgeber im Himmel unterworfen und dessen Gesetze Gehorsam schuldig ist, dass der Ungehorsam gegen Gott dessen gerechte Strafe herausfordert, dass Einzelne und ganze Völker, wenn sie gefehlt haben, es Gott und ihrem eigenen Wohle schuldig sind, sich in der Busse wieder zu Gott zu wenden und mit ihm auszusöhnen. In der Feier des Bitt-Tages richten wir den Blick auf die Zukunft, bekennen die Schwäche und Unzulänglichkeit unserer Kräfte, aber auch unser Vertrauen auf die erbarmende Liebe unseres Vaters im Himmel, welcher das Flehen seiner Kinder huldvoll entgegennimmt und nicht unerhört lässt»[72].

---

70 Zitiert in: Ueber die dreitägige Bruderklausenfeier. In: Schweizerische Kirchenzeitung [55] (1887) 97 f., 97.
71 Der 13. September 1885 in Fribourg. In: Schweizerische Kirchenzeitung [53] (1885) 302 f., 302.
72 Eintrag in der Kirchenchronik der Schweizerischen Kirchenzeitung [54] (1886) 304.

Zugleich erliessen sie Weisungen für die Bettagsliturgie[73]:
- Erhöhte gottesdienstliche Feier, Aussetzung von morgens um 6 an während 10 Stunden. Seelsorger regeln den Besuch der Anbetungsstunden.
- Die Feier gilt der Danksagung für die leiblichen und geistigen Wohltaten Gottes; der Sühnung der Beleidigungen Gottes, v. a. der Sonntagsheiligung und der Sünden gegen das heiligste Alterssakramentes; dem Gebet um Erhaltung des Glaubens, Erneuerung des christlichen Lebens, Friede und Wohlfahrt für Kirche und Vaterland und zur Erlangung der göttlichen Barmherzigkeit.
- In letzter Anbetungsstunde findet eine öffentliche Feier statt mit Erneuerung der Taufgelübde, gemeinsamer Buss- und Bittandacht, worauf mit Te Deum und Segen geschlossen wird.

Die Weisungen wurden fast überall befolgt. Die Bischöfe entschlossen sich zudem, einen gemeinsamen Bettagshirtenbrief herauszugeben. Der erste datiert vom 24. August 1887. Er knüpfte an das Bruder Klaus-Gedenkjahr an und äusserte sich zudem zur aktuellen Problematik der sozialen Verhältnisse der Industriearbeiter[74]. Die Hirtenbriefe der Bischofskonferenz erschienen seither bis in die jüngste Zeit ohne Unterbruch. Die beiden Massnahmen werteten den Bettag für die Katholiken stark auf.

8. Gehalte und Formen 1886 bis 1991

Die 1880er Jahre brachten in der Bettagsbewegung eine Wende und einen Aufbruch. Ein neuer Ton in einem erweiterten Rahmen schaffte sich Gehör. Ein bedeutender Impuls ist der Politik geschuldet. Die katholisch-konservativen Kräfte errangen in der Bundespolitik schrittweise eine stärkere Position. Markssteine setzten die Jahre 1891 und 1919, als ihre Partei mit einem bzw. mit zwei Mitgliedern Einsitz im Bundesrat nahm. Die katholischen Kräfte fügten sich leichter in die Politik ein, seitdem der Bundesstaat weniger als Machtgebilde der Mehrheit empfunden, sondern – wie jede legitime öffentliche Ordnung – als letztlich im Willen und Schöpfungsplan Gottes

---

73 Vgl. den Eintrag in der Kirchenchronik der Schweizerischen Kirchenzeitung [54] (1886) 304. Die Weisungen sind auch enthalten in: Hirtenbrief des Bischofs Friedrich Fiala von Basel zum eidg. Bettag 1886, dat. auf den 8. September, Fest Maria Geburt. Ein Expl. in: StALU, AKT 39/25 F 4.
74 Vgl. Die vereinigten Bischöfe der Schweiz allen Priestern und Gläubigen ihrer Diözesen. In: Schweizerische Kirchenzeitung [55] (1887) 297 f.

begründet aufgefasst wurde[75]. Damit verbunden war die Ausweitung der Toleranz. Religiöse Toleranz sei als bürgerliches Recht im heutigen Staat nötig, bekannte 1902 Anton Gisler (1863–1932) von Bürglen UR, Theologieprofessor in Chur und später Weihbischof[76]. Die in der Innerschweiz sich bildenden reformierten Diasporagemeinden wurden teilweise überraschend früh öffentlich-rechtlich anerkannt[77]. Der Weg zur pluralistischen Gesellschaft war beschritten. Die Katholiken brachen auf in einen offeneren Raum und bewegten sich ungezwungener in der Publizistik und Kultur. Die 1900 von Verleger Hans von Matt, Stans, gegründete «Schweizerische Rundschau» vereinigte ein beachtliches Autorenteam und veröffentlichte Beiträge zu Religion und Kirche, Literatur und Kunst, Politik und vieles mehr[78]. Begabte Schriftsteller und Journalisten waren Herolde der katholischen Welt weit über den eigenen Raum hinaus. Als Beispiel seien erwähnt Joseph Ignaz von Ah (1834–1896) in Kerns, genannt der Weltüberblicker, und Josef Konrad Scheuber (1905–1990) in Attinghausen, der «Pilgrim». Die Kirche hatte ihre Strukturen gestärkt. Aus dem Piusverein war 1905 der Katholische Volksverein hervorgegangen, dem sich 1912 der Katholische Frauenbund beigesellte. Zahlreiche Standesvereine sammelten die Gläubigen zu intensiver Seelsorge und religiöser Bildung. Gross angelegte Katholikentage demonstrierten Kraft und Stärke[79].

Das darf jedoch nicht darüber hinwegtäuschen, dass der Katholizismus dieser Epoche sich an klare kirchliche Vorgaben hielt. Die Freiheit der Kirche im säkularen Staat bzw. die Forderung nach ihr galten unverrückt. An der – schon erwähnten – Bruder Klaus-Feier 1887 sagte Probst Anton Tanner des bestimmtesten:

---

75 Probst Anton Tanner brachte dies in der Bettagspredigt 1885 in der Hofkirche St. Leodegar, Luzern, markant zum Ausdruck: Tanner, Predigt.
76 Vgl. Gisler, Kirche.
77 Als Beispiel: Uri erteilte der Protestantischen Kirchgemeinde Uri 1916 die öffentlich-rechtliche Anerkennung: vgl. Stadler-Planzer, Geschichte Uri 2b, 463. Der Karfreitag wurde in Uri 1936 zum kantonalen arbeitsfreien Tag erklärt: vgl. StAUR, LL 26/305. Die Ökumene steckte allerdings noch lange in den Kinderschuhen. Man begegnete sich. Doch wie die Einheit im Glauben sein werde, vermochte man um 1900 nur in romantisch anmutenden Bildern zu denken. Vgl. Matt, Katholikentag. Diesbezüglich brachten das Vaticanum II und die Synode 72 wesentliche Änderungen.
78 Vgl. Waser, Widerstreit.
79 Allgemein Steiner, Volksverein.

«Wir Katholiken wollen nichts anderes denn gleichberechtigte Brüder sein, aber dieses Recht reklamiren wir für uns und wir werden nicht müde werden, bis wir es erlangt haben»[80].

In der katholischen Lehre gab es kein Abweichen. Während der Liberale die Toleranz auch als dogmatische Toleranz gewähre, weil alle Religionen gleichwertig seien, so Anton Gisler 1902, tue dies der Katholik nur in politischer, nie in dogmatischer Hinsicht, «denn er weiss sich im Besitz der allein und absolut wahren Offenbarungsreligion»[81]. Der Aufbruch nach 1886 habe, so die Wortführer des politischen Katholizismus, von innen her, aus der Kraft des Glaubens zu erfolgen. F. Weiss von Zug sagte es am Bettag 1938 programmatisch:

«Wirtschaftliche, politische, religiöse Wohlfahrt [...] bringen wir diese Wünsche vor den Allmächtigen. Das ist echte Heimatliebe und echte Gottesliebe, von welcher der Dichter sagt: Wundertätig ist die Liebe, die sich im Gebet enthüllt»[82].

Entlang solcher politischen, gesellschaftlich-kulturellen und kirchlich-religiösen Leitlinien entfaltete sich der Bettag seit dem ausgehenden 19. Jahrhundert. Bewährte Formen setzten sich fort, neue kamen dazu. Sie werden im Folgenden einzeln umrissen.

Die Bettagsmandate erschienen zahlreicher und vielfältiger. In Luzern unterblieben sie weiterhin, nachdem die Regierung eine Veröffentlichung – wie erwähnt – 1876 eingestellt hatte. Erst um 1990 erlebte das Bettagsmandat in der Leuchtenstadt eine Renaissance[83]. Unter Kanzleidirektor Martin Styger erschienen 1913 bis 1927 auch in Schwyz Bettagsmandate. Seither fehlen sie wieder. Grösseren Wert legte die Schwyzer Obrigkeit auf die Proklamationen zur Bundesfeier am 1. August, die seit 1900 ununterbrochen erscheinen[84]. Uri publizierte Mandate 1920 bis 1998. Mit Kanzleidirektor Hans Muheim wurden sie 1960 farbiger. In den letzten Jahren verfassten die Landammänner die Texte selber. 1998 schrieb Dekan Josef Suter das Mandat, das zugleich das letzte war[85]. Nidwalden begann nach einem Unterbruch von rund vier Jahrzehnten 1922 wieder, Mandate zu veröffentlichen. Sie

---

80 Zitiert in: Ueber die dreitägige Bruderklausenfeier. In: Schweizerische Kirchenzeitung [55] (1887) 97 f., 98.
81 Gisler, Kirche und Staat.
82 Weiss, Bettag.
83 Vgl. StALU, Kantonblatt 1876–2016.
84 Vgl. StASZ, Amtsblatt 1900–2016.
85 Vgl. StAUR, R-390-16/1001; Amtsblatt, 1920–2016.

erschienen kontinuierlich bis zur letzten Ausgabe 1994[86]. In Obwalden setzen die Mandate 1931 ein und erscheinen seither ohne Unterbruch bis heute. Als Verfasser konnte die Regierung zeitweilig Pater Rupert Amschwand (1916–1997), Geschichtslehrer am Kollegium Sarnen, gewinnen[87]. Zug kennt die regierungsrätlichen Mandate nicht. Es scheint, dass den zwar nicht regelmässig, teils jedoch ausführlichen Bettagsartikeln in den Pfarrblättern diese Aufgabe zugedacht war[88]. Bemerkenswert ist, dass 1940, im Jahr des Überfalls auf die neutralen Staaten Belgien, Holland und Luxemburg durch die deutsche Armee, der Bundesrat ebenfalls einen Aufruf zum Bettag herausgab. Dahinter dürfte Philipp Etter, der Zuger Bundesrat und Vater der geistigen Landesverteidigung, gestanden haben[89].

In der Innerschweiz etablierte sich fast überall ein Bettagsopfer. Es wurde meistens von den Regierungen angeordnet, was Spannungen mit den kirchlichen Oberen und auch mit den reformierten Gemeinden auslöste und Kompetenzkonflikte heraufbeschwor[90]. Der Zweck der Opfer war unterschiedlich: Luzern 1886 für die Erziehungsanstalt Rathausen[91], Uri für Elementargeschädigte[92], Nidwalden für das Krankenhaus bzw. heute für die Stiftung Alters- und Pflegeheim Nidwalden, Obwalden für das Spital, Zug meistens für die Inländische Mission[93].

Der Bettag war in der Innerschweizer Presse, unabhängig ihrer parteipolitischen oder konfessionellen Ausrichtung, kontinuierlich präsent. Oft veröffentlichten die Redaktionen Leitartikel. Die konservativen Organe bevorzugten Autoren, die dem katholisch-konservativen Lager angehörten. Aber nicht ausschliesslich: Beispielsweise publizierten die St. Michaelsglocken von Zug 1944 das Gedicht «Bettag» des liberalen Dichters Ernst Zahn (1867–1952). Überregional verbreitet waren das «Vaterland» und auch die «Innerschweizer Bauernzeitung». Eine nicht unbedeutende Stellung in der Bettagspublizistik kommt den nach der Jahrhundertwende einsetzenden Pfarrblättern zu. Sie machten übrigens eine grosse Entwicklung durch, vom einfachen Organ der

---

86 Vgl. StANW, Amtsblatt 1853–2016.
87 Vgl. StAOW, D. 03. 0167. 02/A; Amtsblatt 1930–2016.
88 Siehe vor allem «St. Michaelsglocken», das Pfarrblatt der Pfarrei St. Michael, Zug, das seit 1914 erscheint.
89 Vgl. StAOW, D. 03. 0167. 02/A; St. Michaelsglocken 1945, Nr. 38. Siehe zum Aufruf des Bundesrates in diesem Band den Beitrag von Andreas Kley.
90 Beispielsweise in Uri: StAUR, R-390-16/1001; Regierungsratsbeschluss vom 4.9.1920.
91 Vgl. StALU, AKT 39/25 F 4.
92 Vgl. StAUR, R-420-23/1046.
93 Siehe Amtsblatt des jeweiligen Kantons, für Zug Pfarrblatt «St. Michaelsglocken».

einzelnen Pfarrei zum grafisch ansprechenden regionalen Medium. Rasch nutzten katholische Journalisten und Magistraten das neue Medium Rundfunk zur Platzierung von Bettagspredigten und Ansprachen[94]. Besondere Aufmerksamkeit erfuhr die Radioansprache von Papst Pius XII. an das Schweizervolk (15. September 1946). Sie ermutigte zum Stolz auf den demokratischen Charakter des Landes als «in langem Reifen gewachsene Frucht von in Jahrhunderten gemachten Erfahrungen». Zudem würdigte sie die Schweiz als Land, das sich «am Schnittpunkte dreier mächtiger nationaler Kulturen» befinde und doch alle drei in der Einheit eines einzigen Volkes vereinige[95]. 1968 veranstaltete Paul Kamer (1919–1999) von Schwyz für das Radio auf dem Rütli eine Bettagsfeier aus Anlass der blutigen Niederschlagung des Freiheitskampfes in Prag, an der auch tschechoslowakische Flüchtlinge zu Wort kamen[96]. Gegen Ende des 20. Jahrhunderts, bei spärlicherer Teilnahme der Katholiken an den liturgischen Angeboten, hinterfragte die Presse den Bettag auch einmal kritisch[97].

Die liturgische Form des Bettags richtete sich nach den Weisungen der Bischofskonferenz von 1886: Aussetzung und Anbetung, Gottesdienst mit Predigt, Andacht am Nachmittag mit Taufgelübdeerneuerung und eucharistischem Segen. Noch in der zweiten Hälfte des 20. Jahrhunderts wurde die Bevölkerung quartierweise zur Anbetung eingeteilt und aufgeboten. Dies war nichts Ungewöhnliches, denn in gleicher Art war an gewissen Orten für alle Quatembersonntage die Anbetung angeordnet[98]. Manche Pfarreien engagierten für die Bettagspredigt bekannte Kanzelredner, sogenannte Ehrenprediger. Prälat Dr. Josef Meier (1904–1960), der Leiter des Katholischen Volksvereins, stellte sich oft zur Verfügung[99]. Feierliche Kirchenmusik verschönerte

---

94 Dazu zwei Beispiele: Scheuber, Heimatland Predigt; Etter, Kirche. Allgemein: Scheuber, Radiogesellschaft; Innerschweizerischer Radio- und Fernsehpreis.
95 Bettagsansprache des Heiligen Vaters ans Schweizervolk am 15. September 1946. In: Schweizerische Kirchenzeitung 114 (1946) 421f., 421.
96 Vgl. StAOW, D. 03. 0167. 02/B.
97 Vgl. Zukunft der Kirche? Kritische Fragen zum Bettag. In: Innerschweizer Bauernzeitung 1979, Nr. 37.
98 Beispielsweise hielt Pfarrer Arnold Imholz von Attinghausen UR 1958 fest, die Anbetung finde am Bettag gleich statt wie an den Quatembertagen. Zu diesen Anbetungstagen kam mindestens in der Diözese Chur die «Ewige Anbetung» dazu, zu der jede Pfarrei eingeteilt war. Attinghausen war für den Antoniustag (13. Juni) bestimmt. Die Anbetung dauerte von morgens 6 Uhr bis Mitternacht, besonders verpflichtet waren die Schuljugend und die Standesvereine. PfrA Attinghausen, B 4.8.2/1.
99 Sammlung von Bettagspredigten von Josef Meier in: StALU, PA 368/253.

den Bettagsgottesdienst. Gerne aufgeführt wurde die Messe «Pro Patria» von Johann Baptist Hilber (1891–1973), dem Chorleiter im Hof zu Luzern.

Die Hirtenbriefe der Schweizer Bischöfe bildeten seit 1887 sozusagen den Cantus firmus des eidgenössischen Bettags. Sie waren dazu bestimmt, in den Kirchen vorgelesen zu werden. Die Texte befruchteten auch die katholische Journalistik und Homiletik. Die Bischöfe bezweckten die Vertiefung und Verlebendigung des Glaubens und mittelbar die Festigung von Gesellschaft und Staat im Geiste des Christentums. Die vielfältige Thematik vollständig darzustellen, würde den Rahmen dieser Darstellung sprengen. Verschiedene Autoren haben bereits Wichtiges darüber geschrieben. Von besonderer Tragweite erscheinen mir die Themenbereiche: Glaubensfragen, Lebensgestaltung; Bruder Klaus als Vorbild (u.a. 1933 und 1936); die Kirche in der Schweiz, Diaspora und inländische Mission; soziale Frage, besonders in Krisenzeiten; Abgrenzung gegen Sozialismus (1920) und Kapitalismus (1926); Gefahren des Nationalismus (1937); geistige Landesverteidigung (1938); Ökumene (1965) und Wege zur Einheit der Christen (1984). Der Bettag erfuhr, so die Einschätzung von Kirchenhistorikern bereits seit 1920, durch die Hirtenbriefe eine Aufwertung[100].

9. Neueste Entwicklungen

Seit der zweiten Hälfte des 20. Jahrhunderts fanden wirtschaftliche, gesellschaftliche und kulturelle Wandlungen statt, die tiefergreifend und flächendeckender waren als je zuvor. Wie die gesamte Schweiz wurden auch die innerschweizerischen katholischen Stammlande wesentlich verändert. Der vorwiegend agrarisch geprägte Raum verwandelte sich in eine Industrie- und Dienstleistungsregion. Globalisierte Wirtschaft und internationaler Verkehr begannen die lokale Eigenart zu verdrängen. Die Bevölkerung durchmischte sich herkunftsmässig und kulturell. Die konfessionelle und religiöse Vielfalt nahm zu[101]. Auch die katholische Kirche änderte sich. Das Vaticanum II hatte seine Auswirkungen. Doch auch die Entkirchlichung breitete sich stark aus.

---

100 Vgl. Meier, Geschichte 47; Bucher-Häfliger, Bettag 12. Siehe auch die kritischen Ausführungen von Zsolt Keller, der aus den Hirtenbriefen nationale und religiöse Enge herausliest: Keller, Bettag.

101 Der leider zu wenig beachtete «Ort der Besinnung» an der Gotthardraststätte in Uri, der um die Jahrtausendwende gebaut wurde, versinnbildlicht diese Entwicklung. Worte der jüdischen, christlichen, islamischen, buddhistischen und hinduistischen Weltreligionen prägen die Stätte, an deren Einweihung Vertreter aller vier Glaubensgemeinschaften gegenwärtig waren.

Unter diesen Voraussetzungen stellte sich die Frage: Wie kann der Bettag in seiner ursprünglichen Bestimmung umgesetzt werden? Wie lässt sich das Schweizervolk zusammenrufen, um Gott zu danken für die Heimat, zu büssen für Unterlassungen und Fehler, zu bitten für das Wohlergehen aller?

Die veränderten Umstände erforderten Neues. Zu den gewohnten Gehalten stiessen gebieterisch zusätzlich Themenbereiche: die Würde aller Menschen, der Schutz des Lebens, die Integration neuer Bevölkerungsschichten, die Gastfreundschaft für Flüchtlinge, die Sorgfalt vor der Natur und Umwelt, das nachhaltige Wirtschaften, die weltweite Solidarität und vieles mehr.

Der Staat, von dem der Bettag seine ursprüngliche Legitimation erhalten hat, schützte den Feiertag weiterhin im Rahmen der Erlasse zur Sonntagsruhe[102]. Er setzte die Vorschriften auch durch, 1999 beispielsweise gegen den FC Luzern, der widerrechtlich am Bettag einen Fussballmatch veranstaltete[103]. Doch fehlen in den Vorschriften heute natürlich Hinweise auf Gottesdienste und Aufforderungen zum Kirchenbesuch. Das Engagement der Behörden gestaltete sich je nach Kanton unterschiedlich. Der Urner Landammann lässt sich schon seit geraumer Zeit nicht mehr vom farbentragenden Landweibel in die Pfarrkirche St. Martin von Altdorf zum Gottesdienst begleiten, und seine Bettagsaufrufe im Urner Amtsblatt und in der Lokalpresse verstummten nach 1998. Obwalden jedoch publiziert stets noch das Bettagsmandat. Luzern schliesst sich seit 2000 den von kirchlichen Kreisen herausgegebenen Proklamationen an und delegiert einen Regierungsvertreter zum Bettagsgottesdienst[104]. Die Hirtenschreiben der Schweizer Bischöfe erschienen bis 2010; sie wurden 2011 durch 1.-August-Botschaften abgelöst[105]. Das tragende Geflecht zur Durchführung des Bettags bilden jedoch weiterhin die Pfarreien, auch wenn sie heute – wegen Personalmangels – in Seelsorgeräumen zusammenarbeiten. Zur stärkeren Belebung des Bettags gesellten sich zu diesen traditionellen staatlichen und kirchlichen Institutionen – glücklicherweise – viele neue Kräfte, nämlich: überdiözesane kirchliche Arbeitsstellen, interkonfessionelle Gruppen mit ökumenischer Zielsetzung, nachkonziliäre Räte, kantonale Landeskirchen, interreligiöse Vereinigungen.

---

102 So in Luzern: 1997 Ruhe- und Ladenschlussgesetz. In: StALU, A 1354/392. So auch in Uri: 1979 Gesetz über geheime Wahlen, und 1998 Gastwirtschaftsgesetz, in: StAUR, Rechtsbuch 2.1201 und 70.2111.
103 Vgl. StALU, A 1354/392.
104 Vgl. StAOW, Kantonsblatt 1991–2016; StALU, Kantonsblatt 2000–2016.
105 Siehe zu den Gründen den Beitrag von Simon Spengler und Werner de Schepper in diesem Band.

Neue Gehalte und frische Kräfte bereicherten das Bild des Bettags seit der zweiten Hälfte des 20. Jahrhunderts. Die folgenden Hinweise verstehen sich als Illustrationen und Beispiele. Sie können und wollen keineswegs eine systematisch-vollständige Schilderung dieser reichen Entwicklung sein. Unter den frühen Formen ragte 1953 die von der Evangelischen Volkspartei initiierte Aktion «Bettag als Ruhetag» hervor. Josef Meier, der von Luzern aus agierende Leiter von Volksverein und Jungmannschaftsverband, machte in der ökumenisch abgestützten und von der Schweizerischen Gemeinnützigen Gesellschaft mitgetragenen Bewegung sofort mit. 1953 und die folgenden Jahre erschienen in über 200 Zeitungen und Zeitschriften die teilweise von Meier formulierten Aufrufe, am Bettag der Heimat die Mobilität einzuschränken und vermehrt der Ruhe und Besinnung Raum zu gewähren[106]. Erstmals am Bettag 1961 fand die Reiterwallfahrt nach Maria Einsiedeln statt. Der Anlass vereinigt jedes Mal gegen 200 Teilnehmende und findet stets grosse Beachtung[107]. Die 1965 gegründete Arbeitsstelle für Bildungsfragen der Schweizer Katholiken wandte sich auch dem Bettag zu. Sie gab 1980 und 1981 Arbeitsmappen heraus mit Predigtimpulsen und Gesprächsskizzen[108]. Tatenfreudige Jungpolitiker von Luzern lancierten 1985 die Idee eines autofreien Bettags. Sie vernetzten sich mit den Landeskirchen, Parteien und Vereinen und fanden die Unterstützung der Regierung. Vordergründiges Anliegen war der Umweltschutz, doch der Bettag wurde so zum Träger dieses zeitgemässen Anliegens. Die Aktion fand mit beachtlichem Aufwand 1985 und 1986 statt[109]. Starke Impulse gingen von der Arbeitsgemeinschaft christlicher Kirchen in der Schweiz aus. 1985 trafen sich 130 Gruppen der ökumenischen Aktion «Miteinander beten für unser Land». Man wollte den Bettag als Tag der nationalen Besinnung neu und aktiv begehen. Es bildete sich die Modellkommission Bettag 91. Diese rief aus Anlass des nationalen Jubiläums «700 Jahre Eidgenossenschaft» 1991 zur Gewissenserforschung und Kurskorrektur auf. Sie fand breites Echo. Auf dem Landenberg in Sarnen vereinigten sich Christen, Juden und Muslime zum gemeinsamen Beten, Büssen und Bitten[110]. Die Zuger Pfarreien St. Michael, Gut Hirt, St. Johannes der Täufer und Bruder Klaus feierten den Bettag 1991 mit einem ökumenischen Gottesdienst auf dem Landsgemeindeplatz mit anschliessender Teilete. In St. Johannes d. T. brannte vom Samstagabend bis zur nachmit-

---

106 Vgl. StALU, PA 288/874.
107 Vgl. Steinegger, Volkskultur 160. Freundlicher Hinweis von Ralf Jacober vom Staatsarchiv Schwyz.
108 Vgl. StALU, PA 622/78.
109 Vgl. StALU, A 1354/392.
110 Vgl. Imfeld, Formen 362.

täglichen Schlussandacht am Bettagsonntag ein Schweigefeuer, an dem die Menschen über den Frieden in der Schweiz und in der Welt meditierten. In Bruder Klaus entzündete die Pfarrei nach der Samstagabendmesse ein Friedensfeuer. Ökumenische Gottesdienste feierten Glaubensgemeinschaften auch auf dem Zugerberg und in Walchwil. Das Bettagsopfer der Zuger Pfarreien wollte man für die Armen in der Schweiz verwenden. Der Leitartikel des Zuger Pfarrblattes, verfasst von der Ökumenischen Kommission der Arbeitsgemeinschaft christlicher Kirchen in der Schweiz, war dem Danken, Büssen, Bitten und Beten gewidmet[111]. 1998, im Jahr des nationalen Jubiläums «150 Jahre Bundesstaat», erging in Uri die Einladung zum Bettag von der Röm.-Kath. und der Ev.-Ref. Landeskirche sowie dem Dekanat Uri. Das gläubige Volk strömte sternförmig der Kapelle Unserer Lieben Frau in der Jagdmatt zu. Landratspräsident Oskar Epp begrüsste. Der Historiker Hans Stadler-Planzer erläuterte die politische und religiöse Bedeutung des traditionsreichen Ortes. Unter Mitwirkung des Seelsorgerates Erstfeld feierten der reformierte Pfarrer Ulrich Schmaltz und der katholische Diakon Stanko Martinovic den Gottesdienst, die Predigt hielt der katholische Pfarrer Karl Muoser. Alphornbläser und der Kirchenchor Erstfeld verschönerten die ökumenische Feier. Zuvor hatte sich Dekan Josef Suter im Amtsblatt an offizieller Stelle an die Bevölkerung gerichtet:

> «Ich vertraue darauf, dass es Menschen gibt, die dem Bettag seine alte Würde wieder geben möchten; Menschen, die Zeit haben für die Besinnung; Menschen, die Zeit haben, mit Gott zu reden. Wir brauchen solche Menschen, damit sie der ‹Welt› von Gott erzählen können – nicht nur vom Gott der Bücher, sondern vom Gott ihres Lebens»[112].

Der Bettag im Kanton Luzern wird seit Beginn des 21. Jahrhunderts von der Regierung und den drei Landeskirchen getragen, mit denen sich 2011 auch die Islamische Gemeinschaft verband. Ein Motto drückt jeweils das Kernthema aus, beispielsweise: «Erzähle vom Beten», «Was Musik mit Glaube verbindet», «Daheim sein», damit verbunden die Flüchtlingsproblematik. Grafisch eindrücklich gestaltete Plakate verstärken die Bettagsbotschaft[113]. Neue, publikumswirksame Wege beschritten in diesen Jahren auch

---

111 Vgl. St. Michaelsglocken. Kirchliches Anzeigeblatt für die Katholiken der Gemeinde Zug, zu den Bettagen 1990 und 1991.
112 StAUR, Amtsblatt 1998, 1349–1350.
113 Vgl. Bettagsproklamationen in: StALU, Kantonsblatt 2000–2016; Bettagsartikel und -plakate in: Pfarrblatt Katholische Kirche Stadt Luzern, 2000–2016. Siehe dazu den Artikel von Nicola Neider Ammann in diesem Band.

die Pfarreien in Zug. Die Pfarrei Bruder Klaus feierte 2010 auf einem Bauernhof den Bettag mit einem Familiengottesdienst unter dem Motto «Erntedank». Trachtengruppen und Jodlerchöre unterstrichen in St. Michael die mit der Tradition verbundene Seite des Bettags. 2016 versammelte sich auf dem Landsgemeindeplatz eine interreligiöse Mahnwache und gedachte der vielen auf der Flucht in den Fluten des Mittelmeeres Verstorbenen. Das «Ship of tolerance» auf dem Zugersee ermutigte zum Frieden und zur Solidarität[114].

Zum Schluss ein Überblick über die Gestaltung des Bettags vom 18. September 2016 in wichtigen Innerschweizer Pfarreien:

- Luzern, St. Leodegar im Hof: 10^{00} Uhr: Ökumenischer Gottesdienst auf dem Kapellplatz, Predigt Richard Strassmann, Mitwirkung des Jodelclub Pilatus, Kollekte für Gemeinschaftsanlässe Asylzentren, Apéro. 17^{15} Uhr: Vesper mit den Chorherren des Kollegiatsstiftes St. Leodegar. Bettagsproklamation, von christlichen Kirchen, islamischer Gemeinschaft und Regierung getragen, im Kantonsblatt. Bettagsartikel «Will kommen. Willkommen» im Pfarrblatt. Plakataktion in der Stadt.
- Altdorf UR, St. Martin und Bruder Klaus: Samstagabend 16^{30} Uhr in Bruder Klaus: Vorabendmesse mit dem Jodelklub Tälläbuebä. Sonntag 10^{00} Uhr in St. Martin: Eucharistiefeier, Predigt Pfarrer Daniel Krieg, Mitwirkung von Freunden der Kirchenmusik, Kollekte für Elementargeschädigte in Uri. Anschliessend bis 17^{00} Uhr Anbetungsstunden in der Krypta.
- Schwyz, St. Martin: 10^{00} Uhr: Eucharistiefeier der Pfarreien Schwyz und Seewen in der Kollegi-Kirche, Predigt Pfarrer Reto Müller, Mitwirkung der beiden Kirchenchöre, Kollekte für die Inländische Mission.
- Sarnen OW, St. Peter und St. Paul: 17^{00} Ökumenischer Gottesdienst in der Kollegikirche, Mitwirkung des Kirchenchors, Kollekte für die Winterhilfe Obwalden, Apéro. Einladung durch Dekanat Obwalden, ev.-ref. Kirchgemeinden, Regierungsrat. Bettagsmandat der Regierung im Amtsblatt.
- Stans, St. Peter und St. Paul: 10^{30} Uhr: Gottesdienst, Predigt Pfarrer David Blunschi, gemischter Chor singt von Johann Baptist Hilber die Messe «Pro Patria», Schweizerpsalm, «Zwische See und hecha Bärge» (Nidwaldner Hymne), Kollekte für das Wohnheim Nägeligasse, Bettagsartikel von Pfarrhelfer Melchior Betschart im Pfarrblatt.
- Zug, St. Michael: Samstagabend 17^{15} Uhr in St. Oswald: Eucharistiefeier, Predigt Sibylle Hardegger, Mitwirkung des Männerchors Zug. Sonntag

---

114 Vgl. St. Michaelsglocken. Kirchliches Anzeigeblatt für die Katholiken der Gemeinde Zug, zu den Bettagen 2010–2016.

10⁰⁰ Uhr in St. Oswald: Eucharistiefeier, Predigt Sibylle Hardegger, Volksgesang, Schweizerpsalm, Kollekte für die Inländische Mission.

Schlussgedanken

Die Wurzeln des Eidgenössischen Bettags reichen zurück in die Formen des gemeinsamen Betens des Spätmittelalters und der Frühen Neuzeit. In der Drohzeit der Französischen Revolution von der Alten Eidgenossenschaft ins Leben gerufen, hatte der Feiertag durch alle Höhen und Tiefen der schweizerischen Politik bis heute Bestand. Die Ausführungen wiedergeben Beobachtungen rund um den Bettag bei den Katholiken, wobei das Augenmerk auf die Innerschweiz gerichtet ist. Bemerkenswert ist die Feststellung, dass in der Geschichte des Bettags die wesentlichen Linien der Kirchengeschichte der Schweiz überhaupt aufleuchten. Der Bettag ist gleichsam das Brennglas, in dem sich die unterschiedlichen Strömungen sammeln. Dabei lassen sich in groben Zügen drei Epochen feststellen.

Seit der Begründung des Bettags 1794 bis um 1886 standen die katholische Kirche und die Katholiken den Reformierten und der liberalen Politik vorsichtig, misstrauisch, mehr oder weniger distanziert gegenüber. Es war dies das Erbe des konfessionellen Zeitalters und eine Folge der politischen Spannungen in der Schweiz des 19. Jahrhunderts. Es brauchte Zeit, bis der Bettag überall und völlig akzeptiert war. Die Untersuchungen zeigten auch, dass das Bild eines einheitlichen Blockes von Katholiken unzutreffend ist und dass auch die Vorstellung einer geschlossen auftretenden Innerschweiz nicht der geschichtlichen Realität entspricht. Die Regierungen wirkten bei der Durchführung des Bettags unterschiedlich mit. Die Obrigkeiten gestalteten von Kanton zu Kanton das Verhältnis zwischen Kirche und Staat auf eigene Art.

Gegen Ende des 19. Jahrhunderts, als die katholische Kirche die Stürme des Kulturkampfes überstanden hatte und auch in Diasporagegenden zunehmend erstarkte, als die katholisch-konservativen politischen Kräfte in die Bundesbehörden integriert wurden und das Geschehen mitbestimmten, gestalteten die Bischofskonferenz und die Katholiken, von innerer Stärke getragen, den Bettag mit mehr Bestimmtheit und Kreativität. Die liturgische Gestaltung der Feiern wurde reicher und einheitlicher. Die kontinuierlich erscheinenden Bettagsbriefe der Bischofskonferenz vermittelten wesentliche Impulse. Das Engagement der Regierungen nahm zu. Die katholischen Intellektuellen und Kulturschaffenden setzten neue, eigene Akzente, dies alles allerdings in streng orthodoxem und in konfessionell weitgehend abgeschlossenem Rahmen.

Die jüngste Entwicklung seit der zweiten Hälfte des 20. Jahrhunderts war gekennzeichnet vom Durchbruch zur ökumenischen Zusammenarbeit unter den christlichen Kirchen und zur interreligiösen Begegnung. Die Zeichen der Zeit wurden erkannt, neue Bedürfnisse flossen ein in die Gestaltung der Bettagsfeiern. Die traditionellen Kräfte der Kirche und des Staates, denen nach wie vor die Präsenz des Bettags im Alltag am meisten geschuldet ist, erhielten Unterstützung von einem vielfältigen Netzwerk unterschiedlicher christlicher und interreligiöser Kräfte, die im lokalen Rahmen wie erneut auch auf nationaler Ebene tätig wurden.

Die katholische Kirche, Hierarchie und Volk, bewies bis heute die Bereitschaft und Kraft, den Bettag als Tag des Dankens, Büssen und Betens zu feiern. Das stimmt hoffnungsvoll, dass die Gelegenheit weiterhin genutzt wird. Der Bettag wird – wie seit 1794 – auch in Zukunft eine herausragende Gelegenheit zur religiösen Besinnung des Schweizervolkes sein. Der Bettag ist Erbe und Auftrag.

Literatur

Quellen
In Gruppen zusammengefasst sind die Quellengattungen: Aktensammlungen, Archivquellen, Predigten, Zeitungen und weitere Periodika.

Aktensammlungen
Actensammlung aus der Zeit der Helvetik (1798–1803), bearb. von Johannes Strickler (u. a.). 16 Bde. Bern (u. a.) 1886–1966.
EA:
- Amtliche Sammlung der älteren eidgenössischen Abschiede, Bde. I–VIII. Luzern 1839–1886.
- Repertorium der Abschiede der eidg. Tagsatzung aus den Jahren 1803 bis 1813, 2. Aufl., bearb. von Jakob Kaiser. Bern 1886.
- Repertorium der Abschiede der eidg. Tagsatzung aus den Jahren 1814 bis 1848, bearb. von Wilhelm Fetscherin, 2 Bde. Bern 1874–1876.

Archive (Signaturen sind in den Fussnoten angegeben)
FamA Planzer: Familienarchiv Planzer Bürglen, Bürglen
PfrA Attinghausen: Pfarrei- und Kirchenarchiv Attinghausen, Attinghausen
PfrA Bürglen: Pfarrei- und Kirchenarchiv Bürglen, Bürglen
PfrA Erstfeld: Pfarrei- und Kirchenarchiv Erstfeld, Erstfeld
StALU: Staatsarchiv Luzern, Luzern
StANW: Staatsarchiv Nidwalden, Stans
StAOW: Staatsarchiv Obwalden, Sarnen

StASZ: Staatsarchiv Schwyz, Schwyz
StAUR: Staatsarchiv Uri, Altdorf
StAZG: Staatsarchiv Zug, Zug

Predigten und verwandte Quellentexte
Bossard, G.: Jesus weint über Jerusalem. Predigt, gehalten [...] den 19. Herbstmonat 1847 [...] in der Pfarrkirche in Zug. Luzern 1847.
Denkmaale fuer Helveziens Bewohner, oder, Obrigkeitliche Ankuendigungen, Predigten, und Predigtauszuege, auch Fragmente aus Gebeten beyder Religionsverwandten, den am 16. Merz 1794 in der ganzen Loebl. Eidsgenossenschaft gefeyerten Busstag betreffend, zur Erweckung und Unterhaltung der Andacht und Erbauung. Basel 1794.
Eidg. Blitzzug- und Bettag. In: Nidwaldner Kalender 1895, 48.
Elsener, Wendelin: Der Dank-, Buss- und Bettag des Schweizervolkes. Predigt [...] am diesjährigen eidgenössischen Bettag in der Pfarrkirche zu Küssnacht, Kt. Schwyz. Luzern 1853.
Festreden an der Schlachtfeier in Sempach. Luzern 1784–1961.
Imfeld, Josef: Die zwei Mütter, nämlich: 1. Die freudenreiche Schmerzensmutter Helvetia, und 2. Die schmerzenreiche Freudenmutter Maria. Predigt [...] in Sins [...] den 17. September 1871. Luzern 1871.
Der Name Jesus sig ywer Gruss. In: Nidwaldner Kalender 1917, 15–18.
Niederberger, Remigius: Predigt über den Frieden oder Unfrieden unseres schweizerischen Vaterlandes [...] am 15. Herbstmonat [...] in Bu[o]chs. Luzern 1844.
Predigt an dem allgemeinen Bitt- und Busstage, [...] den 16. Märzes 1794 in Sursee. O.O. [1794].
Scheuber, Josef Konrad: Betendes Heimatland. Katholische Radio-Predigt zum Eidgenössischen Dank-, Buss- und Bettag 1956. Zug 1956.
Tanner, Anton: Predigt gehalten in der Hofkirche zu Luzern am eidgen. Buss-, Dank- und Bettag 1885. Luzern 1885.

Zeitungen, Pfarrblätter, weitere Periodika
Gotthard Post, Altdorf, 1892–1980.
Luzerner Tagblatt, Luzern, 1848–1990.
Luzerner Zeitung, Luzern, 1847–1871.
Schweizerische Kirchenzeitung, Solothurn, 1881–1890.
Schweizerische Rundschau, Stans, 1900–1938.
Schwyzer Zeitung, Schwyz, 1848–1866.
St. Michaelsglocken, Kirchliches Anzeigeblatt für die Katholiken der Gemeinde Zug, Zug, 1914–2016.
Urner Wochenblatt, Altdorf, 1877–2016.
Vaterland, Luzern, 1871–1950.
Zuger Nachrichten, Zug, 1845–1995.

Sonstige Literatur

Arnold, Seraphin: Die Pfarrei Altdorf im 20. Jahrhundert. Versuch einer kritischen Darstellung neuer Entwicklungen in der Pfarrei. Altdorf 1997.

Arnold, Werner: Uri und Ursern zur Zeit der Helvetik 1798–1803. Altdorf 1985 (Historisches Neujahrsblatt Uri NF 39/40).

Bucher-Häfliger, Josef: Der Eidgenössische Bettag. Übersicht über seine Entstehung, im Besonderen im Kanton Luzern. Maschinenschrift 2000.

Etter, Philipp: Kirche und Staat. Radioansprache von Alt-Bundesrat Dr. Ph. Etter zum Eidg. Dank-, Buss- und Bettag 1960. In: Innerschweizer Bauernzeitung 1960, Nr. 38.

Gasser, Helmi: Die Kunstdenkmäler des Kantons Uri. Bd. 2: Seegemeinden. Basel 1986 (Die Kunstdenkmäler der Schweiz 78).

Gisler, Anton: Über Kirche und Staat. In: Schweizerische Rundschau 3 (1902) 33–48.

Godel, Eric: Die Zentralschweiz in der Helvetik (1798–1803). Kriegserfahrungen und Religion im Spannungsfeld von Nation und Region. Münster 2009.

Hadorn, Wilhelm: Der eidgenössische Dank-, Buss- und Bettag. Mit besonderer Berücksichtigung der bernischen Geschichte. Bern 1908.

Henggeler, Rudolf: Das Schlachtenjahrzeit der Eidgenossen nach den innerschweizerischen Jahrzeitbüchern. Basel 1940 (Quellen zur Schweizer Geschichte, II. Abt. Akten, Bd. III).

Imfeld, Karl: Formen der Volksfrömmigkeit im Jahreslauf. In: Halter, Ernst/Wunderlin, Dominik (Hg.): Volksfrömmigkeit in der Schweiz. Zürich 1999, 314–371.

Innerschweizerischer Radio- und Fernsehpreis [für] Tino Arnold. Luzern 1986.

Jäggi, Stefan: Religion und Kirche im Alltag. In: Geschichte des Kantons Schwyz. Bd. 3. Schwyz 2012, 243–271.

Keller, Zsolt: Der Eidgenössische Bettag als Plattform nationaler Identität der jüdischen und katholischen Schweizer. In: Altermatt, Urs (Hg.): Katholische Denk- und Lebenswelten. Beiträge zur Kultur- und Sozialgeschichte des Schweizer Katholizismus im 20. Jahrhundert. Fribourg 2003, 135–150.

Lusser, Karl Franz: Geschichte des Kantons Uri. Schwyz 1862.

Maas-Ewerd, Theodor: Marienfeste. In: LThK³ 6 (1999) 1370–1374.

Marchal, Guy P.: Schweizer Gebrauchsgeschichte. Geschichtsbilder, Mythenbildung und nationale Identität. Basel 2006.

Matt, Hans von: Der erste schweizerische Katholikentag. In: Schweizerische Rundschau 4 (1903) 40–45.

Meier, Gabriel: Zur Geschichte des eidg. Bettages, nach Tagebüchern des Klosters Rheinau. In: Zeitschrift für Schweizerische Kirchengeschichte 14 (1920) 40–47.

Muheim, Hans: Einheitstermin für Bettag. In: Gotthard Post 1978, Nr. 37.

Oberholzer, Paul: Kirchliche Verhältnisse. In: Geschichte des Kantons Schwyz. Bd. 4. Schwyz 2012, 195–226.

Ochsenbein, Peter: Das Grosse Gebet der Eidgenossen. Eine fünfhundertjährige Gemeinschaftsandacht der Schwyzer. Schwyz 1991 (Schwyzer Heft 55).

Ochsenbein, Peter: Das grosse Gebet der Eidgenossen. Überlieferung, Text, Form und Gehalt. Bern 1989 (Bibliotheca Germanica 29).

Röllin, Stefan: Pfarrer Karl Joseph Ringold (1737–1815). Ein Beitrag zur Geschichte des Reformkatholizismus im späten 18. und frühen 19. Jahrhundert. In: Der Geschichtsfreund 137 (1984) 3–330.

Rück, Peter: Die Durchführung des «Grossen Gebetes» in den Jahren 1587–1588. In: Zeitschrift für Schweizerische Kirchengeschichte 60 (1966) 342–355.

Schaufelberger, Rosa: Die Geschichte des Eidgenössischen Bettags mit besonderer Berücksichtigung der reformierten Kirche Zürich. Zürich 1920.

Scheuber, Josef Konrad: Die Radiogesellschaft Uri und ihre Wirksamkeit seit 1954. In: Jahresgabe der Kantonsbibliothek Uri 7 (1960) 75–85.

Stadler-Planzer, Hans: Das «Grosse Gebet» in Uri vom Jahre 1576. In: Urner Wochenblatt 1978, Nr. 73.

Stadler-Planzer, Hans: Geschichte des Landes Uri. 2 Teile. Schattdorf 2015.

Steinegger, Hans: Volkskultur. Bräuche, Feste und Traditionen. In: Geschichte des Kantons Schwyz. Bd. 6. Schwyz 2012, 149–173.

Steiner, Alois: Schweizerischer Katholischer Volksverein (SKVV). In: HLS 11 (2012) 315.

Waser, Andreas: Religion und Kirche im Widerstreit zur Moderne. In: Geschichte des Kantons Nidwalden. Bd. 2. Stans 2014, 74–87.

Waser, Andreas: Religion und Kirche. Der allein-seligmachende katholische Glaube. In: Geschichte des Kantons Nidwalden. Bd. 1. Stans 2014, 173–181.

Weiss, F.: Eidgenössischer Bettag. In: Zuger Nachrichten vom 16.9.1938.

Wicki, Hans: Staat, Kirche, Religiosität. Luzern 1990 (Luzerner Historische Veröffentlichungen 26).

Wymann, Eduard: Das Schlachtenjahrzeit von Uri. Altdorf 1916.

Zahn, Ernst: Gebet der Schweizer. Eidgenössischer Bettag 1915. In: Wöchentliche Unterhaltungen. Illustrierte Luzerner Chronik. Gratis-Beilage des «Luzerner Tagblatt» 1915, Nr. 38.

Zukunft der Kirche? Kritische Fragen zum Bettag. In: Innerschweizer Bauernzeitung 1979, Nr. 37.

Martin Sallmann

Der Bettag in Bern

1. Der Eidgenössische Bettag zwischen Kirche und Staat

Am 24. August 1849 griff ein Artikel im «Oberländer Anzeiger» die Bettagsproklamationen der Regierung auf: «Die Bettagsproklamation wird von Jahr zu Jahr mit größerer Spannung erwartet. Das Volk gibt ihr gegenwärtig die Bedeutung eines öffentlichen Zeichens über die religiöse und christliche Gesinnung seiner Regierung»[1]. Die Radikalen hatten 1845 die Grossratswahlen gewonnen und 1846 eine Revision der Kantonsverfassung durchgesetzt. Sie verfochten die Rechte des Volkes. Der Grosse Rat wurde jetzt durch direkte Volkswahl eingesetzt, der Regierungsrat auf neun Mitglieder beschränkt. Alte Abgaben wie Bodenzinsen und Zehnten wurden durch eine direkte Steuer auf Einkommen und Vermögen abgelöst. Gegenüber der Kirche waren die Radikalen ausserordentlich kritisch. Diesen Zusammenhang nimmt der Artikel im «Oberländer Anzeiger» auf. In der Bettagsproklamation äusserte sich die Regierung und offenbarte damit ihre religiöse Haltung. Eindringlich fährt der Artikel fort:

> «Die Bettagsproklamation kann Niemand die Augen verkleistern. Sie kann nicht, wie's geäußert wurde, zur ‹Pfarrerfalle› werden; Jedermann weiß, daß der Pfarrer nur der Vorleser ist. Aber zur Regierungsfalle müßte sie werden mehr als je, wenn sie ihrem Zwecke nicht entspricht. Denn es besteht hierin ein immer grösserer Riß, das möge man nur glauben und beherzigen, anstatt es zu verspotten. Und wenn die Behörden dahin geriethen, den angeführten Ruf thatsächlich aufzugeben, das Volk, das ganze Volk nimmt ihn thatsächlich auf, macht ihn zum Feldgeschrei, schreibt ihn auf seine Fahne, den Ruf: Wir wollen sein ein christlicher Staat, ein christliches Volk»[2].

Nachdem die Berufung Eduard Zellers Anfang 1847 durch die Regierung zu erheblichen Widerständen geführt hatte, liess diese im März eine Proklamation von den Kanzeln verlesen, die zur Beruhigung der Lage beitragen sollte[3]. Die Pfarrer mussten diese Verlautbarung der Regierung ohne weiteren Kommentar vortragen. Wer dieser Aufgabe nicht nachkam, wurde belangt. In der

---

1 Oberländer Anzeiger, «Wir wollen sein» 363.
2 Oberländer Anzeiger, «Wir wollen sein» 363.
3 Vgl. Junker, Geschichte 2, 185–190; Guggisberg, Zellerhandel 39 f.

Bettagsproklamation vom 19. September 1847 fühlte sich die Regierung dann bemüssigt, ihren Bezug zum Christentum zu bekräftigen: «Wir wollen sein ein christlicher Staat und ein christliches Volk [...]»[4]. Doch diese Äusserung wurde in den Kreisen der Evangelischen Gesellschaft und der Kirche als unglaubwürdig eingestuft[5]. Diese Zusammenhänge nahm auch der Artikel aus dem «Oberländer Anzeiger» ausdrücklich auf, verwies auf die Bettagsproklamation und zitierte das Bekenntnis zum christlichen Staat. Die Regierung stehe in der Schuld, und sollte sie nicht Wort halten, so übernehme das Volk selbst, in dessen Namen die Radikalen ebenfalls gerne sprachen, dieses Motto[6]. Der «Oberländer Anzeiger» vertrat die konservative Opposition. Einer seiner Mitarbeiter war Jeremias Gotthelf. Während die Konservativen 1850 bis 1854 noch einmal die Regierung stellten, war die Zeitung deren Sprachrohr. Von den Gegnern aber wurde sie «Oberländer Kapuziner» oder wegen der Mitarbeit Gotthelfs «Annebäbi Jowägers Säumälchtere [Schweinefuttertrog]» genannt[7].

Die Episode zeigt anschaulich, wie der Bettag auch im Kanton Bern an der Schnittstelle zwischen Kirche und Staat angesiedelt war. Nicht immer waren die Bettagsproklamationen und die Bettagspredigten durch solche bewegten Zeiten geprägt und nicht immer standen sie in diesem Zwiespalt.

2. Anfänge und Wurzeln

Der Eidgenössische Dank-, Buss- und Bettag hat eine bewegte Geschichte. Heute wird er regelmässig in der ganzen Schweiz am dritten Sonntag im September in jedem Kanton von allen drei öffentlich-rechtlich anerkannten christlichen Kirchen gefeiert. Diese Gestalt entwickelte sich über mehrere Jahrhunderte und hatte ihre Anfänge in den territorial verfassten Kirchen der reformierten Stände der Eidgenossenschaft. Schon im 16. Jahrhundert entstanden Bet- und Busstage, die aber alte Bestände der christlichen Traditionen aufnahmen.

Früh waren im kirchlichen Leben wöchentliche Fasttage am Mittwoch und Freitag entstanden, vor wichtigen Ereignissen wie Taufe, Weihe oder Kommunion wurde gefastet, Gebet und Fürbitte wurden durch Fasten

---

4 Bettagsproklamation Bern, 19.8.1847, 3.
5 Vgl. Baggesen, Gefahr 11–13.
6 Vgl. Hadorn, Bettag 82 f.
7 Blaser, Presse 733.

begleitet und dadurch verstärkt[8]. Neben den Buss- und Fastentagen zur Vorbereitung auf Ostern und Weihnachten bezeichnete die Quatember viermal im Kirchenjahr mit den Jahreszeiten wiederkehrende Wochen, die ein Fasten am Mittwoch, Freitag und Samstag vorsahen[9]. Mittelalterliche Bussbücher verbanden überhaupt die kirchliche Busse eng mit dem Fasten[10].

Nach der Reformation wurden neue Gottesdienstordnungen mit reduzierten Orten und Zeiten der Predigt eingeführt. Die kirchlichen Festtage wurden radikal gekürzt. Seit der Mitte des Jahrhunderts aber lässt sich der Versuch einer Intensivierung der Frömmigkeit in Verbindung mit einer Erhöhung der Zahl der Gottesdienstzeiten beobachten. Dazu gehörte auch ein regelmässiger Bet- und Busstag im Ablauf der Woche. Zudem wurden ausserordentliche Fast-, Bet- und Busstage gefeiert. Anlass dafür waren besondere Ereignisse wie Naturphänomene, Seuchen, Teuerung oder Kriege[11].

Diese ausserordentlichen religiösen Begehungen sind schon in vorreformatorischer Zeit zu beobachten. In Bern fand 1439 wegen der Pest eine Wallfahrt zu den Beatushöhlen am Thunersee statt[12]. Wegen Pest und Teuerung wurde im Jahr 1479 angeordnet, dass täglich nach der Messe Priester, Männer und Frauen niederknien, die Männer mit ausgebreiteten Armen und die Frauen mit erhobenen Händen fünf Vaterunser und fünf Ave-Maria beten sollten[13]. 1487 ordnete die Obrigkeit wegen besorgniserregender Bewegungen der Gestirne einen «Bettag» an: Die Pfarrkirchen in Städten und auf der Landschaft sollten für den Mittwoch nach dem Sonntag Reminiscere (14. März) «ein gesungen Amt» und einen Kreuzgang um die Kirchen mit einer gesungenen Litanei begehen. Jeder sollte dabei fünf Paternoster und fünf Ave-Maria sprechen[14]. In Kriegszeiten wurde das sogenannte Grosse Gebet begangen, bei dem ebenfalls fünf Vaterunser und fünf Ave-Maria zu sprechen waren[15]. Nach den Burgunderkriegen geriet die Eidgenossenschaft in eine Krise. In diesen Zeiten regte auch die Tagsatzung 1480 und 1483

---

8   Vgl. Arbesmann, Fastentage 509–512; Arbesmann, Fasten 481–486; Angenendt, Geschichte 573.
9   Vgl. Kunze, Zeit 486 f.
10 Vgl. Poschmann, Kirchenbusse 12.22; Angenendt, Geschichte 575.
11 Vgl. Sallmann, Innerlichkeit 165–169.
12 Vgl. Lütolf, Von den Gebeten 102; Schaufelberger, Geschichte 14.
13 Vgl. Anshelm, Berner-Chronik 1, 149,16–150,3; Blösch, Vorreformation 9; Schaufelberger, Geschichte 14.
14 Auszüge aus den Missiven=Büchern 283; Schaufelberger, Geschichte 15.
15 Vgl. Hugener, Buchführung 241 f. Siehe Ochsenbein, Gebet, sowie den Beitrag von Hans Stadler-Planzer in diesem Band.

ausserordentliche Gottesdienste zur Busse und zum Dank an, doch wurde den einzelnen Orten die Umsetzung freigestellt[16].

3. Fast-, Bet- und Busstage der evangelisch-reformierten Orte

Das Reformationsmandat vom 7. Februar 1528 gab die Grundlagen für die Berner Gottesdienstordnung: Auf dem ganzen Territorium des Standes Bern sollte jeder Pfarrer anstelle der Messe wöchentlich am Sonntag, Montag, Mittwoch und Freitag das Wort Gottes verkündigen[17]. Diese Anordnung wurde im Synodus von 1532 ausdrücklich bestätigt[18]. Die Predigerordnung von 1587 hielt wenigstens drei Predigten pro Woche fest, am Sonntag, am Bettag und an einem weiteren Tag. Eine dieser Predigten konnte ausfallen, wenn es Heuen und Ernten oder die Feldarbeit im Herbst erforderte, aber der Bettag durfte nicht unterlassen werden[19]. Der erwähnte Bettag wurde am 12. September 1577 von der Obrigkeit aus Anlass eines weiteren Pestzugs eingeführt. Jeden Donnerstag sollte mit dem Sonntagsgeläut zum Gottesdienst gerufen werden, wobei während des Gottesdienstes die Arbeit ruhen sollte[20]. Ein solcher Bet- oder Busstag war in Basel offenbar schon 1541 eingeführt worden. Anlass waren die Pest und die Bedrohung durch die Türken. Seither wurde regelmässig ein Busstag am Dienstag gefeiert[21]. Die Bezeichnungen für diesen Tag in der Woche sind unterschiedlich, doch wurde er offenbar auch Wochenbettag genannt[22].

Von diesen regelmässigen, wöchentlich gefeierten Bet- oder Busstagen sind die ausserordentlichen Fast-, Bet- und Busstage zu unterscheiden. An-

---

16 Vgl. Die Eidgenössischen Abschiede 81 (Nr. 84b) und 149 (Nr. 177g); Schaufelberger, Geschichte 13.
17 Vgl. Steck/Tobler, Aktensammlung 634; Sallmann/Zeindler, Dokumente 53. Frickart, Beiträge 12 nennt den Montag nicht.
18 Vgl. Locher, Berner Synodus 1, 70; Sallmann/Zeindler, Dokumente 119.
19 Vgl. Rennefahrt, Rechtsquellen 573–583 (Nr. 27d): Predikantenordnung, 5.1.1587, hier: 574,17–24.
20 Vgl. Haller; Müslin, Chronik 217 f.; Frickart, Beiträge 12; Hadorn, Bettag 7; Schaufelberger, Geschichte 38.
21 Vgl. Wurstisen, Baßler Chronick 435; Frickart, Beiträge 12, spricht von einem monatlich gefeierten Bettag, ebenso Finsler, Statistik 698, und Hadorn, Bettag 6 f. Schaufelberger, Geschichte 40, erwähnt einen wöchentlichen Busstag am Dienstag. Die Passage bei Wurstisen ist nicht eindeutig, doch legt die Veröffentlichung der Gebete eine wöchentliche Feier seit 1541 nahe, siehe Sallmann, Innerlichkeit 172 f. mit Anm. 62.
22 Vgl. Finsler, Statistik 697.

lässe dafür waren ausserordentliche Ereignisse, die als Bedrohung angesehen wurden wie Krieg, Verfolgung von Glaubensgeschwistern, Naturphänomene wie Kometen, Erdbeben oder schlechte Witterung, Seuchen wie die Pest, Hunger und Teuerung. Solche ausserordentlichen Feiertage fanden in Zürich und Bern seit 1619, in Basel seit 1620 statt[23].

Für Bern ist bemerkenswert, dass Impulse für einen ausserordentlichen Fast- und Bettag schon früher aus der Romandie gekommen waren. 1610 hatten die Lausanner Geistlichen einen solchen Feiertag angeregt, erst 1619 aber ordnete der Berner Rat den Feiertag für den Sonntag nach Ostern an[24]. Die Pest, die 1628 Bern erreichte, war Anlass des ausserordentlichen Fast- und Busstages, der am 7. September in der folgenden Form gefeiert wurde: Eine Frühpredigt um 6 Uhr wurde in der Predigerkirche und in der Nydeggkirche gehalten, im Münster folgten dann drei Predigten um 9 Uhr, 13 Uhr und 15 Uhr. Kranke und Kinder sollten zwischen der ersten und der zweiten Predigt Speise zu sich nehmen, alle übrigen sollten sich enthalten. Für die späteren ausserordentlichen Fast- und Busstage kamen dann weitere Predigten in der Nydeggkirche, der Predigerkirche und der Heiliggeistkirche hinzu[25]. Die wöchentlichen Bet- und Busstage wurden weitergeführt. In den Landstädten sollte dreimal, in den Dörfern zweimal gepredigt werden. Für die Stadt sollte ein eigenes Gebet formuliert und nach den Predigten verlesen werden, auf dem Lande kam das Gebet des wöchentlichen Bet- und Busstages zur Verwendung[26]. Offenbar wurden schon in dieser Zeit auch Dankesfeiern gehalten. In der Stadt und auf der Landschaft Bern wurde 1634 ein solcher Feiertag aus Dankbarkeit über die Erfolge der Schweden im Dreissigjährigen Krieg gehalten[27].

4. Gemeinsame Feiertage der evangelisch-reformierten Orte

Nach dem Zweiten Kappeler Landfrieden 1531 waren die Orte der Eidgenossenschaft und ihre Territorien konfessionell geprägt. Es fanden in der Folge neben den gemeineidgenössischen Tagsatzungen auch eigene Zusammenkünfte der römisch-katholischen und der evangelisch-reformierten Orte statt. Nachdem die Frage nach einem gemeinsamen Fast- und Bettag der

---

23 Vgl. Schaufelberger, Geschichte 30f., 38f., 41f.; siehe auch Hadorn, Bettag 12f.; für Basel siehe Sallmann, Innerlichkeit 157–160.
24 Vgl. Hadorn, Bettag 12; Schaufelberger, Geschichte 38f.
25 Vgl. Hadorn, Bettag 42f.
26 Vgl. Hadorn, Bettag 15f.
27 Vgl. Hadorn, Bettag 14; Schaufelberger, Geschichte 39.

evangelisch-reformierten Orte schon vorher zur Sprache gekommen war, beschlossen die evangelisch-reformierten Orte 1639 erstmals einen allgemeinen, ausserordentlichen Fast- und Bettag durchzuführen. Auf Ersuchen Berns fand der Feiertag am 4. April in Zürich, Basel und Schaffhausen und wohl auch am gleichen Tag in Bern statt. Anlass war die drohende Kriegsgefahr und der Dank über die bisherige Verschonung[28]. Im folgenden Jahr beschloss die Konferenz auf Antrag Berns einen erneuten gemeinsamen Feiertag. Zugleich wurde die Absicht eines regelmässigen, jährlichen Fast- und Bettags geäussert. Allerdings lässt sich erst für die Jahre nach 1650 eine jährlich wiederkehrende Feier belegen[29]. Anlässe waren die Verfolgung von Glaubensgenossen, Kriege in Nachbarländern, Naturphänomene wie Kometen, Erdbeben und Witterung sowie Krankheiten. Auch die Dankbarkeit für den Frieden, das Nachlassen von Seuchen oder die Ernten konnten Gründe für die gemeinsamen Feiern sein[30]. Die Zeiten des Feiertags wurden unterschiedlich angesetzt. Der übliche Wochentag war von 1652 an der Donnerstag, der Tag des wöchentlichen Bettags in Bern und Schaffhausen. Seit 1713 war der September der Monat des gemeinsamen Bettags[31]. Der gemeinsame Fast- und Bettag blieb aber eine Angelegenheit der einzelnen Orte, die letztlich über die Durchführung und die Ausgestaltung entschieden[32]. Die evangelisch-reformierten Konferenzen haben immer wieder die Glaubensgenossen im Ausland unterstützt[33]. In aussergewöhnlichen Notlagen, wie beispielsweise die Verfolgung der Waldenser im Piemont 1686, wurden zusätzliche finanzielle Abgaben festgelegt, die an den Feiertagen erhoben wurden[34]. Die Festsetzung einer regelmässigen Kollekte am Bettag, die im ganzen Kanton für einen bestimmten Zweck erhoben wurde, kam erst im 20. Jahrhundert auf[35].

---

28 Vgl. Schaufelberger, Geschichte 65–67; Hadorn, Bettag 20.
29 Vgl. Schaufelberger, Geschichte 67 f.
30 Vgl. Schaufelberger, Geschichte 68–70.
31 Vgl. Schaufelberger, Geschichte 71–74.
32 Vgl. Schaufelberger, Geschichte 70.74.
33 Vgl. Hadorn, Bettag 32 f.
34 Vgl. Hadorn, Bettag 35–37.
35 Vgl. Schaufelberger, Geschichte 127.

5. Anfänge und Schwierigkeiten des Eidgenössischen Bettags

Die Feier eines gesamteidgenössischen, überkonfessionellen Bettags nahm seinen Anfang noch vor der Helvetik. Bern regte 1794 einen ausserordentlichen gemeinsamen Feiertag zusammen mit «unseren katholischen Brüdern» an. Als Anlass wurden die Bedrohung der Eidgenossenschaft und der Zerfall der christlichen Religion genannt. Auf römisch-katholischer Seite wurde der Vorschlag bereitwillig aufgenommen. Auch in den Gemeinen Herrschaften sollten die Landvögte in den verwalteten Gebieten die Feier des Bettags durchsetzen. Der erste Eidgenössische Bettag wurde am Sonntag, den 16. März 1794, gefeiert, wobei jeder Ort an der eigenen Form festhielt. Im folgenden Jahr war es Luzern, das den gemeinsamen Feiertag zu wiederholen ersuchte. In beiden Jahren feierten die reformierten Orte auch den eigenen gemeinsamen Bettag im September. Schon im Jahr 1796 regte dann Bern an, regelmässig einen Eidgenössischen Bettag zu feiern. 1797 beschloss die Tagsatzung, jeweils an einem Sonntag im September einen eidgenössischen Bettag festzulegen. Der Sonntag wurde mit Rücksicht auf die römisch-katholischen Orte gewählt, welche die zahlreichen kirchlichen Feiertage unter der Woche und die berufliche Beanspruchung der Bauern im Herbst berücksichtigen wollten[36].

Hatten in der Alten Eidgenossenschaft selbstverständlich die weltlichen Obrigkeiten sowohl die lokalen als auch die gemeinsamen Bettage verordnet, stellte sich die Frage nach der Zuständigkeit in der Zeit der Helvetik. Die helvetische Verfassung definierte die Religionsfreiheit als Gewissensfreiheit der einzelnen und als Zulassung aller Gottesdienste, sofern dadurch die öffentliche Ordnung und Ruhe nicht gestört wurden. Das Direktorium, später der Vollziehungsrat, ordnete für die Jahre 1798 bis 1802 einen Bettag an, obwohl nach der Verfassung niemand zu religiösen Handlungen gezwungen werden konnte. Die Ausgestaltung der Feiern blieb den einzelnen Orten vorbehalten[37]. In der Zeit der Mediation und der Restauration waren die Kirchen wieder Angelegenheit der Kantone. Die eidgenössische Tagsatzung knüpfte 1803 an den Beschluss aus dem Jahre 1797 an und bestätigte den jährlichen Eidgenössischen Bettag im September. Allerdings war strittig, ob der Feiertag auf einen Sonntag oder auf einen Wochentag fallen sollte. Bern setzte sich vehement für einen Wochentag ein, was der überkommenen Praxis der evangelisch-reformierten Orte entsprach, und votierte für den Fall der Ablehnung sogar für zwei konfessionell geprägte Bettage an einem Sonntag und an einem Wochentag im September. Die Tagsatzung entschied sich

---

36 Vgl. Schaufelberger, Geschichte 83–90.
37 Siehe Schaufelberger, Geschichte 90–99.

dann 1807 für einen fixen Tag am 8. September. Dieser Beschluss wurde in der Zeit der Restauration 1817 wieder aufgehoben, so dass in der Folgezeit bis zur Regeneration konfessionell getrennte Bettage gefeiert wurden[38].

6. Der Eidgenössische Bettag im liberalen Staat

Initiiert durch die französische Julirevolution wurden 1830 und 1831 in elf Kantonen liberale Verfassungsrevisionen durchgeführt. In dieser Zeit der Regeneration setzte sich der Liberalismus durch. Die liberalen Kantone unterstützten einen gemeinsamen Bettag, der das allgemeine Nationalgefühl beleben und den Zusammenhalt der politisch divergierenden Eidgenossen stärken sollte. Der konfessionell paritätische Kanton Aargau stellte an der Tagsatzung 1831 einen Antrag zur Feier eines gemeinsamen Buss- und Bettags. Alle seien Christen und verehrten, wenn auch in verschiedenen Formen, den einen Gott. Es wurde festgelegt, am Donnerstag, den 8. September 1831, «mit den sa[e]mmtlichen lo[e]blichen Sta[e]nden der Eidgenossenschaft einen gemeinschaftlichen Dank=, Buß= und Bettag»[39] zu feiern. Am 1. August 1832 beschloss die Tagsatzung einen regelmässigen gemeinsamen Feiertag, der als Dank-, Buss- und Bettag bezeichnet wurde und jeweils am dritten Sonntag im September gefeiert werden sollte[40]. Damit war der Rahmen des Bettags gegeben, der bis in die Gegenwart unverändert blieb. Waren es in der Alten Eidgenossenschaft die weltlichen Obrigkeiten, die gebunden an ihr christliches Selbstverständnis die gemeinsamen Bettage ebenso wie die lokalen Feiertage verantworteten, so hielten auch die Regierungen im liberalen Staat am Bettag fest, weil dieser den Zusammenhalt der Eidgenossenschaft fördern sollte.

Die Charakteristik und die besondere Stellung des Eidgenössischen Bettags zeigte sich in der Frage, ob der Bettagsgottesdienst mit Abendmahl gefeiert werden sollte. Obwohl es auch in Bern Befürworter gab, lehnte die zuständige Kommission die Neuerung mit der Begründung ab, dass der Abendmahlsgottesdienst im Herbst eine kirchliche Feier sei, während der Bettag einen eigenen Ursprung habe und ein «vaterländisches Fest» sei. Zudem würde durch die Verbindung von Bettag und Abendmahl die Rolle des Pfarrers erschwert. Um den kirchlichen Charakter des Abendmahlsgottesdienstes, der am letzten Sonntag im August oder am ersten Sonntag im September stattfand, zu wahren, sollte der zweite Sonntag im September

---

38 Siehe Schaufelberger, Geschichte 99–104.
39 Bettagsproklamation Bern, 24.8.1831, 1.
40 Vgl. Schaufelberger, Geschichte 107 f.

unbedingt frei und so die Distanz zum Bettag am dritten Sonntag im September bewahrt bleiben. Der Berner Grosse Rat überging dieses Anliegen aber 1838 und verlegte die Abendmahlssonntage im Herbst auf die ersten beiden Sonntage im September[41]. In Bern sollte die Bettagskommunion erst im Jahr 1898 eingeführt werden[42].

Die gesellschaftliche Stellung des Bettags wird auch bei Jeremias Gotthelf sichtbar. Sowohl in Bettagspredigten als auch im Roman «Geld und Geist» kritisierte er, dass viele Leute am Bettag den Gottesdienst in entfernteren Gemeinden besuchten, um die Ermahnungen fremder Pfarrer zu hören in der Meinung, diese träfen einen selbst nicht. Auf dem Lande wurden am Bettag je eine Predigt am Vormittag und am Nachmittag gehalten. Am Nachmittag gingen die Leute offenbar in fremde Kirchgemeinden. Sie eilten schneller als sonst in die Kirche, weshalb diese am Bettag voll sei[43]. Die Regierung konnte daher in ihrer Bettagsproklamation ausdrücklich anordnen, den Gottesdienst in der eigenen Kirchgemeinde zu besuchen[44]. Albert Bitzius nahm als Pfarrer den Bettag ernst. Die von ihm überlieferten Predigten am Bettag waren am Morgen und am Nachmittag länger als die übrigen Predigten[45]. In zwei anonym veröffentlichten Bettagspredigten aus den Jahren 1839 und 1840 wandte sich Bitzius gegen die Vertreter der liberalen Regierung, die sich vom Volk und seinem Glauben abgewendet hätten. Die Gottlosen verlören Glaube und Sitten und schadeten so dem Volk[46].

Die Bettagsproklamationen wurden von der Regierung erlassen. Schon früh hatte diese jeweils darauf hingewiesen, dass Ruhe und Ordnung einzuhalten seien und die Wirtshäuser am Tag vor dem Bettag und am Bettag selbst geschlossen bleiben müssten. Ausgenommen vom Verbot, Gaststätten zu besuchen, waren jeweils fremde Reisende[47].

Wie zu Beginn gezeigt, prägten politische Ereignisse zuweilen die Verlautbarungen, die im Gottesdienst verlesen wurden. In aussergewöhnlicher Schärfe wurde dies 1873 während der hitzigen Auseinandersetzungen im

---

41 Vgl. Hadorn, Bettag 74 f.
42 Vgl. Bettagsproklamation Bern, August 1898, 2.
43 Vgl. Heiniger, Bürger 397 f.
44 Vgl. Bettagsproklamation Bern, 9.8.1830, 4.
45 Vgl. Reichen, Repräsentation 115.
46 Vgl. von Zimmermann, Teufel 88 f.
47 Vgl. Hadorn, Bettag 9 f.45 f.65.75. Als Beispiele Bettagsproklamationen Bern, 29.7.1773, [3]; 14.7.1785, [3]; 18.8.1798, [3 f.]; 17.8.1802, [4]; 14.8.1815, 4; 3.9.1832, 4; 4.9.1848, 4. Die Anordnung, die Wirtschaften am Vortag ab 15.00 Uhr und am Bettag zu schliessen, erscheint in der Bettagsproklamation Bern, 5.9.1859, 4, zum letzten Mal, die Bettagsproklamation Bern, 3.9.1860, 4, verweist auf «die Bestimmungen über die Feier der heil.[igen] Kommunionstage».

Kulturkampf sichtbar. Nachdem Eugène Lachat, Bischof von Basel, Pfarrer Paulin Gschwind exkommuniziert hatte, weil dieser die Lehre von der Unfehlbarkeit des Papstes öffentlich ablehnte, setzte die liberale Mehrheit der Diözesanstände den Bischof 1873 ab. Die Berner Regierung ging zudem scharf gegen die Priester im Jura vor, die sich mit ihrem Bischof solidarisiert hatten, enthob sie ihrer Ämter und wies sie Anfang 1874 aus dem Kanton aus. Die Bettagsproklamation von 1873 nahm diese Ereignisse polemisch auf: Das römische Priestertum untergrabe das Volks- und Staatsleben; die römische Kirche belege freie Forschung, freies Staatsleben und freie Glaubensäusserung mit dem Fluch; ihrem Haupt, einem sündhaften, irrenden Menschen, messe sie zu, was nur dem Schöpfer zukommen könne; und diese ruchlose Gotteslästerung nötige sie dem Gewissen aller als Glaubenslehre auf. Im Interesse der Religiosität und des konfessionellen Friedens hätten die Staatsbehörden die Übergriffe dieser Macht zurückgewiesen[48].

Mit der totalrevidierten Kantonsverfassung von 1874 sollten die Bettagsproklamationen vom Synodalrat, dem exekutiven Organ der Landeskirche, verfasst und erlassen werden. Die Regierung sollte nicht mehr im Namen christlicher Kirchen auftreten. 1875 war die Bettagsproklamation erstmals überschrieben: «Der evangelisch-reformirte Synodalrath des Kantons Bern an die reformirten Kirchgemeinden»[49].

7. Der Eidgenössische Bettag bis in die Nachkriegszeiten

Obwohl die Bettagsproklamationen in der Regel sehr allgemein gehalten waren, weil sie möglichst alle Bewohnerinnen und Bewohner unterschiedlicher politischer, konfessioneller und auch innerkirchlicher Couleur ansprechen sollten, versuchte der Synodalrat immer auch Aktualitäten aus dem gesellschaftlichen und politischen Leben aufzunehmen. Schädigende Gewitter, verheerende Feuersbrünste, wirtschaftlicher Druck, aber auch die gute Ernte, die Weltausstellung in Paris, der Friedenschluss im Russisch-Türkischen Krieg, die eidgenössischen Wahlen oder die politischen Entscheidungen, die den Gotthardtunnel betrafen, konnten für das Jahr 1878 aufgenommen und angesprochen werden. Zugleich wurde das Ende der ersten Amtsperiode für die kirchlichen Behörden nach dem neuen Kirchengesetz von 1874 erwähnt, das gute Verhältnis zwischen Kirche und Staat gelobt

---

48 Vgl. Bettagsproklamation Bern, 3.9.1873, 3; Hadorn, Bettag 85 f.
49 Bettagsproklamation Bern, 1.9.1875, 1.

sowie die Beruhigung der innerkirchlichen Auseinandersetzungen mit Genugtuung festgestellt[50].

Bettagsproklamationen konnten offenbar auch kritische Reaktionen in der Tagespresse hervorrufen. Ein Leser monierte, der Text sei wenig aussagekräftig, «Juden, Türken und aufgeklärte Heiden» würden nichts finden, dem sie nicht zustimmen könnten, und selbst «der Gebildetste unter den Modernen» entdecke nichts, «was sein wissenschaftliches Gewissen [...] in Unruhe versetzen könnte [...]»[51]. Zudem wurde kritisiert, dass die Bettagsproklamation mitten im Krieg nicht ein Wort des Dankes über die Verschonung äussere[52]. In der Antwort des Synodalrates wird sichtbar, dass alle Mitglieder der Institution reihum die Bettagsproklamationen verfassen mussten, ausdrücklich nicht allein die Pfarrer, sondern auch die Laien[53].

Der Synodalrat achtete peinlich darauf, dass die Bettagsproklamationen verlesen wurden. An deren Ende ist jeweils die Anweisung abgedruckt, den Text von der Kanzel zu verlesen, wobei die Angaben variieren konnten: Verlesung am Sonntag vor dem Bettag, am Sonntag vor dem Bettag *oder* am Bettag selbst, am Sonntag vor dem Bettag *und* am Bettag selbst sowie Verlesung allein am Bettag[54]. Nachdem dies ein Pfarrer im Jura 1917 unterlassen hatte, stellte ein juristisches Gutachten der Justizdirektion fest, dass die Pfarrer als Beamte zur Verlesung verpflichtet seien. 1937 musste der Synodalrat wiederum dazu ermahnen, die Bettagsproklamationen im Gottesdienst unverkürzt und unverändert zu verlesen[55]. Am Vorabend des Bettags wurde um 18 Uhr eine halbe Stunde lang mit allen Glocken der Festtag eingeläutet, wie der Synodalrat 1893 beschlossen hatte[56].

Weltpolitische Ereignisse wie der Erste Weltkrieg und ihre Auswirkungen auf das Leben in der Schweiz fanden immer wieder Eingang in die Bettagsproklamationen und in die Bettagsbotschaften, wie der Synodalrat sie

---

50 Vgl. Bettagsproklamation Bern, 27.8.1878, 1 f.
51 Berner Tagblatt, Rückblick 3.
52 Vgl. Berner Tagblatt, Rückblick 3; siehe auch die Unterstützung im Berner Tagblatt, Bettagsproklamation 3.
53 Vgl. Berner Tagblatt, Bettagsproklamation 3; siehe Bettagproklamation Bern, September 1916.
54 Vgl. Bettagsproklamation Bern, 27.8.1878, 1 f.; Bettagsproklamation Bern, August 1911, [3]; Bettagsproklamation Bern, August 1934, [3]; Bettagsbotschaft Bern, 1943, [1]. Diese Hinweise bleiben in den gedruckten Bettagsbotschaften bis in die jüngste Zeit, siehe als Beispiel die Bettagsbotschaft Bern, 2004, 1.
55 Vgl. Guggisberg, Kirchenkunde 69.
56 Vgl. Bettagsproklamation Bern, August 1895, [3]; Bettagsproklamation Bern, August 1896, [3]. Auch dieser Hinweis findet sich in den gedruckten Bettagsbotschaften bis in die jüngste Zeit, siehe die Bettagsbotschaft Bern, 2004, 1.

seit 1935 ausdrücklich nannte[57]. In der Bettagsbotschaft vom September 1939 ist der deutsche Angriff auf Polen am 1. September und damit der Ausbruch des Zweiten Weltkriegs nicht aufgenommen. Das Flüchtlingselend ist zwar erwähnt, soll aber Anlass zur Dankbarkeit darüber sein, dass Gott «uns Freiheit und Recht erhalten hat»[58]. Ein Jahr später wird die bange Frage gestellt: «Haben wir die uns bis heute gewordene Schonung verdient?»[59]. Dankbarkeit wird laut gegenüber Armee und Regierung, aber zugleich wird die Last des Krieges in der allgemeinen Mobilmachung spürbar. Daher ergeht ein Appell für wirtschaftliche Solidarität im Land[60].

8. Der Eidgenössische Bettag bis heute

Der Eidgenössische Dank-, Buss- und Bettag ist bis heute einer der hohen Feiertage im Kanton Bern. Im «Gesetz über die Ruhe an öffentlichen Feiertagen» aus dem Jahr 1996 hielt der Grosse Rat ausdrücklich fest, dass der Bettag neben Karfreitag, Ostern, Auffahrt, Pfingsten und Weihnachten zu den hohen Festtagen gehört[61]. Die «Kirchenordnung des Evangelisch-reformierten Synodalverbandes Bern-Jura» aus dem Jahr 1990 führt dementsprechend den Bettag als hohen Feiertag[62]. An öffentlichen Feiertagen, wozu auch die Sonntage gehören, sind Tätigkeiten untersagt, welche die Gottesdienste stören oder die Ruhe erheblich beeinträchtigen. An hohen Feiertagen sind sportliche Veranstaltungen, Schützen- und Gesangsfeste oder andere grosse nichtreligiöse Ereignisse untersagt[63].

Wie zu den hohen Feiertagen wurden auch zum Bettag in der Tagespresse entsprechende Artikel von Pfarrern veröffentlicht. Unter dem Titel «Der Mittelpunkt der Welt. Zum Eidgenössischen Dank-, Buss- und Bettag» veröffentlichte Kurt Marti 1964 in der Wochenendausgabe der «Tat» einen Artikel[64]. Gegründet von Gottlieb Duttweiler erschien die Zeitung seit 1935, wurde vom Genossenschaftsbund der Migros herausgegeben und war poli-

---

57 Siehe als Beispiele Bettagsproklamationen Bern, September 1914; September 1916; August 1918; August 1919.
58 Bettagsbotschaft Bern, September 1939, 3.
59 Bettagsbotschaft Bern, September 1940, 3.
60 Vgl. Bettagsbotschaft Bern, September 1940, 3–5.
61 Vgl. Gesetzessammlungen des Kantons Bern, Gesetz über die Ruhe an öffentlichen Feiertagen, Art. 2, Abs. 1, Bst. b.
62 Vgl. Kirchenordnung, Art. 22, Abs. 3.
63 Vgl. Gesetzessammlungen des Kantons Bern, Gesetz über die Ruhe an öffentlichen Feiertagen, Art. 4, Abs. 1, Bst. a.
64 Vgl. Marti, Mittelpunkt.

tisch unabhängig⁶⁵. Geschickt verbindet Marti den Bettag mit dem Hinweis, dass es mehrere Mittelpunkte gebe, und weder wir selbst noch die Schweiz seien der Mittelpunkt der Welt:

> «Vielleicht ist der Eidgenössische Dank-, Buss- und Bettag der passende Anlass, sich das wieder einmal bewusst zu machen: wir sind nicht der Mittelpunkt der Welt. Die Umkehr (= Busse), zu der dieser Tag aufruft, könnte zunächst einmal in einer gründlichen Abkehr von der Trägheit unseres Mittelpunktdenkens, unserer Mittelpunkt-Einbildung bestehen. Die Schweiz ist weder machtmässig noch moralisch der Mittelpunkt dieser Welt»⁶⁶.

Das Evangelium zeige, wo der Mittelpunkt der Welt zu finden sei. Gott habe sich im «konkreten Einzelmenschen Jesus von Nazareth» verkörpert. Und deshalb ergäben sich viele Mittelpunkte, alle Menschen seien Mittelpunkte, nicht von Massen sei zu reden, sondern von verschiedenen einzelnen Menschen, letztlich von den Mitmenschen. Der Bettag sei Anlass zur Frage, ob diese evangelische Wahrheit nicht aussenpolitisch stärker berücksichtigt werden müsste. Marti verweist dann darauf, dass die Eidgenossenschaft auf «Mitstaaten» angewiesen sei. Es stelle sich die Frage, ob die Schweiz in Europa und in der Welt – mit Verweis auf die UNO – weiterhin abseitsstehen könne. Die Schweiz könne nicht ohne die anderen leben, die anderen könnten aber durchaus ohne die Schweiz leben.

> «Das ist sowohl eine evangelische Wahrheit wie politischer Realismus. Nicht das (individuelle oder staatliche) ICH, sondern das DU ist uns zum Mittelpunkt gesetzt»⁶⁷.

In einem letzten Schritt fokussiert Marti auf den «je schwächere[n] Mitmenschen», der von Gott durch Jesus Christus besonders gesetzt sei. Dann kritisiert er die Umstände in Heil- und Pflegeanstalten und nennt Minderheiten wie die Dienstverweigerer aus Gewissensgründen oder die Jurassier im Kanton Bern. Am Bettag, so Marti zum Schluss, wäre es sinnvoll, an Schwache und an Minderheiten im Gebet zu denken, «in der Fürbitte und im Willen, hilfreiche und mutige Lösungen zu suchen und zu wagen»⁶⁸. Nur schon die Erwähnung von Dienstverweigerern und Jurassiern als relevante Minderheiten war aussergewöhnlich und mutig. Für Marti hatte die Bet-

---

65 Vgl. Blaser, Bibliographie 1002.
66 Marti, Mittelpunkt 1.
67 Marti, Mittelpunkt 2.
68 Marti, Mittelpunkt 2.

tagsbotschaft des Jahres 1964 nicht die aktuellen, drängenden und daher wesentlichen Probleme aufgenommen, weshalb sie auch nicht «das Wort zur Stunde» sein konnte[69].

Es ist dem Anlass und der Form geschuldet, dass die Bettagsbotschaften mit allgemeinen Gedankengängen eher ausgleichend wirkten. Trotzdem gibt es auch mutige Werbung für Verständnis und Parteinahme für bestimmte Auffassungen. In der Bettagsbotschaft vom September 1968 wird die «Vorherrschaft der Industrienationen», wozu auch die Schweiz gehöre, als eine der Ursachen für die «Auflehnung der Dritten Welt» erkannt. Diese weltweite Unruhe wird mit den Jugendunruhen in Verbindung gebracht:

> «In unseren Ländern selbst lehnen sich Teile der Jugend gegen eine weithin herrschende Lebensauffassung auf, für die, trotz beschönigender Worte, Profitieren und Konsumieren die eigentlichen Triebkräfte und die massgebenden Werte sind. Diese Opposition, die sich auch gegen die Sinnentleerung unseres Lebens richtet, muss bei uns Christen offene Ohren finden, deckt sie sich doch in manchem mit dem, was die Kirche heute in Gemeinde und Ökumene zu sagen versucht»[70].

Folgen des Profit- und Konsumdenkens sei es, dass die armen Völker ärmer und die reichen Völker auf deren Kosten reicher würden. «Das haben die Wachen und Hellhörigen unter der Jugend gemerkt»[71]. Die Bettagsbotschaft bittet daher die Gemeinden und Christen, das Gespräch mit der kritischen Jugend zu suchen und den Problemen der «Dritten Welt» erhöhte Beachtung zu schenken. Im folgenden Jahr widmet sich die Bettagsbotschaft den Minderheiten, indem sie sich auf die biblische Nächsten- und Feindesliebe bezieht. Als Minderheiten im eigenen Land werden Betagte und Invalide genannt, die in unserer Leistungsgesellschaft benachteiligt seien, Jugendliche, die sich im Denken und Verhalten auflehnten, Ausländer, die für uns arbeiteten, Dienstverweigerer, Strafentlassene, religiöse und konfessionelle Minderheiten sowie die Jurassier im eigenen Kanton. Dulden oder Gewährenlassen genüge nicht, vielmehr müsse man Minderheiten achten und zu verstehen lernen[72]. Der Synodalrat warnt «vor diffamierendem Denken und Reden» und einer

---

69 Marti, Notizen 32 f.
70 Bettagsbotschaft Bern, September 1968, [2].
71 Bettagsbotschaft Bern, September 1968, [3].
72 Vgl. Bettagsbotschaft Bern, [September] 1969, [2].

«Politik der Stärke gegenüber Minderheiten. Unsere Aufgabe ist es vielmehr, die berechtigten Anliegen von Minderheiten entschieden zu verteidigen. Nur wenn wir diese Haltung im eigenen Land und im eigenen Denken und Handeln einüben, sind wir berechtigt, gegen die Unterdrückung rassischer, politischer, wirtschaftlicher und religiöser Minderheiten in aller Welt Stellung zu nehmen»[73].

Diese mutigen Stellungnahmen in den 1960er-Jahren waren begleitet von sozialpolitischem Handeln. Die Kollekten am Bettag waren mit Werken verbunden wie «Brot für Brüder», das «Hilfswerk der Evangelischen Kirchen der Schweiz» (HEKS) oder die «Schule für Sozialarbeit der Reformierten Heimstätte Gwatt»[74]. In den folgenden Jahren sind die gesellschaftlichen Spannungen spürbar und werden auch in allgemeiner Weise angesprochen[75]. Ausdrückliche Aufnahmen kommen aber immer wieder vor: Pro und Contra einer Volksinitiative «für eine vermehrte Rüstungskontrolle und ein Waffenausfuhrverbot» werden abgewogen[76], die Zuordnung von Kirche und Staat wird behandelt, während im Juli 1973 die Unterschriftensammlung für die Volksinitiative «betreffend die vollständige Trennung von Staat und Kirche» begonnen hatte[77], die Schaffung des Kantons Jura als eine der «schwierigsten bernischen und schweizerischen Aufgabe[n] unserer Zeit»[78] oder das zurückhaltende Werben für die Verbesserung der Beziehungen zu Ausländerinnen und Ausländern im Zusammenhang mit der «Mitenand-Initiative»[79]. Auch kirchliche Themen werden behandelt wie die Vollversammlung des Ökumenischen Rates der Kirchen in Vancouver 1983 oder der konziliare Prozess für «Gerechtigkeit, Frieden und Bewahrung der Schöpfung» 1989[80]. Mehrfach wird auch ein neuer Lebensstil thematisiert, der politische Verantwortung übernimmt, achtsamer mit den Ressourcen der Schöpfung umgeht und Frieden für Gesellschaft, Völker und die Schöpfung sucht[81]. Die Bettagsbotschaft aus dem Jahr 1995 spricht direkt die Zahl von 2900 Kirchenaustritten an und erläutert, was die Mitglieder der Kirche unterstützen: gute Partnerschaft zwischen Kirche und Staat, Unterstützung der Dienste für Benachteiligte, Kranke, Trauernde und Feiernde, Verkündigung

---

73 Bettagsbotschaft Bern, [September] 1969, [2 f.].
74 Bettagsbotschaft Bern, September 1965, [3].
75 Siehe als Beispiele Bettagsbotschaft Bern, September 1970, [3]; September 1971, [3].
76 Bettagsbotschaft Bern, September 1972, [3].
77 Bettagsbotschaft Bern, 1973, [3].
78 Bettagsbotschaft Bern, September 1975, [3].
79 Vgl. Bettagsbotschaft Bern, 1981, [3 f.].
80 Vgl. Bettagsbotschaften Bern, 1983, [3 f.]; Bettagsbotschaft Bern, 1989, [2 f.].
81 Vgl. Bettagsbotschaften Bern, 1981, [3]; 1985, [2 f.].

des Evangeliums, Förderung der Nächstenliebe, Achtung der Menschenwürde, Sorge um die Schöpfung, Unterweisung der Jugendlichen. Schliesslich dankt der Synodalrat für Treue und Engagement der bleibenden Mitglieder[82]. Nach der Entstehung des Kantons Jura 1979 wurde die Verbindung zwischen den evangelisch-reformierten Kirchen Bern und Jura seit 1981 auch beim Absender der Bettagsbotschaft sichtbar, der jetzt mit «Evangelisch-reformierte Kirche des Synodalverbandes Bern-Jura» firmierte[83]. Im Übergang zum neuen Jahrtausend kommt dann auch die multireligiöse Prägung der Gesellschaft erstmals zur Sprache. Wie die Öffnung der Konfessionen zu gemeinsamer Verkündigung und Diakonie geführt habe, sollte auch eine Öffnung zu den Gemeinschaften der Religionen stattfinden:

> «Wir täten damit gleichsam den zweiten Schritt: Von der Konfession zur interkonfessionellen Ökumene, und von der innerchristlichen Ökumene zur interreligiösen Gemeinschaft»[84].

Ziel sei aber nicht eine Einheitsreligion. Alle sollten ihrem Glauben treu bleiben. Vielmehr gehe es um den Dialog der Gemeinschaften, damit Religionen nicht wie in vielen Konflikten der Vergangenheit und Gegenwart vereinnahmt und instrumentalisiert würden[85].

Im Überblick zeigt sich ein überraschend engagierter Synodalrat, der die aktuellen Herausforderungen der Zeit aufzunehmen suchte. Obwohl er eine breite Hörer- und Leserschaft mit unterschiedlichen politischen, gesellschaftlichen und innerkirchlichen Positionen ansprechen sollte, setzte er immer wieder mutige und weitsichtige Akzente. Es bleibt offen, wie weit er damit wirklich breitere Schichten der Bevölkerung, vor allem in den evangelisch-reformierten Kirchgemeinden, erreichen konnte. Aber strategisch setzte er damit innerkirchlich und auch gegenüber der Gesellschaft Signale, die nach vorne wiesen.

---

82 Vgl. Bettagsbotschaft Bern, 1995, [2 f.]. Diese Bettagsbotschaft ist von der Vizepräsidentin des Synodalrates, Doris Feldges, persönlich unterschrieben.
83 Bettagsbotschaft Bern, 1981, [1]. Zur Entstehung des Synodalverbands Bern-Jura siehe Friederich, Kirchenordnung 21 f.
84 Bettagsbotschaft Bern, September 2000, [3].
85 Vgl. Bettagsbotschaft Bern, September 2000, [2–4].

Literatur

Quellen

Anshelm, Valerius: Die Berner-Chronik, hg. v. Historischen Verein des Kantons Bern. 6 Bde. Bern 1884–1901.

Auszüge aus den Missiven=Büchern der Stadt Bern, von 1480 bis 1497. In: Der Schweizerische Geschichtsforscher, Bd. 5. Bern 1825, 260–312.

Baggesen, Carl: Die Gefahr einer heuchlerischen Bettagsfeier. Predigt, gehalten im Münster zu Bern, am eidgenössischen Dank=, Buss= und Bettage, den 19. September 1847. Bern 1847.

Berner Tagblatt: Die Bettagsproklamation. Morgenblatt, Nr. 471 (07.10.1916) 3.

Berner Tagblatt: Rückblick auf die Bettagsproklamation. Abendblatt, Nr. 468 (05.10.1916) 3.

Berner Tagblatt: Zur Bettagsproklamation. Abendblatt, Nr. 474 (09.10.1916) 3.

Bettagsbotschaften, Bern 1969–2004 (unvollständig, Bibliothek von Roll, Bern, Hz. X. 10).

Bettagsproklamationen/Bettagsbotschaften, Bern 1773–1874 und 1875–1968 (Bibliothek von Roll, Bern, HzQ 331:1 und HzQ 331:2).

Blösch, Emil: Die Vorreformation in Bern. In: Jahrbuch für Schweizerische Geschichte 9 (1884) 1–108.

Die Eidgenössischen Abschiede aus dem Zeitraume von 1478 bis 1499, bearb. v. Anton Segesser (Amtliche Sammlung der ältern eidgenössischen Abschiede. Bd. 3.1). Zürich 1858.

Finsler, Georg: Kirchliche Statistik der reformierten Schweiz. Zürich 1854.

Frickart, Johann Jakob: Beiträge zur Geschichte der Kirchengebräuche im ehemaligen Kanton Bern seit der Reformation. Eine Reihe von Eröffnungsreden bei Klassversammlungen in Aarau und Zofingen. Aarau 1846.

Gesetzessammlungen des Kantons Bern: Gesetz über die Ruhe an öffentlichen Feiertagen vom 01.12.1996: https://www.belex.sites.be.ch (04.02.2017).

Haller, Johannes; Müslin, Abraham: Chronik aus den hinterlassenen Handschriften von 1550 bis 1580. Zofingen 1829.

Kirchenordnung des Evangelisch-reformierten Synodalverbandes Bern-Jura vom 11. September 1990. Unter Berücksichtigung der Änderungen bis zum 1. Januar 2000. Bern 2000.

Locher, Gottfried W. (Hg.): Der Berner Synodus von 1532. Edition und Abhandlungen zum Jubiläumsjahr 1982. Bd. 1: Edition. Neukirchen-Vluyn 1984.

Lütolf, Alois: Von den Gebeten und Betrachtungen unserer Altvordern in der Urschweiz. In: Der Geschichtsfreund. Mittheilungen des historischen Vereins der fünf Orte 22 (1867) 86–151.

Marti, Kurt: Der Mittelpunkt der Welt. Zum Eidgenössischen Dank-, Buss- und Bettag. In: Die Tat, Nr. 234 (18.09.1964) 1 f.

Marti, Kurt: Notizen und Details 1964–2007. Beiträge aus der Zeitschrift Reformatio, hg. v. Leibundgut, Hektor/Bäumlin, Klaus; Schlup, Bernard. Zürich 2010.

Oberländer Anzeiger: «Wir wollen sein ein christlicher Staat, ein christliches Volk». Bettagsprokl. 1847. Nr. 101 (24.08.1849) 363 f.

Rennefahrt, Hermann (Hg.): Die Rechtsquellen des Kantons Bern. Erster Teil: Stadtrechte. Bd. 6.1: Die Stadtrechte von Bern VI. Staat und Kirche. Aarau 1960.
Sallmann, Martin/Zeindler, Matthias (Hg.): Dokumente der Berner Reformation. Disputationsthesen, Reformationsmandat und Synodus. Zürich 2013.
Steck, Rudolf/Tobler, Gustav (Hg.): Aktensammlung zur Geschichte der Berner-Reformation 1521–1532. Bern 1923.
Wurstisen, Christian: Baßler Chronick, 3. Aufl. nach der Ausgabe v. Daniel Bruckner, Basel 1883.

Sonstige Literatur

Angenendt, Arnold: Geschichte der Religiosität im Mittelalter. Darmstadt [4]2009.
Arbesmann, Rudolf: Art. Fasten. In: RAC 7 (1969) 447–493.
Arbesmann, Rudolf: Art. Fastentage. In: RAC 7 (1969) 500–524.
Blaser, Fritz: Bibliographie der Schweizer Presse. Mit Einschluss des Fürstentums Lichtenstein. 2 Halbbde. Basel 1956.1958.
Friederich, Ulrich: Die neue Kirchenordnung des Evangelisch-reformierten Synodalverbands Bern-Jura. Geschichtliche und rechtliche Rahmenbedingungen, Bern/Stuttgart 1990.
Guggisberg, Kurt: Bernische Kirchenkunde. Bern 1968.
Guggisberg, Kurt: Der Zellerhandel. In: Zwingliana 8 (1944) 24–55.
Hadorn, Wilhelm: Der eidgenössische Dank-, Buss- und Bettag. Mit besonderer Berücksichtigung der bernischen Geschichte. Bern 1908.
Heiniger, Manuela: Der mündige Bürger. Politische Anthropologie in Jeremias Gotthelfs «Bildern und Sagen aus der Schweiz». Hildesheim 2015.
Hugener, Rainer: Buchführung für die Ewigkeit. Totengedenken, Verschriftlichung und Traditionsbildung im Spätmittelalter. Zürich 2014.
Junker, Beat: Geschichte des Kantons Bern seit 1798. Bd. 1: Helvetik, Mediation, Restauration 1798–1830, Bd. 2: Die Entstehung des demokratischen Volksstaates 1831–1880, Bd. 3: Tradition und Aufbruch 1881–1995. Bern 1982.1990.1996 (Archiv des Historischen Vereins des Kantons Bern 66.73.79).
Kunze, Gerhard: Die gottesdienstliche Zeit. In: Müller, Karl Ferdinand/Blankenburg, Walter (Hg.): Leiturgia. Handbuch des evangelischen Gottesdienstes. Bd. 1: Geschichte und Lehre des evangelischen Gottesdienstes. Kassel 1954, 437–535.
Ochsenbein, Peter: Das Grosse Gebet der Eidgenossen. Überlieferung, Text, Form und Gehalt. Bern 1989 (Bibliotheca Germanica 29).
Poschmann, Bernhard: Die abendländische Kirchenbusse im frühen Mittelalter. Breslau 1930 (Breslauer Studien zur historischen Theologie 16).
Reichen, Roland: Repräsentation der Juden in Gotthelfs Predigten 1818–1830. In: Derron, Marianne/von Zimmermann, Christian (Hg.): Jeremias Gotthelf. Neue Studien. Hildesheim 2014, 113–134.
Sallmann, Martin: «Innerlichkeit» und «Öffentlichkeit» von Religion. Der Fast- und Bettag von 1620 in Basel als offizielle religiöse Bewältigung der Kriegsbedro-

hung. In: Jakubowski-Tiessen, Manfred/Lehmann, Hartmut (Hg.): Um Himmels Willen. Religion in Katastrophenzeiten. Göttingen 2003, 157–178.

Schaufelberger, Rosa: Die Geschichte des Eidgenössischen Bettages. Mit besonderer Berücksichtigung der reformierten Kirche Zürichs. Zürich 1920.

Zimmermann, Christian von: Der Teufel der Unfreien und die der Freien. Gotthelfs paränetische Erzählung Die schwarze Spinne (1842) im Kontext eines christlichen Republikanismus. In: Mahlmann-Bauer, Barbara/Zimmermann, Christian von/Zwahlen, Sara (Hg.): Jeremias Gotthelf. Der Querdenker und Zeitkritiker (Kulturhistorische Vorlesungen 2004/2005). Bern 2006, 75–104.

Pierre Bühler

Le Jeûne fédéral – ein Beitrag zur Romandie

Zum Einstieg

Äusserlich betrachtet unterscheidet sich die Praxis des Bettags in der Romandie insgesamt wenig von der Praxis der deutschen Schweiz. Der Sinn des Festes ist in der relativ stark säkularisierten Bevölkerung der Westschweiz wenig bekannt, ganz zu schweigen von der Geschichte seiner Einführung und seiner Zelebration im Laufe der Jahrzehnte. Auch dass der Bettag von eidgenössischer Bedeutung ist, ist nicht mehr sehr bewusst. In den Kantonen Waadt und Neuenburg wie auch in einem Teil des Berner Juras wurde, wie bei Ostern und Pfingsten, offiziell ein freier Montag eingeführt (lundi du jeûne). Darin zeigt sich nicht der Wille zur besinnlichen Vertiefung, sondern wohl eher eine Tendenz zur freizeitlichen Ausgestaltung des Festes als Gelegenheit, im Frühherbst noch einmal ein längeres freies Wochenende zu haben. Traditionell gilt, saisonbedingt, dass am Bettag Zwetschgenkuchen (tarte aux pruneaux) gegessen wird; dieser durch Frugalität den Fastenaspekt betonender Usus wird aber heutzutage selten eingehalten.

Bei den Kirchgängern ist die Bedeutung noch etwas bekannter, obschon es auch in der Romandie seit mehreren Jahren keine Bettagsbotschaft der Kirchenbehörden mehr gibt, geschweige denn von den Staatsbehörden. Früher wurde der Bettag in den reformierten Kirchen auch dadurch hervorgehoben, dass er neben Weihnachten, Ostern und Pfingsten zu den hohen Sonntagen gehörte, an denen das Abendmahl gefeiert wurde. Dieser Charakter des Besonderen ging aber inzwischen mehr und mehr verloren, da in der Regel nun meistens öfter Abendmahl gefeiert wird (einmal im Monat, ja sogar mancherorts an jedem Sonntag).

Angesichts dieser ersten, etwas ernüchternden Annäherung stellt sich die Frage, worin gewisse welsche Spezifitäten zu finden wären, die für diesen Sammelband von Interesse sein könnten. Zwei Aspekte seien in diesem Sinne hervorgehoben: Der erste ist sprachlicher Art, nämlich in der sprachlichen Bezeichnung des Festes; der zweite betrifft den Sonderfall Genf, mit dem sogenannten *Jeûne genevois*, an dem sich wichtige interkonfessionelle Implikationen offenbaren.

1. Eine spezifische Akzentuierung des Fastens

Im Beschluss der Tagsatzung von 1832 ist in der französischen Fassung von einem «jour d'action de grâce, de pénitence et de prière» die Rede, was der offiziellen deutschsprachigen Bezeichnung «Dank-, Buss- und Bettag» entspricht. Mehrheitlich hat sich aber in der Romandie die Bezeichnung «Jeûne fédéral», also «Eidgenössisches Fasten» durchgesetzt. Oft sogar wird diese Bezeichnung noch abgekürzt auf «Jeûne», ohne das Adjektiv «fédéral», etwa in der umgangssprachlichen Bezeichnung «le dimanche du jeûne» («der Fastensonntag»). Auf katholischer Seite kann es «Fête fédérale d'action de grâce» heissen, also «Eidgenössisches Dankfest», aber in der mehrheitlich reformiert geprägten Romandie hat sich der Akzent auf das Fasten eindeutig durchgesetzt.

Wenn ich richtig sehe, ist das eine sprachliche Eigenart der Romandie. Im Tessin kann zwar das Fest manchmal auch als «Digiuno federale» bezeichnet werden; die offizielle und eher übliche Bezeichnung ist jedoch «Festa federale di ringraziamento», was der französischen Bezeichnung «Fête fédérale d'action de grâce» entspricht. In der deutschen Schweiz liegt mit der Bezeichnung «(Eidgenössischer) Bettag» der Akzent ganz auf dem Beten, was auch im Rätoromanischen mit der Bezeichnung «Rogaziun federale» zum Ausdruck gebracht wird.

Es ist nicht leicht zu eruieren, warum sich in der Romandie sprachlich die Akzentsetzung auf das Fasten durchgesetzt hat. Sicher hat mitgespielt, dass es in früheren Zeiten, vor dem Beschluss von 1832, auch immer schon um die Festsetzung von «Fastentagen» ging. Es könnte auch sein, dass die Diskussionen in Genf, obschon es bei einem Sonderfall Genf blieb, sich auf die sprachliche Bezeichnung in der gesamten Romandie auswirkte, denn in Genf ging es um die Erhaltung eines alten, aus der Reformationszeit stammenden Fastenbrauchs und die dadurch entstehende Konkurrenz mit dem eidgenössisch praktizierten Fest. Die empfundene Rivalität konnte dazu führen, den Gegensatz immer stärker als Gegensatz zwischen zwei Formen von Fasten aufzufassen, dem «Jeûne genevois» und dem «Jeûne fédéral», so dass sich das vielleicht auf die Bezeichnung in der gesamten Romandie abgefärbt hat.

Damit sind wir bei der zweiten welschen Eigenart angelangt.

2. Der Sonderfall des «Genfer Fastens» und seine interkonfessionellen Implikationen

Ein hartnäckiger Mythos, wie Olivier Fatio zeigt[1], verbindet die Einführung des Genfer Fastens mit dem Hugenotten-Massaker der Bartholomäusnacht im Jahre 1572. Sie ist aber bereits Anfang Oktober 1567 anzusiedeln, bezogen auf Verfolgungen in Lyon. Zur Begründung bezieht man sich auf den seit drei Jahren verstorbenen Calvin. Im Kapitel der *Institutio* zur Kirchenzucht (Kapitel 12 im Buch IV) hatte er diese Thematik kurz behandelt[2]. Er definiert für das persönliche und das gemeinschaftliche Fasten einen dreifachen Zweck: das Fleisch zähmen; sich für Gebete besser vorbereiten; ein Zeichen unserer Demütigung vor Gott setzen. Der erste Zweck betreffe vor allem das persönliche Fasten, sagt Calvin, während die zwei weiteren sowohl für das persönliche als auch für das gemeinschaftliche Fasten gelten. Das belegt er mit unterschiedlichen biblischen Beispielen. Er ist in diesen Abschnitten zwar auch vorsichtig und warnt davor, mit dem Fasten falschen Aberglauben zu verbinden, der die Gläubigen dazu verleitet, von diesem Fasten zu viel zu erwarten. Deshalb bemüht er sich um ein richtiges Verständnis, kämpft gegen ein heuchlerisches Fasten, das sich an äusserliche Regeln hält und nicht bis in die Herzen geht, und betont, dass es nicht mit den von Gott gebotenen Werken vermischt werden darf: «Denn es ist doch an und für sich ein Mittelding und hat keinerlei Bedeutung als allein um der Zwecke willen, auf die es sich beziehen soll»[3].

Damit verbindet Calvin für das gemeinschaftliche Fasten, wie bereits erwähnt, zwei Aspekte. Man kann sich eifriger und freier dem Gebet zuwenden: «Denn wir machen ja unzweifelhaft die Erfahrung, dass bei vollem Bauche der Geist nicht derart zu Gott emporgerichtet ist, dass er von ernstlicher, heisser Empfindung zum Gebet getrieben werden und in ihm verharren könne»[4]. Das zweite Anliegen vor allem, nämlich das Fasten als Zeichen der Demut in der Not, wird man beim Genfer Fasten stark berücksichtigen: «Wenn Pestilenz oder Hungersnot oder Krieg zu wüten beginnen oder wenn sonst einem Land oder Volk ein Verderben zu drohen scheint, so ist es auch in solchem Falle die Amtspflicht der Hirten, die Kirche zum Fasten zu ermah-

---

1 Ich beziehe mich im Folgenden vor allem auf seine ausführliche Studie zum Thema; für genauere historische Details sei auf sie verwiesen, ich fasse hier nur das für unsere Thematik Wichtigste zusammen.
2 Vgl. Calvin, Unterricht 696–699 (Institutio IV,12,15–21).
3 Calvin, Unterricht 698 (Institutio IV,12,19).
4 Calvin, Unterricht 696 (Institutio IV,12,16).

nen, um den Herrn demütig um Abwendung seines Zorns zu bitten»[5]. Calvins Blick geht dabei über den eigenen Bereich hinaus. 1542 schreibt er in einem Brief: «Als in Deutschland die Pest wütete und von der anderen Seite der Krieg, da bewirkte ich, dass ein ausserordentlicher Gebetstag beschlossen werde. Die dafür zu verwendenden Gebete habe ich geschrieben»[6].

Diese Zitate geben denn auch die Regel an, nach der das Genfer Magistrat von 1567 bis 1636 in unregelmässigen Abständen zu ausserordentlichen Anlässen, die das protestantische Genf betreffen, wie etwa die Hugenottenverfolgungen, Fastentage festlegen wird. Die Zeit im Jahr variiert je nach Anlass. Ab 1640 und bis 1793 tritt dann eine neue Phase ein: Genf beteiligt sich an den von den evangelischen Kantonen der Eidgenossenschaft vorgeschlagenen Fastentagen. Es wird nun fast jedes Jahr ein Fasten stattfinden (und manchmal sogar zweimal pro Jahr). Die Anlässe der gemeinsamen Fasttage werden indes auch von anderen Kantonen vorgeschlagen. Deshalb fühlen sich die Genfer manchmal weit entfernt davon und legen dann ihre eigenen Fastenanliegen fest. Vor allem aber kommt die Befürchtung auf, ein zu regelmässiges Fasten könnte zu einer blossen Gewohnheit verkommen. Ab 1652 wird der Donnerstag (der einzige marktlose Wochentag) zum Fastentag, und im 18. Jahrhundert wird schliesslich der September als Fastenmonat ausgewählt. Der später für das Genfer Fasten fest geltende Termin, nämlich der Donnerstag nach dem ersten Septembersonntag, wird sich erst im Laufe der Zeit durchsetzen.

Im 18. Jahrhundert geschieht dann, was man befürchtet hatte: Das Fasten wird zu einem in religiöser Hinsicht leeren Ritus, mit meistens moralischen Anliegen. Er könnte sogar verschwinden, doch die Französische Revolution und die Annexion durch Frankreich werden ihm plötzlich ein neues Aufleben gewähren. Unter dem Impuls vor allem der kirchlichen Behörden wird er zum Zeichen der Abgrenzung des protestantischen Genf gegenüber der katholischen Besatzungsmacht: Man erinnert sich wieder stärker an seine reformatorischen Wurzeln und verteidigt mit einem antikatholischen Affekt «den Glauben der Väter» (aus dieser Zeit stammt denn auch der oben erwähnte Mythos).

Im Laufe der Restaurationszeit wird sich die Spannung wieder legen. Doch als der Beschluss der Tagsatzung vom 1. August 1832 den interkonfessionell konzipierten Fastentag auf den dritten Septembersonntag festlegt, wird es erneut zu heftigen Reaktionen kommen. Zu dieser Zeit nimmt die Anzahl der Katholiken in Genf stark zu, und die reformierte Bevölkerung betrachtet die Regierung als zu katholikenfreundlich. Als diese am Beschluss

---

5   Calvin, Unterricht 697 (Institutio IV,12,17).
6   Brief vom Januar 1542 (Nr. 384: Calvini Opera 11,364).

der Tagsatzung festhält und es ablehnt, auf das Genfer Fasten vom Donnerstag nach dem ersten Septembersonntag zurückzukommen, fühlt sich die reformierte Bevölkerung in ihrem Urteil bestätigt. Am 7. September 1837 kommt es, unter der Anleitung einiger Pfarrer, zu einer regierungsfeindlichen «Wiedereinführung des Genfer Fastens». Es wird als «Fest der Genfer und protestantischen Nationalität» gefeiert. Da die Unterstützung durch die Bevölkerung recht stark ist, wird die Regierung diese Wiedereinführung tolerieren, ohne sie zunächst zu legalisieren. Eine Legalisierung geschieht dann 1844: Das Genfer Fasten wird in die Liste der Feiertage aufgenommen, unter der Bedingung, dass das eidgenössische Fasten ca. 10 Tage später ebenso respektiert und gefeiert wird.

Obschon die zwei Fasten unterschiedliche Ziele haben, ist die Konkurrenz zwischen ihnen gross, unter anderem auch weil die Daten so nahe beieinanderliegen, und das schadet letztlich dem Genfer Fasten, das nun erneut verkommt. Nach einigem Hin und Her im Laufe der Jahrzehnte kommt es, unter dem Druck einer radikalen Regierung, im Jahre 1869 zu einem Gesetz, in dem nur noch die den beiden Konfessionen gemeinsamen Feiertage offiziell anerkannt werden. Auf beiden Seiten gibt es Protest, doch das Genfer Fasten verliert seinen staatlichen Status und wird nur noch als kirchliches Fest fortgeführt.

Das Fest kennt jedoch keinen neuen Aufwind. Die religiöse Dimension geht weiterhin verloren, und das Anliegen wird immer mehr, eine kulturell-ideologische Erinnerung an das protestantische Genf zu pflegen. In unterschiedlichen Phasen, unter anderem im Jahre 1907, dem Jahr der Trennung zwischen Staat und Kirche, kommt die Diskussion um eine offizielle Anerkennung wieder auf, ohne dass es zunächst zu einem Durchbruch kommt. Doch 1966 findet noch einmal eine überraschende Wende statt. Obschon die Kirchen eigentlich seit Langem kein Interesse mehr daran haben, kommt im Rahmen einer parlamentarischen Revision der Liste der offiziellen Feiertage ein Vorstoss zustande, der Zustimmung finden wird: Zusammen mit dem Pfingstmontag soll das Genfer Fasten anstelle des 1. Mai und des 1. August in diese Liste aufgenommen werden. Der Grund scheint pragmatisch zu sein: Ganz viele kollektive Arbeitsverträge enthalten bereits diese zwei Feiertage, und mit dieser Entscheidung erspart man sich eine Revision all dieser Verträge. Und so steht die reformierte Kirche, ohne es eigentlich gewollt zu haben, plötzlich vor der Frage, welche Bedeutung sie diesem staatlich erneut anerkannten Feiertag zukommen lassen will.

Zwei Dinge zumindest sind an diesem Genfer Sonderfall von Interesse. Die Fastentradition offenbart im Laufe der Jahrhunderte ein komplexes und oft überraschendes Geflecht von staatlichen und kirchlichen Anliegen, bis hin zur vertragsrechtlich begründeten Wiedereinführung von 1966, an der sich die Kirchen gar nicht beteiligten! Als zweites Element ist das konfessionalistische Profil hervorzuheben, gerade auch im Gegenzug zum interkonfessionellen Fastentag, wie er 1832 eidgenössisch eingeführt wurde. So wurde das Genfer Fasten immer wieder in Anspruch genommen oder neu erhalten, wenn sich das protestantische Genf bedroht fühlte. Es wurde stets «durch das Gefühl neu belebt und verwandelt, das gewisse Genfer empfanden, ihre nationale und religiöse Identität zu verlieren»[7]. Es konnte deshalb antikatholische Züge annehmen, zur Wahrung der kollektiven Erinnerung an die reformatorischen Wurzeln der Stadt.

Zum Abschluss: Fasten als Thema der politischen Theologie

Wie die Genfer Diskussion zeigt, ist der eidgenössische Bettag ein interessanter Fall von Politisierung der Liturgie[8]. Damit verbindet sich für mich eine persönliche Erinnerung an eine anders ausgerichtete Politisierung, mit der ich diesen Beitrag schliessen möchte. Es war eine in den 1970er Jahren im Berner Jura gehörte Predigt. Ich war damals Theologiestudent, und der Pfarrer war stark durch die politische Theologie geprägt. Am *Jeûne fédéral* predigte er über das Fasten, und zwar in Anlehnung an Jes 58,6–7: «Ist nicht dies ein Fasten, wie ich es will: Ungerechte Fesseln öffnen, die Stricke der Jochstange lösen und Misshandelte freilassen, und dass ihr jedes Joch zerbrecht? Bedeutet es nicht, dem Hungrigen dein Brot zu brechen und dass du Arme, Obdachlose ins Haus bringst? Wenn du einen Nackten siehst, dann bedeck ihn, und deinen Brüdern sollst du dich nicht entziehen.» Es war eine aufrüttelnde Predigt, die das traditionelle Fasten mit «tarte aux pruneaux» und besänftigender Botschaft der Behörden angriff, und das Fasten als sozialpolitische Solidarität mit den Unterdrückten einschärfte.

Diese Predigt kam mir wieder in den Sinn, als ich in der *Institutio* las, wie Calvin mit Hilfe derselben Jesaja-Stelle ein heuchlerisches Fasten angreift, das nur äusserlich bleibt und nicht bis in die Herzen reicht, wo Gottlosigkeit und Unreinheit weiterhin herrschen können[9]. In beiden Fällen offenbart sich das (sozial)kritische Potenzial des Fastengedankens.

---

7   Fatio, Jeûne genevois 51.
8   Vgl. zu dieser Thematik: Grosse, Liturgische Praktiken, v. a. 221–227 und 232–234.
9   Vgl. Calvin, Unterricht 698 (Institutio IV,12,19).

Literaturverzeichnis

[Calvin, Johannes]: Ioannis Calvini Opera quae supersunt omnia. Ed. Wilhelm Baum, Eduard Cunitz, Eduard Reuss. Bd. 11. Braunschweig 1873 (Corpus Reformatorum 39).

Calvin, Johannes: Unterricht in der christlichen Religion. Institutio Christianae Religionis. Im Auftrag des Reformierten Bundes bearb. und neu hg. von Matthias Freudenberg. Neukirchen-Vluyn 2009.

Fatio, Olivier: Le jeûne genevois. Réalité et mythe. Genf 1994 (Neudruck aus: Bulletin de la Société d'histoire et d'archéologie IV [1971] 391–435).

Grosse, Christian: Liturgische Praktiken und die Konfessionalisierung des kollektiven Bewusstseins der Reformierten. Das Beispiel Genf (16./17. Jahrhundert). In: Brademann, Jan/Thies, Kristina (Hg.): Liturgisches Handeln als soziale Praxis. Kirchliche Rituale in der frühen Neuzeit. Münster 2014, 207–234.

Ruchon, François: Histoire politique de Genève 1813–1907. Genf 1953.

Béatrice Métraux

Le Jeûne fédéral dans le canton de Vaud ou l'évolution du fait religieux dans un canton réformé

Zusammenfassung

In ihrem Beitrag erläutert und illustriert die Waadtländer Regierungsrätin die Bettagstradition im grössten Kanton der Suisse romande, wo der *Jeûne fédéral* einen hohen Stellenwert hat. Seine nach wie vor anerkannte Bedeutung wird etwa daraus ersichtlich, dass auch heute noch der traditionelle Zwetschgenkuchen gegessen wird, dass ihm ein arbeitsfreier Montag folgt und dass die Regierung hochoffiziell ein Bettagsmandat erlässt. Wandte sich dieser Erlass früher nur an die Pfarrer und Diakone der Mehrheitskirchen, richtet er sich seit der Anerkennung der israelitischen Gemeinschaft durch die neue Kantonsverfassung aus dem Jahr 2003 auch an diese. Dass dieses Bettagsmandat nach wie vor politische Beachtung erhält, wird anhand eines Vorstosses im Kantonsparlament im Jahr 2000 illustriert, in dem sich eine Kantonsrätin darüber beklagt, dass es wenig aussagekräftig sei. Dies veranlasste den zuständigen Regierungsrat, den Stellenwert des Bettags zu erläutern und zu erklären, dass die Tonalität des Mandats stark vom mit seiner Abfassung beauftragten Kirchenvertreter abhänge.

Diese Waadtländer Bettagstradition wird im Kontext der traditionell engen Beziehungen zwischen Staat und Kirchen bzw. Religionsgemeinschaften erläutert und anhand neuerer Beispiele illustriert, die deutlich erkennen lassen, dass die Regierung den Wandel in der Religionslandschaft aufmerksam zur Kenntnis nimmt. So wird die Abfassung des Bettagsmandats seit 2003 nicht mehr einem Pfarrer der grossen Kirchen anvertraut, sondern vom zuständigen Departement wahrgenommen. Die Bezüge zur christlichen Religion treten zurück. Dafür wird ein besonderer Aspekt des gesellschaftlichen Zusammenlebens thematisiert und mit der Rolle der Religionsgemeinschaften in Zusammenhang gebracht. Der Bettag ist im traditionell reformierten Kanton zum ökumenischen, ja interreligiösen Feiertag geworden, der in einer multikulturellen Gesellschaft gefeiert wird. Die Botschaft dieses Tages trägt aktuellen Fragen Rechnung und stellt die Offenheit der Menschen füreinander, die Solidarität und das Hauptanliegen der Religionspolitik der Regierung ins Zentrum: den religiösen Frieden.

Introduction

Les lignes qui vont suivre vont permettre de présenter l'évolution de l'attitude des autorités cantonales vaudoises par rapport à une véritable institution: le Jeûne fédéral. Dans cette perspective, une brève contextualisation historique est nécessaire.

Au cours du XXème siècle, à l'exemple de tous les autres cantons suisse, le canton de Vaud a vu sa population évoluer de manière marquée sur le plan religieux. Les immigrations italienne, puis espagnole et portugaise, ont conduit un canton historiquement réformé à devenir majoritairement catholique (même si c'est de manière relative). Dans le même temps, un phénomène de laïcisation s'est mis en place, de sorte qu'aujourd'hui – avec un pourcentage de plus de 21 pour cent – la part de la population qui se déclare sans religion constitue le troisième groupe «religieux» du canton. A cela s'ajoute une diversification de la population avec l'installation de communautés religieuses exogènes (par exemples: anglicane, orthodoxes, musulmanes …).

Cette évolution de la société vaudoise a inévitablement poussé, au début du XXIème siècle, à un changement de l'organisation religieuse dans le canton. Le processus s'est opéré au travers de l'adoption par le peuple vaudois d'une nouvelle Constitution cantonale, le 14 avril 2003. Ce texte marque une volonté, celle de conserver une relation entre l'Etat et les Eglises, respectivement les communautés religieuses.

Jusque là, le canton avait continué de réserver à l'Eglise réformée un statut de quasi religion d'état. En guise d'illustration, l'Etat de Vaud a compté les pasteurs parmi ses employés jusqu'en 2006. Les évolutions démographiques et religieuses dans le canton appelaient à des changements dans les relations institutionnelles entre l'Eglise réformée et les autorités politiques. Pour l'Assemblée Constituante qui a rédigé le texte constitutionnel vaudois, il n'a cependant jamais été question d'instaurer une stricte séparation de l'Eglise et de l'Etat. Au contraire, tous les efforts ont été déployés pour mettre en place un dispositif qui permette le maintien de relations fortes et concrètes entre institutions séculières et religieuses. Celle-ci peut être résumée comme suit (Art. 169 à 172 Cst-VD):
– La Constitution vaudoise reconnaît à la personne humaine une dimension spirituelle et l'Etat doit en tenir compte.
– L'Etat doit donc prendre en considération la contribution des Eglises et des communautés religieuses au lien social et à la transmission de valeurs fondamentales.
– Sur cette base, l'Eglise évangélique réformée et l'Eglise catholique romaine, telles qu'elles sont établies dans le canton, sont reconnues comme institutions de droit public dotées de la personnalité morale.

- L'Etat leur assure les moyens nécessaires à l'accomplissement de leur mission au service de tous dans le canton.
- Pour le surplus, la communauté israélite, telle qu'elle est établie dans le canton, est reconnue comme institution d'intérêt public.
- A leur demande, l'Etat peut reconnaître le même statut à d'autres communautés religieuses.

En bref, l'Etat de Vaud se voit ainsi attribuer de véritables outils en vue d'exercer une politique publique en matière religieuse. Le Grand conseil vaudois les a utilisés en adoptant le 9 janvier 2007 une législation en matière religieuse constituée de cinq textes légaux. Cette organisation n'a pas manqué d'influer de manière subtile sur la manière avec laquelle le Conseil d'Etat met en scène annuellement le Jeûne fédéral.

L'Arrêté annuel du Conseil d'Etat de Vaud

Le mardi 13 septembre 2016, le Conseil d'Etat vaudois a publié l'arrêté suivant dans la Feuille des avis officiels:

Arrêté et message du Conseil d'Etat pour le Jeûne fédéral 2016

LE CONSEIL D'ÉTAT DU CANTON DE VAUD

A l'occasion du Jeûne fédéral, institué par la décision de la Haute Diète du 2 août 1832,

arrête

Art. premier.- Un jour de prières et d'actions de grâces sera célébré dans tout le canton de Vaud le dimanche 18 septembre 2016.

Art. 2.- Le présent arrêté et le message du Conseil d'Etat sont imprimés et remis à tous les pasteurs et diacres, curés et ministres des cultes protestant et catholique en office dans le canton, ainsi qu'à la communauté israélite établie dans le Canton. Ils sont invités à en donner connaissance aux fidèles sous la forme qu'ils jugeront la plus appropriée.

> Donné, sous le sceau du Conseil d'Etat, à Lausanne, le 7 septembre 2016.
>
> Le président: Le chancelier:
>
> P.-Y. Maillard   V. Grandjean

A la lecture de ce texte officiel, l'on ne peut qu'être frappé par le côté intemporel, hors du temps, de la démarche.

Tout d'abord, même si le jour férié du lundi du Jeûne trouve aujourd'hui sa source juridique dans la Loi sur l'emploi, à son article 47, il faut constater que le Conseil d'Etat vaudois prend annuellement une décision pour fixer le principe et la date du Jeûne fédéral. Il le fait, alors que la date est connue des années à l'avance et que la portée pratique de la publication n'est de loin pas évidente.

Et pourtant, l'on a affaire ici à un acte d'autorité qui se fonde sur la décision de la Haute Diète du 2 août 1832. Et, ce faisant, le Conseil d'Etat vaudois décide d'un jour de prières et d'actions de grâces, ce qui peut apparaître surprenant de la part d'un gouvernement dont l'autorité religieuse n'apparaît nulle part, ni dans les textes, ni dans les actes.

Personne n'est dupe, la démarche a essentiellement une portée symbolique. Elle marque la volonté de conserver ce qui apparaît aujourd'hui comme une tradition. Et il est frappant de constater que dans la pratique cette tradition n'est absolument pas remise en cause.

Au reste, il faut admettre ici que la motivation de l'existence du Jeûne fédéral est ignorée du plus grand nombre. A l'inverse, le vécu qui l'accompagne est partagé de manière collective, que ce soit le fait de bénéficier d'un week-end férié prolongé, de manger de la tarte aux pruneaux et de voir s'organiser le Comptoir suisse au Palais de Beaulieu.

A certaines périodes, il y a bien eu remise en cause de l'existence même du Jeûne fédéral. Ainsi, dans les années septante, la question du maintien ou de la suppression du Jeûne fédéral était soulevée au niveau fédéral. Au même moment, le débat est également présent dans le canton (motion du député P.-A. Meylan en 1971).

Rien n'y a fait et les bouleversements religieux de ces dernières décennies n'ont pas eu plus d'impact sur la tradition ancrée dans l'imaginaire collectif et dans les pratiques gouvernementales qui l'accompagnent.

Voilà comment se déroulait alors le Jeûne fédéral dans le canton de Vaud. La veille du Jeûne, le samedi, dès 15h, on fermait tous les établissements publics. Les ménages avaient alors fort à faire, car de la cave au grenier, tout devait être nettoyé, balayé, dépoussiéré. On préparait la demeure à la journée de pénitence. C'était aussi le moment de préparer la tarte aux pruneaux (abondant à cette période de l'année) qui consituera le seul repas du lendemain et participera ainsi à l'idée du jeûne (relatif). La tarte préparée ainsi la veille permettra aux femmes et aux domestiques de participer au service divin et aux prières.

Tous les établissements publics restaient ainsi fermés jusqu'au lundi 8h. Les cloches sonnaient et les auberges pouvaient ainsi ouvrir à nouveau. Ces temps sont désormais anciens, mais ils ont suffisamment marqué les esprits pour perdurer au travers de traditions encore réelles aujourd'hui.

Le lundi était alors fait jour férié pour se reposer de cette journée d'actions de pénitence. La présence de la Foire de Lausanne (Comptoir Suisse) à la sortie de la première guerre mondiale a aussi changé les habitudes. Durant le week-end prolongé du Jeûne, on profitait alors pour aller au Comptoir Suisse. D'un jour de pénitence, c'est devenu aussi un jour de célébration. Il a même fallu procéder à des modifications législatives, afin de permettre explicitement au comptoir de se tenir sur ce week-end du Jeûne. Aujourd'hui, tous les 2 ans, sur ce même week-end, nous retrouvons à Lausanne aussi un festival de musique urbain, populaire et gratuit, *Label Suisse*, qui permet de découvrir la scène artistique Suisse. Plusieurs musées ouvrent exceptionnellement le lundi du Jeûne. La pénitence religieuse avec son lundi de congé a donc aussi pris un nouveau tournant dans la pratique des vaudois. Cela est devenu un week-end d'activités culturelles, festives et familiales.

Le Message du Conseil d'Etat

Depuis les origines, le gouvernement vaudois publie un Message à l'occasion du Jeûne fédéral. Celui-ci était antérieurement intitulé mandement ou exhortation. Le changement de vocabulaire dit le changement d'époque, mais ne fait pas varier la démarche. Le Jeûne fédéral est l'occasion pour le Conseil d'Etat de s'adresser au peuple, au travers notamment des paroisses qui devaient alors en transmettre le contenu à leurs ouailles.

Comme pour le principe même du Jeûne fédéral, à certaines époques, le Conseil d'Etat a pu s'interroger sur le fait de continuer ou non cette pratique. En 1992, il demande par exemple au Chancelier François Payot de lui présenter un rapport sur le sujet. Le système ne connaîtra cependant pas d'interruption.

Une constante accompagnera toutefois de manière permanente cette volonté de s'adresser à la population, la difficulté à s'entendre quant au contenu du message en question.

Dès le 19ème siècle et jusqu'il y a peu, la rédaction des textes des exhortations était confiée à des pasteurs ou à une Commission ecclésiastique pour être systématiquement corrigée par le Petit Conseil, gouvernement de l'époque. Plus tard, dans la note susmentionnée du Chancelier Payot du 3 avril 1992, il est relevé que de 1962 à 1988 le Conseil d'Etat a presque toujours modifié le texte qui lui était présenté.

Il faut en conclure que le Message du Conseil d'Etat porte bien son nom. Il ne s'agit pas d'un texte rédigé par un pasteur, approuvé par principe par le Conseil d'Etat. Il s'agit de quelque-chose de plus politique et donc de plus discuté, voire disputé.

En voici un exemple marquant avec le message de l'an 2000.

Le Message de l'an 2000

Ainsi, le 3 octobre 2000, la Députée Claudine Wyssa posait la Question orale suivante au gouvernement:

> «Mme **Claudine Wyssa**: – La tradition dans ma paroisse de Bussigny, est de faire lire par un élu local le Message du Conseil fédéral pour le Jeûne fédéral, lors du culte du dimanche de Jeûne. A cette occasion, j'ai été gênée, voire honteuse de devoir lire à l'assemblée un texte aussi insipide que le message 2000: il n'apporte aucun contenu, ni spirituel, ni religieux, ni même politique et mélange allègrement ‹les contaminations par les chaînes agro-alimentaires›, ‹l'ouverture des marchés internationaux› et les ‹comportements qui trahissent l'incapacité de vivre en société›, tout cela sur un fond de ‹développement par la formation›.
> Je pose donc au Conseil d'Etat les questions suivantes:
> 1. Sur quelle base légale reposent l'arrêté et le message publiés chaque année par le Conseil d'Etat?
> 2. Quel est l'objectif de la publication du message en général?
> 3. Quel message le Conseil d'Etat comptait-il transmettre aux Vaudois par le texte de l'an 2000?»

La lecture de la retranscription des débats du Grand Conseil éclaire sur la volonté politique qui vient appuyer la démarche de la députée Wyssa:

> «J'aimerais avoir la confirmation de la part du Conseil d'Etat qu'on n'a pas l'intention de supprimer ce message. Je pense en effet qu'il est important de maintenir ce lien entre le Conseil d'Etat et la population vaudoise. J'insiste simplement sur le fait qu'il faut que ce message soit de qualité».

On le voit, ce n'est pas le principe du Message en soi qui est contesté, au contraire. C'est surtout son contenu:

Message du Conseil d'Etat pour le Jeûne fédéral 2000

LE CONSEIL D'ÉTAT DU CANTON DE VAUD

À ses concitoyennes et ses concitoyens

Chères concitoyennes, chers concitoyens,

Le siècle qui s'achève a commencé dans l'enthousiasme. Impressionné par les progrès des sciences et des techniques, on pensait que le bonheur serait bientôt à la portée de chacun.

Très justement, les responsables de l'époque ont compris que le développement passe par l'éducation et la formation. Il en reste des témoins importants dans notre Canton: l'ancienne Ecole normale qui domine la place de l'Ours ou le Palais de Rumine, sur la place de la Riponne, destiné à recevoir la toute jeune Université. De même, dans la plupart de nos localités, on édifia des écoles primaires imposantes qui montrent assez, dans ce pays pauvre, la place accordée à l'éducation.

Un siècle plus tard, le climat est tout différent. Les progrès scientifiques sont stupéfiants, tellement qu'ils génèrent une crainte diffuse et des phénomènes importants de rejet. Beaucoup s'inquiètent du gaspillage énorme des ressources naturelles, d'autres dénoncent les risques multiples de pollutions, sans oublier les contaminations par les chaînes agro-alimentaires de plus en plus soumises à la pression du commerce mondial. L'ouverture des marchés internationaux nous contraint à lutter par la qualité de nos produits et de nos services. La meilleure adaptation à des conditions nouvelles et souvent très difficiles passe, comme au début du siècle, par une formation exigeante, à tous les niveaux.

Cet effort important peut cependant être compromis par des comportements qui trahissent l'incapacité de vivre en société. On en discerne des signes alarmants à l'école, dans la cité et jusque dans nos familles. Il importe donc, pour l'avenir de notre pays, de raviver les valeurs morales et spirituelles qui sont les fondements de la personne humaine et de la société. C'est un devoir de première nécessité pour toutes les femmes et tous les hommes de bonne volonté.

Le Conseiller d'Etat Claude Ruey s'en expliquera de la manière suivante:

> «En réalité, il s'agit, dans le cadre de ce qu'est le Message du Jeûne fédéral, de rappeler peut-être à nos concitoyens que le relatif est le fait des autorités et que l'Absolu se situe ailleurs. C'est dans cet esprit de modestie et d'humilité que les autorités de nos cantons adressent de tels messages à leurs concitoyens. [...]

> Quel message le Conseil d'Etat comptait-il transmettre aux Vaudois par le texte de l'an 2000? A l'occasion du Jeûne 2000, le Conseil d'Etat a souhaité rappeler aux Vaudois les immenses transformations que le siècle qui s'achève a connues, mettant en avant la complexité croissante de la société devant laquelle certains de nos concitoyens peuvent se sentir désorientés. Dans cette perspective, le Conseil d'Etat appelait à raviver les valeurs morales et spirituelles communes, bases indispensables à l'édification de la personnalité dans le cadre de la communauté vaudoise.
>
> Ces textes, chaque année, sont en principe rédigés par un pasteur ou un prêtre et approuvés par le Conseil d'Etat. Ils sont d'une teneur différente en fonction de la personnalité de leurs auteurs et de leurs auditeurs».

Cette question de la lecture d'un message à teneur politique du Conseil d'Etat par les instances religieuses est particulièrement sensible dans le canton de Vaud. Il est en effet utile de rappeler que le schisme qu'a connu l'Eglise Réformée vaudoise entre l'Eglise libre et l'Eglise nationale pendant près de 120 ans (entre 1847 et 1966) a justement été provoqué lorsque le Conseil d'Etat d'alors avait requis des pasteurs qu'ils lisent un texte en faveur de la nouvelle Constitution.

Le Message du Conseil d'Etat depuis 2003

Dès 2003, avec l'entrée en vigueur de la nouvelle Constitution vaudoise, la pratique changera. Le Conseil d'Etat n'adressera son Message non plus seulement aux deux Eglises majoritaires, mais également à la Communauté israélite, désormais reconnue au travers de la Constitution (voir ci-dessus Art. 2 de l'Arrête annuel du Conseil d'Etat). La rédaction du Message ne sera en outre plus confiée à un pasteur, mais au Département chargé des relations avec les Eglises, aujourd'hui le Département des institutions et de la sécurité (DIS). A partir de là, les allusions à la religion chrétienne se feront de plus en plus ténues. Ce qui est désormais mis en avant, c'est un aspect particulier de la société vaudoise et le rôle des Eglises par rapport à celui-ci:

> 2013: «En cette journée de Jeûne Fédéral, le Conseil d'Etat souhaite mettre à l'honneur la jeunesse de notre canton. [...] De leur côté, les Eglises et communautés religieuses officielles consacrent une part de leurs efforts à enrichir le bagage personnel des jeunes. Car elles constituent des lieux à la fois de liberté pour les interrogations spirituelles et de stabilité pour la promotion des valeurs essentielles que sont l'ouverture, l'engagement et la tolérance. Puisse cette journée du

Jeûne Fédéral être l'occasion pour toutes et tous de nouer ou de poursuivre le dialogue avec cette jeunesse, en se réjouissant de ce qu'elle peut réaliser».

2014: «En cette journée du Jeûne, le Conseil d'Etat souhaite réfléchir au sens du vivre ensemble dans notre canton. [...] Les Eglises ont elles-mêmes pour mission d'apporter réconfort matériel et spirituel à qui en a besoin. Puisse cette journée du Jeûne être l'occasion pour nous toutes et tous de nous interroger sur notre rapport à autrui, et de réfléchir aux meilleurs moyens de préserver et renforcer la solidarité en venant en aide à celles et ceux qui en ont besoin. Il suffit parfois pour ce faire de composer un numéro de téléphone ou de passer le pas d'une porte».

Avec la résurgence des conflits religieux dans le monde et leur impact sur notre pays, une constante apparaît, le souci de mettre en avant le principe de la paix religieuse:

2015: «Aujourd'hui, la paix confessionnelle est plus que jamais un enjeu de notre société démocratique. En ce sens, nos Églises et communautés religieuses jouent un rôle indispensable, et donnent aux termes dialogue interreligieux et œcuménisme une signification forte et concrète».

2016: «Ces derniers mois, nous avons vécu de forts traumatismes – notamment en Europe de l'Ouest – perpétrés par une poignée d'individus qui souhaitent attiser la flamme des conflits de confessions, voire de civilisations, et remettre en cause les principes d'un Etat de droit séculier. Ces actes odieux peuvent avoir pour effet de renforcer une tendance au rejet, à la peur, au repli sur soi, et de pousser à se cacher derrière des jugements trop hâtifs et trop simplistes. Vivre ensemble n'est pas une tâche aisée. L'altérité peut être source de conflits et de frustrations, lorsque l'autre s'affirme dans sa différence et remet en cause nos fonctionnements. Mais ce n'est qu'en poursuivant le dialogue, en célébrant ce qui nous rapproche plutôt qu'en se focalisant seulement sur ce qui nous divise, que nous pourrons faire de cette diversité une richesse. Des valeurs fondamentales telles que la solidarité, le respect et l'ouverture à l'autre sont donc plus que jamais d'actualité, comme l'est le respect des règles communes. Elles concernent autant la majorité que les minorités. C'est notre engagement à tous qui permettra de valoriser la différence plutôt que de la repousser».

Conclusion

Si le Jeûne fédéral a perdu au fil des années une partie de sa signification religieuse au sein de la population vaudoise, il n'en demeure pas moins qu'il est prétexte au rassemblement. Il est l'occasion de passer un week-end en famille, d'aller au Comptoir Suisse, de profiter d'activités culturelles spéciales ou simplement de repos. C'est également un point de convergence pour les différentes communautés religieuses reconnues qui sont invitées à partager le message du Conseil d'Etat. Un moment d'œcuménisme donc, voire d'interreligiosité.

L'existence du Jeûne fédéral et de son lundi férié reste cependant indiscutée et il fait partie du patrimoine immatériel pour les vaudois. La tradition a pris le dessus, au travers de rites séculiers, tels que la consommation du gâteau aux pruneaux. Du côté institutionnel, la tradition demeure également. La mise en scène du pouvoir n'évolue pas. Il n'en est pas de même de son Message, qui s'adapte désormais à la multiculturalité de la société vaudoise; et qui s'appuie sur l'actualité pour mettre en avant l'ouverture à l'autre et la solidarité, ainsi que le principe premier de la politique religieuse du gouvernement: la paix religieuse.

Recht und Politik

Stefan Engler

Als Politiker ein Bettagsmandat schreiben

Im Kanton Graubünden wendet sich die Bündner Regierung jeweils am Eidgenössischen Dank-, Buss- und Bettag mit einem Bettagsmandat an die Bevölkerung. Verantwortlich dafür zeichnet jeweils der Regierungspräsident. Gewöhnlich schreibe ich an Verfügungen und Beschlüssen oder bereite Ansprachen oder ein Grusswort zu besonderen Anlässen vor. Das Bettagsmandat zu verfassen fällt aus diesem Rahmen. Das macht die Aufgabe recht anspruchsvoll, dafür reisst sie mich aus dem Alltagstrott und gewährt mir über Wochen eine willkommene gedankliche Auszeit.

Vom Bettagsmandat würde erwartet, so bildete ich es mir jedenfalls ein, dass der Text nicht zu fromm, auf christlichen Überzeugungen aufbauend und überkonfessionell die Einwohnerinnen und Einwohner unseres Kantons zum Nachdenken über das Verhältnis von Staat, Religion und Ethik anregen soll. Wo genau begrifflich und inhaltlich die Grenzen zwischen Frömmigkeit, Mystik, Spiritualität, Ethik, Mitmenschlichkeit und Esoterik verlaufen, damit wollte ich mich nicht zu lange aufhalten und entschied mich jeweils dafür, meine Gedanken «alltagstauglich» zu Papier zu bringen. Alltagsethik beruht ja bekanntlich auf Gewohnheit und Traditionen, sei es persönlichen oder kulturellen. Sie ist die Form der Ethik, mit der wir die normalen Herausforderungen des Tages meistern. Sie lässt uns handeln, ohne gross nachzudenken, und oft genug sind bestimmte ethische Entscheidungen für uns so selbstverständlich, dass uns gar nicht mehr bewusst ist, dass wir überhaupt ethische Entscheidungen treffen. Daran anzuknüpfen beinhaltete für den Verfasser des Bettagsmandates beides: die Chance, die Leserschaft dort abzuholen, wo sie sich gewöhnlich aufhält; daneben aber auch die Gefahr, unreflektiert auf dem Glatteis des Nichtssagenden auszugleiten.

Und immer wieder holt mich beim Schreiben die Frage ein, ob Politik und Mystik einander eher ausschliessen oder vielleicht doch ergänzen: die Politik, die sich mit den Dingen dieser Welt, und die Mystik, die sich mit den Verhältnissen, die nicht von dieser Welt sind, befassen. Wie zeitlos die Fragestellung ist, belegt das Bild, das Paul M. Zulehner, katholischer Priester und Professor für Pastoraltheologie in Wien, in einem Essay «Mystik und Politik»[1] von Kirchenbesuchern zeichnete. Ihm zufolge lassen sich zwei Arten von Kirchenmitgliedern beobachten: unpolitisch-fromme und un-

---

1 Vgl. Zulehner, Mystik.

fromme-politische. Erstere kennzeichne ein ausgeprägter Trend nach innen, die anderen würden sich vorrangig mit sozialen und politischen Fragen in der Welt ausserhalb der Kirche engagieren: die Welt der vielfältigen Ungerechtigkeit, des bedrohten Friedens, der immer mehr zerstörten Umwelt. Bemerkenswert sei, dass die beiden Strömungen nicht nur wenig miteinander zu tun haben, sondern einander sogar misstrauen und nicht selten die wahre Christlichkeit absprechen.

Mit dem Bettagsmandat eine Brücke zu bauen, auf der sich die Frommen und die Politischen bzw. die Mystik und die Politik treffen, soll zum Ausdruck bringen, dass religiöse Gesinnung und gesellschaftliche Verantwortung sich nicht voneinander trennen lassen. Die Tat des barmherzigen Samariters steht beispielhaft dafür.

Ein weiterer offensichtlicher Widerspruch, den ich zwar nicht auflösen konnte, aber sichtbar machen wollte, liegt in der Abwägung zwischen den Idealen der Humanität und der Realpolitik sowie in der Erkenntnis, dass es *die* ideale Lösung, wenn überhaupt, nur selten gibt. In der Politik können wir uns nur entscheiden zwischen guten und weniger guten Lösungen, manchmal sogar nur zwischen den weniger schlechten. Aber genau das ist Politik. Eine alltagstaugliche Ethik weiss, dass wir zwischen konkurrierenden Werten, Interessen und Pflichten abwägen müssen. Ein Dilemma? Absolut. Es gibt keinen Ausweg daraus, ausser ich spreche nebst den beschränkten staatlichen Möglichkeiten die Mitverantwortung jedes Einzelnen für das Miteinander an.

Die Humanität einer Gesellschaft erweist sich darin, pflegen wir daher zu sagen, wie sie mit den Schwächsten umgeht. Ich spreche ganz bewusst von der Humanität einer Gesellschaft, denn die Sorge für die Mitmenschen ist ja nicht nur Aufgabe für den Staat und seine Institutionen, sondern eine Aufgabe für uns alle. Jeder von uns kann zum «Nächsten» werden, der die Hilfe seiner Mitmenschen braucht. Und jeder von uns ist ein «Nächster», der seinen Mitmenschen Hilfe leisten kann. Das Bewusstsein dafür, dass wir als Mitmenschen in existenzieller Weise aufeinander angewiesen sind, dass der Staat nicht alles allein kann und vielleicht auch nicht alles können soll, dieses Bewusstsein ist in unserer modernen und vielfach abgesicherten Welt mitunter verschüttet. So gibt es nebst der staatlichen Absicherung auch Situationen, in denen wir ganz unvermittelt erfahren, dass der Mensch den Menschen braucht; in denen wir nur noch sagen können: «Es ist gut, dass du da bist». Für die Gelegenheit, um Mitmenschlichkeit unter Beweis zu stellen, braucht es keine Kriege, wir finden sie unaufhörlich in unserer nächsten Umgebung. Der Schlüssel, sie zu erkennen, liegt im Verständnis für das Leid des anderen als Grundvoraussetzung mitmenschlichen Zusammenlebens. Wo die Grenze der Barmherzigkeit als persönlicher Beitrag dafür verläuft, muss jeder mit sich ausmachen und zwar in dem Moment, wenn sich ihm wieder eine Hand entgegenstreckt. Der Beitrag des Staates an ein mitmenschliches Zusammenleben wird immer ein beschränkter bleiben, nämlich Gerechtigkeit zu organisieren. So gibt es keine Barmherzigkeit ohne Gerechtigkeit. Aber Barmherzigkeit geht über Gerechtigkeit hinaus, indem sie auf die Person schaut. Der Gedanke, dass man freiwillig hilft, macht die Welt erst schön und angenehm. Man gibt aus Freude. Man gibt über Gebühr. Nicht nur Geld, auch Liebenswürdigkeit. Das fehlt in einer Gesellschaft, die nur nach Gerechtigkeit trachtet. So gesehen ist die Gesellschaft auf Werte angewiesen, an denen die Menschen sich orientieren und nach denen sie tatsächlich leben.

Ein weiterer Gedanke, der mich umtreibt, ist der Glaube, dass nicht der sterbliche Mensch, sondern Gott Vollkommenes schafft, während menschliches Handeln immer den Charakter des Vorläufigen hat und mit Mängeln behaftet ist. Dieser Glaube hat eine lange Vergangenheit und eine grosse Zukunft – Probleme macht er uns aber zuweilen in der Gegenwart, wenn wir die christlichen Werte alltagstauglich herausstreichen wollen. Jemand schrieb, man könne diese nicht definieren, sie würden dem ständigen Strom der Deutung unterliegen. Deshalb sei es klüger, das wirklich Christliche zu feiern: in Liturgie und Eucharistie. Das wiederum wollte ich im Bettagsmandat nicht so hinüberbringen, hätte man daraus nämlich den Schluss ziehen können, dass sich Gott nur sonntags zwischen 10 und 11 Uhr offenbarte. Dabei wäre es durchaus reizvoll, sich eingehender mit der Frage auseinanderzusetzen, wie sehr wir uns im Zusammenleben und damit auch in der Tagespolitik von christlichen Werten wie Barmherzigkeit, Vertrauen und Toleranz leiten lassen. Was ich zum Eidgenössischen Dank-, Buss- und Bettag unbedingt hinüberbringen wollte, war, dass in der Dankbarkeit gegenüber seinem Schöpfer auch die Verantwortung jedes Einzelnen für Mitmenschen und Schöpfung zum Ausdruck kommt und dass der mit Freiheit und Verantwortung beschenkte Mensch fähig ist, zur Einsicht zu gelangen und einen neuen Weg einzuschlagen. Das Gebet als das freundschaftliche Gespräch mit Gott stiftet Gemeinschaft als das wahre Fundament von Gesellschaft und Staat.

Diese Gemeinschaft, wie ich sie mir vorstelle, ist keine, die ausschliesst. Vielmehr gründet sie auf der Überzeugung, dass jeder Mensch, unabhängig davon, ob und welcher Glaubensrichtung er angehört, bedingungslos Menschenfreundlichkeit und würdevolle Zuwendung verdient.

Ob das Bettagsmandat, publiziert von der Tagespresse, überhaupt gelesen wird und von wem und was es bewirkt, weiss ich nicht. Wurde das Mandat früher im Gottesdienst noch verlesen, wird heute zunehmend darauf verzichtet. Die Reaktionen auf das Bettagsmandat lassen eher darauf schliessen, dass, würde diese Tradition aufgegeben, sie kaum jemand vermissen würde. Oder doch? Mir jedenfalls verschaffte sie die Gelegenheit, meinen Gedanken Auslauf zu geben. Ich würde das Bettagsmandat vermissen.

Literatur

Zulehner, Paul M.: Mystik und Politik. In: Geist und Leben 62 (1989) 405–415.

Andreas Kley

Der Bettag im historischen Kontext des religiös neutralen Staates

1. Entstehung und schweizweite Vereinheitlichung im 19. Jahrhundert

Ein Bettag kommt in zahlreichen Staaten und Kulturen vor; er geht auf das späte Mittelalter zurück[1]. Reue und Busse sind menschliche Empfindungen. Sie werden am Bettag kollektiv im Rahmen einer grösseren örtlichen und religiösen Gemeinschaft begangen. Der Eidgenössische Bettag hatte sich schon vor der Reformation entwickelt; später begingen ihn die beiden Konfessionen an unterschiedlichen Daten. Das 19. Jahrhundert fand den Bettag vor, und die Bestrebungen zur Fundierung des Nationalstaates versuchten, ihn als einen gesamtschweizerischen Tag zu gestalten.

Der Kanton Aargau, der an der Tagsatzung vom 18. und 29. Juli 1831 den Antrag gestellt hatte, den Bettag in allen Kantonen am selben Sonntag zu feiern, begründete das mit dem Nationalgefühl: Es scheine, dass in dem Jahr,

> «wo das Gefühl der Notwendigkeit einer innigern Vereinigung der Eidgenossen zu einem kräftigen, einträchtigen Ganzen immer stärker sich ausspricht, und namentlich in den Verfassungen derjenigen Kantone, die eine Revision derselben vorgenommen haben, mit auffallender Übereinstimmung vorherrscht, es der Nation würdig wäre, ihre Absicht einer engern Verbrüderung wenigstens von nun an durch die gleichzeitige Feier des Buss- und Bettags zu beweisen. [...] Es wäre erhebend, das gesamte Volk der Eidgenossen wenigstens ein Mal des Jahres zur gleichen Stunde im Gebet zu Gott und für das Vaterland vereinigt zu sehen. Es sollten einer solchen, das allgemeine Nationalgefühl belebenden und erhöhenden Feier umso weniger Hindernisse entgegenstehen, als wir alle ja Christen sind, alle [...] einen Gott verehren [...]»[2].

Die Tagsatzung wies das Geschäft an eine Kommission, und wegen des nur geringen Widerstands seitens der Kantone stellte sie 1832 den entsprechenden Antrag. Am 1. August 1832 beschloss die Tagsatzung, den Eidgenössischen Buss-, Dank- und Bettag jeweils auf den dritten Septembersonntag

---

1 Schaufelberger, Geschichte 1.11 ff; Meier, Geschichte 40 ff; Conzemius, Bettag.
2 Tagsatzung 1831, 357–359 (357 f), § LVI.

festzulegen[3]. Seither ist dies der gemeinsame Tag, einzig Graubünden beharrte noch bis 1848 auf dem zweiten Donnerstag im November, und Genf begeht bis heute den «Jeûne genevois» am Donnerstag nach dem ersten Sonntag im September.

Die einzelnen Kantone feierten den Bettag je für sich; einige Kantonsregierungen kennen bis heute das Bettagsmandat, wo eine regierungsrätliche Predigt zentrale Gehalte des christlichen Glaubens und der Busse darlegt. Teilweise verfassen die Landeskirchen das Bettagsmandat im Auftrag des Kantons. Im Jahr 1871 regte der Kanton Aargau an, der Bundesrat solle ebenfalls ein Bettagsmandat übernehmen. Der Bundesrat war willig, das zu tun, freilich nicht ohne die Zustimmung der Kantone, die nach der bundesstaatlichen Kompetenzverteilung für das Kirchenwesen umfassend zuständig waren. Da nur 16 Kantone beipflichteten, fand sich der Bundesrat bewogen, «den Gegenstand fallen zu lassen und von jener befürworteten Neuerung bestimmt abzusehen»[4]. Die befürwortenden Kantone wollten im Fall des Bettags auf dem Umweg über die religiöse Feier des Dankfestes das eidgenössische Nationalgefühl stärken.

Fast dreissig Jahre nach dem Scheitern des Bundesmandates für den Bettag erfand man die Veranstaltung eines Nationalfeiertages am Ende des 19. Jahrhunderts. Die sechste Säkularfeier zum Bundesbrief von 1291 in Schwyz und Bern am 1. bis zum 3. August 1891 schuf den Boden für eine gesamtschweizerische Feier. Das allgemeine Glockengeläut zur Feier des 1. August legte der Bundesrat 1899 fest[5]. Von da an setzte sich die Erinnerungsstunde am Abend des 1. August allmählich durch und löste die Tradition der Mitsommerfeuer ab.

Die totalrevidierte Bundesverfassung von 1874 änderte die bundesstaatliche Kompetenzordnung in Religionsfragen punktuell. Sie wies die verschärften Kulturkampfartikel auf, die wenige Kompetenzen von den Kantonen auf den Bund verschoben, weil der Bund die katholische Kirche bekämpfen wollte. Im Übrigen blieben die Zuständigkeiten im Religionswesen unverändert. Die Kantone behielten ihre Zuständigkeiten, was die ablehnende Haltung von neun Kantonen gegen ein Bettagsmandat des Bun-

---

3   Beschluss der Tagsatzung vom 1.8.1832: Offizielle Sammlung der das Schweizerische Staatsrecht betreffenden Aktenstücke, II. Band (1820–1836), 1838, 271. Siehe Abschied Tagsatzung 1832, 283, § XXXVII.
4   Verhandlungen des Bundesrates vom 27.3.1871, BBl 1871 I 496 und vom 21.7.1871, BBl 1871 II 1121 f., Zitat: 1122.
5   Kreisschreiben des Bundesrates an sämtliche Kantonsregierungen, betreffend Einführung eines allgemeinen Festgeläutes zur Erinnerung an den 1. August 1291 vom 21.7.1899, BBl 1899 IV 220; Kley, Geschichte als Selbstbehauptung 464.

des gewissermassen bestätigte. Die Gestaltung des Bettags blieb bis heute eine Angelegenheit der Kantone. Der Bund enthielt sich in der Folge mit wenigen Ausnahmen jeglicher Beteiligung. Manche Kantone und in deren Auftrag die Landeskirchen verfassten und verbreiteten ein Bettagsmandat. Bekannt geworden sind die von Gottfried Keller verfassten Bettagsmandate für die Zürcher Kantonsregierung[6].

2. Bettagsmandat des Bundes?

Der Bundesrat hat nur in einem einzigen Fall ein Bettagsmandat erlassen. Das Datum betraf eine aussergewöhnliche Bedrohung der Schweiz (1). Sodann haben einzelne Bundesräte am Bettag eine Rede gehalten. Vor allem im 21. Jahrhundert kamen solche Ansprachen gehäuft vor (2).

(1) Die Schweiz hatte sich vermutlich zu keinem Zeitpunkt derart militärisch bedroht gefühlt wie im Sommer und Herbst 1940. Am 22. Juni 1940 war Frankreich zusammengebrochen; die totalitären Diktaturen umschlossen die Schweiz[7]. Die Stimmung war gedrückt. Bundesrat und General wandten sich in verschiedenen Reden und Aufrufen an die Öffentlichkeit; sie wollten die Moral des Volkes stärken und jedem Defaitismus vorbeugen. So sind die mehrdeutige Rede von Bundespräsident Marcel Pilet-Golaz vom 25. Juni, der sogenannte Rütli-Rapport des Generals am 25. Juli oder die 1.-August-Rede des Bundespräsidenten zu nennen, die allerdings mehr (25. Juli) oder weniger (25. Juni, 1.-August-Rede) wirksam waren. Die Dramatik der Lage zeigte sich darin, dass der Bundesrat auch noch ein Bettagsmandat erliess, nämlich am 15. September 1940:

> «Getreue liebe Eidgenossen! Wenn der Herr nicht über dem Lande wacht, wachen die Wächter vergebens. Dieses Wortes der Heiligen Schrift wollen wir uns am Eidgenössischen Buss- und Bettag erinnern [...]»[8].

Das Mandat ging vom Gesamtbundesrat aus und arbeitete mit vielen Anspielungen auf die Bibel; es handelte sich um eine patriotische Sonntagspredigt. Die Lage war derart angespannt, dass niemand diesen einmaligen Vorgang kritisierte.

---

6   Keller, Bettagsmandate.
7   Vgl. Kley, Geschichte des öffentlichen Rechts 188.
8   Die meisten Tageszeitungen druckten den Text vorgängig ab, z. B. Vaterland vom 13.9.1940, Nr. 216, 1, oder Journal de Genève vom 13.9.1940, Nr. 230, 2. Das biblische Zitat stammt aus Psalm 127.

(2) Der Bund hat sonst nie ein offizielles Bettagsmandat verbreitet, nachdem sich im 19. Jahrhundert die Kantone dagegengestemmt hatten. Auch spätere Bemühungen einer bundeseinheitlichen Begehung des Bettags scheiterten, wie 1977 eine parlamentarische Initiative für einen autofreien Bettag[9]. So ist der Bettag seit je ein normaler Sonntag mit Bettagsmandaten, soweit die Kantone diese noch kennen[10]. Im 20. Jahrhundert trat Bundesrat Giuseppe Motta 1920 am Bettag auf. Er tat dies, um der schweizerischen Opfer des Ersten Weltkrieges, vor allem der Grippeopfer, zu gedenken[11]. Früher sind die Bundesräte kaum an einzelnen Bettagsfeiern der Gemeinden als Redner aufgetreten. Erst seit wenigen Jahren haben sie den Bettag als Rede-Anlass entdeckt.

Anlässlich der 700-Jahr-Feier der Eidgenossenschaft von 1991 traten am Bettag von jedem Kanton zwei Regierungsräte, drei Bundesräte und weitere Vertreter des Bundes sowie zahlreiche weitere hochgestellte Persönlichkeiten in Sarnen, dem Heimatort des Mystikers und Politikers Niklaus von Flüe, zusammen. In seiner Rede blickte Bundesrat Otto Stich nach einem Zeitungsbericht «dankbar auf die Geschichte des Landes, das Vertrauen des Einzelnen in die Kraft der Gemeinschaft und nicht zuletzt auf die Erfüllung der Steuerpflicht. Er rief dazu auf, zur Lösung der aktuellen Probleme beizutragen und am weltweiten Projekt der Hoffnung, einer Ordnung des Friedens und der Gerechtigkeit, mitzuarbeiten. Er erinnerte aber auch an die Anrufung Gottes am Anfang der Bundesverfassung, denn kein Volk sei alleiniger Baumeister seiner Geschichte»[12]. Das Jubiläum gab Anlass zur bundesrätlichen Feier des Bettags; alle national relevanten Feierlichkeiten beging man in Anbetracht der 700-Jahr-Feier.

Am 16. September 2001 sprach Bundespräsident Moritz Leuenberger an einer Feier in der Abbatiale von Payerne zum Bettag. Er rief auf, «sich für eine gerechte und soziale Welt einzusetzen»[13], und versuchte, den Eidgenössischen Bettag auch für die Nichtgläubigen sinnvoll zu machen: «Auch wer nicht gläubig ist und eine gerechte Welt mit den Parolen der Französischen Revolution [...] erreichen will, indem er sich auf die menschliche Vernunft verlässt, ist sich am heutigen Tag seiner Verpflichtung, aber auch seiner

---

9 Parlamentarische Initiative über autofreie Sonntage vom 1.11.1977, BBl 1978 I 185 ff.
10 Vgl. Frey, Bettagsmandate 252 ff.
11 So sprach etwa Bundespräsident Motta am Bettag 1920 in Bellinzona zum Andenken an die in der Schweizer Armee im Dienst verstorbenen Soldaten, BBl 1920 IV 427 (432), deutsch; FF 1920 IV 430 ff. (435), französisch.
12 NZZ vom 16.9.1991, Nr. 214, 18.
13 Leuenberger, Rose 10 ff.; Kley, Herrgott 49.

Grenzen bewusst». Und schliesslich solle das «nicht nur am Bettag» geschehen. Die Abkehr vieler Menschen von den traditionellen Kirchen macht es nötig, die Nichtgläubigen an die «Zivilreligion»[14] der Aufklärung heranzuführen. Diese Art von Zivilreligion zeichnet sich dadurch aus, dass sie nicht mehr auf den Jenseitsglauben angewiesen ist.

Am 19. September 2004 sprach Bundesrätin Micheline Calmy-Rey an der Arlesheimer Bettagsfeier und nutzte den Bettag für das Anliegen, die vom Bundesrat beschlossene Kohäsionsmilliarde zu verteidigen. Die Verbindung zum Bettag erreichte die Rednerin, indem sie diesen zu einem «ökumenischen Festtag, einem Tag der Solidarität» erklärte[15], sonst fehlen aber religiöse Bezüge. Auch am Samstag 15. September 2007 trat Bundespräsidentin Calmy-Rey am «interreligiösen Bettag gegen Armut und Hunger» auf dem Klosterplatz St. Gallen auf. Zu Beginn der Rede ging sie auf die Schwierigkeiten des Zusammenlebens von Menschen mit unterschiedlichem kulturellem und religiösem Hintergrund in der Schweiz ein. Sie betonte, dass es des Dialoges bedürfe, aber auch des Respektes vor anderen, vor allem aber auch der Werte, die das Selbstbewusstsein stärkten. Den Wohlstand verdanke unser Land zu einem grossen Teil seiner Offenheit gegenüber dem Ausland und anderen Kulturen. Der wirtschaftliche Erfolg sei die materielle Grundlage für unsere Solidarität mit dem Ausland. Sie rief in diesem Zusammenhang die Millenniums-Erklärung in Erinnerung. Die Schweiz habe sich im Jahr 2000 dazu verpflichtet, Armut und Hunger in der Welt zu bekämpfen. Mittlerweile seien Fortschritte erkennbar, dennoch brauche es eine noch intensivere Anstrengung, um die Entwicklungsziele zu erreichen. Die Linderung von Armut und Hunger in der Welt sei eine religiöse und eine aussenpolitische Aufgabe. Die Entwicklungshilfe müsse deshalb aufgestockt werden[16].

Am 18. September 2005 sprach Bundespräsident Samuel Schmid am Bettag in Bern[17], der «in einer Zeit, in der alles super, cool und mega sein» müsse, einen Kontrapunkt setzen wollte. Der Bettag möge auf den ersten Blick altmodisch erscheinen, aber auf den zweiten Blick sei er höchst aktuell: Der Bettag sei ein willkommener Tag zum Innehalten, dies besonders in einer Zeit, in der viele Mitmenschen angesichts des übersteigerten Lebensrhythmus an ihre Grenzen stiessen. Der Redner ging auf die Geschichte des Bettags ein; Thema seiner Rede war die Präambel der Bundesverfassung. «Diese Präambel [...] sagt an sich alles, was es zum heutigen Bettag zu sagen gilt. Hören wir hin!» Und im Anschluss daran las er den Präambeltext vor.

---

14 Grundlegend dazu Bellah, Zivilreligion 19.
15 Calmy-Rey, Solidarität.
16 Vgl. St. Galler Tagblatt vom 17.9.2007, Nr. 216, 9.
17 Schmid, Wort.

Schliesslich betonte er die Bedeutung der Solidarität, ohne diese mit einem konkreten politischen Anliegen zu verbinden. Der Bettag erscheint in dieser Rede als ein Tag der Verstärkung der Bundesfeier, und ähnlich wie bei den vorgängigen Reden sollen Solidarität und Gemeinsinn gestärkt werden. Zivilreligiös erkennbar wird in dieser Rede die Rolle der Verfassungspräambel als Ganzer[18]: Sie ist sozusagen das «Zivilgebet», das gesprochen wird.

Bundesrätin Doris Leuthard beklagte einige Jahre später den zunehmenden Individualismus der Gesellschaft, der eine Folge der gesellschaftlichen Veränderung, der Modernisierung sei. Sie trat am Bettag vom 18. September 2011 auf Einladung des Pfarrers im Grossmünster Zürich auf. Die Bundesrätin sprach zur souveränen Selbstbeschränkung, dem Thema der diesjährigen Botschaft des Zürcherischen Kirchenrates. Sie ging vom Bettagsmandat 1862 aus, das Gottfried Keller für die Zürcher Kantonsregierung verfasst hatte. Letztere hatte das Mandat abgelehnt, da es ihr zu kritisch erschien. Leuthard zitierte Keller:

> «Habe ich mich und mein Haus so geführt, dass ich im Stande bin, dem Ganzen zum Nutzen und zur bescheidenen Zier zu sein?»

Sie nahm die Frage auf und betonte, es sei wichtig innezuhalten, nachzudenken und zu hinterfragen. Die «souveräne Beschränkung» oder die «bescheidene Zier», wie Keller es damals formuliert hatte, gelte heute nicht mehr als erstrebenswert. Doch genau dies sei ein urschweizerisches Erfolgselement unseres Landes, nur nachhaltiges Handeln mache uns stark. In Zeiten, in denen das Ich vor dem Wir komme, gelte es, sich wieder darauf zu besinnen[19].

Der Bettag ist ein Anlass geworden, an dem die Bundesräte unter Bezugnahme auf Geschichte und religionsnahe Begriffe für politische Anliegen oder die Stärkung der Solidarität eintreten. Der Bettag wird auf Bundesebene allerdings kaum zu einem wichtigen Anlass präsidialer Reden werden, da er zu nahe am 1. August ist und keine Rolle als zweiter Nationalfeiertag übernehmen kann. Die Vermutung ist nicht von der Hand zu weisen, dass das zivilreligiös aufmerksam gewordene schlechte Gewissen, das Bundesrat Schmid angesprochen hatte, Gegensteuer geben will. Die Versuche, die Bedeutung des Bettags sowie weiterer (quasi-)religiöser Anlässe zu steigern, zeigen paradoxerweise auf die gesellschaftlich-religiöse Hauptströmung: Die

---

18 Inhaltsverzeichnis zur Redensammlung von Leuenberger, Rose 4, das sich an der Präambel orientiert.

19 https://www.uvek.admin.ch/uvek/de/home/uvek/medien/reden.msg-id-41244.html (29.01.2016).

traditionellen Landeskirchen und die von ihnen vertretenen Anliegen verlieren an Boden. Sobald der Bettag von den Bundesräten zivilreligiös benutzt wird, zeigt sich die verweltlichende Tendenz, wie das beim «interreligiösen» Bettag 2007 in St. Gallen geschehen ist. Der Bettag war seit 1832 ein christlich-interkonfessioneller Gedenktag. Er erhält einen anderen Charakter, wenn er die gesellschaftliche Solidarität stärken und Zwecken der Regierung dienen soll.

3. Verfassungsrechtliche Zulässigkeit der Bettagsmandate und des zivilreligiösen Sprechens über Gott

Verfassungsrechtlich blieben die Bettagsmandate unangefochten. Denn nach genereller Auffassung haben die Bettagsmandate keinerlei verbindlichen Charakter; sie drücken nur die Tatsache aus, dass die Kantonseinwohner mehrheitlich einer christlichen Konfession angehören, aber sie beinhalten keinerlei rechtlichen Zwang. Die Einzelnen sind auch nicht verpflichtet, die Mandate anzuhören oder zu lesen; wer sich nicht dafür interessiert, ignoriert sie. Sie sind daher wie die Präambeln von Verfassungen, die Gott anrufen[20] oder die religiösen Schulzweckartikel[21], für die Religionsfreiheit ungefährlich. Das Zürcher Verwaltungsgericht hatte in einem etwas speziellen Fall aus der *invocatio Dei* (Anrufung Gottes) der Präambel zur Bundesverfassung allfällige Rechtswirkungen zu beurteilen. Ein Steuerpflichtiger hatte daraus abgeleitet, dass die Verfassung damit auf das Alte Testament verweise und dieses spreche bei den Steuern jeweils vom «Zehnten», d. h., die Steuern

---

20 Vgl. Biaggini, Kommentar, N. 7 zur Präambel, 59; Ehrenzeller, Kommentar, N. 9 und 19 zur Präambel, 53. Der Kommentator versucht in seiner im Schrifttum abweichenden Argumentation dann allerdings zu belegen, dass die Präambel ein verbindlicher Rechtstext sei, der an der normativen Geltung der Bundesverfassung teilhabe. Er kann für diese «Rechtskraft» der Präambel allerdings nicht einen einzigen Fall oder auch nur ein Beispiel anführen, wonach die Anrufung Gottes eine rechtliche Wirkung gehabt hätte.

21 Die Schulzweckartikel, die die Schule u. a. auch auf eine christliche Grundlage stellen, sind immer mehr abgeschafft worden, siehe aber z. B. Art. 4 Abs. 2 des Bündner Mittelschulgesetzes vom 7.10.1962, Nr. 425.000: «Sie fördert auf christlicher Grundlage die geistig-seelische und körperliche Entwicklung der Schüler». Die politischen Bundesbehörden hatte den Schulzweckartikel von Art. 3 Abs. 1 des St. Galler Volksschulgesetzes vom 13.1.1983. Nr. 213.1 («christliche Grundsätze») als mit der religiösen Neutralität der Schule vereinbar angesehen, VPB 51 (1987) Nr. 7, 48 ff. und Amtliches Bulletin, Nationalrat 1984 1894 ff. und 1986 515 ff.

dürften nicht mehr als 10 Prozent betragen. Das Verwaltungsgericht hielt fest: «Soweit überhaupt praktische Auswirkungen anerkannt werden, gehen jene am weitesten, dass der Vorspruch Richtlinie für die Auslegung des geltenden Rechts und Leitsatz für die Gestaltung des künftigen sein soll. Die Präambel schafft jedenfalls nicht direkt Recht, und es können ihr auch nicht unmittelbar Rechtssätze entnommen werden [...] Demnach ist es nicht möglich, aus dem Vorspruch der Bundesverfassung das Rechtsgebot abzuleiten, dass der Staat Zürich höchstens den ‹Zehnten› als Erbschaftssteuer erheben dürfe»[22]. Die Anrufung Gottes durch die Präambel wie auch die Begehung des Bettags treffen die Andersgläubigen und Atheisten rechtlich und faktisch nicht. Sie sind daher zulässig.

Die grosse Kammer des Europäischen Gerichtshofes für Menschenrechte hatte im Urteil Lautsi vom 18. März 2011[23] das Aufhängen von Kruzifixen in Zimmern der öffentlichen Schulen als zulässig angesehen, da dieses Symbol keinerlei verpflichtende Kraft besitze und auch nicht im Zusammenhang mit dem Religionsunterricht stehe. Zudem erführen die Minderheitenreligionen durch das Kruzifix keinerlei Nachteile, insbesondere gebe es die Möglichkeit für einen optionalen Religionsunterricht für andere Glaubensrichtungen. Das Recht der Eltern, ihre Kinder religiös zu erziehen, werde dadurch in keiner Weise geschmälert. Der Staat habe deshalb innerhalb des Ermessensspielraums gehandelt und es habe keine Verletzung des Art. 9 EMRK und Art. 2 des 1. ZP EMRK betreffend den Schulunterricht stattgefunden. Das Urteil kann ohne weiteres auf die Bettagsmandate der Kantonsregierungen oder die entsprechenden Äusserungen von Bundesräten bezogen werden. Der völlig unverbindliche Charakter dieser Mandate zeigt sich viel deutlicher als beim Symbol des Kruzifixes in den öffentlichen Schulzimmern. Die Mandate werden niemandem aufgedrängt und wer sich dafür nicht interessiert, wird sie nicht einmal zur Kenntnis nehmen.

Der Bund und die Kantone haben sich nicht der Laizität verschrieben, wonach Staat und Kirche strikt getrennt sind und der Staat alle Religionen völlig neutral behandelt. Die Laizität wirkt sich religionsfeindlich aus; die Religion ist kein Anlass für eine staatliche Rücksichtnahme. Aufgrund der historisch und faktisch engen Beziehung der Kirchen zum Staat[24] und zu den Einwohnern führt die Laizität nicht etwa zu Neutralität, sondern zur

---

22 Verwaltungsgericht Zürich, ZBl 73 (1972), 162.
23 Siehe Newsletter Menschenrechte 2/2011, 81 ff., Beschwerde-Nr. 30.814/06. Das Bundesgericht kam im Urteil Cadro, BGE 116 Ia 252 = ZBl 91 (1992), 70 ff. zu einem gegenteiligen Ergebnis.
24 Diese engen Bande zwischen Kirchen und Staat betreffen insbesondere auch das Rechtssystem; Kley, Geschichte des öffentlichen Rechts 75 ff.

Benachteiligung. Die Laizität wird zu einem gewissen Grad einzig im Kanton Genf praktiziert, wie die Genfer Kantonsverfassung in Art. 3 bekennt[25]. Die in der Bundesverfassung verankerte Religionsfreiheit hatte Genfs negative Haltung gegenüber dem Religiösen gebändigt. Der Genfer Grosse Rat beschloss am 28. August 1875 die «loi sur le culte extérieur», deren Art. 1 generell öffentliche Kultushandlungen und Art. 3 das Tragen religiöser Kleidung auf dem öffentlichen Grund verboten. Eine 1875 erhobene Beschwerde gegen das Verbot religiöser Kleidung wies das Bundesgericht ab. Erst 1982 hiess das Bundesgericht eine weitere Beschwerde gegen das Verbot öffentlicher Kultushandlungen (z. B. Prozessionen) gut, worauf der Kanton Genf das Gesetz aufhob[26].

4. Reden über Gott: Ausweichen auf die 1.-August-Ansprachen

Nach der Ablehnung eines Bettagmandates durch die Kantone 1871 hatten die Bundesräte mit der Erfindung der 1.-August-Rede ab dem Ersten Weltkrieg[27] nun dennoch ein religiöses Mandat angenommen und sie üben dieses zeitlich in der Nähe des Bettags, nämlich am 1. August aus[28]. Der zivilreligiöse Charakter der Bundesfeier verlangte geradezu nach einer Verbindung mit den herkömmlichen religiösen Vorstellungen. Ein wichtiges Element vieler 1.-August-Reden der Bundespräsidenten ist daher Gott. Dafür gibt es verschiedene Gründe. Zunächst werden die meisten Bundesbriefe und die geltende Bundesverfassung im Namen Gottes eröffnet: Ein Traditionsanschluss drängte sich geradezu auf.

---

25 Die Genfer Kantonsverfassung vom 14.10.2012 bestimmt in Art. 3: ¹Der Staat ist weltlich. Er verhält sich in religiösen Fragen neutral. ²Er entlöhnt und unterstützt keine Kultustätigkeiten. ³Die Behörden unterhalten Beziehungen mit den religiösen Gemeinschaften. Die Laizität beinhaltet eine religionsfeindliche Haltung, die freilich Abs. 3 relativiert. Deshalb ist die «Jeûne genevoise» kein Rechtsproblem. Sie ist den Gesetzen und Anstellungsbedingungen des öffentlichen Dienstes sowie in den Normalarbeitsverträgen als bezahlter arbeitsfreier Tag vorgeschrieben, z. B. Art. 28 Abs. 1 Bst. f des Règlement fixant le statut des membres du corps enseignant primaire, secondaire et tertiaire ne relevant pas des hautes écoles vom 1.9.2002, Nr. B 5 10.04. Siehe zur Laizität in Genf: BGE 139 I 280 E. 5.1.1. 289 f., siehe generell zur Schule in Genf BGE 123 I 296 ff.
26 BGE 2 178 E. 2 ff., 180 ff. und BGE 108 Ia 41 = Praxis 71 (1982) Nr. 171, 438 ff. Siehe dazu im Detail: Kley, Kutten 229–257, insb. 236 f.
27 Vgl. Kley, Geschichte als Selbstbehauptung 460 ff.
28 Später kamen die Neujahrsansprachen hinzu; Kley, Herrgott 29 f.

In den älteren Reden erscheint Gott als eine Art allmächtiger Vater, an den Bitten gerichtet werden können und bei dem man sich für erfüllte Bitten bedanken kann oder soll[29]. Bundespräsident Motta sagte am 1. August 1937: «Die Schweiz betrachtet die Beunruhigung der Welt mit denkendem Sinne, aber ohne Furcht. Ihr Geschick ruht vor allem in den Händen Gottes, und Gott steht den Völkern bei, die sich betend an ihn richten und den Arm zur Verteidigung ihrer Freiheit erheben.»[30] Das Bild von Bundespräsident Philipp Etter 1939 war ähnlich: Das Volk sollte «die ihm vom Herrgott übertragene Sendung [...] verteidigen»[31]. Hier verschafft Gott dem Schweizer Volk sogar eine besondere Sendung. Bundespräsident Ernst Wetter sprach 1941 von «Gottvertrauen», und dass «das Richten [...] allein Gottes Sache»[32] sei. Dieser Gott hat die Charakteristik des Staates: Er ist der Höchste, er hat die letzte Verantwortung, er handelt, lässt zu, verhindert, schützt, tröstet. Die Anrufungen Gottes in den Kriegsjahren entstammen Vorstellungen herkömmlicher Religiosität. Für Motta, Etter und Wetter scheint Gott der Allmächtige, die handelnde Person zu sein, welche die Schweiz wirksam schützt. Bei dem so beschriebenen Gott sieht es danach aus, als handle es sich bei ihm um eine Projektion der religiösen Vorstellungen des Bundesrates. Es ist ein machtvoller, autoritärer Gott, der das Schweizervolk führt. Diese Vorstellungen erscheinen bis in die 1970er Jahre in den Reden, aber dann gaben die Bundespräsidenten die Erwähnung Gottes in ihren Ansprachen immer mehr auf[33]. Sie beschränken sich auf das blosse Wort Gott, etwa in Form des Segen Gottes oder des Vertrauens auf Gott. Es ist interessant, dass sie Gott nur noch erwähnen, das Übrige scheint sich wie von selbst zu ergeben[34].

Zur Kompensation für die eher «gottlosen» 1.-August-Reden treten die Bundesräte im 21. Jahrhundert vermehrt am Bettag auf. Freilich betonen die Bundesräte am Bettag weniger den Aspekt der Reue und des Dankes, sondern vielmehr die Solidarität. Sie wollen den Zusammenhalt und den Gemeinsinn damit fördern, denn «wer Solidarität sagt, will etwas haben»[35]. Die Politiker fordern in ihren Bettagsreden Gefolgschaft. Ein so verstandener Bettag ist religiös neutral, er ist eben politisch geworden.

---

29 Vgl. Kley, Herrgott 29 f. mit Nachweisen.
30 Text: NZZ vom 2.8.1937, Morgenausgabe, Nr. 1388 Blatt 3, 1 f. (Rede zum 1. August zur Einweihung des Schlachtendenkmals in Giornico am 1. August).
31 Text: Etter, Reden 75–83 und NZZ vom 2.8.1939, Nr. 1400, Blatt 1.
32 Text: NZZ vom 4.8.1941, Mittagausgabe Nr. 1203, Blatt 2.
33 Vgl. Kley, Herrgott 30 mit Nachweisen.
34 Kley, Herrgott 30 mit Nachweisen. Die Aussage trifft auch auf die weitere Entwicklung nach der Publikation dieses Aufsatzes zu.
35 Stolleis, Solidarität.

Literatur

Abschiede der ordentlichen eidgenössischen Tagsatzung 1813–1848, Abschied 1831, 257–359 (zit. Tagsatzung 1831).

Bellah, Robert N., Zivilreligion in Amerika. In: Kleger, Heinz/Müller, Alois (Hg.): Religion des Bürgers. Münster ²2004, 19–41.

Biaggini, Giovanni: Kommentar, Bundesverfassung der schweizerischen Eidgenossenschaft. Zürich 2007.

Calmy-Rey, Micheline: Solidarität mit Osteuropa. Arlesheimer Bettagsfeier vom 19.9.2004: http://www.eda.admin.ch, «Dokumentation», «Reden» (06.12.2004).

Conzemius, Victor: Bettag. In: Historisches Lexikon der Schweiz. Bd. 2. Basel 2002, 357.

Ehrenzeller, Bernhard: Kommentar zur Präambel. In: Ders. u. a. (Hg.): Kommentar zur Bundesverfassung der schweizerischen Eidgenossenschaft. Zürich/St. Gallen 2014.

Etter, Philipp: Reden an das Schweizervolk, gehalten im Jahre 1939 von Bundespräsident Philipp Etter. Zürich 1939.

Frey, Jakob: Bettagsmandate 2003 kantonaler Regierungen. In: Schweizerisches Jahrbuch für Kirchenrecht 8 (2003) 252–270.

Keller, Gottfried: Bettagsmandate. Zollikon 2004. Auch in: Gottfried Kellers Bettagsmandate. Zürich 1940.

Kley, Andreas: Geschichte als nationale Selbstbehauptung, Die 1. August-Reden der schweizerischen Bundespräsidenten. In: Zeitschrift für Schweizerisches Recht (2005) 455–477.

Kley, Andreas: Geschichte des öffentlichen Rechts. Zürich ²2015.

Kley, Andreas: Kutten, Kopftücher, Kreuze und Minarette – religiöse Symbole im öffentlichen Raum. In: Pahud de Mortanges, René (Hg.): Religion und Integration aus der Sicht des Rechts. Grundlagen – Problemfelder – Perspektiven. Zürich 2010 (Freiburger Veröffentlichungen zum Religionsrecht 24), 229–257.

Kley, Andreas: «Und der Herrgott, Herr Bundespräsident?» Zivilreligion in den Neujahrsansprachen der schweizerischen Bundespräsidenten. In: Schweizerisches Jahrbuch für Kirchenrecht 12 (2007) 11–56.

Leuenberger, Moritz: Die Rose und der Stein. Grundwerte in der Tagespolitik. Reden und Texte. Zürich 2002.

Meier, Gabriel: Zur Geschichte des eidg. Bettages, nach Tagebüchern des Klosters Rheinau. In: Zeitschrift für Schweizerische Kirchengeschichte 14 (1920) 40–47.

Stolleis, Michael: Wer Solidarität sagt, will etwas haben. In: Rechtsgeschichte 5 (2004) 49–54.

Schaufelberger, Rosa: Die Geschichte des eidgenössischen Bettages: mit besonderer Berücksichtigung der reformierten Kirche Zürichs. Zürich 1920.

Schmid, Samuel: Wort zum Eidgenössischen Dank-, Buss- und Bettag, 18.09.2005: http://www.vbs.admin.ch, «Reden» (09.01.2007; Text aktuell nicht mehr verfügbar).

Daniel Kosch

Der Bettag und «das heilige Menschenrecht ungehinderter Religionsausübung»[1]
Ein staatlich angeordneter religiöser Feiertag im Kontext individualisierter Religionsfreiheit

1. «Und so bitte ich Sie, meine Damen und Herren, beten Sie ...»

Im Herbst 2015 hielt Navid Kermani in der Frankfurter Paulskirche eine viel beachtete und bewegende Dankesrede für den Friedenspreis des Deutschen Buchhandels[2]. Sie endete mit einem Aufruf zum Gebet:

> «Ein Friedenspreisträger soll nicht zum Krieg aufrufen. Doch darf er zum Gebet aufrufen. [...] Und wenn Sie nicht religiös sind, dann seien Sie doch mit Ihren Wünschen bei den Entführten und bei Pater Jacques [...] Was sind denn Gebete anderes als Wünsche, die an Gott gerichtet sind? Ich glaube an Wünsche und dass sie mit oder ohne Gott in unserer Welt wirken. Ohne Wünsche hätte die Menschheit keinen der Steine auf den anderen gelegt, die sie in Kriegen so leichtfertig zertrümmert. Und so bitte ich Sie, meine Damen und Herren, beten Sie ...»

Die Reaktionen auf diese Aufforderung zum Gebet blieben nicht aus. In der Süddeutschen Zeitung vertrat Johan Schloemann die Auffassung, die Aufforderung zum Gebet sei ein «unerträglicher Übergriff». Er verwies darauf, dass die Paulskirche seit dem Wiederaufbau nach dem Zweiten Weltkrieg keine Kirche mehr ist, sondern als «Ort konfessionsloser, zivilreligiöser Feierstunden der Bundesrepublik» dient; dies in Erinnerung daran, dass sie als Tagungsort der Nationalversammlung von 1848/49 «Symbol für die Hoffnung und das Scheitern deutscher Demokratie» ist. An einem solchen Ort und im säkularen Raum generell gebe es in Deutschland kein überkonfessionelles Gebet mehr, «und sollte es nicht geben». «Die Religionsfreiheit gebietet, das Gebet den einzelnen Bekenntnissen zu überlassen»[3].

---

1 Kreisschreiben des Ministers der Künste und Wissenschaften, Albert Stapfer, vom 23. Juli 1798, an die Statthalter über ein gemeinsames «Religions-Fest», zitiert in: Gutzwiller, Bettag 334; gesamter Text in: Schaufelberger, Geschichte 156–162.
2 Kermani, Grenzen.
3 Schloemann, Aufforderung.

Dagegen erhob Roman Bucheli in der Neuen Zürcher Zeitung Einspruch. Solche Reaktionen stellen seines Erachtens «ein Armutszeugnis aus. Sie sind die Symptome einer Krise des säkularen Denkens, das sich noch selbst von der Schwundstufe oder der mildesten Form einer religiösen Geste provoziert fühlt»[4]. Michael Schüssler entgegnete ebenfalls und sprach von einem «riskanten Gebet», das «die Präsenz von Religion in unserer postsäkularen Gegenwart für alle sichtbar gemacht» hat, allerdings nicht als gefährliche «Demonstration religiöser Macht», sondern als «Versuch einer Ohnmacht [...] Ausdruck zu verleihen», und in vollem Respekt vor der «Pluralität an Weltanschauungen»[5]. Mit einigem zeitlichen Abstand zur Rede und zur durch sie entfachten Kontroverse kam Wolfgang Beck auf «das umstrittene Phänomen Navid Kermani» zurück. Er kritisierte die «Instrumentalisierung des Gebets als Machtinstrument in einem säkularen Umfeld» und – wie Schloemann – als «übergriffige Form der Religionspraxis, die in diesem säkularen Umfeld üblicherweise als inakzeptabel gilt». Das Positive an Kermanis Wirkung sieht er – in Abgrenzung von «manchen kirchlichen Segmenten» – nicht in der «möglichst profilierte[n] Präsenz des Religiösen in der Gesellschaft», sondern darin, dass seine Rede «den Verlust an kirchlicher Definitionsmacht über die eigenen Themen im Zentrum kirchlicher Identität» aufzeige. Dies ermögliche eine «positive Sicht auf Säkularisierung», in der das Christentum sich auf einen «Weg der Schwäche» und auf «das Risiko, sich in fremde Hände zu geben» einlässt – und gerade so «seine tiefste Berufung» verwirklicht[6].

Für Überlegungen zum Bettag aus Sicht des staatlichen Religionsrechts sind die öffentliche Aufforderung von Navid Kermani zum Gebet und die Schlaglichter auf die ausgelöste Debatte mehr als ein anekdotischer Einstieg. Sie weisen auf Fragen und Phänomene hin, die für einen staatlich angeordneten Eidgenössischen Dank-, Buss- und Bettag mindestens so kritisch sind wie für die Aufforderung eines Schriftstellers zum Gebet:
- die Akzeptanz öffentlicher Aufforderungen zu einer religiösen Praxis im Kontext des religiös neutralen Staates und der religiös pluralen Gesellschaft;
- das Recht des Staates, in diesem Kontext einen «Dank-, Buss- und Bettag» für die gesamte Bevölkerung anzuordnen;
- die bleibende Bedeutung des Religiösen für Staat und Gesellschaft in einer Zeit abnehmender Mobilisierungs- und Bindungskräfte der etablierten Kirchen;

---

4   Bucheli, Puristen.
5   Schüssler, Gebet.
6   Beck, Phänomen.

- den Umgang der Kirchen und Religionsgemeinschaften mit der Zumutung des Staates, einen solchen Feiertag zu gestalten;
- die Chancen und Risiken der Bezugnahme auf Gott für das gesellschaftliche und weltweite Zusammenleben in Frieden und Freiheit.

Gleichzeitig ist mit dem gewählten Einstieg das Signal gesetzt, dass es in diesem Beitrag nicht primär um die rechtsgeschichtliche Entwicklung des Bettags, sondern um aktuelle religionsrechtliche Fragen und Herausforderungen geht[7].

In einem ersten Schritt soll ein Blick auf den Kontext geworfen werden, in dem das staatliche Recht zu Beginn des 21. Jahrhunderts den Eidgenössischen Dank-, Buss- und Bettag als «(hohen) Feiertag» gesetzlich normiert (2). Zweitens wird thematisiert, welche Sachverhalte das staatliche Recht im Zusammenhang mit dem Bettag regelt (3). Sodann geht es um die religionsrechtliche Einordnung (4). Abschliessende Überlegungen befassen sich mit der Bedeutung des Religiösen für den Staat und das Verhältnis zwischen Staat und Religionsgemeinschaften (5).

2. Veränderte Kontexte

2.1 Vom selbstverständlich christlichen Feiertag ...

Den Bettag in seiner bis heute grundsätzlich gültigen Form als gesamteidgenössischer Anlass, der jeweils am 3. Sonntag im September sowohl von den evangelischen als auch von den katholischen Ständen gefeiert wird, gibt es seit 1832. Seitdem ist er «nie mehr zur Beratung vor die Bundesbehörde gekommen»[8].

Ganz selbstverständlich handelte es sich damals um einen christlichen (und nicht allgemein-religiösen) Feiertag. Zur Illustration drei Beispiele aus dem damaligen Kontext:

a) An der Tagsatzung von 1831 begründete der Kanton Aargau seinen Antrag, den Bettag in allen Kantonen am gleichen Tag zu feiern, unter anderem damit, dass es erhebend wäre,

> «wenn das gesamte Volk der Eidgenossen wenigstens ein Mal des Jahres zur gleichen Stunde im Gebet zu Gott und für das Vaterland vereinigt zu sehen. Es sollten einer solchen [...] Feier umso weniger Hindernisse entgegenstehen, als

---

7 Vgl. dazu grundsätzlicher: Kosch, Zukunftsperspektiven; Pahud, Inkorporationsregime.

8 Schaufelberger, Geschichte 108; vgl. auch Gutzwiller, Bettag 338.

wir alle ja Christen sind, alle, wenn auch unter verschiedenen Formen, einen Gott verehren»[9].

b) 1798, also eine Generation zuvor, verfasste der Minister der Künste und Wissenschaften, Albert Stapfer, ein Kreisschreiben, das zwar vom Geist der französischen Revolution geprägt ist, von Max Gutzwiller als «aufschlussreiche Blütenlese ‹philosophischen› Gedankenguts» charakterisiert wird und ausdrücklich auf das «heilige Menschenrecht ungehinderter Religionsausübung» verweist[10]. Aber auch dieses Schreiben nimmt keine andere Religion als «das Christenthum» in den Blick, von dem gesagt wird, es sei

> «in seiner ursprünglichen Reinheit [...] das wirksamste Mittel, das Gewissen zu schärfen, die Menschen zum Gefühl ihrer Würde zu erheben, die Selbstsucht zu bekämpfen und alle Tugenden zu entwickeln, welche die Zierde der menschlichen Natur, und ohne die keine wahrhaft republikanischen Gesinnungen möglich sind»[11].

c) Im Zürcher Bettagsmandat von 1833 forderten die «Bürgermeister und Regierungsräthe»:

> «Vor allem lasst uns an diesem Festtage des Vaterlandes demuthsvoll, wie es dem Sterblichen geziemt, anerkennen und anbeten das allmächtige Walten der Gottheit [...] Unser Vaterland verbleibe fürderhin durch der Gottheit Gnade und unser ihr entsprechendes Bestreben eine feste Burg des freien Staates, der freien Kirche»[12].

2.2 ... zum Bettag in Zeiten religiöser Vielfalt

Dass sich die Gesellschaft, der Staat und das Recht seit 1832 weiterentwickelt und tiefgreifend verändert haben, ist eine Binsenwahrheit. Ein staatliches Bettagsmandat im damaligen Stil wäre heute in der Tat «ein unerträglicher Übergriff»[13]. Gewandelt hat sich also nicht nur der Kontext, sondern auch der Bettag selbst. Dazu haben namentlich folgende Entwicklungen beigetragen:

a) Umfassend verstandene Religionsfreiheit und religiöse Neutralität des Staates sind heute die entscheidenden Grundlagen für das staatliche

---

9   Zitat aus: Schaufelberger, Geschichte 107.
10 Siehe dazu Anm. 1.
11 Zitat aus: Schaufelberger, Geschichte 157.
12 Zitat aus: Schaufelberger, Geschichte 163 f.
13 Vgl. die Einleitung, zum Zitat siehe Anm. 3.

Recht und das staatliche Handeln in religiösen Belangen. Das schliesst nicht aus, dass der Staat die Bedeutung gelebter Religion und den Beitrag von Religionsgemeinschaften zum Gemeinwohl anerkennt, verbietet dem Staat aber, sich mit einer bestimmten Religion(sgemeinschaft) zu identifizieren. Auch die etablierten christlichen Kirchen bekennen sich heute explizit und uneingeschränkt zur Religionsfreiheit – und dies nicht nur in Anerkennung des staatlichen Rechts, sondern aus theologischen Gründen, also auf der Basis ihres eigenen Gottes- und Menschenbildes, Staats- und Kirchenverständnisses[14]. Dazu hält Wolfgang Huber im Rahmen eines Beitrags mit dem Untertitel «Der kirchliche Auftrag im Pluralismus der Gesellschaft» fest,

> «dass die Kirchen, wenn sie Mitverantwortung für eine politische und gesellschaftliche Freiheitsordnung wahrnehmen wollen, *aus eigenen Gründen* [Hervorhebung D. K.] für die Säkularität der politischen Ordnung eintreten und diese gegen mögliche Gefährdungen verteidigen. Das schliesst eine Selbstbeschränkung gegenüber Vorstellungen einer allzu unvermittelten Umsetzung kirchlicher Erwartungen in staatliche Gesetzgebung ebenso ein wie die Klarheit im Gespräch zwischen den Religionen darüber, dass neue religiöse Konstellationen nicht zur Etablierung eines religiösen anstelle des säkularen Rechts führen dürfen»[15].

b) Verändert haben sich aber nicht nur die Grundhaltung des Staates zur Religion und zu den Kirchen und Religionsgemeinschaften, sondern auch die Religionslandschaft, die religiöse Praxis und die Stellung der Religionsgemeinschaften sowie der Stellenwert von Religion in der Gesellschaft. Neben den christlichen Kirchen sind zunehmend auch andere Religionsgemeinschaften präsent, viele Menschen gehören keiner Religionsgemeinschaft mehr an und ein grosser Teil der Mitglieder der etablierten Kirchen hat ein distanziertes Verhältnis zur Kirche, der sie angehören[16]. Für den Eidgenössischen Bettag ist in diesem Zusammenhang nicht zuletzt bedeutsam, dass die Religionszugehörigkeit viele Menschen nicht mit der Schweizerischen Eidgenossenschaft verbindet, sondern mit ihrer Herkunft aus anderen Ländern und Kulturen[17].

---

14 Vgl. dazu statt vieler nur Lehmann, Toleranz; in Kurzform: ders., Auslotungen 321–339.
15 Huber, Glaube 59.
16 Statt vieler siehe nur: Bovay/Broquet, Religionslandschaft; Stolz u. a., Ich-Gesellschaft.
17 Eine umfassende Bestandsaufnahme zum Thema «Religionsgemeinschaften, Staat und Gesellschaft» auf der Basis des Nationalen Forschungsprogramms 58 bietet: Bochinger, Religionen.

c) Gewandelt hat sich neben der Haltung des Staates zu den Kirchen und Religionsgemeinschaften auch deren Haltung gegenüber dem Staat. Die etablierten Kirchen verstehen sich als kritisch-loyale Gesprächspartnerinnen. Es hat eine deutliche Entflechtung stattgefunden, «christlich» und «patriotisch» sind keine Synonyme mehr. Andere Religionsgemeinschaften haben oft keine innere Beziehung zum Staat bzw. zur Schweiz als «Vaterland»; sie haben nicht den Wunsch, als staatstragende Kraft wahrgenommen zu werden.

d) Ein tiefgreifender Wandel hat sich auch bezüglich dessen vollzogen, was «man» von staatlichen wie religiösen Institutionen an Vorgaben und Normen für die eigene Lebensgestaltung zu akzeptieren bereit ist – und wie weit sich umgekehrt der Staat und die Religionsgemeinschaften dafür als zuständig verstehen. Liberalisierung, Deregulierung, Individualisierung sowie die Zunahme der Optionen und Möglichkeiten haben gerade den Freizeitbereich und die Feiertagsgestaltung tiefgreifend verändert. Wie das zu bewerten ist, wird allerdings (man denke nur an Ladenöffnungszeiten o. ä.) sehr unterschiedlich beurteilt.

e) Schliesslich ist darauf hinzuweisen, dass sich auch die Gottesvorstellung stark verändert hat. Die Vorstellung, dass Gott «sein Volk beschützt» und dass damit (mindestens auch) das «Schweizervolk» gemeint ist, hat an Plausibilität verloren. Einerseits ist uns heute viel bewusster, dass es Gott mit der ganzen Welt zu tun hat und demzufolge eher für universale Gerechtigkeit und weltweite Solidarität steht als für den Schutz schweizerischer Privilegien, die oft auf Kosten der Lebenschancen anderer gehen. Und anderseits hat die Vorstellung eines geschichtsmächtigen, eingreifenden (und seinerseits durch Gebet oder religiöse Werke beeinflussbaren) Gottes an Überzeugungskraft eingebüsst. Der Glaube an göttliche Garantien des Rechts, des Wohlstandes, der Sicherheit, des Friedens und der Zukunft der Schweiz besteht in der Realität kaum mehr. Das entsprechende Liedgut (z. B. die Nationalhymne) mag bei manchen zwar noch entsprechende (nostalgische oder «vaterländische») Gefühle hervorrufen, die aber einer kritischen Realitätsprüfung nicht mehr standhalten.

Ein für den schweizerischen Kontext wichtiges Zeugnis dieser Umbrüche in der Gottesvorstellung waren die vom reformierten Dichter-Pfarrer Kurt Marti 1969 veröffentlichten «Leichenreden», in denen er viele traditionelle Gottesvorstellungen dekonstruierte, so z. B. die Allmacht und Vorsehung, die alles «so herrlich regieret».

«dem herrn unserem gott
hat es ganz und gar nicht gefallen
dass gustav e. lips

durch einen verkehrsunfall starb ...
dem herrn unserem gott
hat es ganz und gar nicht gefallen
dass einige von euch dachten
es habe ihm solches gefallen»[18]

Für die konkreten (religions-)rechtlichen Vorgaben zur Ausgestaltung des Eidgenössischen Dank-, Buss- und Bettags sind manche der erwähnten Entwicklungen nur indirekt relevant. Folgt man allerdings der Maxime «ius sequitur vitam» (Das Recht folgt dem Leben) und ist man sich bewusst, dass gerade bei einem kulturellen Phänomen wie einem Feiertag nicht nur das formale Recht, sondern z. B. auch die Praxis der Behörden prägenden Einfluss hat, wird man auch solche «weichen Faktoren» in Betracht ziehen.

3. Rechtlicher Rahmen

3.1 Eidgenössisches Recht

Was den im strengen Sinn juristischen Rahmen des Eidgenössischen Bettags betrifft, fällt als Erstes auf, dass er auf der Ebene des geltenden Bundesrechts inexistent ist. Das Bundesamt für Justiz veröffentlicht zu den gesetzlichen Feiertagen ein Verzeichnis, das «in der Sammlung der eidgenössischen Gesetze nicht veröffentlicht» ist und in dem «jene Feiertage, die auf einen Sonntag fallen [...] nicht aufgeführt werden», weshalb der Bettag nicht einmal erwähnt wird. In den Vorbemerkungen heisst es: «In der Schweiz werden die gesetzlichen Feiertage und die Tage, die wie gesetzliche Feiertage behandelt werden, mit Ausnahme des 1. August, durch die Kantone bestimmt»[19]. Rechtlich gesehen ist der Eidgenössische Bettag trotz seines Namens ein kantonaler Feiertag.

3.2 Kantonale Gesetzgebungen

Es ist hier nicht der Ort, sämtliche kantonalen Regelungen darzustellen und im Detail zu vergleichen. Exemplarisch kommen die Gesetzgebung in den Kantonen Schwyz, Solothurn und Neuenburg sowie die Diskussion um das Tanzverbot im Kanton Luzern zur Sprache.

---

18 Marti, Namenszug 121 (© Carl Hanser Verlag München).
19 Bundesamt für Justiz: Gesetzliche Feiertage und Tage, die in der Schweiz wie gesetzliche Feiertage behandelt werden: http://www.bj.admin.ch/dam/data/bj/publiservice/service/zivilprozessrecht/kant-feierage.pdf (14.07.2016).

a) Das Ruhetagsgesetz des Kantons Schwyz vom 21. November 2001 zählt den Eidgenössischen Bettag zu den öffentlichen Ruhetagen, genauer zu den «hohen Feiertagen» (Ruhetagsgesetz § 2 Abs. 2). An Feiertagen untersagt sind «Tätigkeiten und Veranstaltungen, welche die [...] angemessene Ruhe und Würde ernstlich stören» (§ 3 Abs. 3).

> «An hohen Feiertagen sind überdies untersagt:
> 1. Umzüge nicht religiöser Art;
> 2. Märkte, Schaustellungen und Zirkusveranstaltungen;
> 3. Konzert-, Tanz-, Theater- Film- und Messeveranstaltungen sowie Schiessübungen, die nicht in geschlossenen Räumen stattfinden;
> 4. Betrieb von Spielbanken und Spielsalons;
> 5. Betrieb von Autowaschanlagen» (§ 4).

Zudem sind Verkaufsgeschäfte – mit gewissen Ausnahmen – geschlossen zu halten (§ 5)[20].

b) Das Solothurnische Gesetz über die öffentlichen Ruhetage enthielt bis 2014 vergleichbare Bestimmungen, verbot darüber hinaus aber noch «jede Störung des öffentlichen Gottesdienstes, namentlich durch geräuschvolle Veranstaltungen in der Nähe von Kirchen» (§ 5 Abs. 1 lit. b). Vom Verbot von Theater-, Kinovorstellungen und Konzerten an hohen Feiertagen war «die Aufführung von Werken ernsten Charakters» ausgenommen (§ 6 Abs. 1 lit. d).

2014 wurden diese Bestimmungen für die «hohen Feiertage» aufgehoben; der Bettag wird als «kantonaler Ruhetag» und «Feiertag» bezeichnet (Ruhetagsgesetz RTG § 2 Abs. 1 lit. d)[21].

c) Das Neuenburger Gesetz über den Sonntag und die Feiertage bezweckt an diesen Tagen den «öffentlichen Frieden und die Erholung eines jeden» zu schützen (Art. 1). Dafür verbietet es «activités de nature lucrative» (mit Ausnahmen) sowie lärmige oder anderweitig den Frieden störende Aktivitäten. Besonders hervorgehoben wird mit einem eigenen Artikel der als Jeûne fédéral bezeichnete Bettag: Der Regierungsrat kann für diesen Tag gewisse Aktivitäten «verbieten oder einschränken», die an Sonn- und Feiertagen erlaubt sind (Art. 7)[22].

---

20 Kanton Schwyz: Ruhetagsgesetz vom 21.11.2001 (SRSZ 545.110): https://www.sz.ch/public/upload/assets/3809/545_110.pdf (09.02.2017).
21 Kanton Solothurn: Gesetz über die öffentlichen Ruhetage vom 24.5.1964 (BGSSO 512.41): http://bgs.so.ch/frontend/versions/ 3164 (09.02.2017).
22 Kanton Neuenburg: Loi sur le dimanche et les jours fériés, du 30 septembre 1991 (RSN 941.02): http://www.rsn.ne.ch/DATA/program/books/rsne/htm/94102.htm (14.07.2016).

d) Als Beispiel für die Entwicklung im Bereich der Bettags- bzw. Feiertagsgesetzgebung sei an die Abschaffung des Tanzverbotes im Kanton Luzern erinnert, die im Jahr 2010 erfolgte. Geregelt war es im Gastgewerbegesetz, das bis dahin an sechs Tagen im Jahr allgemein zugängliche Tanzveranstaltungen und -darbietungen untersagte (§ 22). In seiner Botschaft zur Gesetzesänderung führte der Regierungsrat aus, dass es im Kanton Luzern seit dem 15. Jahrhundert Tanzverbote gab:

> «Die Bevölkerung sollte zu christlicher Mässigkeit erzogen werden, indem alles verboten war, was zu viel kostete oder die Leute von der Arbeit und dem Predigtbesuch abhalten konnte».

Zur Begründung der Aufhebung des Verbotes wird gesagt:

> «Es stellt sich [...] die Frage, weshalb der Staat hier ein Verbot erlassen soll. Er soll es dem Einzelnen freistellen, an diesen Tagen so oder anders zu handeln».

In der parlamentarischen Diskussion sei von den Befürwortern der Abschaffung festgehalten worden,

> «der Staat solle nicht vorschreiben, wie ein kirchlicher Feiertag zu begehen sei. Das Tanzverbot entspreche nicht mehr der heutigen Zeit».

Die Gegner der Gesetzesänderung hätten festgehalten,

> «es sei schade, wenn nicht einmal diese Tage [die sechs Feiertage, D. K.] in Ruhe begangen werden könnten. Das Tanzverbot entspringe der christlichen Kultur und sei auch heute noch eine willkommene Grenze, die der Mensch brauche»[23].

3.3 Würdigung

Nicht erst in der neueren Diskussion um die konkrete Ausgestaltung der gesetzlichen Einschränkungen für hohe Feiertage, sondern schon in der älteren Gesetzgebung und Praxis fällt auf, dass der Staat sich in der Gesetzgebung auf die Schaffung äusserer Rahmenbedingungen für die Feier des Bettags beschränkt und sich nicht zu seinem religiösen Gehalt äussert. Während

---

23 Kanton Luzern: Botschaft des Regierungsrates an den Kantonsrat zum Entwurf einer Änderung des Gastgewerbegesetzes betreffend Aufhebung des Tanzverbots (B 144): http://www.lu.ch/downloads/lu/kr/botschaften/2007-2011/b_144.pdf (14.07.2016).

er die Feiertags*ruhe* anordnet, ist der Feiertags*gehalt* rechtlich lediglich in seiner Bezeichnung festgehalten und in keiner Weise vorgeschrieben. Als «Grundformel, welche in verschiedenen Abwandlungen immer wiederkehrt», bezeichnet Gutzwiller die Vorschrift:

> «Es sollen ‹alle Wirths-, Schenk- und Kaffeehäuser, ausser für Durchreisende [...] gänzlich verschlossen bleiben, sowie überhaupt alle öffentlichen Lustbarkeiten und Spiele› (Luzern 1817)»[24].

Für die Bettagsmandate der Regierungen, wie sie in mehreren Kantonen üblich waren und zum Teil noch sind, wurden nur mancherorts[25] rechtliche Grundlagen geschaffen. Sie haben keinen rechtlich verpflichtenden Charakter und verletzen die Religionsfreiheit deshalb nicht. Andreas Kley hält fest:

> «Sie drücken nur die Tatsache aus, dass die Kantonseinwohner mehrheitlich einer christlichen Konfession angehören, aber sie beinhalten keinerlei rechtlichen Zwang. Die Einzelnen sind auch nicht verpflichtet, die Mandate anzuhören oder zu lesen; wer sich nicht dafür interessiert, ignoriert sie»[26].

Das schweizerische Recht ordnet mit dem Bettag also einen hohen und nationalen, aufgrund seines Namens und seiner Geschichte religiösen Feiertag an, regelt ihn aber weder eidgenössisch noch bestimmt es seinen religiösen Gehalt.

Obwohl der Bettag samt der Bettagsmandate «verfassungsrechtlich unangefochten» ist[27], kann man sich die Frage stellen, ob das für den zur religiösen Neutralität verpflichteten Staat aus religionsrechtlicher Sicht noch zulässig ist. Der religionsrechtlichen Einordnung sei jedoch eine grundsätzlichere Überlegung vorangestellt.

Für das menschliche Leben sind die Dimensionen von Raum und Zeit fundamental. Dabei erachten wir es heutzutage als selbstverständlich, dass der Staat den Umgang mit dem Raum rechtlich regelt, indem er raumplanerisch tätig wird. So weist er bestimmte Aktivitäten bestimmten Räumen zu, z. B. mit Wohn-, Landwirtschafts- und Gewerbezonen. Er erschliesst bestimmte Gebiete, indem er Strassen baut und die Wasserversorgung sicher-

---

24 Gutzwiller, Bettag 345.
25 So z. B. Kanton Graubünden: Verordnung über das Bettagsmandat und die Bettagskollekte vom 24.02.1971 (BR 520.200): http://www.gr-lex.gr.ch/frontend/versions/288/download-pdf_file (17.07.2016).
26 Kley, Bettag (in diesem Band) 165.
27 So Kley, Bettag (in diesem Band) 165.

stellt. Und er schützt bestimmte Räume vor dem menschlichen Zugriff, etwa indem er Naturschutzgebiete definiert oder indem er einschränkt, was auf einem See in Ufernähe zulässig ist. Wie weit der Staat in seinem im weiteren Sinne «raumplanerischen» Handeln gehen soll, wird in politischen Aushandlungsprozessen geklärt. Unumstritten ist dabei jedoch, dass manches nur möglich bleibt, wenn in unseren Lebensräumen nicht alles überall zulässig ist.

Dass der Staat auch die temporale Dimension des Lebens «zeitplanerisch» regelt, hat in den letzten Jahren hingegen an Plausibilität eingebüsst. Die Tendenzen zur Deregulierung sind deutlich spürbar. Wie im Raum die «passive» Natur unter Druck kommt, wo «aktive» Menschen sie gestalten, verbauen oder für ihre Freizeit nutzen wollen, so kommen die «passiven» Zeiten der Ruhe und Inaktivität unter Druck, wenn alles jederzeit möglich ist. Sonn- und Feiertagsregelungen sind ein wichtiger Teil des «zeitplanerischen» Handelns des Staates. Ähnlich wie beim Natur- und Landschaftsschutz im Raum kann es dabei auch in der Zeit unterschiedliche Intensitäten des Schutzes geben. Welche Zeiten dabei als «besonders schützenswert» gelten, hängt zweifellos von geschichtlich gewachsenen und kulturell geprägten Überzeugungen ab und ist demzufolge dem Wandel der Zeit unterworfen. Wie bei der Nutzung der Lebensräume ist jedoch auch bei der Gestaltung der Zeit unbestreitbar, dass manches nur möglich bleibt, wenn nicht alles jederzeit zulässig ist.

Indem die Kantone einen Tag im Jahr als «Eidgenössischen Bettag» bzw. «Eidgenössischen Fasttag» (Jeûne fédéral) benennen, ihn als «hohen Feiertag» hervorheben und mit entsprechenden Vorschriften für die Ruhe und den öffentlichen Frieden sorgen, eröffnen und schützen sie ein Zeitfenster vor der Betriebsamkeit des Alltags, verbunden mit dem expliziten Hinweis auf das Gebet bzw. auf die spirituelle Dimension des Menschseins. Anders als bei christlichen Festen wie Weihnachten oder Ostern, die der Staat schützt, weil sie für die Kirchen als nach wie vor grössten Religionsgemeinschaften und für viele ihrer Mitglieder wichtig sind, benennt und schützt der Staat diesen religiösen Feiertag aus eigener Überzeugung. Er gibt damit zu verstehen, dass der Bezug zu dem, was menschliches Tun und Vermögen übersteigt, nicht nur aus Sicht der verschiedenen Religionsgemeinschaften, sondern auch aus Sicht des Staates bedeutsam ist. Deshalb hat der Bettag in der staatlichen «Zeitplanungsgesetzgebung» einen bescheidenen, aber eigens hervorgehobenen Stellenwert.

4. Religionsrechtliche Einordnung

Mit Religion als solcher und mit dem Verhältnis des Staates zu den Religionsgemeinschaften befasst sich das eidgenössische Recht nur in wenigen, allerdings wichtigen Bestimmungen in der Bundesverfassung. Eine religionsrechtliche Gesetzgebung gibt es auf eidgenössischer Ebene nicht, da das Verhältnis von «Kirche und Staat» in die Zuständigkeit der Kantone fällt (BV Art. 72)[28]. Allerdings gibt es sowohl im Bundesrecht als auch in der kantonalen Gesetzgebung etliche Bestimmungen, die religionsrechtlich von Belang sind, auch wenn sie in einem anderen Kontext stehen. Hingewiesen sei z. B. auf das Recht im Bildungswesen (Stichworte: Religionsunterricht, theologische Fakultäten), im Gesundheitswesen (Stichworte: Beginn und Ende des Lebens, Sterbehilfe), auf das Ehe- und Familienrecht (Stichworte: Ehemodelle, Verhältnis zwischen Mann und Frau) oder die Nahrungsmittelgesetzgebung (Stichwort: religiöse Speisevorschriften). Schon diese unvollständige Liste zeigt, dass die Berührungspunkte zwischen der staatlichen und der religiösen Sphäre zahlreich sind und dass es insbesondere für Menschen und Gemeinschaften, deren religiöses Leben eng mit der Alltagsgestaltung verflochten ist, keineswegs unwesentlich ist, wie sich der Staat grundsätzlich zum Phänomen des Religiösen und seinen Ausdrucksformen stellt.

4.1 Ruhe- und Feiertage, Arbeits- und Ladenöffnungszeiten

Auch für den Bettag schafft nicht das Religionsrecht im engeren Sinne die rechtlichen und praktischen Rahmenbedingungen, vielmehr bestimmen – wie bereits aufgezeigt – Feier- und Ruhetagsregelungen, gesetzliche Bestimmungen zum Arbeitsrecht, zum Gastgewerbe oder zu Ladenöffnungszeiten die Art und Weise, wie dieser Tag sich vom Alltag und von den «gewöhnlichen» Sonntagen unterscheidet. Je fliessender die Grenzen in diesen Bereichen werden, desto weniger stützt und schützt das staatliche Recht die Ruhe, aber auch die für ganze Familien und die gesamte Bevölkerung gemeinsame arbeitsfreie Zeit, welche die Voraussetzung dafür wäre, «das gesamte Volk der Eidgenossen wenigstens ein Mal des Jahres zur gleichen Stunde im Gebet zu Gott und für das Vaterland vereinigt zu sehen», wie es der Antrag

---

28 Trotz dieser Bezeichnung des einschlägigen Artikels der Bundesverfassung spricht die neue Literatur zunehmend vom «staatlichen Religions(verfassungs)recht», nicht mehr nur vom «Staatskirchenrecht». Angesichts der Tatsache, dass sich dieses Recht nach wie vor in erster Linie mit den Kirchen befasst, wird auch oft der Doppelbegriff «Kirchen und Religionsgemeinschaften» verwendet.

des Kantons Aargau von 1831 wollte, der zur Einführung des gemeinsamen Bettagsdatums führte[29].

Die Tendenz zur Liberalisierung und Flexibilisierung der Gesetzgebung in diesem Bereich hat zur Folge, dass die Verantwortung für die Gestaltung dieses Tages immer stärker an das Individuum, die einzelne Familie oder Gemeinschaft übergeht. Die allgemeine Ruhe und Zeit zur Besinnung ist je länger je weniger gegeben – wer sie will, muss sie sich nehmen und selbst auf Distanz gehen zu arbeits- oder freizeitlicher Betriebsamkeit. Dass das schon immer schwergefallen ist, zeigen die strengen früheren Regelungen deutlich. Wären die Menschen früher so viel stärker von der Frömmigkeit geprägt gewesen, hätte es keiner Schliessung von Wirtshäusern, keiner Vergnügungs-, Tanz- und Kinoverbote bedurft.

4.2 Glaubens- und Gewissensfreiheit (BV Art. 15)

So wichtig die organisatorischen Regelungen mit Blick auf die konkrete Gestalt und Durchführung des Bettags auch sein mögen – in religionsrechtlicher Hinsicht bedeutender ist das Verhältnis zur Glaubens- und Gewissensfreiheit (BV Art. 15), die heute meist als Religionsfreiheit und Pflicht des Staates zur religiösen Neutralität bezeichnet wird.

Diese Glaubens- und Gewissensfreiheit hat bekanntlich eine «negative» und eine «positive» Dimension. Die negative Religionsfreiheit schützt vor religiösen Zwang, die positive ermöglicht jenen, die dies wollen, die Ausübung ihrer Religion und die religiöse Lebensgestaltung im Alltag.

Für die konkrete Ausgestaltung der Religionsfreiheit existieren in der Schweiz unterschiedliche Modelle. Manche sind (mindestens theoretisch) von strikter Trennung zwischen Staat und Religionsgemeinschaften, andere vom Prinzip der Entflechtung bei gleichzeitiger Ermöglichung von Kooperation geprägt. Grundsätzlich tendieren die verschiedenen kantonalen Modelle zum Typus der wohlwollenden Trennung, die eine Anerkennung der Bedeutung der «spirituellen Dimension der menschlichen Person» implizieren und dazu führen, dass die Kirchen (und z. T. auch weitere Religionsgemeinschaften) in sämtlichen Kantonen öffentlich bzw. öffentlich-rechtlich anerkannt sind[30]. Prägnant formuliert die Waadtländer Kantonsverfassung die Basis, auf der diese Modelle beruhen:

---

29 Vgl. dazu oben 2.1 mit Anm. 9.
30 Zum aktuellen Stand der Anerkennungsdiskussion s. Pahud de Mortanges, Anerkennung.

«¹L'Etat tient compte de la dimension spirituelle de la personne humaine. ²Il prend en considération la contribution des Eglises et communautés religieuses au lien social et à la transmission de valeurs fondamentales» (Art. 169)[31].

Was den Bettag betrifft, wurde bereits dargelegt, dass er die negative Religionsfreiheit nicht verletzt. Niemand ist verpflichtet, diesen Bettag zu feiern, die staatlichen Bettagsmandate sind «verfassungsrechtlich unangefochten»[32]. Auch die religiöse Neutralität des Staates ist gewahrt. Schon früh war mit dem Bettag das Anliegen verbunden, dass seine Feier «über den Konfessionen steht»[33], konfessionelle Abgrenzung oder Polemik war unerwünscht – und Dank, Busse, Gebet oder Fasten[34] wurden früher als gemein-christliche und können heute als gemein-religiöse Vollzüge aufgefasst werden. Die eigentliche Durchführung des Bettags überliess und überlässt der Staat den Religionsgemeinschaften.

Dass der Bettag Ausdruck der positiven Religionsfreiheit, also der Ermöglichung und öffentlichen Anerkennung der Bedeutung von Religion ist, bedarf keiner Begründung. Man kann ihn als eine Konkretisierung der Tatsache bezeichnen, dass der Staat die «spirituellen Dimension der menschlichen Person» und ihre Bedeutung für Staat und Gesellschaft anerkennt und aus eigener Überzeugung heraus Voraussetzungen dafür schafft, dass jene Bürger und Gemeinschaften, die dies wünschen, dieser Dimension Ausdruck verleihen[35].

---

31   Kanton Waadt: Constitution du Canton de Vaud du 14 avril 2003 (RSV 101.01): http://www.vd.ch/themes/vie-privee/religions/ (17.07.2016): «¹Der Staat trägt der spirituellen Dimension der menschlichen Person Rechnung. ²Er zieht den Beitrag der Kirchen und Religionsgemeinschaften zum sozialen Zusammenhalt und zur Vermittlung grundlegender Werte in Betracht.» Ausdrücklich anerkannt wird die «spirituellen Dimension der menschlichen Person und ihr Wert für das soziale Leben» auch in der Neuenburger Kantonsverfassung (Art. 97 Abs. 1): http://www.rsn.ne.ch/DATA/program/books/rsne/pdf/101.pdf (17.07.2016).
32   Vgl. oben mit Anm. 26 und 27.
33   So Gottfried Keller im Zürcher Bettagsmandat für 1871: Keller, Bettagsmandate 27.
34   Interessanterweise wird die Bezeichnung als «Jeûne fédéral» auch in den reformiert geprägten westschweizer Kantonen (NE, VD; auch GE feiert den Jeûne genevois) verwendet, obwohl Fastengebote oft eher katholisch konnotiert sind.
35   Kantonsregierungen, die (teils gemeinsam mit den anerkannten Kirchen und Religionsgemeinschaften) ein Bettagsmandat veröffentlichen, geben damit einen Denkanstoss, in welcher Art der Tag im jeweils aktuellen Kontext zur Besinnung auf die Grundlagen von Gemeinschaft und Solidarität einlädt.

4.3 Kantonale Zuständigkeit (BV Art. 72)

Auch für die Wahrung der kantonalen Zuständigkeit für das Verhältnis von Kirche und Staat (BV Art. 72) bietet der Bettag Anschauungsmaterial: Obwohl es ein «Eidgenössischer Bettag» ist, ist er kantonalen Rechts. Und weil in der Schweiz kaum eine Regel ohne kantonale Besonderheiten auskommt, geht der Kanton Genf bei der Festlegung des Termins eigene Wege. Er feiert den «Jeûne genevois» als arbeitsfreien Feiertag am Donnerstag nach dem ersten Sonntag im September[36].

4.4 «Im Namen Gottes, des Allmächtigen!» (BV Präambel)

Seinen sachlich wichtigsten und stärksten Rückhalt in der Bundesverfassung hat der Eidgenössische Bettag allerdings nicht in ihren religionsrechtlichen Bestimmungen, sondern in der Präambel, namentlich in der *invocatio Dei*. Die Verwandtschaft zwischen Präambel und Bettag reicht bis zur feierlich-gebetsähnlichen sprachlichen Form der Anrufung des Namens Gottes, des Allmächtigen, die durch das Ausrufezeichen noch verstärkt wird. Neben der *invocatio Dei* verbindet die Formulierung «das Schweizervolk und die Kantone» die Präambel mit dem Bettag, denn auch dieser nimmt die ganze Eidgenossenschaft in den Blick und ist zugleich kantonal organisiert. Darüber hinaus verwendet die *narratio* der Präambel eine ganze Reihe von Begriffen, die in der religiösen Sprache, namentlich jener der Bibel, eine entscheidende Rolle spielen[37] und auch in anderen religiösen Traditionen vorkommen. Die Feststellung von Bundespräsident Samuel Schmid im Jahr 2005, «diese Präambel [...] sagt an sich alles, was es zum heutigen Bettag zu sagen gilt», ist daher nicht erstaunlich. Andreas Kley bezeichnet sie denn auch als «das ‹Zivilgebet›, das gesprochen wird»[38].

Auf die Geschichte, die staatspolitische und die rechtliche Bedeutung der Präambel der Bundesverfassung ist hier nicht einzugehen[39], ebenso

---

36 Vgl. Conzemius, Bettag.
37 Neben «Gott, dem Allmächtigen» haben namentlich die folgenden Begriffe ihre Wurzeln in der jüdisch-christlichen Tradition: Schöpfung, Bund, Freiheit, Frieden, Solidarität, Rücksichtnahme, Achtung, Vielfalt in der Einheit, Verantwortung, Volk und Wohl der Schwachen.
38 Siehe Kley, Bettag (in diesem Band) 164; dort auch das Zitat von Samuel Schmid.
39 Vgl. dazu die Kommentare: Belser, Präambel; Ehrenzeller, Präambel (jeweils mit umfangreichen Literaturangaben); sowie: Schweizerischer Bundesrat: Botschaft über eine neue Bundesverfassung vom 20. November 1996, 122–124: http://www.bj.admin.ch/dam/data/bj/staat/gesetzgebung/archiv/bundesverfassung/bot-neue-bv-d.pdf (17.7.2016); gerade hinsichtlich der *invocatio Dei* nach wie vor sehr instruktiv: Waser-Huber, Präambeln.

wenig darauf, was Theologie und Religionswissenschaft zur inhaltlichen Auslegung der Präambel und ihrer Begrifflichkeit beizutragen hätten. Im Zusammenhang mit dem Eidgenössischen Bettag und seiner religionsrechtlichen Einordnung ist vor allem bedeutsam, dass mit dieser Präambel die Verfassung selbst unter ein religiöses Vorzeichen gestellt wird.

Dass die Erläuterung dieses religiösen Vorzeichens, für das sich in der Vernehmlassung sehr viele Personen und Organisationen einsetzten, für den Bundesrat angesichts der religiösen Vielfalt in der Schweiz und der staatlichen Pflicht zur religiösen Neutraliät keine ganz einfache Aufgabe war, wird aus seiner Botschaft zur Revision der Bundesverfassung ersichtlich. Einerseits ist darin von einem «hochbedeutsamen Traditionsanschluss» und davon die Rede, dass «die Anrufung Gottes [...] auch am Ende des 20. Jahrhunderts nichts von ihrer Aktualität eingebüsst hat». Anderseits wird zur Erwähnung Gottes, des Allmächtigen, festgehalten:

> «Angesichts der verschiedenen Religionen und Weltanschauungen darf diese Macht nicht nur im christlichen Sinn verstanden werden; der Staat darf keine bestimmte Glaubensüberzeugung für verbindlich erklären, und jede Person kann ‹Gott dem Allmächtigen› einen persönlichen Sinn geben»[40].

Diese zurückhaltende Erläuterung der Anrufung Gottes durch den Bundesrat gibt zu erkennen, wie wichtig ihm die Wahrung der religiösen Neutralität des Staates und der Respekt vor dem religiösen und weltanschaulichen Pluralismus der schweizerischen Bevölkerung sind. Trotz dieser Zurückhaltung eröffnet die Anrufung Gottes die Präambel der Bundesverfassung. Da diese als «klares politisches Bekenntnis»[41], «Legitimationsbasis»[42] und «Interpretationsanleitung»[43] «mit identitätsstiftende(r) und identitätsbeständigende(r) Wirkung»[44] konzipiert ist, lassen sich daraus folgende Schlüsse ziehen:

a) Gott und damit die religiöse bzw. spirituelle Dimension nicht nur der menschlichen Person, sondern all dessen, was ist (die Präambel spricht von der «Schöpfung»), sind verfassungs-, ja präambel-würdig. Sie sind als Teil des in der Präambel angesprochenen «Grundkonsenses und damit der Legitimationsbasis der Eidgenossenschaft angesprochen»[45].

---

40 Schweizerischer Bundesrat, Botschaft (siehe oben Anm. 39) 122 f.
41 Ehrenzeller, Präambel Rz. 8.
42 Ebd.
43 Waser-Huber, Präambeln 153 ff.; Belser, Präambel Rz. 12; Ehrenzeller, Präambel Rz. 11 spricht zurückhaltender von «Auslegungshilfe».
44 So Belser, Präambel Rz. 9.
45 Ehrenzeller, Präambel Rz. 8.

b) Gott ist nicht nur Thema privater Frömmigkeit oder «innere Angelegenheit» von Kirchen und Religionsgemeinschaften, sondern kommt im Recht[46] und damit auch im Staat und in der Öffentlichkeit zur Sprache. Wenn in der Verfassung von Gott die Rede ist, dann darf von ihm auch in der Politik die Rede sein – allerdings in den Grenzen ihrer Zuständigkeit, ohne den von der Verfassung ausdrücklich Gott überlassenen Anspruch auf Allmacht, sowie im «Respekt vor der Säkularität der politischen Ordnung und [...] nicht zur Etablierung eines religiösen anstelle des säkularen Rechts»[47].

c) Das Bekenntnis zu Gott ist gemäss der Präambel Bundesverfassung nicht nur «nicht inkompatibel» mit den Grundwerten des freiheitlichen und demokratischen Rechtsstaats, sondern positiv damit vereinbar, auch wenn «die in der Formel selbst liegende Spannung zwischen christlich inspiriertem Bekenntnis und Religionsfreiheit letztlich nicht aufzulösen» ist[48].

d) Die Gewährung der Religionsfreiheit ist nicht nur ein Zugeständnis an die «Frommen im Lande» oder gar an einen von aussen auferlegten Grundrechtskatalog. Vielmehr ist die positive, fördernde Religionsfreiheit in der Überzeugung und geschichtlichen Erfahrung[49] verankert, dass von Menschen, die bestrebt sind, ihr Leben unter der Leitung des Allmächtigen zu gestalten, vieles verwirklicht wurde und wird, was die Präambel ins Zentrum stellt: Von der «Verantwortung gegenüber der Schöpfung» über «Freiheit und Demokratie», «Frieden» [...] bis hin zur Sorge um das «Wohl der Schwachen». «Den Menschen in seinem religiösen Bedürfnis ernst zu nehmen und dafür im staatlichen Handlungsbereich auch Raum zu lassen» ist so gesehen nicht nur «Pflicht des Staates»[50], sondern dessen Wille.

e) Der Staat beansprucht für sich keine «Allmacht», sondern anerkennt die Grenzen seiner Zuständigkeit wie auch die Grenzen menschlicher Macht überhaupt. Er ist sich bewusst, dass es Dinge gibt, die dem Zugriff des Menschen entzogen sind und ihn übersteigen. Ehrenzeller kommentiert im Anschluss an das bekannte Diktum von Böckenförde:

---

46 Zum Stichwort «Gott im Recht» vgl. die anregenden Beobachtungen und Anregungen von Hafner, Gott.
47 So zu Recht Huber, Glaube 59 (vgl. schon oben mit Anm. 15)
48 Ehrenzeller, Präambel Rz. 15.
49 Der Bundesrat spricht von einem «hochbedeutsamen Traditionsanschluss», siehe oben mit Anm. 39.
50 So Ehrenzeller, Präambel Rz. 19.

«Im Gottesanruf kommt der Grundkonsens zum Ausdruck, dass staatliches Recht und Handeln auf einer gemeinsamen Wertordnung beruht, die gerade ein freiheitlicher Staat nicht selbst schaffen kann, sondern voraussetzen muss»[51].

Angesichts der Tatsache, dass sich das «Schweizervolk und die Kantone» an der Schwelle zum 21. Jahrhundert eine Verfassung gegeben haben, die mit der Anrufung Gottes beginnt, die gewiss eine «Herausforderung» und keine «sinnentleerte Formel» ist[52], kann auch aus rechtlicher Perspektive festgehalten werden, dass der Eidgenössische Bettag kein blosses Relikt aus vergangenen Zeiten ist. Auch für religiöse Menschen, Gemeinschaften und Institutionen erweist es sich als anregend, seinen Gehalt nicht nur mit Hilfe der eigenen religiösen Überzeugungen, sondern von der Bundesverfassung her zu erschliessen.

5. Bedeutung des Religiösen

Auf der Basis der bisherigen Überlegungen zum Kontext, in dem der Eidgenössische Bettag heute gefeiert wird (siehe Abschnitte 1 und 2), zur relevanten Gesetzgebung (3) und zur religionsrechtlichen Einordnung (4) werden abschliessend einige Überlegungen zur Bedeutung des Religiösen für den Staat und das Verhältnis zwischen Staat und Religionsgemeinschaften angestellt.

Die etwas eigenartige Formulierung «Bedeutung des Religiösen» habe ich aus drei Gründen gewählt:

1. Die Bezeichnung «Eidgenössischer Bettag» oder «Dank-, Buss- und Bettag» signalisiert, dass es an diesem Tag um die spezifisch religiöse Thematik der Beziehung Gott, bzw. um das Verhältnis zu eine(r) höheren Macht geht, wobei jede Person dieser Thematik einen persönlichen Sinn geben kann[53].

2. Der Religions- bzw. Glaubens- und Gewissensfreiheit geht es im Kern um den Schutz der religiösen Grundvollzüge und Grundentscheide. Dies gerät in den aktuellen religionsrechtlichen und religionspolitischen Diskussionen oft aus dem Blick. Denn sie befassen sich hauptsächlich mit Phänomenen, die zwar mit der Religionszugehörigkeit in Zusammenhang gebracht werden, aber nicht direkt religiöser oder spiritueller Natur sind: Integrations-

---

51 Ehrenzeller, Präambel Rz. 18.
52 Ehrenzeller, Präambel Rz. 15.
53 Dieser Formulierung lehnt sich an die Botschaft des Bundesrates zur Präambel der Bundesverfassung an; vgl. Abschnitt 4.4 mit Anm. 39.

bereitschaft, Gewaltbereitschaft, Bereitschaft das hiesige Wertsystem und die kulturellen Gepflogenheiten zu übernehmen. Ich erachte es als notwendig, die Aufmerksamkeit wieder vermehrt auf den eigentlichen Zweck der Religionsfreiheit zu lenken.

3. Auch im Zusammenhang mit der rechtlichen Stellung der Kirchen und Religionsgemeinschaften, namentlich mit ihrer Anerkennung durch den Staat und mit ihrer öffentlichen Finanzierung, ist viel von ihrer gesamtgesellschaftlichen Bedeutung die Rede, insbesondere von ihrem Engagement in den Bereichen Bildung, Soziales und Kultur, von Freiwilligenarbeit und Wertevermittlung. Als Gemeinschaften, deren Mitglieder ihr Leben «betend» vor Gott und mit Gott gehen, werden sie kaum je adressiert. Auch gegen diese einseitige Optik möchte ich den Akzent anders setzen.

5.1 Der Umgang mit dem Konfliktpotenzial religiöser Vielfalt

Die gesamteidgenössische Verständigung über einen kantons- und konfessionsübergreifenden Bettag wurde im 19. Jahrhundert und somit in einer Periode der Schweizer Geschichte erstritten, erreicht und auch erhalten, die von massiven konfessionellen und kulturkämpferischen Konflikten geprägt war.

In diesem Zusammenhang wird zu Recht immer wieder betont, dass die Gründung und der Zusammenhalt des Bundesstaates nur möglich waren, indem man die religiösen Divergenzen bestmöglich aus der eidgenössischen Politik heraushielt und die Regelung des Verhältnisses zwischen Kirche und Staat den Kantonen überliess. In den paritätischen Kantonen, in denen Reformierte und Katholiken zusammenleben mussten, ermöglichte der Staat das «Miteinander», bzw. «Nebeneinander», indem er für staatskirchenrechtliche Belange die jeweiligen «Konfessionsteile» bzw. «Landeskirchen» für zuständig erklärte.

Dass gleichzeitig ein gemeinsamer Bettag institutionalisiert wurde, kann als Hinweis darauf verstanden werden, dass man den religiösen Frieden nicht nur auf der Basis klarer, staatlich verordneter Konfliktvermeidung sicherte, sondern «im Namen Gottes, des Allmächtigen»[54] auch auf der Basis dessen, was über Konfessionsgrenzen hinweg gemeinsam war.

In heutigen religiös konnotierten oder legitimierten Auseinandersetzungen verlaufen die Konfliktlinien zwar anders. Denn in allen grösseren Kirchen und Religionsgemeinschaften gibt es eine grosse Zahl ökumenisch bzw. interreligiös sensibler Mitglieder. Religiöse Absolutheitsansprüche, die zur militanten Abwertung, Ablehnung und Abgrenzung von den jeweils «anderen» führen, werden nur von Minderheiten vertreten. Aber auch im

---

54 So schon die Präambeln der Bundesverfassungen von 1848 und 1874.

Hinblick auf diese Konstellation kann anknüpfend an die Tradition und den geistigen Gehalt des Bettags betont werden, dass der Zusammenhalt nicht nur durch Begrenzung des Einflusses des Religiösen auf das Zusammenleben, sondern auch durch einen den Differenzen vorausliegenden gemeinsamen Basiskonsens ermöglicht wurde, um den immer wieder zu ringen der Gesellschaft und der Politik auch im «säkularen» bzw. «postsäkularen» Zeitalter nicht erspart bleibt[55].

5.2 Anerkennung von Religionsgemeinschaften

Ein konkreter Ausdruck dieses Basiskonsenses, dass staatlicher und menschlicher Macht Grenzen gesetzt sind und dass es gute Gründe gibt, das Leben und das staatliche Zusammenleben in Verantwortung vor «Gott dem Allmächtigen» zu gestalten, ist die öffentliche Anerkennung[56] von Religionsgemeinschaften.

In der religionsrechtlichen und religionspolitischen Diskussion rund um das Verhältnis von Kirche und Staat und um die Anerkennung weiterer Religionsgemeinschaften fällt auf, dass primär zwei Themen im Zentrum stehen: der gesamtgesellschaftliche Nutzen der Kirchen und die Voraussetzungen, die Religionsgemeinschaften erfüllen müssen, um staatlich anerkannt werden zu können.

Gerade vor dem Hintergrund der Präambel der Bundesverfassung und des Eidgenössischen Dank-, Buss- und Bettags ist jedoch daran zu erinnern, dass der Staat Kirchen und Religionsgemeinschaften nicht nur deshalb anerkennt, weil sie dank ihren Mitgliedern Leistungen erbringen, die der Staat sonst selbst erbringen oder einkaufen müsste. Die Anerkennung gründet mindestens so sehr darin, dass die Kirchen und Religionsgemeinschaften in Erinnerung rufen, dass es Dinge gibt, welche die Möglichkeiten des Staates und des Menschen übersteigen, und dass sie Menschen in jenen Situationen und Fragen beistehen, auf die der Staat keine Antworten geben kann und darf[57].

---

55 Die Literatur zu diesem Thema ist uferlos. Einen gerade für den helvetischen Kontext sehr hilfreichen, aber auch die internationale Diskussionslage berücksichtigenden Überblick ermöglicht der Sammelband von Schwarz u. a., Religion.
56 Vgl. dazu schon in Abschnitt 4.2 mit Anm. 30.
57 Von der Anerkennung von Kirchen und Religionsgemeinschaften klar zu unterscheiden ist ihre öffentliche Finanzierung. Um ihren Auftrag besser wahrnehmen zu können, räumt der Staat den anerkannten und öffentlich-rechtlich organisierten Kirchen in vielen Kantonen das Recht ein, bei ihren Mitgliedern Kirchensteuern zu erheben. Aber die Ausrichtung von Staatsbeiträgen aus allgemeinen Steuermitteln und die Erhebung von Kirchensteuern von Unternehmen

Dabei geht es nicht darum, die materielle Dimension gegen die spirituelle, die Dimension der (ökonomischen und sozialen) Nützlichkeit gegen die Sinnhaftigkeit auszuspielen, zumal auch die Religionen selbst beides miteinander verknüpfen (z. B. in der Einheit von Gottes- und Nächstenliebe). Aber gerade in einer ökonomisierten Gesellschaft und angesichts von Tendenzen, den Staat einseitig als «Leistungserbringer» zu verstehen, ist es wichtig zu betonen, dass der Staat selbst der nicht dem Nützlichkeitsprinzip unterworfenen religiösen oder spirituellen Dimension eine eigene Bedeutung zumisst.

Dies ist auch der Grund dafür, dass er den Vertretern der Kirchen und Religionsgemeinschaften den Zugang zu eigenen Einrichtungen nicht nur im Sinne eines Zugeständnisses erlaubt, sondern aktiv ermöglicht, besonders dort, wo die Konfrontation mit den Grenzen menschlicher Macht und mit grundlegenden Sinnfragen unvermeidlich ist: im Krankenhaus, in Bildungseinrichtungen, im Gefängnis, in palliativen Einrichtungen, in Notfall-Situationen und am Grab.

Für die Kirchen und Religionsgemeinschaften genügt es angesichts dieser Verankerung ihrer öffentlichen Anerkennung in der spirituellen Dimension des Lebens nicht, sich als Leistungserbringer für Bildung, Soziales und Kultur sowie als grosse Freiwilligenorganisation zu legitimieren. Sie sind gefordert, öffentlich darüber Rechenschaft abzulegen, was es heute bedeutet, das Leben und Zusammenleben «im Namen Gottes, des Allmächtigen», zu gestalten und so ihren Beitrag zum Grundkonsens und zur gemeinsamen Wertordnung für das Zusammenleben im freiheitlichen Staat zu leisten. Dieser Forderung glaubwürdig und überzeugend nachzukommen, ist alles andere als einfach. Vielleicht ist das auch einer der Gründe dafür, dass die Kirchen ihre Kommunikation viel stärker auf das legen, was sie als Erbringerinnen von Leistungen Gutes tun, als dass sie sich um zeitgemässe religiöse Auskunftsfähigkeit bemühen.

---

bindet der Staat in neuerer Zeit aus Gründen der religiösen Neutralität zu Recht an die Erwartung entsprechender gesamtgesellschaftlicher Leistungen. Auch diese Leistungen stehen aus kirchlicher Sicht im Zusammenhang mit ihrem religiösen Auftrag, uneigennützig den Menschen zu dienen; aus staatlicher Sicht allerdings steht nicht dieser Auftrag, sondern der effektive Beitrag zum Gemeinwohl im Vordergrund, wo es um finanzielle Unterstützung geht.

5.3 Individualisierte (Religions-)Freiheit

Die Beschreibung der Veränderungen rechtlicher Regelungen, die den Bettag betreffen[58], hat gezeigt, dass diese sich weder im Bereich der Religionsfreiheit noch im Bereich des Verhältnisses zwischen Staat und Religionsgemeinschaften abspielen. Verändert haben sich die rechtlichen Rahmenbedingungen durch Anpassungen der Feier- und Ruhetagsgesetzgebung, eine liberalisierte Gesetzgebung für das Gastgewerbe, neue Regelungen für Ladenöffnungszeiten und ähnliches. Immer weniger wird akzeptiert, dass der Staat regelt, wann eingekauft, ins Kino oder in den Ausgang gegangen oder Sportanlässe durchgeführt werden. Die so verstandene individuelle Freiheit soll den Vorrang haben. In Anknüpfung an die Überlegungen zur Raum- und Zeitplanungsgesetzgebung[59] könnte man sagen, dass Regulierungen des Umgangs mit dem Raum eher verschärft, während Regulierungen für den Umgang mit der Zeit eher liberalisiert werden.

Gleichzeitig hat sich das religiöse Verhalten stark individualisiert[60]. Die Zeiten sind vorbei, als sozialer Druck und/oder Furcht vor religiöser Schuld und Strafe dafür sorgten, dass «man» zur Kirche ging. Die Konfessionslosen und Kirchendistanzierten bilden die Mehrheit der Bevölkerung, institutionalisierte Religiosität ist zum Minderheitenphänomen geworden. Auch die Kirchen selbst sprechen nicht mehr von «Christenpflicht», sondern von «freiwilligem Engagement». Primär aus theologischer Einsicht, de facto aber auch dem Geist der Zeit entsprechend, haben die Kirchen die vom Philosophen Peter Sloterdijk als religiöse «Phobokratie»[61] (deutsch: Furchtherrschaft) bezeichnete Angstreligion hinter sich gelassen, verkünden einen befreienden und barmherzigen Gott, der alle einlädt.

Die Fundamente für das traditionelle Arrangement zwischen Kirche und Staat, auf dem der Bettag beruhte, erodieren. Der Staat hat nicht mehr die Definitionsmacht, um die Sonntags- und die Bettagsruhe sicherzustellen (und die schwachen, für irdische Verlockungen «anfälligen» Menschen davor zu bewahren, statt zur Kirche ins Wirtshaus oder gar auf den Tanz zu gehen). Und die Kirchen haben nicht mehr die Möglichkeit, weiten Teilen der Bevölkerung einzuprägen, dass das Schweizervolk unter dem besonderen Schutz Gottes steht und Vaterlandsliebe deshalb Christenpflicht ist.

---

58 Siehe Abschnitt 3.2.
59 Siehe Abschnitt 3.3.
60 Siehe Abschnitt 2.2.
61 Vgl. Sloterdijk u. a., Gott 56–63.

An die Stelle dieses traditionellen Arrangements ist ein neues Bündnis getreten. Es verbindet individuelle Freiheit (namentlich in der Freizeit- und Feiertagsgestaltung) und individualisierte Religionsfreiheit (samt dem Recht, auf Religiosität weitestgehend zu verzichten und religiösen Bedürfnissen nur bei Bedarf oder Gelegenheit Raum zu geben).

Neben diesem neuen, auf individualisierter Freiheit beruhenden Arrangement gibt es einen – insgesamt älter und kleiner werdenden – Bevölkerungsteil, der mehr oder weniger noch der bisherigen Wertordnung und der damit einhergehenden Lebensgestaltung verpflichtet ist. Und es gibt religiöse Kreise, die teils nur im religiösen, teils auch im religiös-politischen Feld bewusst einen Gegenakzent zur Erosion der traditionellen Arrangements setzen oder die aufgrund einer anderen religiös-kulturellen Prägung andere Traditionen pflegen. In all diesen Segmenten spielt Religion für den Alltag, für die Freizeitgestaltung und für die eigene, die familiäre und die gemeinschaftliche Zeitplanung eine wichtige Rolle. Sofern sie der Schweiz gegenüber positiv eingestellt sind, weil sie Heimat bietet, als Zufluchtsort dient oder als offener, ein religionsübergreifendes Miteinander ermöglichender Lebensraum geschätzt wird, hat der Bettag in diesen Milieus als alte oder als neu wiederzuentdeckende Tradition die besten Überlebenschancen.

Freilich wäre es für die Religionsgemeinschaften und für das Verhältnis von Religion und Staat fatal, wenn sich die Kirchen und Religionsgemeinschaften, darauf beschränkten, nur die zuletzt genannten Milieus auf den Bettag und seinen Gehalt anzusprechen. Er würde dann tatsächlich zum Relikt einer vergangenen Zeit und zum Reduit jener, die der verlorenen Zeit nachtrauern oder das Rad der Geschichte zurückdrehen wollen.

Hält man aus jenen Gründen, die im 19. Jahrhundert zu seiner Einrichtung und am Ende des 20. Jahrhunderts zur neuen Präambel der Bundesverfassung führten, am Bettag fest, besteht die Herausforderung darin, die Menschen – und zwar als gesellschaftlich wie religiös freie Individuen – auf dieses Erbe anzusprechen. Es gilt, sie davon zu überzeugen, dass es dem Leben und Zusammenleben dient, regelmässig Zeit freizuhalten für die spirituelle Dimension des Lebens und sich nicht nur persönlich und privat, sondern auch öffentlich und gemeinschaftlich mit dieser Dimension auseinanderzusetzen. Einem freiheitlichen Staat, der seine Verfassung mit einer Anrufung Gottes einleitet, und Religionsgemeinschaften, denen es mit der Religionsfreiheit ernst ist, muss es ein Anliegen sein, dass der Eidgenössische Bettag auch und gerade von jenen Menschen gefeiert wird, die auf ihre bürgerliche und religiöse Freiheit grössten Wert legen und sich darin weder von staatlichen noch von religiösen Autoritäten einschränken lassen wollen.

Ein so verstandener «Tag des Gebets»[62] ist – und damit schliesst sich der Kreis – kein «unerträglicher Übergriff» bzw. Eingriff des Staates in die Religionsfreiheit seiner Bürgerinnen und Bürger[63], sondern eröffnet und schützt einen Raum, in dem sich «das heilige Menschenrecht ungehinderter Religionsausübung»[64] entfalten kann.

Literatur

Beck, Wolfgang: Das umstrittene Phänomen Navid Kermani. Oder: Über das Risiko, sich in fremde Hände zu geben: http://www.feinschwarz.net/das-umstrittene-phänomen-navid-kermani/ (12.07.2016).
Belser, Eva-Maria: Präambel. In: Waldmann, Bernhard u. a. (Hg.): Bundesverfassung. Basel 2015 (Basler Kommentar).
Bochinger, Christoph (Hg.): Religionen, Staat und Gesellschaft. Die Schweiz zwischen Säkularisierung und religiöser Vielfalt. Zürich 2012.
Bovay, Claude/Broquet, Raphaël: Religionslandschaft in der Schweiz. Eidgenössische Volkszählung 2000. Neuchâtel 2004.
Bucheli, Roman: Puristen des Säkularen: http://www.nzz.ch/meinung/kommentare/puristen-des-saekularen-1.18633560 (12.07.2016).
Conzemius, Victor: Art. Bettag. In: Historisches Lexikon der Schweiz, Version vom 20.03.2015: http://www.hls-dhs-dss.ch/textes/d/D10106.php (17.07.2016).
Ehrenzeller, Bernhard: Präambel. In: Ders. u. a. (Hg.): Die schweizerische Bundesverfassung, Zürich ²2008 (St. Galler Kommentar).
Gutzwiller, Max: Der eidgenössische Dank-, Buss- und Bettag, in: Hesse, Konrad u. a. (Hg.): Staatsverfassung und Kirchenordnung. Festgabe für Rudolf Smend zum 80. Geburtstag am 15. Januar 1962. Tübingen 1962, 331–347.
Hafner, Felix: Gott im Recht. Gedanken zum Verhältnis von Gottesbild und Rechtsordnung: http://www.menschimrecht.ch/media/pdf/referat_hafner03.pdf (17.07.2016).
Huber, Wolfgang: «Glaube als Option» – Der kirchliche Auftrag im Pluralismus der Gesellschaft. In: Essener Gespräche zum Thema Staat und Kirche 48 (2015) 51–70.
Keller, Gottfried: Bettagsmandate. Zollikon 2004.
Kermani, Navid: «Über die Grenzen – Jacques Mourad und die Liebe in Syrien»: http://www.friedenspreis-des-deutschen-buchhandels.de/445651/?mid=819312 (12.07.2016).

---

62 Neben diesem Tag heben der Staat, die europäische und die internationale Völkergemeinschaft zudem zahlreiche andere «besondere Tage» aus dem Alltag heraus, um auf wichtiges aufmerksam zu machen: den Frieden, die Frau, das Wasser, die Arbeit, die Kranken, die Freiwilligen ...
63 Siehe dazu Abschnitt 1 mit Anm. 3.
64 Siehe dazu den Titel mit Anm. 1.

Kosch, Daniel: Zukunftsperspektiven für das Religionsrecht in der Schweiz. Vor-juristische Überlegungen eines römisch-katholischen Theologen. In: Jusletter 7. Juli 2014.

Lehmann, Karl: Auslotungen. Lebensgestaltung aus dem Glauben heute. Freiburg i. Br. 2016.

Lehmann, Karl: Toleranz und Religionsfreiheit. Geschichte und Gegenwart in Europa. Freiburg i. Br. 2015.

Marti, Kurt: Namenszug mit Mond. Gedichte. Zürich/Frauenfeld 1996 (Werkauswahl in 5 Bänden, Bd. 5).

Pahud de Mortanges, René (Hg.): Staatliche Anerkennung von Religionsgemeinschaften: Zukunfts- oder Auslaufmodell? Zürich 2015 (Freiburger Veröffentlichungen zum Religionsrecht 31).

Pahud de Mortanges, René: Das rechtliche Inkorporationsregime für Religionsgemeinschaften. Eine neue Betrachtungsweise des schweizerischen Religionsverfassungsrechts unter Einbezug des NFP 58. In: Arens, Edmund u. a. (Hg.): Integration durch Religion. Zürich 2014 (Religion – Wirtschaft – Politik 10), 179–212.

Schaufelberger, Rosa: Die Geschichte des Eidgenössischen Bettages mit besonderer Berücksichtigung der refomierten Kirche Zürichs. Zürich 1920.

Schloemann, Johan: Warum Kermanis Aufforderung zum Gebet ein unerträglicher Übergriff war: http://www.sueddeutsche.de/kultur/oeffentliches-beten-so-geh-in-dein-kaemmerlein-1.2699166 (12.07.2016).

Schüssler, Michael: Ein riskantes Gebet: http://www.feinschwarz.net/ein-riskantes-gebet/ (12.07.2016).

Schwarz, Gerhard u. a. (Hg.): Religion, Liberalität und Rechtsstaat. Ein offenes Spannungsverhältnis. Zürich 2015.

Sloterdijk, Peter u. a.: Gespräche über Gott, Geist und Geld. Freiburg i. Br. 2014.

Stolz, Jörg u. a.: Religion und Spiritualität in der Ich-Gesellschaft. Vier Gestalten des (Un-)Glaubens. Zürich 2014 (SPI-Reihe 16).

Waser-Huber, Leonie: Die Präambeln in den schweizerischen Verfassungen. Bern 1988.

Barbara Schmid-Federer

Der Bettag in der politischen Landschaft der Schweiz

Wer nach den Wurzeln des vom Bund festgelegten Eidgenössischen Dank-, Buss- und Bettags sucht, findet seine Anfänge weder bei den Reformierten noch bei den Katholiken, ja nicht einmal im Schweizerland. Buss- und Dankesfeiern kannten und kennen die meisten Weltreligionen und zahlreiche Länder unseres Planeten. Schon das Volk Israel im Alten Testament wurde dazu aufgerufen, Dankes- und Bussfeiern abzuhalten. Umso erstaunlicher ist, wie lange es gedauert hat, bis Katholiken und Protestanten diesen Feiertag miteinander und nicht bloss nebeneinander begehen wollten, und noch viel länger wird es dauern, bis interreligiöse Bettagsfeiern nicht mehr die Ausnahme, sondern die Regel sein werden. In Zukunft wird aber der politische und interreligiöse Blick auf eine grenzüberschreitende Verantwortung hinzielen müssen, um dem Anliegen gerecht zu werden, globale Verantwortung zu tragen, zu danken und für die globale Weltgemeinschaft zu beten.

1. Persönlicher Zugang zum Thema

Die grundsätzlichen, geschichtlichen und systematischen Einordnungen des Bettags sind nicht Gegenstand dieses Artikels. Ebenso wenig wird im Folgenden eine möglichst differenzierte und objektiv verifizierte Darstellung der politischen Landschaft der Schweiz entfaltet. Als Politikerin einer Partei mit der expliziten Erwähnung des Christlichen in ihrem Namen ist es mir ein Anliegen, die politische Landschaft aus einer persönlich gefärbten christlichen Perspektive zu erhellen. Die Tätigkeiten am Bettag sollen aus der Sicht einer Christin gewürdigt werden, die ihren Glauben weder übersteuert fromm noch untersteuert überkritisch praktiziert, sondern in der von ihrer Familie geprägten Art und Weise lebt, indem sie den Gottesdienst besucht, Kerzen im Kirchenraum anzündet, betet und sich immer mehr ökumenisch und interreligiös weitet. Und schliesslich möchte ich als Frau die besonders uns Frauen zukommende Gendersicht der Debatte nicht unberücksichtigt lassen. Aus diesen Aspekten wird einsichtig, dass die folgenden Überlegungen aus persönlicher Sicht gewonnen wurden und dazu beitragen möchten, trotz der abstrakten Reflexion nicht zu vergessen: So wie das Beten nicht delegiert werden kann, so kann auch die politische Existenz, das Verwobensein in eine betende und sich besinnende, politisch handelnde und spontan sich äussernde Gesellschaft, nicht delegiert werden.

2. Eine christliche und interreligiöse Perspektive

2.1 Christliche Symbole und das Parlamentsgebäude

Wer in den Annalen der Schweizerischen Bundesversammlung nach Materialien über den Eidgenössischen Dank-, Buss- und Bettag sucht, stellt bald einmal fest, dass dieser die eidgenössischen Parlamente in den vergangenen Jahrzehnten nur in einer einzigen Frage beschäftigt hat: Soll der Bettag autofrei werden oder nicht. National- und Ständerat entschieden sich bekanntlich dagegen.

Eine kleine Aktennotiz sticht hingegen im Register zum Bettag heraus: die Grussbotschaft[1] von Nationalratspräsident Ruedi Lustenberger (CVP) für den ökumenischen Gottesdienst in der reformierten Kirche Langnau i. E. am Eidgenössischen Dank-, Buss- und Bettag vom 21. September 2014.

Lustenbergers Rede beginnt mit dem Verweis auf die Langnauer Kirche und ihre fünf Glocken, die an die beiden Glöckchen im Ständerats- und im Nationalratssaal erinnern: Der beiden Glöckchen würde man sich jeweils bedienen, um Ordnung in den Saal zu rufen, wobei dies – erfahrungsgemäss – im Nationalrat einiges intensiver getan werde als im stets besonnen Ständerat.

Lustenberger vergleicht das Bundeshaus mit einem Dom: Nebst dem politischen Ideal der Vielfalt in der Einheit symbolisiere das Bundeshaus auch religiöse Werte:

> «Die Kreuzform der Kuppelhalle erinnert sowohl an das Symbol des Schweizer Wappens wie auch an das Kreuz des christlichen Glaubens».

An dieser Stelle erlaube ich mir, auf ein weiteres christliches Element des Parlamentsgebäudes hinzuweisen: Der Entlebucher Bundesrat Josef Zemp (1834–1908) – mein Ururgrossvater – hat am 1. April 1902 als Bundespräsident das Parlamentsgebäude feierlich eröffnet und in seiner Ansprache am Schluss unter anderem erklärt: «Die weithin sichtbare Kuppel mit dem eidgenössischen Kreuz darüber soll auch den kommenden Geschlechtern das Wahrzeichen sein der Einheit und Einigkeit der schweizerischen Nation»[2]. Dies darf an dieser Stelle erwähnt werden, denn auch Lustenberger selber, wohnhaft in Romoos, ist Entlebucher durch und durch.

Lustenbergers Bettagsrede fokussiert im Weiteren auf den Dank, den er in seinem Herzen zutiefst empfindet gegenüber dem Schöpfer und seiner

---

1 Lustenberger, Grussbotschaft.
2 Winiger, Bundesrat 473.

Schöpfung. Er spricht von einer engen Verbundenheit mit der Gemeinschaft, der Natur und der Landschaft.

2.2 Christliches C und religiöse Vielfalt

1964 sind mein Vater Federer aus Wolhusen und meine Mutter Birrer aus Entlebuch nach Zürich gezogen. Geboren 1965, wuchs ich als Katholikin im streng reformierten Zürich auf – und wurde entsprechend diskriminiert. Was damals durchaus tragische Elemente in sich trug, erweist sich heute als ungeheurer Erfahrungsschatz. Wer als Vertreterin einer religiösen Minderheit aufwächst, weiss, wie schwer es ist, sich zu behaupten. Wenn ein katholischer Mittelschullehrer nicht an einem reformierten Gymnasium unterrichten durfte, dann war erst recht nicht daran zu denken, als Katholikin einen Reformierten zu heiraten. Wie eine gläserne Decke waren etliche Zugänge zum gemeinschaftlichen Leben verwehrt. So und nicht anders stelle man sich das Leben von Muslimen oder Juden vor, die in der Schweiz geboren und aufgewachsen sind.

Die CVP als Teil der europäischen Christdemokratie sieht sich in ihrem Kern als Botschafterin der religiösen Vielfalt. Leider geht dieses Wissen mancherorts verloren.

Ein im Jahr 2010 verfasstes Grundlagenpapier der CVP Schweiz bringt das Anliegen treffend zum Ausdruck[3]:

> «Die CVP bietet allen Menschen eine politische Heimat, die ihre Wertebasis teilen und sich dem demokratischen Rechtsstaat verpflichtet fühlen. Wir suchen den Dialog zu jenen Religionsgemeinschaften, die die beschriebene Wertebasis teilen. Ausserdem setzen wir uns für eine möglichst freie Ausübung religiöser Praxis in unserem Staat ein und fördern Kontakte zwischen den Religionsgemeinschaften und den staatlichen Behörden. Auch der interreligiöse Dialog ist uns wichtig. Er hat gezeigt, dass gerade die Buchreligionen (Judentum, Christentum und Islam) voneinander lernen können.
> Wir sind aber keine Anhänger einer billigen Toleranz, welche desinteressiert an Religion alles gelten lässt. Wir setzen uns für jene aktive Toleranz ein, die sich nicht scheut, den Religionsgemeinschaften auch kritische Fragen zu stellen, und sie auffordert, ihr Eigenleben kompatibel mit den Grundrechten des demokratischen Rechtsstaates zu gestalten».

Wenn der Bettag als politischer Feiertag den Weg zum interreligiösen Dialog nicht findet – cui bono?

---

3   Meyer-Schatz u.a., Das C im Namen der CVP.

2.3 Aus der Geschichte nichts gelernt

Das Verhältnis von Staat, Religionsgemeinschaften und Gesellschaft wird gegenwärtig in der Schweiz kontrovers diskutiert. Die einen möchten die Religion ins Private zurückdrängen, andere treten für wahrnehmbare religiöse Vielfalt ein, wieder andere fordern die Betonung des christlichen Wertefundaments in der Gesellschaft.

Forderungen nach Verboten von religiösen Symbolen wie der Burka werden immer lauter.

Die Verbotskultur führt uns direkt in die Sackgasse, wie die Vergangenheit mehrfach bewiesen hat: Das gegenseitige In-die-Schranken-Weisen einzelner Religionsgemeinschaften hat immer und überall zu sozialem Unfrieden geführt. Im Kulturkampf des 19. Jahrhunderts entstanden religiöse Ausnahmeartikel wie beispielsweise das Jesuitenverbot oder das Verbot, neue Bistümer ohne staatliche Genehmigung zu schaffen. Mit diesen Ausnahmeartikeln wurde eine religiöse Gemeinschaft in ihren Grundrechten beschnitten, und diese Beschneidung löste automatisch sozialen Unfrieden aus. Wut und Ohnmacht herrschten. Dem Streichen der Ausnahmeartikel gingen jahrzehntelange Kämpfe voraus, bis endlich, 1973 und 2001, die religiösen Ausnahmeartikel aus der Verfassung entfernt wurden. Die Schweiz bekannte sich auch auf dem Papier zum religiösen Frieden.

Den religiösen Frieden können wir nur bewahren, wenn verschiedene Religionen ihr Recht auf Religionsfreiheit im Rahmen des Rechtsstaats wahrnehmen können. Die Schweiz ist diesbezüglich ein Vorbild. Ein Beispiel: Als Schülerin der Kantonsschule Hohe Promenade in Zürich erlebte ich in der ersten Gymnasialklasse, wie ein jüdischer Kollege samstags in der Schule fehlte und wie er selbstverständlich die Kippa im Unterricht trug. Niemand verlangte ein Verbot der Kopfbedeckung. Mit Augenmass und direkten Gesprächen konnten Konflikte aus dem Weg geräumt werden. Es gelang, den Glaubensanliegen von Minderheiten Rechnung zu tragen, ohne von wesentlichen Schulforderungen abzurücken und ohne den Religionsfrieden zu gefährden.

Religionsfreiheit wird grundsätzlich durch die Verfassung geschützt. Fragen der Religionsfreiheit lassen sich nicht mit dem Holzhammer beantworten. Sie unterstehen differenzierten Abwägungsprozessen, die sowohl rechtlicher als auch politischer Natur sind. Unsere Verfassung garantiert uns ein Leben in Freiheit, anders als beispielsweise in Saudi-Arabien, wo die Religion das Gesetz vorschreibt. Was in Saudi-Arabien geschieht, lehnen wir ab. Dass unsere Verfassung mit einem Ausnahmeartikel die Religionsfreiheit nicht mehr garantiert, ist aber ein erster Schritt in Richtung saudi-arabische Verhältnisse.

Als Politikerin bin ich verantwortlich, dass Demokratie und Rechtsstaat nicht aus dem Gleichgewicht geraten. Der Ausnahmeartikel bezüglich des Minarettverbots vom Jahr 2009 hatte ein klares Ungleichgewicht zur Folge. Dasselbe würde bei einer Annahme der bevorstehenden Initiative über ein Burkaverbot geschehen. Aus den aufgeführten Gründen lehne ich ein solches Verbot grundsätzlich ab.

3. Dank, Busse und Gebet – politische Einblicke

Wie ist ein «Eidgenössischer Dank-, Buss- und Bettag» in diesem Kontext zu sehen? Haben Politiker und Politikerinnen Wesentliches zu sagen zum Danken, erst recht zum Bussetun und zum Beten?

3.1 Danken

Mutter Teresa soll gesagt haben: «Der Staat kann viele Dinge besorgen, ausser Liebe und zärtlicher Fürsorge.» Damit ist angedeutet, dass wir Menschen bedürftige Wesen sind: Wir brauchen Zuwendung, wir brauchen Liebe, wir brauchen Barmherzigkeit. Kein Mensch kommt als tüchtiger Manager zur Welt, und keiner – fast keiner – stirbt tüchtig und unverletzlich. Der erste Mensch, der das bedürftige Wesen in Empfang nimmt, ist eine Frau, die Mutter.

Im Laufe jedes Lebens gibt es Brüche, Umbrüche, Krankheit und Beeinträchtigungen der Autonomie, die wir ja über alles stellen. Dann braucht der Mensch Fürsorge, Zuwendung, Liebe und Barmherzigkeit. Und diese Güter gibt es nicht auf dem Markt zu kaufen, diese unerlässlichen «Lebens-Mittel» sind Gaben, Beziehungen. Auch diese Beziehungen sind von einer ganz anderen Qualität als der von Kaufen und Verkaufen, von Konsum, es ist eine ganz andere Dimension.

Wir haben in den letzten Jahrzehnten einen Sozialstaat erkämpft, der trägt. Wir haben in Verfassung und Gesetz klare ethische Richtlinien verankert. In der konkreten Alltagspraxis aber haben oft ganz andere Töne eine überaus laute und markige Stimme. Das populistische Bewirtschaften von Themen will einen neuen generellen Standard setzen. Wir kennen diese Sätze:

Wer arm ist, ist selber schuld.
Es kann jeder arbeiten, wenn er nur will.
Die Migranten, die zu uns kommen, wollen uns das Brot wegnehmen.
Die Alten kosten zu viel.
Die Behinderten sind gar nicht krank.
Wer Leistungen braucht, ist faul.

Solche Sätze stigmatisieren Menschen und Gruppen, indem diese auf Vorurteile festgelegt und so isoliert werden. Dies ist fatal. Jeder und jede ist auf Gemeinschaft angewiesen. Das solidarische Miteinander ist fundamental wichtig und zeugt von der grundsätzlichen Abhängigkeit voneinander: Fürsorge, Zuwendung und Care-Arbeit werden nach wie vor Frauen zugewiesen.

Wir haben zum Glück in unserem Land viele Non-Profit-Organisationen, die helfen, professionell und ehrenamtlich, und wir haben die Kirchen und religiösen Gemeinschaften, die mittragen. Viele Menschen engagieren sich überdurchschnittlich und mit Leidenschaft.

In der Geschichte sind es aber auch vor allem die Frauenorganisationen, die diese Fürsorge in all ihren Formen mitgetragen haben und bis heute mittragen. Es waren Frauen, die sich während und nach dem Ersten Weltkrieg organisierten, die Probleme anpackten, die in sozialen Frauenschulen, in Verbänden mit Ehrenamtlichen ein Netz von Dienstleistungen aufgebaut haben, das bis heute trägt. Ich bin nicht nur Politikerin, ich bin auch Frau und Christin. Unsere Geschichte in der katholischen Kirche ist nicht einfach. Aber mitunter denke ich, dass wir Frauen das tragende Element dieser Kirche überhaupt sind. Wir übertragen mehrheitlich die Werte der Kirche an die nächste Generation. Und ohne unsere Mitwirkung, die vorwiegend ehrenamtliche Tätigkeit ist, würde die Kirche schlicht nicht überleben.

Die angemessene Antwort auf die Bedürftigkeit des Menschen ist eine Haltung der Fürsorge – und die angemessene Antwort auf solche Zuwendung wiederum ist der Dank. Ich meine hier nicht nur den Dank der betroffenen Menschen, sondern auch den Dank der Gesellschaft für das soziale Netz, das dank der vielen Engagierten funktioniert. Letztlich ist es unser aller Dank, dass wir in unser aller Bedürftigkeit zwischenmenschlich und darüber hinaus in einem umfassenden Sinn Getragene sind.

3.2 Busse

Was ist denn mit dem Thema Busse? Ein wirkliches Fremdwort in unserer Zeit! Oder vielleicht doch nicht? Es ist ein Warnzeichen, dass wir nicht überheblich werden, sondern – auch ein schwieriges Fremdwort in unserer Zeit – demütig. Wir Menschen wissen es doch: Nicht alles liegt in unserer Macht, und wenn wir auf der Sonnenseite stehen, Frieden, genug zu essen, sauberes Wasser haben, dann ist das nicht einfach unser Verdienst. Überheblichkeit gegenüber jenen, die das alles vermissen – in dieser Hinsicht vielleicht ist Busse zu tun, hier und heute.

Der Sozialstaat hat die Aufgabe, relative Gerechtigkeit zu schaffen, die Gleichbehandlung aller Menschen sicherzustellen und faire Spielregeln dafür zu beachten. Er kann aber nicht lieben. Dieses unabdingbare Engagement, diese oft bedingungslose Verbundenheit mit den Menschen, auch jenen am Rande, in akuter Not, in alltäglicher Verzweiflung, das ist eine Dimension, die am Bettag aufscheint.

Die Schweiz wurde zu dem, was sie ist, weil sie *sich sicher immer auch dem Gemeinwohl verpflichtet* hat. Das steht uns auch heute gut an.

Heute braucht es im politischen Geschäft wie beim Smalltalk eine innere Hartnäckigkeit, sich dem populistischen Rascheln im Blätterwald zu entziehen. Es braucht Mut und Courage, am Menschengerechten und Solidarischen festzuhalten. Viele Frauen, die dies in ihrer Organisation, aber auch schweizweit, ja weltweit tun, beweisen, dass Liebe, Zuwendung, Fürsorge, Barmherzigkeit eben auch alltägliche Tätigkeiten sind, ohne die es in unserer Welt kein Leben, kein Überleben und schon gar kein menschenfreundliches Leben gibt und geben kann.

3.3 Gebet

Politisches Geschäft heisst: Mehrheiten schaffen. Das ist im rauen Alltag der Politik nicht immer einfach, und nicht immer einfach ist es, die Ziele einer am Gemeinwohl orientierten Politik hochzuhalten. Für mich werden die Tage der christlichen Feste wie auch der Bettag zu Zeiträumen, die Mauern durchlässig machen und meinen Blick auf die geschwächten Mitglieder in unserer politischen Landschaft schärfen. Das solidarische Gebet leitet zum solidarischen Handeln an. Diese Sehschule des Glaubens müsste erfunden werden, wenn sie nicht schon seit 2000 Jahren in unserer jüdisch-christlichen Tradition verankert wäre.

4. Die politische Grundlage: Gemeinschaft

Dank, Busse und Gebet geschehen individuell und kollektiv. Der Bettag fokussiert auf den kollektiven Aspekt dieser drei grundlegenden Verhaltensweisen. Die politische Landschaft zeichnet eine Gesellschaft, die durch Gemeinschaft definiert wird. Die Präambel unserer Bundesverfassung, also das «Familienbüchlein» unserer Willensnation, beschreibt Gesellschaft als Gemeinschaft:

> «Im Namen Gottes des Allmächtigen!
> *Das Schweizervolk und die Kantone,*
> in der Verantwortung gegenüber der Schöpfung,
> im Bestreben, den Bund zu erneuern, um Freiheit und Demokratie, Unabhängigkeit und Frieden in Solidarität und Offenheit gegenüber der Welt zu stärken,

im Willen, in gegenseitiger Rücksichtnahme und Achtung ihre Vielfalt in der Einheit zu leben,
im Bewusstsein der gemeinsamen Errungenschaften und der Verantwortung gegenüber den künftigen Generationen,
gewiss, dass frei nur ist, wer seine Freiheit gebraucht, und dass die Stärke des Volkes sich misst am Wohl der Schwachen,
geben sich folgende Verfassung [...]»[4].

Es gibt politische und philosophische Strömungen, die sich durchaus eine «Gesellschaft» vorstellen können, die sich auf das Minimale beschränkt, und die quasi bloss noch den äussersten Zaun definieren wollen, in dessen Innerem sich lauter Einzelkämpfer bewegen. «Gemeinschaft» findet in dieser Vorstellung nicht mehr statt. Die Idee dahinter: Wenn bloss jeder für sich schaut, dann ist allen geholfen.

Auf dem entgegengesetzten politischen und philosophischen Pol versammeln sich jene, die unter «Gesellschaft» eine Organisation verstehen, die sich wie eine Glucke um sämtliches Wohl und Wehe der Bürgerinnen und Bürger kümmert.

Mir ist das Erste zuwider und das Zweite unsympathisch. Doch was ist es denn, was aus einer Gesellschaft eine gute Gemeinschaft macht? Ich für meinen Teil habe keine abschliessende Antwort, aber eine tiefe Überzeugung: Es geht darum, jenen Halt zu geben, die ihn zu verlieren drohen oder ihn schon verloren haben, sei das moralisch oder ökonomisch.

– Es geht darum, dort zu helfen, wo sich der Einzelne nicht mehr selber helfen kann.
– Es geht darum, ein Netz zu spannen, das vor dem Fall ins Nichts schützt, aber die Entwicklung des Einzelnen nicht behindert.
– Es geht darum, die Schwächeren vor dem Recht des Stärkeren zu schützen, ohne die Fitteren unnötig in ihrer Entwicklung zu beschränken.

In diesem Sinne ist unser Land immer dann gut gefahren, wenn der Ausgleich der Interessen pragmatisch angegangen wurde. Der Pragmatismus ist eine grosse Stärke der schweizerischen Gesellschaft.

Auch wenn die Auseinandersetzungen hart waren und die Interessen sich zu Beginn einer Debatte konfrontativ entgegenstanden, haben wir meistens Kompromisse gefunden, die unser Land als Gesamtes und im Interesse aller weitergebracht haben.

---

4 Bundesverfassung der Schweizerischen Eidgenossenschaft vom 18. April 1999, Stand am 1. Januar 2016.

«Pragmatisch sein», das nehmen die meisten Menschen für sich in Anspruch – und besonders die Politikerinnen und Politiker. Doch nicht alle verstehen das Gleiche darunter. Theoretisch meinen wir damit den gesunden Menschenverstand und den Blick für das Machbare.

Ein im Zug gehörtes Gespräch scheint mir paradigmatisch zu sein: Zwei Männer mittleren Alters, dem übrigen Gespräch zufolge als kreative Unternehmer tätig, kamen auf die aktuelle Flüchtlingspolitik zu reden. Sie redeten sehr differenziert und in keiner Weise hetzerisch über das Thema. Sie sprachen von den Ursachen in den Herkunftsländern der Flüchtlinge und über die Mitverantwortung des Nordens an der misslichen Lage des Südens. Darum hörte ich aufmerksamer zu. Und dann sagte der eine: «Wenn man ein Problem lösen will, kann man sich nicht mit Einzelschicksalen aufhalten, so tragisch sie auch sind.»

Ich gebe zu, ich habe leer geschluckt. Nicht wegen der Aussage als solcher, sondern weil sie so gelassen ausgesprochen wurde. Das waren keine Hetzer, das waren Pragmatiker, wie wir sie in der Schweiz mögen. Wir schauen uns die Probleme an, und dann lösen wir sie im Interesse der Gesellschaft. Das ist meistens ein guter Ansatz. Aber Pragmatismus – das begriff ich in diesem Moment – kann auch furchtbar kalt oder gar zynisch sein.

Das entscheidende Kriterium der Strukturfrage, die die beiden Männer ansprachen, lässt sich treffend mit einem Satz aus der Präambel der schweizerischen Bundesverfassung ausdrücken: «dass die Stärke des Volkes sich misst am Wohl der Schwachen». Der Bettag fordert uns dazu auf, uns auf Kriterien zu besinnen und nicht einfach «pragmatisch» zu sein. Denn Pragmatismus ohne Kriterien wird leicht zur Richtungslosigkeit oder auch zur Gleichgültigkeit.

5. Die theologische Grundlage: «Es sind alles Brüder und Schwestern»

Wer dankt, betet und Busse tut, erfährt, dass die aus der jüdisch-christlichen Tradition gewonnene ethische Grundregel das solidarische und helfende Handeln gegenüber notleidenden Menschen ist. Im kirchlichen Sprachgebrauch nennt man dieses helfende Handeln, das sich aus dem christlichen Glauben begründet und motiviert, Diakonie[5].

Als Magna Charta der Diakonie – im katholischen Sprachgebrauch redet man eher von Caritas – gilt das bekannte Weltengericht im Matthäusevange-

---

5   Vgl. zum Begriff sowie seiner schwierigen semantischen Geschichte: Rüegger/Sigrist, Begründung.

lium, Kapitel 25. Wie revolutionär klingt das Jesus-Wort: «Was ihr für einen meiner geringsten Brüder getan habt, das habt ihr mir getan» (Mt 25,40)! Habe ich «revolutionär» gesagt? Vielleicht ist die Umsetzung dieses Wortes im Alltag auch einfach naiv. «Naivität» ist ja etwas, das von den selbsternannten harten Jungs (und ein paar Mädels mischen unterdessen auch kräftig mit) allen vorgeworfen wird, die sie als «Gutmenschen» belächeln.

Das ist kein neues Phänomen. Als vor 157 Jahren der Geschäftsreisende Henry Dunant in Norditalien unterwegs war, wurde er unvermittelt mit dem Schrecken des Krieges konfrontiert. Auf dem Schlachtfeld von Solferino lagen 38 000 verwundete, leidende, sterbende und bereits tote Soldaten. Es war nicht üblich, dass man sich als Zivilist einem Schlachtfeld näherte. Doch Dunant tat es. Noch weniger üblich war es, auch jenen zu helfen, die eben noch Feinde waren.

Doch Dunant überzeugte die Frauen und Mädchen im Dorf neben dem Schlachtfeld. «Sono tutti fratelli» – «Es sind alles Brüder», sagte er. Und die Frauen und Mädchen gingen hin – freiwillig – und verlegten die Verletzten in die grösste Kirche des Ortes, um ihnen im geschützten Kirchenraum zu helfen. Und das, obwohl sie wenig oder nichts davon wussten, wie man Verwundete pflegt.

Was Henry Dunant und seine Helferinnen da an den Tag und die Nacht legten, war purer Pragmatismus. Aber eben: menschlicher Pragmatismus. Zuerst helfen, dann fragen, das heisst: Es fand eine Rückbesinnung auf Wertegrundlagen und Kriterien statt. Diese waren – weil immer wieder in Erinnerung gerufen, zum Beispiel durch Feiern – in dieser Extremsituation hilfreich. Sie begannen «automatisch» zu wirken.

Es gibt im Neuen Testament eine Erzählung, die gut auf den Punkt bringt, was wir berücksichtigen sollten, wenn wir uns pragmatisch verhalten wollen. Es ist die berühmte Brotrede Jesu im Johannesevangelium, Kapitel 6. Viele Menschen hörten Jesus zu, vergassen die Zeit, und als sie hungrig wurden, waren da nur ein paar wenige Fische und ein bisschen Brot. Doch Jesus liess die Jünger tapfer das wenige Essen verteilen, und es vermehrte sich wundersam, sodass am Ende mehr übrig blieb, als zu Beginn vorhanden war, und alle satt wurden.

Die Menschen am See von Tiberias waren natürlich vor allem von der wundersamen Vermehrung der Fische und des Brotes fasziniert. Das war eine Sensation. Und wenn da einer ist, der das kann, muss man ihn unbedingt bei sich behalten oder in seiner Nähe bleiben.

Doch Jesus zog sich zurück und sagte jenen, die ihn bedrängten, noch mehr Brot aus dem Nichts zu schaffen (vgl. Joh 6,10–11), und dass sein Wirken nicht auf diese Welt ausgerichtet sei. Des Weiteren sagte er: «Ich bin das Brot», und legte ihnen den Glauben aus (vgl. Joh 6,48–58).

Ich gehe davon aus, dass die Mehrheit der Menschen damals eher irritiert war von diesem «seltsamen Heiligen», der sein Wunder der Brotvermehrung vollzog und dann vom Heil der Seele sprach. Was ich daraus lerne, ist jedoch die weise Einsicht Jesu, dass man eben das «Brot des Lebens» nicht gegen das «Brot des Glaubens» ausspielen darf. Zuerst hat Jesus ganz weltlich gesättigt, dann hat er seine Ideale erklärt.

Der Bettag lädt uns dazu ein, das Brot des Glaubens zu geniessen. Unsere Seelen nährten sich davon und stärken sich. Gestärkt gewinnen wir so den Blick über Mauern und Zäune hinaus in die Welt, dorthin, wo es brennt und schreit. Ich bekomme den Blick geschenkt, wie denn politisch das Brot des Lebens geteilt werden kann mit Flüchtlingen, Eltern von Schwerstbehinderten oder pflegenden Angehörigen von Hochbetagten.

6. Der Bettag als staatlich verordneter Feiertag

Der Bettag ist ein eidgenössischer, also ein staatlich verordneter Feiertag, der darauf hinweist, dass auch der Staat auf einer Wertegrundlage steht, die er in Erinnerung rufen muss. Die Gesellschaft tut gut daran, sich gerade in diesen unruhigen Zeiten, in denen viele verunsichert sind, auf die ethischen Grundsätze zu besinnen. Darum ist es auch wichtig, den Bettag als politischen Feiertag zu behalten.

Es ist heute fast schon von historischer Bedeutung, dass der Bettag kein kirchlicher, sondern ein politischer, eben ein «eidgenössischer» Bettag ist. Der Staat ist auf eine Wert- und Sinnorientierung angewiesen. Blenden wir das aus, öffnen wir den Fundamentalisten und Populisten Tür und Tor – ob nun aus der Wirtschaft oder aus einer anderen Religion.

Literatur

Lustenberger, Ruedi: Grussbotschaft von NRP Ruedi Lustenberger für den Ökumenischen Gottesdienst am Eidg. Dank-, Buss- und Bettag 2014: https://www.parlament.ch/de/reden/Seiten/nrp-lustenberger-2014-09-21.aspx (09.02.2017).

Meier-Schatz, Lucrezia/Arnold, Markus/Neirynck, Jacques/Schwegler, Martin: Das C im Namen der CVP. Bern 2010: https://www.cvp.ch/sites/default/files/11-01_posp_c_endfassung_d.pdf (09.02.2017).

Rüegger, Heinz/Sigrist, Christoph: Schöpfungstheologische Begründung von Diakonie. In: Sigrist, Christoph/Rüegger, Heinz (Hg.): Helfendes Handeln im Spannungsfeld theologischer Begründungsansätze. Zürich 2014, 65–77.

Winiger, Josef: Bundesrat Dr. Zemp. Lebens- und zeitgeschichtliche Erinnerungen. Luzern 1910.

Simon Spengler / Werner De Schepper

Vom Bettagshirtenbrief zur 1.-August-Botschaft der Schweizer Bischöfe

1. **Einleitung: Der Bettag in Olten – kein Ort für das Wort der Bischöfe**

Der Eidgenössische Buss-, Dank und Bettag verläuft in Olten SO, wo einer der beiden Co-Autoren dieses Textes während fast 50 Jahren als aktives Mitglied der römisch-katholischen Pfarrei St. Marien gelebt hat, seit Jahrzehnten immer gleich: Am Sonntagmorgen gibt es einen grossen ökumenischen Fest-Gottesdienst. Schön abwechselnd in einer der beiden römisch-katholischen oder in einer der beiden evangelisch-reformierten Kirchen und natürlich auch in der christkatholischen Stadtkirche. Es ist kein Anlass einer Pfarrei oder einer Kirchgemeinde, bei der dann die anderen zu Gast sind, sondern ein gemeinsamer, ökumenisch vorbereiteter Anlass der drei in dieser Stadt wirkenden Landeskirchen. Mehr noch: Nebst der Präsenz der Seelsorger der drei Landeskirchen, ist auch die Präsenz der kirchlichen und säkularen Behörden selbstverständlich. Der Stadtpräsident ergreift mitunter zur Begrüssung das Wort oder ist zumindest zu Gast und wird angesprochen. Nebst diesem grossen städtischen Festgottesdienst gibt es seit den neunziger Jahren gleichzeitig am Sonntagmorgen auch noch eine ökumenische «Chile mit Chind»-Feier, in der Dutzende von Eltern aller Konfessionen gemeinsam feiern und zu Mittag essen. Die Botschaft dieser beiden gut besuchten Fest- und Familien-Gottesdienste ist immer eine ökumenische, nie eine konfessionelle.

Einzig an den schlecht besuchten Gottesdiensten am Vorabend und am Sonntagabend lassen die Pfarreiverantwortlichen der beiden römisch-katholischen Kirchen das Wort der Bischofskonferenz zum Bettag verlesen. Was ihnen gelegen kommt, da sie ja mit dem ökumenischen Festgottesdienst mehr als genug um die Ohren haben. Oft muss allerdings der Hirtenbrief noch stark gekürzt werden, bis er kurz genug ist. Hinten in der Kirche darf man dann die ausgedruckte Langfassung mitnehmen, was kaum je geschieht.

Fazit: Der Hirtenbrief der Schweizer Bischöfe zum Bettag ist im Eisenbahnknotenpunkt Olten ein Lückenfüller für die Randgottesdienste an diesem Wochenende. Die bischöfliche Botschaft erreicht weder die jungen, christlich engagierten Familien dieser Stadt (die waren am Chile mit Chind-Gottesdienst) noch die kommunalen Würdenträger und VIPs (die waren am Festgottesdienst). Der Bettag ist ein gelungener und wichtiger ökumenischer Anlass, an dem sich die landeskirchlichen Institutionen der Stadt gemeinsam zeigen, aber der Bettag ist in Olten nicht der richtige Ort für das Wort der Bischöfe.

2. Unzufriedenheit mit den Bettags-Hirtenbriefen

Auch in der Schweizer Bischofskonferenz SBK herrscht um das Jahr 2010 eine weit verbreitete Unzufriedenheit über Erarbeitungsprozedere und Wirkung der traditionellen Botschaften zum Bettag:

- kompliziertes Verfahren: Das Thema wurde bereits ein Jahr (sic!) zuvor festgelegt. Der dazu bestimmte Autor hatte den Text der Gesamt-SBK zur Genehmigung vorzulegen, was zu langen Diskussionen führte und die ordentlichen Versammlungen der SBK schon rein zeitlich stark belastete. Der definitive Text musste die Zustimmung aller Bischöfe haben, da der Text den Status einer Botschaft der SBK hatte. Das bereits ein Jahr zuvor bestimmte Thema war bei Erscheinen des Textes logischerweise oft nicht mehr aktuell.
- geringe Wirkung: Die Botschaften wurden weder binnenkirchlich, geschweige in der säkularen Öffentlichkeit wahrgenommen. Eine Ausnahme bildete die Botschaft 2008 zum Thema Schöpfung-Evolution-Bewahrung der Schöpfung, verfasst vom Theologen Medard Kehl SJ (damals hatte die SBK noch die Grösse, externe Experten mit der Redaktion zu beauftragen – treibende Kraft hinter dieser Botschaft war Weihbischof Peter Henrici SJ). Sie stiess zumindest innerkirchlich auf einige Resonanz, worauf die Anzahl der damals von Pfarreien bestellten Druckexemplare hinwies. Aber abgesehen von dieser Ausnahme verhallten die Botschaften weitgehend ungehört, was in keinem Verhältnis zum zeitlichen Aufwand der Erarbeitung der Botschaft stand – nicht zu reden vom finanziellen Aufwand für die Drucklegung.
- Konkurrenz durch kantonale Bettagsmandate: in mehreren Kantonen vor allem der Deutschschweiz werden sogenannte ökumenische Bettagsmandate der Kantonalkirchen gemeinsam mit der Kantonsregierung veröffentlicht. Die Botschaft der SBK stand also in mehrfacher Konkurrenz zu diversen kantonalen und kommunalen Bettagsbotschaften, die zudem ökumenisch verankert waren.

Auf Anregung des damaligen Medienverantwortlichen der SBK, Abt Martin Werlen OSB, erteilt die SBK ihrer Medienkommission den Auftrag, eine Alternative zur bisherigen Bettagsbotschaft zu erarbeiten (das war notabene der einzige Auftrag, den die SBK der Medienkommission in der Amtszeit der Autoren je erteilt hat).

3. Neuorientierung

Für die Kommission war klar, dass eine jährliche Botschaft der Bischöfe zu einem gesamtgesellschaftlich relevanten Thema ein christlicher Impuls für die Gesellschaft der Schweiz, die Schweizer Öffentlichkeit, sein muss, keine rein innerkirchliche Botschaft. Dafür gibt es andere Gelegenheiten (Hirtenbriefe zu den Hochfesten oder spezifisch kirchlichen Zeiten wie Advent/Fastenzeit etc.).

Die Voraussetzungen für die Bischöfe, diese Öffentlichkeit am Bettag zu erreichen, sah die Kommission als zu gering an, nicht zuletzt wegen der starken Konkurrenz durch die bestens verankerten ökumenischen Bettagsmandate in den Kantonen.

Ausserdem zeigte sich, dass in vielen Pfarreien am Bettag ökumenische Gottesdienste gefeiert werden. Der Bettag ist – wie im Beispiel Olten – oft «der» ökumenische Sonntag par excellence. Da kann also nicht eine Botschaft der Bischöfe ins Zentrum gerückt werden.

Hinzu kommt die massiv gesunkene Relevanz des Bettags für breite Teile der Schweizer Bevölkerung. Letzteres belegen auch die verschiedenen Wiederbelebungsversuche namentlich freikirchlicher Kreise, wie zum Beispiel die Aktion «Ein Gebet voraus» die auch nur eine sehr begrenzte öffentliche Wirkung hat und 2016 gar ausfällt. Das zeigt eindrücklich: Einfach nur mit frommen Worten ohne aktuellen Bezug schaffen es auch die Freikirchen nicht in die säkularen Medien, obwohl sie zu denen keine Berührungsängste haben und offensiv zu ihren Anlässen einladen.

4. Der Vorschlag der Medienkommission

Die Medienkommission gelangte vor dem skizzierten Hintergrund zu dem folgenden Vorschlag, der einstimmig verabschiedet und auch vom Medienbischof getragen wurde:
- *Neues Datum:* Statt zum Bettag eine Botschaft der Bischöfe zum 1. August! Im Bewusstsein der Mehrheit der Bevölkerung ist das der Tag, an dem man über das Land, die Gesellschaft, die Herkunft, die Zukunft etc. nachdenkt. Ein passender Anlass also für eine Standortbestimmung, auch aus Sicht des christlichen Glaubens.
Seitdem der 1. August ein offizieller Feiertag ist, hat er an Bedeutung

klar gewonnen. Ausserdem kann an diesem Tag das mediale Sommerloch inhaltlich positiv gefüllt werden. Die Bereitschaft der Medien, eine Botschaft der Bischöfe aufzunehmen, wird als gross erachtet. Natürlich nur unter der Bedingung, dass die Botschaft auch mediengerecht formuliert ist.

- *Neue Form:* Kein langer, frommer und mit Bibelzitaten gespickter Text mehr, also kein Hirtenbrief, sondern eine maximal zwei A4-Seiten lange Botschaft – also maximal 5000 Zeichen – in klarer, verständlicher und zeitgenössischer Sprache. Ergänzt mit einem Video zum Thema. Adressat der Botschaft sind die Medien und nicht die Pfarreien oder nur die hauptamtlichen Seelsorgenden! Die sprachliche Redaktion des Textes soll deshalb in enger Zusammenarbeit des Autors mit der Kommunikationsstelle der SBK geschehen; sie soll nach rein journalistischen Kriterien geschehen: also Verständlichkeit, Klarheit, thematische Fokussierung und vor allem auch aktuelle Anbindung an das, was die Menschen und die Öffentlichkeit im Moment bewegt.

  Die Text- und Video-Botschaft soll auch nicht mehr wie ein Hirtenbrief gedruckt, sondern digital aufbereitet und mit Hilfe von Social-Media-Kanälen wie Facebook und Twitter weiterverbreitet und zur Diskussion freigegeben werden.

- *Neues Prozedere:* Keine Botschaft mehr der Gesamt-SBK, welche die Zustimmung aller bräuchte – und deshalb immer an Griffigkeit verliert – sondern die Botschaft eines Bischofs (jährlich alternierend). Der Autor wird aber von der SBK gewählt. Er schlägt erst im Frühjahr – nicht mehr ein Jahr voraus! – ein Thema und einen Grobaufriss der geplanten Botschaft vor, welches in der Versammlung der Bischöfe genehmigt wird. Die konkrete Formulierung steht indes in der alleinigen Verantwortung des Autors. Die Botschaft wird auch so gezeichnet. Ausdrücklich soll die Freiheit bestehen, im Fall dringlicher Aktualität das Thema noch kurzfristig zu ändern. Also ein deutlich weniger formalisiertes Prozedere als früher, das Freiheit für individuelle Akzentsetzung lässt und die mediale Aktualität besser berücksichtigen kann.

- *Neuer Fokus:* Ausdrückliches Ziel der Botschaft zum 1. August ist es, in der Schweizer Öffentlichkeit als eine Stimme zum Zeitgeschehen wahrgenommen zu werden. Der Inhalt der Botschaft wird so formuliert, dass er diesem Ziel dient. Das heisst, der Verfasser der Botschaft muss etwas Eigenständiges zu einem aktuellen Thema zu sagen haben. Damit die Kommunikationsstelle der Bischofskonferenz den Medienschaffenden in den Redaktionen im Vorfeld die Botschaft «verkaufen» kann, muss sie die Botschaft auf den Punkt bringen können. Die Kommunikationsverantwortlichen müssen die Eigenheit des bischöflichen Einwurfs

schlagzeilenfähig machen. Ist diese 1.-August-Botschaft nicht schlagzeilenfähig, kommt sie nicht in die Medien. Egal ob NZZ oder Blick.
Der neue Fokus bedeutet auch das Zulassen der Personalisierung. Mit dem Verfassen der Botschaft ist die Arbeit nicht getan! Der Autor muss in den Tagen rund um den 1. August – und natürlich am 1. August selber – für mediengerechte Auftritte bereit sein (zum Beispiel für TV-Aufnahmen an Locations, die man sich vorher schon überlegt hat und die der Botschaft angepasst sind), für Quotes, Nachfragen, Interviews oder Diskussionsrunden (zum Beispiel Talk Täglich oder ZischtigsClub).

Voraussetzungen für die Umsetzbarkeit
- Kommunikationsfähigkeit: Die neue Form der Ansprache und Vermittlung verlangt von den Bischöfen, sich von ihrem gewohnten Kommunikationshabitus (Predigtstil, ausführlicher und abwägender und differenzierter Hirtenbrief, Insidersprache) zu verabschieden und sich stattdessen auf die Sprache der Medien einzulassen. Ganz natürlich pflegt Papst Franziskus diesen Stil der Kommunikation. Das gelingt ihm besonders gut, weil er sich dafür nicht verstellen muss.
- Beratungsresistenz: Autoren, die diese alltagsnahe Sprache – die auch die Sprache der Medien ist – nicht gewohnt sind, müssen umso mehr bereit sein, sich für ihre 1.-August-Botschaft von Medienexperten beraten und korrigieren zu lassen, sonst kann es in zweifacher Hinsicht ein Desaster werden: Entweder wird der Autor nicht verstanden, weil er wirklichkeitsfremd redet, oder er wird ausgelacht, weil er sich unglaubwürdig anbiedert.
- Präsenz: Das neue Datum verlangt die volle Präsenz der Kommunikations-Fachstelle wie des Autors, auch wenn dies mitten in der Ferienzeit (vor und nach dem 1. August) ist.
- Rückhalt: Damit der Autor, der sich mit seiner Botschaft immer auch ausstellt, nicht plötzlich alleine dasteht, verlangt das neue Prozedere das volle Vertrauen der SBK in den von ihr bestimmten Autor, was unter gegebenen Umständen der Zerrissenheit und der daraus oft folgenden Kommunikationsunfähigkeit der SBK nicht selbstverständlich ist.
- Sprachregionalität: Zu beachten ist auch, dass die mediale Rezeption von bischöflichen Botschaften aus anderen Sprachregionen meist schwieriger ist als bei einer Botschaft der Gesamt-SBK. Wer kennt in der Romandie den Bischof von St. Gallen, welcher Deutschschweizer kennt den Bischof von Lugano?

Vorteile
- Formal: Flexibilität; Möglichkeit, auf Aktualität einzugehen
- Inhaltlich: Präsenz in der breiten Öffentlichkeit durch ein selbst gesetztes Thema oder zumindest durch einen eigenständigen Akzent (aktive, statt nur reaktive Kommunikation)
- Organisatorisch: Entlastung der Bischofsversammlungen durch vereinfachtes Prozedere
- Persönlich: Profilierungsmöglichkeit der einzelnen Autoren
- Medial: Höhere Akzeptanz beim nicht-kirchlichen Publikum dank zeitgemässer Sprache und Form

5. Umsetzung und kritische Evaluation

2011: Botschaft von Abt Martin Werlen, Einsiedeln: «Kirche ist politisch»[1] – im Vorfeld der eidgenössischen Wahlen (= Aktualitätsbezug!) – ein durchschlagender Erfolg. Breite Rezeption in den Medien von SRF über NZZ bis Blick. Viele Interviewanfragen im Anschluss an die Veröffentlichung der Botschaft. Sprachlich und formal eine ideale Umsetzung des Konzepts (kurze, prägnante Botschaft, Aktualitätsbezug, klare Position). Die Botschaft ist so klar, dass sie vereinzelt sogar 1:1 als Gastbeitrag abgedruckt wird, wie zum Beispiel im freisinnigen St. Galler Tagblatt. Auf den Redaktionen wird die neue Herangehensweise lobend wahrgenommen. Motto: «Endlich mischt sich die Kirche wieder in die Gesellschaft ein».

2012: Botschaft von Bischof Markus Büchel, St. Gallen, zum aktuellen Thema Finanzkrise: Geld ist für den Mensch da, nicht der Mensch ein Sklave des Geldes[2].
Anspruchsvolles Thema, klar aktualitätsbezogen. Der Text ist aber schon wieder viel länger und weniger journalistisch und alltagsnah als im Jahr zuvor. Die mediale Beachtung ist automatisch entsprechend geringer als im Vorjahr, aber immer noch gut. Enormer Zeitdruck bei der Umsetzung (vor allem auch beim Video) ist spürbar.

---

1 http://www.bischoefe.ch/dokumente/botschaften/1.-august-2011 (25.02.2017).
2 http://www.bischoefe.ch/dokumente/botschaften/1.-august-botschaft-2012 (25.02.2017).

2013: Botschaft von Bischof Charles Morerod, Fribourg–Lausanne–Genf, zu «Die Stimme der Kirche in der Gesellschaft»[3]. Eine Rechtfertigung, warum sich Bischöfe bisweilen zu ausgewählten gesellschaftlichen Fragen äussern. Zielpublikum: interne Kirchenkritiker. Aber selbst keine eigene Aussage, die für eine erweiterte Öffentlichkeit interessant wäre. Das Thema ist in diesem Sinne zu abstrakt, der Aktualitätsbezug für Otto Normalbürger, aber auch für Otto Normalchrist nicht ersichtlich, und das Ziel der Rede nicht nachvollziehbar. Zudem ist das Ganze wieder in einer klerikalen Sprache. Logische Folge: Nicht mal in der Westschweiz gibt es auch nur die geringste mediale Rezeption. Absolut Null Echo in den Medien. Ziel nicht erreicht.

2014: Botschaft von Bischof Pier Giacomo Grampa, Lugano, zum Thema Identität[4] (im Anschluss an die Masseneinwanderungsinitiative).
    Echo einzig im Tessin. In der Deutschschweiz und in der Romandie keine mediale Rezeption.
    Mögliche Gründe: Viel zu langer Text – und erst noch im klassischen Hirtenbrief-Stil. Das Thema war aber durchaus aktuell und hatte Potenzial. Es hatte auch mutige Aussagen (speziell im Tessiner Kontext), die einer Rezeption in der ganzen Schweiz wert gewesen wären. Hinderlich war nebst der nicht mediengerechten Sprache sicherlich auch der Umstand, dass Grampa in der Deutschschweiz nahezu unbekannt ist. Um medial dennoch wirksam zu werden, wäre eine viel stärkere Fokussierung und Akzentuierung nötig gewesen. Das Potential hätte bestanden. Aber Grampa kam nicht auf den Punkt und die Saat seines wichtigen Inputs zu einem wichtigen Thema verdorrt und geht in den Medien und in den Menschen dieses Landes nicht auf.

2015: Botschaft von Abt Joseph Roduit, Saint-Maurice, über christliche Wurzeln der Schweiz[5]. Wieder klassischer Predigtstil, wieder binnenkirchlich ausgerichtet (angesprochen und ermutigt werden engagierte Kirchenmitglieder). Damals nur bedingter Aktualitätsbezug (jetzt 2016, wo CVP-Präsident Gerhard Pfister das Thema resolut besetzt, wäre das vielleicht wieder anders). Wieder relativ langer Text. Wieder zeitlos, nicht im heutigen Alltag

---

3   http://www.bischoefe.ch/dokumente/botschaften/die-stimme-der-kirche-in-der-gesellschaft (25.02.2017).
4   http://www.bischoefe.ch/dokumente/dossiers/botschaft-der-schweizer-bischoefe-zum-1.-august-2014/ueber-identitaet-zusammenleben-und-abschottung-in-der-schweiz2 (25.02.2017).
5   http://www.bischoefe.ch/dokumente/dossiers/1.-august-2015/botschaft-abt-joseph-roduit-1.-august-2015 (25.02.2017).

konkret verankert. Kaum mediale Rezeption (ein wenig in der Westschweiz wegen des grossen Jubiläums der Abtei Saint-Maurice).

2016: Botschaft von Bischof Felix Gmür, Basel, zum Gotthard[6]. Eigentlich in der Form wieder ein geeigneterer Text: kurz, fokussiert und zumindest von relativer Aktualität im Jahr der NEAT-Eröffnung. Trotzdem keine mediale Rezeption. In der schweizerischen Mediendatenbank SMD findet sich keine einzige Erwähnung seiner Botschaft zum 1. August in einem schweizerischen Medium – jenseits der kirchlichen Publizistik (kath.ch oder Pfarrblätter)! Schlimm, wenn man bedenkt, dass Felix Gmür Bischof der mit Abstand grössten Diözese der Schweiz ist und eigentlich einen relativ hohen Bekanntheitsgrad hat.

Mögliche Gründe des medialen Fiaskos:
- 1. Achtlosigkeit: Wie schon 2015 wird der Text bereits Anfang Juli den Medien zugestellt, damit die Mitarbeiter anschliessend ungestört in die Ferien gehen können. Mehrere Wochen vor einem Ereignis nimmt kein Medium der Welt eine so vorzeitige Botschaft als wichtig und dringlich wahr. Wie schon 2015 gibt es keine aktive Medienbearbeitung unmittelbar vor dem 1. August mehr.
- 2. Falscher Aktualitätsbezug: Wer zu spät kommt, den bestraft das Leben – oder die Medien! Der Gotthard war als Thema im August abgelutscht und die Öffentlichkeit nach der Eröffnungsfeier Anfang Juni mit Merkel & Co total übersättigt. Das hätte die Kommunikationsstelle merken müssen, wenn sie in Kontakt mit den Medienschaffenden gestanden wäre.
- 3. Mutlosigkeit: Die dringende Aktualität ist am 1. August 2016 eine ganz andere: der islamistische Terror nach Nizza, Deutschland und dem Mord an einem Priester in einer Kirche (!) in Frankreich. Wer da nicht aufspringt, klinkt sich selber aus.

6. Fazit

Am 1. August kann eine breite Öffentlichkeit erreicht werden. Man muss es aber auch wollen und sich entsprechend bemühen. Ansonsten kann man problemlos wieder zur Wirkungslosigkeit frommer Worte früherer Bettagsbotschaften zurückkehren. Umgekehrt ist die Stossrichtung der 1.-August-

---

6 http://www.bischoefe.ch/dokumente/botschaften/botschaft-felix-gmuer-1.-august-2016 (25.02.2017).

Botschaft – aussagekräftige und verständliche Worte zur rechten Zeit – über den 1. August hinaus als kommunikative Leitlinie not-wendig. Wer viel zu sagen hat, macht wenig Worte. Ein gezieltes Wort eines Bischofs wäre sicher bei jedem grösseren Ereignis in der Schweiz medial wirksam. Verpasste Chancen gibt es zuhauf. So hätte sich die SBK zum 80. Geburtstag des Papstes mit einer eigenständigen Würdigung seines Wirkens in die Gratulationsartikel der säkularen Medien einbringen können. Zum Beispiel mit der Aufarbeitung der Kapitalismuskritik des Papstes aus Schweizer Sicht, wie dies Odilo Noti, der Kommunikationsbeauftragte der Caritas in der Gewerkschaftszeitung «Work» hervorragend gemacht hat – nicht zuletzt auch als Antwort auf die beinahe im Wochenrhythmus in der NZZ veröffentlichten Attacken gegen den angeblich zu kapitalismuskritischen Papst.

Aber selbst bei Themen, die wie die Amokfahrt auf dem Berliner Weihnachtsmarkt die ganze Welt erschüttern und gerade Christen, die sich für Flüchtlinge einsetzen, ganz besonders herausfordern, lassen uns die Schweizer Bischöfe viel zu lange allein. Und wer am 20. Dezember 2016 – also am Tag nach dem blutigen Ereignis – auf der Homepage der Bischofskonferenz bischöfe.ch oder dem katholischen Internetportal kath.ch nach einem Wort des Trostes sucht, findet nichts von unserer Kirchenführung, nicht mal ein Wort des Mitfühlens oder des Zuspruchs. Gutnacht relevantes Wort der Kirchen. Gleich ob in Olten, Lausanne oder Bellinzona.

Dank, Busse und Gebet

Simone Curau-Aepli

Ein offener Brief zum Bettag
Veröffentlicht in einer Schweizer Tageszeitung

Liebe Leserin, lieber Leser

Letzthin fuhr ich in einer grösseren Schweizer Stadt im Bus. Neben mir sass ein Mann in meinem Alter, der leise redete. Eigentlich haben wir uns ja daran gewöhnt, dass Menschen mit Stöpseln in den Ohren vor sich hin reden und irgendwo mit irgendwem in der Welt kommunizieren. Der Mann im Bus hatte aber weder ein Handy in der Hand noch Stöpsel in den Ohren. Er betete. Und das mitten am Nachmittag, rückwärtsfahrend im Bus.

Ich war beeindruckt von der konzentrierten Haltung des Mannes und von seinem Gebet, für das er nichts weiter brauchte – weder einen besonderen Ort noch ein spezielles Buch. Es war offenbar Zeit zum Beten. Und die hat er genutzt.

«I ghöre äs Glöggli ...»

Die Kirchenglocken rufen auch uns Christinnen und Christen mehrere Male täglich zum Gebet. Nur bedeutet das heute für kaum jemand mehr, die Arbeit zu unterbrechen und tatsächlich zu beten. Und doch schlagen die Glocken (je nach Jahreszeit etwas verschoben) morgens um sechs, mittags um elf, nachmittags um fünf und abends um acht Uhr. Für meine Grossmutter war das «Bättzyt-Glöggli» das, was für ihre Enkelin heute ein Reminder auf dem Handy ist. Die kleine Glocke erinnerte die fromme Frau mehrmals täglich daran, kurz innezuhalten, egal was und wie viel es gerade zu tun gab. Es ging darum, Gottes Segen für das eigene Tagewerk, für die anvertrauten Menschen und Tiere, für Schutz und Frieden für das Land zu erbitten. Je nach Tageszeit oder Lebenssituation betete sie den Englischen Gruss, das Vater Unser oder andere Gebete, die sie kannte und mochte. Manchmal sang sie auch ein ihr vertrautes Lied. Gebetet hat meine Grossmutter viel und ehrfürchtig, weil sie aus eigener Erfahrung wusste, dass wir Menschen unser Heil nicht selber in der Hand haben und letztlich alles Leben Geschenk ist, Geschenk Gottes.

Der Mann neben mir im Bus wird in der Schweiz kaum durch einen Muezzin zum Gebet gerufen, wie ich das in der Türkei erlebt habe. Minarette gibt es nur deren vier, seit 2009 ist der Bau von weiteren verboten. Aber auch die Glocken christlicher Kirchen geben mancherorts zu heftigen Diskussionen Anlass. Anwohnerinnen fühlen sich in ihrer Arbeits- oder Erholungszeit und Hotelgäste in ihrer Nachtruhe gestört.

Ist es denn überhaupt noch angebracht, dass ein Land wie die Schweiz, das die Trennung von Kirche und Staat vertritt, die Bewohnerinnen und Bewohner im öffentlichen Raum zum Gebet auffordert und jährlich zu einem landesweiten Dank-, Buss- und Bettag einlädt?

Ich finde ja, weil eine der Hauptaufgaben des Staates darin besteht, dafür zu sorgen, dass es allen seinen Bewohnerinnen und Bewohnern gutgeht. Und ja, weil ich glaube, dass Menschen, die danken können, glücklichere Menschen sind und dass Menschen, die beten, weniger Angst haben.

Dankbar sein

Danke zu sagen gehört in unserer Kultur einfach dazu. Es kommt wie automatisch über meine Lippen, wenn ich etwas erhalte, sei es das Retourgeld an der Kasse oder das «Gesundheit» nach dem Niessen. Dankbar sein bedeutet aber weit mehr als die verbale Antwort auf ein Geschenk. Dankbarkeit ist letztlich eine bejahende Grundhaltung, die die Fülle des Lebens ausdrückt. Dankbar sein heisst anerkennen und schätzen, was ist. Es ist eine Art Werkzeug, um mir bewusst zu werden, was schön, gut und gelungen ist, was mich auch zufrieden oder gar glücklich werden lässt.

Ich könnte viele Seiten mit Dankesworten füllen über mein Leben in der Schweiz im 21. Jahrhundert und kann all meinen Dank doch auch im einen Satz ausdrücken: Ich bin Gott und vielen Frauen und Männern dankbar, dass ich alles habe, was ich zum Leben brauche. Sogar mehr als alles. So drückt meine Dankbarkeit immer auch aus, dass es nicht selbstverständlich ist, dass alles für mich einfach da ist. Letztlich glaube ich wie meine Grossmutter, dass alles auch Geschenk ist und das, was wir sind und haben, nicht nur unserem eigenen Tun zu verdanken ist.

Busse tun oder Büssen

Bei einer kleinen Umfrage in meinem Bekanntenkreis zum Begriff Busse kam vielen zuerst die Parkbusse in den Sinn, also eine rechtliche Sanktion, wenn gültige Regeln nicht eingehalten werden. Dann wurde oft das persönliche Nicht-Masshalten genannt: Beschwerden wegen Bewegungsmangels bzw. übertriebener Aktivität oder übermässigen Konsums von Genussmitteln, den man anschliessend büssen muss. Büssen also als Tragen der Konsequenzen aus unserem Handeln.

Hätte ich meine Grossmutter gefragt, hätte ich eine andere Antwort bekommen. Busse zu tun war für sie Teil des Glaubenslebens und mit Schuld und Vergebung konnotiert. Es ging darum, das eigene Gewissen ehrlich zu erforschen, die begangene Schuld zu bereuen, Gott um Vergebung zu bitten und das eigene Handeln neu auf seine Gebote auszurichten.

Wenn ich dies auf den vorhin ausgesprochenen Dank für mein gutes Leben in der Schweiz beziehe, wird mir bewusst, dass wir als wohlhabende Menschen – und dazu zähle ich mich auch – mit unserem verschwenderischen Lebensstil Schuld auf uns laden. Wir wissen heute um die weltweiten Verstrickungen und dass ein Zuviel der einen ein Zuwenig für die anderen bedeutet. Für sie, die oft unter prekären Bedingungen schuften, in Erzminen in Ghana, damit unser neues Handy noch schneller funktioniert, auf Sojaplantagen in Brasilien, damit die Hühner in der neu erstellten Pouletfabrik gemästet werden können, in Textilfabriken in Bangladesch, damit unsere Daunenjacken möglichst günstig sind.

Die Konsequenzen für unser unverantwortliches Handeln tragen zum grössten Teil andere. Auch unsere Kinder und Grosskinder werden noch dafür büssen bzw. bezahlen müssen. Seien es die Folgen der Ausbeutung der Rohstoffe und die immer grausamer geführten Kriege darum, die Übernutzung der Böden und die damit verbundenen Umweltschäden oder die sozialen Unruhen und Emigrationswellen in Schwellen- und Entwicklungsländern.

Und doch ändern wir unser Verhalten nicht wesentlich, weder im persönlichen noch im kollektiven Handeln. Wir verbrauchen Unmengen an Ressourcen und sorgen uns nicht wirklich ernsthaft darum, dass alle, mit denen wir wirtschaften und die eine gemeinsame Erde teilen, unter menschenwürdigen Umständen leben und zu fairen Bedingungen arbeiten können. Zu viele Schweizer Konzerne halten die gesetzlich geregelten sozialen und ökologischen Standards in ihren Auslandsgeschäften nicht ein. Das müssen wir ändern, damit unsere Kinder und vor allem die Armen dieser Erde nicht für noch mehr Unrecht büssen müssen, das *wir* verursacht haben!

«Behandle andere so, wie du von ihnen behandelt werden willst»

Die «goldene Regel» drückt eine ethische Grundhaltung aus, die in der Tradition aller grossen Religionen verankert ist. Sie bildet auch die Grundlage unserer Verfassung und der Europäischen Menschenrechtskonvention. Sie drückt aus, dass alles, was wir tun, Auswirkungen auf alle(s) hat!

Simone Curau-Aepli

Der Eidgenössische Dank-, Buss- und Bettag ist eine jährliche Erinnerung, uns als Gemeinschaft über unsere Grundsätze und Werte Gedanken zu machen und auszutauschen. Danken, Beten und Busse tun sind Instrumente, unser persönliches und gemeinschaftliches Handeln zu hinterfragen und zu korrigieren.

Ich wünsche uns, dass wir dies aus Liebe und nicht aus Angst machen, damit das Gute siegen möge, so, wie die folgende Geschichte es so schön schildert.

Zwei Wölfe in uns

Eines Abends erzählte ein alter Cherokee-Indianer seiner Enkeltochter über einen Kampf, der im Menschen vor sich geht. Er sagte: «Mein Kind, dieser Kampf geschieht zwischen zwei Wölfen in uns allen.

Der eine ist: Das Übel = Angst, Zorn, Neid und Eifersucht, Trübsal, Habsucht und Gier, Arroganz, Selbstmitleid und Minderwertigkeitsgefühl, Lüge, falscher Stolz und Überheblichkeit. Der andere ist: Das Gute = Liebe, Freude, Frieden, Hoffnung, Gelassenheit, Demut, Freundlichkeit und Güte, Empathie, Grossmut, Wahrheitsliebe, Mitgefühl und Vertrauen».

Das Mädchen dachte eine Weile lang darüber nach und fragte dann seinen Grossvater: «Und welcher Wolf gewinnt?» Der alte Cherokee antwortete gerade heraus: «Der, den du fütterst.»

Ralph Kunz

Der Bettag als Busstag
Von der Aktualität eines alten Brauchs

1. Der Bettag – seine historische Hintergründe und das Motiv der Busse

Der Eidgenössische Dank-, Buss- und Bettag ist ein religiöser Findling in einer säkularen Landschaft. Man kann das Bild so oder so auslegen: Ein Gletscher hat den Traditionsbrocken in der letzten Eiszeit zurückgelassen. Für manche haben Riten des Kollektivs aus früheren Jahrhunderten – samt ihrem gesetzlichen Schutz – tatsächlich etwas Eiszeitliches. Anderseits ist der tonnenschwere Gast aus dem Alpeninneren dort, wo er gelandet ist, heute eine Rarität. Das verleiht ihm auch eine gewisse Attraktivität. So schnell lässt er sich nicht unterpflügen. Zeitgeist hin oder her – mit Erosion allein ist dem Klotz nicht beizukommen. Man müsste ihn sprengen, um ihn loszuwerden.

Ein zwiespältiger Befund: Der Bettag ist altertümlich, weil und insofern Religion heute als Privatsache angesehen wird, und doch gibt es ihn noch. Im derzeitigen Klima hätte ein Vorstoss, den Eidgenössischen Dank-, Buss- und Bettag abzuschaffen, wohl keine Chance – wobei nicht auszuschliessen ist, dass im einen oder im anderen Kanton die Abstimmung knapp werden könnte. Denn rechtlich gesehen ist der Eidgenössische Bettag – typisch helvetisch! – natürlich eine kantonale Angelegenheit. Das Attribut «eidgenössisch» verweist auf die Geschichte seiner Entstehung und den überkonfessionellen Charakter des Anlasses – mit einer (typisch helvetischen) Ausnahme: dem Genfer Bettag, der am Donnerstag und nicht am Sonntag gefeiert wird. Es käme aber auch in Genf niemandem in den Sinn, den Eidgenössischen Bettag *nur* als kantonale oder reformierte Feier aufzufassen.

So schnell verschwindet der kuriose Bettag also nicht. Die Frage bleibt: Was macht man mit ihm? Was fängt man mit dem Bettag heute an? Ich meine, um über seine Zukunft nachzudenken, muss man sich mit seiner Herkunft befassen, und um seine aktuelle Bedeutung einschätzen zu können, ist auch seine theologische Dimension zu bedenken. Ich will mich dabei auf einen Aspekt konzentrieren und das Thema der Busse aus Sicht der evangelischen Theologie in den Vordergrund rücken[1].

---

1 Wenn in diesem Beitrag vorwiegend von der Busse die Rede ist, ist die Dankbarkeit immer mitgemeint. Ich orientiere mich an: Barth, Evangelium.

1.1 Der Bettag vor dem Hintergrund nationaler Einigungsstrategien

Dass der Bettag im Kern tatsächlich ein kollektiv begangener *Busstag* sein soll, erschliesst sich aus seiner historischen Nähe zur Entstehung des schweizerischen Bundesstaates und den turbulenten Zeiten in der ersten Hälfte des 19. Jahrhunderts. In der jungen Geschichte des Feiertags lassen sich jene Verwerfungen und Vermischungen von Religion, Politik und Kultur finden, die das nationale Motiv erklären und seine Verbindung mit dem Thema der Busse erhellen können[2]. Der Bettag sollte der Einheit und dem (religiösen) Frieden dienen. Ihm eignet in diesem Lichte betrachtet das Mahnende und Warnende, aber durchaus auch Kritische, das in überkonfessioneller Weise mit der Verfassungspräambel «Im Namen Gottes» in Verbindung gebracht wird[3]. Am Bettag wird die Invokation zur Vokation: Gott wird angerufen. Das Volk erinnert sich daran, dass es letztlich *sein Volk* ist und dass sich die Konföderation der Kleinstaaten, die Schweiz genannt wird, letztlich auf *seinen Bund* beruft.

Um das Pathos nachvollziehen zu können, muss man sich zum Vergleich die religiös-politischen Dichtungen aus dem 19. Jahrhundert zu Gemüte führen. Und wird erstaunt feststellen, dass sich die national-religiösen Gefühle aus emotional stark aufgeladenen Bildern nähren. Ein höchst auffälliges Beweisstück ist die Landeshymne. Die Verbindung zum Bettag ist offensichtlich gegeben. Aus gesangsbuchpolitischen Gründen wurde nämlich der Schweizerpsalm als sogenanntes «+Lied» in beiden Gesangbüchern aufgenommen und in der Unterrubrik «Dank-, Buss- und Bettag» eingeordnet – allerdings erst Ende der 1990er Jahre. Die Entscheidung war freilich umstritten. Bei den Reformierten hat sich das kirchenpolitische Gremium, die sogenannte Gesangbuchkonferenz, gegen die fachliche Kommission durchgesetzt[4].

Im Refrain der Hymne werden freie Schweizer zum Gebet aufgerufen, weil ihre fromme Seele Gott im hehren Vaterland ahne[5]. Was ist daran falsch? Der Kritik der Schweizerisch Gemeinnützigen Gesellschaft (SGG), die findet, dieses Pathos passe nicht mehr so recht zur modernen und urbanen Schweiz, werden viele beipflichten[6]. Der Gott, der in der Hymne besun-

---

2   Für dieses Kapitel habe ich einzelne Abschnitte übernommen aus: Kunz, Fest.
3   Zur Diskussion der Gottesformeln vgl. den Beitrag des ehemaligen Bayrischen Ministers und Politikwissenschaftlers Hans Maier, Gottesformeln.
4   Vgl. dazu Marti, Singen 86. Dass solche Entscheide in komplizierten Verfahren demokratisch gefällt werden, ist eine typisch helvetische Errungenschaft.
5   Gesangbuch Nr. 520,1.
6   Zum Text der neuen Landeshymne: http://sgg-ssup.ch/de/new-nationalhymne.html (21.07.2017).

gen wird, ist ein Wettergott mit einer Vorliebe für Abendrot, Nebelflor und Sturmböen. Das ist schwülstige Naturfrömmigkeit.

Allerdings ist zu bedenken, dass eben diese Frömmigkeit im 19. Jahrhundert einen geeigneten «Boden» bot, die damals verfeindeten Kräfte zu vereinen. Nach der Französischen Revolution und den kriegerischen Auseinandersetzungen des Kulturkampfes ging es 1848 mit der Gründung des Bundesstaates auch um die Stiftung einer gemeinsamen nationalen Identität bzw. um die Verpflichtung, unterschiedliche religiöse und sprachliche Kulturen zu einem Staatsgebilde zu vereinen. Die «freien» Schweizer brauchten nach dem Sonderbundskrieg, in dem die Katholisch-Konservativen eine Niederlage erlitten, ein gemeinsames religiöses Ritual, um ihre nationale Identität zu begründen[7].

Es ist natürlich kein Zufall, dass die Alpen zum Symbol für die (scheinbar) heile Welt wurden und sich den innerschweizerischen Wirtschaftsflüchtlingen, die sich in Zürich, Uster und anderswo sammelten, als Projektionsfläche für eine neue nationalreligiös grundierte «Heimat» anboten. Die Bilderwelt des Schweizerpsalms zeigt die enge Verknüpfung zwischen einer als schweizerisch empfundenen (Fest-)Kultur und einer neu entstehenden Naturfrömmigkeit, die als quasi-neutrales Amalgam die konfessionellen Gegensätze überbrücken konnte[8]. Der erste grosse Modernisierungsschub im 19. Jahrhundert war für die Entstehung der volkstümlichen Kultur in vielerlei Hinsicht eine Achsenzeit. Die Kulisse des Alpinen, Ländlichen und Bäuerlichen wurde zum Nährboden einer heimatlichen Festkultur, die im Vereinswesen eine entsprechende Sozial- und Rechtsgestalt gefunden hatte[9]. Religiöse Feiern fungierten gleichsam als kultureller Schmelztiegel und stärkten auch die innere Kohärenz der im Umbruch begriffenen Gesellschaft. Gottesdienstliche Feiern gab es rund um Schwing- und Schützenfeste[10], historische lokale oder regionale Festzüge[11] oder grosse Verbandsanlässe[12].

Wenn sich Religiöses und Brauchtum mit Politischem mischen, liegt es nahe, auch an die Gefahren der Instrumentalisierung des Gottesdienstes zu denken. Wo der Brauch aufhört und der Missbrauch anfängt, wurde in der zweiten Hälfte des 19. Jahrhunderts – mit dem sich zuspitzenden Klassenkampf – zunehmend ein Thema. In den ersten Jahrzehnten des 20. Jahr-

---

7 Merki, Höhenfeuer.
8 Risi, Alltag 7–37.44–65.
9 Vgl. Hugger, Heimatvereine; Jost, Geschichte, sowie Risi, Alltag 72–76.
10 Vgl. dazu Iten, Schwingfest 191; Trachsel, Schwingfeste; Henzirohs, Schützenfeste.
11 Vgl. Hartmann, Festzug 158 ff.
12 Vgl. Leimgruber, Frisch.

hunderts, in den dunklen Jahren, als die Schweiz in den Strudel der Weltkriege hineingerissen zu werden drohte, wuchs das Unbehagen an national- und kulturell-religiösen Verbindungen[13]. Die Schweizer Protestanten waren nicht zuletzt als Stimmführer der Wort-Gottes-Theologie in den deutschen Kirchenkampf verwickelt[14]. Die Theologengeneration nach dem Zweiten Weltkrieg bekundete unter dem Eindruck der ideologisch-theologischen Abwehrschlacht gegen das Natürliche und Volkstümliche lange Zeit Mühe mit der gottesdienstlichen Unterstützung von Wurst-, Schützenverein- und Blaskapellenzeremonien – einer Festkultur, die in den urbanen Gebieten der Schweiz seit den 1960er Jahren im Schwinden begriffen war und von Ausnahmen abgesehen inzwischen weitgehend verschwunden ist.

Vor dem Hintergrund dieser «vereinsreligiösen Festanlässe» hebt sich der Eidgenössische Dank-, Buss- und Bettag in seiner Andersartigkeit ab. Vielleicht hat er sich halten können, weil er im Unterschied zu diesen steifbeinig kirchlich-religiös daherkommt – einerseits in Form eines Schriftstückes, das wie eine erweiterte Predigt gelesen oder verlesen werden kann, und andererseits als Sonntagmorgengottesdienst, der von der Gemeinde gefeiert wird. So bleibt er Findling im doppelten Sinne: als ein Traditionsbrocken, der nach dem Rückzug der kirchlichen Religion im Stadtland liegen geblieben ist, und als ein Manifest eines weltanschaulich neutralen Staatswesens, das an die christliche Gesinnung seiner Bürger appelliert.

1.2 Religiös-soziale Deutung – das Trans- und Internationale als Anlass zur Busse

Das Phänomen und die Herkunft des Bettags können im Lichte vergangener Verwerfungen historisch erklärt werden. Um die Zukunft der Tradition zu begründen, reicht es nicht, die geschichtlichen Hintergründe seiner Entstehung auszuleuchten. Was spricht für ihre Fortsetzung? Es leuchtet nicht (mehr) allen ein, aber es ist eine Tatsache, dass der Bettag am dritten Sonntag im September die Nation an ihre biblischen Wurzeln erinnert. Der Feiertag macht, mit Ernst-Wolfgang Böckenförde zu sprechen, auf die Voraussetzungen aufmerksam, von der der freiheitliche, säkularisierte Staat lebt und die er nicht selbst schaffen kann[15].

---

13 Vgl. Schmidt, Brauch.
14 Vgl. dazu Rusterholzer, Haus.
15 In Anspielung auf das vieldiskutierte Diktum von Böckenförde, Staat 60: «Der freiheitliche, säkularisierte Staat lebt von Voraussetzungen, die er selbst nicht garantieren kann.» Zum Streit darüber, wie das Diktum zu interpretieren ist, vgl. Mehring/Otto, Voraussetzungen.

Es gibt neben rechts- und staatsphilosophischen auch theologische Gründe, ein öffentliches Gedenken bestimmter Voraussetzungen zu bejahen. Am stärksten wiegt m. E. das Argument, dass das Erbe der biblischen Prophetie erinnert wird. Dieses allerdings eignet sich nicht zur Versicherung und religiösen Abstützung der Macht des Staates oder der Kirche. Der Rückbezug ist kritisch und die Erinnerung gefährlich[16]. Das prophetische Gedächtnis führt zur Busse, will heissen zum Bewusstsein, dass jeder Bund von Freien auf Treu und Glauben basiert. Mit der Erinnerung an den Bund aus Gnade werden die Freien auf die moralische Verpflichtung verwiesen, die *sie* eingegangen sind. Und damit kommt zwangsläufig ein transpolitisches Motiv ins Spiel. Ein Staat, der sich auf den biblischen Bund beruft, erinnert sich am Bettag an die Treue Gottes und die Treue zu seinem Gesetz, an die Gerechtigkeit und an gegenseitige Solidarität und an die moralische Substanz des einzelnen Bürgers[17]. Es genügt nicht, nur «Nation» zu sein[18]. In der jüdisch-christlichen Tradition meldet sich auch eine völkerverbindende Sehnsucht nach Gerechtigkeit und Frieden.

Im Bettagslied von Karl von Greyerz kommt dieser universale Zug ausdrucksstark zur Geltung. Der religiös-soziale Pfarrer, Feldprediger und Pazifist dichtete nach dem Ersten Weltkrieg und nach der Machtergreifung Hitlers fünf Strophen zum bekannten Hymnus «Grosser Gott, wir loben Dich». In der bekannten Weise des Lobgesangs von Ignaz Franz singt die Bettagsgemeinde «von unserem Land mit seiner Pracht», lobt die Berge und Fluren als Zeugen der göttlichen Macht, aber anders als die Gemeinde im «schwülstigen Schinken»[19] bittet sie: «Herr erbarm, erbarme Dich / deiner blutbefleckten Erde; / unsre Seele sehnt sich, / dass du sprichst ein neues ‹Werde!› /

---

16 Für Metz, Glaube, ist die «gefährliche Erinnerung» das Fundament einer «politischen Theologie». Ihr Ziel ist das solidarische Subjektwerden der Menschen vor Gottes Angesicht.

17 Diese Verbindung zur Gesinnung des Bürgers (Bürgersinn) betont auch Böckenförde, Staat 60: «Das ist das grosse Wagnis, das er, um der Freiheit willen, eingegangen ist. Als freiheitlicher Staat kann er einerseits nur bestehen, wenn sich die Freiheit, die er seinen Bürgern gewährt, von innen her, aus der moralischen Substanz des einzelnen und der Homogenität der Gesellschaft, reguliert. Anderseits kann er diese inneren Regulierungskräfte nicht von sich aus, das heisst mit den Mitteln des Rechtszwanges und autoritativen Gebots zu garantieren suchen, ohne seine Freiheitlichkeit aufzugeben und – auf säkularisierter Ebene – in jenen Totalitätsanspruch zurückzufallen, aus dem er in den konfessionellen Bürgerkriegen herausgeführt hat».

18 Ein eindrückliches Beispiel aus Kriegszeiten ist die Gwatter Rede von Barth, «Im Namen des Allmächtigen». Dazu näher Kunz, Lebenswelt 223–251.

19 So Marti, Singen 86, über die Landeshymne.

Send uns Kraft und Zuversicht, / die der Waffen Joch zerbricht.» Aus der Ahnung wird ein Sehnen und aus der nationalreligiösen Naturfrömmigkeit ein universales Programm, dass «wir als Menschen uns erkennen, / die sich über Meer und Land / reichen fest die Friedenshand»[20].

Selbstverständlich kann die Sehnsucht nach Frieden genauso «schwülstig» werden wie Alpen- und Gletscherrot-Poesie. Kritische Geister werden im Greyerz'schen Bettagslied eine sozialistische Internationalen-Propaganda erkennen, die nicht frei von Kitsch ist. Die Patina lässt sich nicht übersehen. Dennoch lenkt die religiös-soziale Interpretation den Blick sachgemäss auf den Busscharakter des Bettags und seine älteren historischen und biblischen Vorbilder.

2. Anlass zur Busse – ein historisches Beispiel und ein aktueller Bezug

2.1 Erinnerung an ein verunglücktes Bettagsmandat

Ob das Motiv der Busse in der Geschichte des Feiertages mit den sogenannten «Bettagsmandaten» immer in angemessener Weise zur Geltung gebracht wurde, steht auf einem anderen Blatt. Das ist weniger eine Frage des Inhalts als eine der Form. Die Mandate lassen sich als eine Art zivilreligiöse Ermahnung der Regierung an ihre Bürgerschaft lesen[21]. Sie wurden und werden als obrigkeitliche Pflichterinnerung im religiösen Gewand wohl allenthalben und allenfalls auch von den Schreibenden als Pflichtübung empfunden. Im Unterschied zu Nationalfeiertags- oder Neujahrsreden treten Magistratinnen und Magistraten aber nicht als Redende, sondern als Schreibende auf – oder besser: Sie lassen schreiben. Oder noch besser: Sie lassen schreiben und lehnen das Geschriebene dann ab.

So geschah es 1862 im Kanton Zürich, als ein Staatschreiber mit der Aufgabe betraut wurde, für seine Regierung Worte zu finden, die diese, als sie sie zu lesen bekam, dann doch nicht unterschreiben mochte. Vielleicht weil der Schreiber, Gottfried Keller, als ein bekennender Atheist etwas von der biblischen Substanz des Bettags begriffen hatte?

---

20 Gesangbuch Nr. 518,2.4. Vgl. dazu auch Marti, Singen 87, der schreibt, dass dieser Text «wahrhaftig nicht das Mindeste von seiner Aktualität eingebüsst» habe.
21 Zum Thema «Zivilreligion» und dessen Wurzeln in Rousseaus «Bürgerreligion» vgl. Montenbruck, Zivilreligion 175.

> «Mitbürger! [...] Als die Eidgenossen diesen Tag einsetzten, taten sie es wohl nicht in der Meinung, einen Gott anzurufen, der sie vor andern Völkern begünstigen und in Recht und Unrecht, in Weisheit und Torheit beschützen solle; und wenn sie auch, wo Er es dennoch getan, in erkenntnisreicher Demut für die gewaltete Gnade dankten, so machten sie umso mehr diesen Tag zu ihrem Gewissenstag, an welchem sie das Einzelne und Vergängliche dem Unendlichen und ihr Gewissen [...] dem Ewigen und Unbestechlichen gegenüberstellen wollten»[22].

Aus diesen Zeilen wird deutlich, dass Keller den Bettag als Gewissensprüfung des einzelnen Bürgers «in den Augen des höchsten Richters» verstand. Es gebe, fährt Keller fort, trotz vielem Lob der Völker für das Baumodell der freiheitlichen Bürgerrepublik keinen Grund, sich als Volk etwas darauf einzubilden. Die Bemerkung verdient umso mehr Aufmerksamkeit, als Keller vom «grossen Baumeister» spricht, der das kleine Baumodell auch wieder zerstören könne. Man darf vermuten, dass diese Gerichtsworte dazu geführt haben, seinen Text zurückzuweisen. Verantwortlich für die Abfuhr dürften auch folgende Zeilen sein:

> «Es ist die in Geiz verwandelte Bitte um das tägliche Brot, es ist der Streit um Gewinn und irdischen Vorteil, der unter dem Vorwande ökonomischer Notwendigkeit die ältesten und ersten Grundzüge christlicher Weltanschauung verleugnet und in Strömen Blutes erstickt»[23].

Zu Spannungen könnte auch Kellers Lob der 1862 eingeführten bürgerlichen Gleichstellung der Juden geführt haben.

> «Was unsere kantonale Gesetzgebung betrifft, so dürfte es hier der Ort sein, eines kurzen aber vielleicht folgenreichen Gesetzes zu erwähnen, welches seit dem letzten Bettage geschaffen wurde. Der von Euch erwählte Grosse Rat, liebe Mitbürger, hat mit einigen wenigen Paragraphen das seit Jahrtausenden geächtete Volk der Juden für unsern Kanton seiner alten Schranken entbunden und wir haben keine Stimmen vernommen, die sich aus Eurer Mitte dagegen erhoben hätten. Ihr habt Euch dadurch selbst geehrt und Ihr dürft mit diesem Gesetze, das ebensosehr von der Menschenliebe wie aus Gründen der äussern Politik endlich geboten war, am kommenden Bettage getrost vor den Gott der Liebe und der Versöhnung treten»[24].

---

22 Keller, Bettagsmandate 7.
23 Keller, Bettagsmandate 11.
24 Keller, Bettagsmandate 10.

2.2 Aktueller Bezug: Adolf Muschgs Text «Selbstachtung 2009»

Kellers Text offenbart sowohl den fortschrittlichen Geist der jungen liberalen Republik als auch deren innere kulturelle wie soziale Zerrissenheit, die er für seine Auftraggeber etwas zu offenherzig darlegte. Kellers Versuch, den Gewissenstag zu begehen, war ihnen zu selbstkritisch, zu sozial und zu liberal. So interpretierte Adolf Muschg die Rückweisung und löste mit seiner Analyse eine (kleine) Kontroverse aus. Anlass dazu bot eine Anfrage der Schweiz-Ausgabe der «Zeit», ein eigenes Bettagsmandat zu verfassen. In einem Text mit dem Titel «Selbstachtung 2009» macht Muschg sich über die Gründe der damaligen Ablehnung Gedanken[25]. Dass Keller die Republik sozusagen dem Jüngsten Gericht unterstelle, könnte man noch unter «Bettag» abbuchen. Aber sie werde bei ihm auch als Selbstzweck negiert. Hier, meint Muschg, wurde der Regierungsrat zum Zensor:

> «Ein so radikaler Selbstvorbehalt der Republik durfte von keiner Kanzel verkündet werden. Dabei nahm er [Keller] eigentlich nur den Liberalismus beim Wort. Auch für diesen ist der Staat kein letztes Ding, hat die Verfassung in erster Linie den Sinn, seine Zuständigkeit einzuschränken und die Bürger gegen seine Willkür zu sichern. Aber was für jeden Staat gilt, gilt noch lange nicht für den eigenen; da ist eine Zugabe von Patriotismus gefragt [...] Wer sich vom Volk gewählt weiss, hat wenigstens am Bettag Anspruch auf ein wenig Heiligkeit, auch für seine Geschäfte»[26].

Für Muschg hat Keller diese Scheinheiligkeit durchschaut. Das Streben der Regierung war nicht uneigennützig, der Bürgersinn der Gewählten vom Geschäftssinn getrübt. Muschg sieht Parallelen in der Gegenwart. Keller reagiert prophetisch drohend gegen jeden Versuch, den Staat für das grosse Geschäft zu instrumentalisieren. Damals war es Eschers Kreditanstalt, heute ist es die UBS – sie führt nach wie vor das Gütesiegel «schweizerisch» im Logo.

Der Patriotismus, der sich in Kellers Werken zeige, protestiere – so Muschg – gegen die Instrumentalisierung des Bürgersinns. Das Alterswerk «Martin Salander» sei der «grimmige Abschied von einer Republik, die ihre Substanz und Glaubwürdigkeit durch grenzenlose Profitsucht verspielt hat». Kellers Bettagsmandat habe dem schon an der Wurzel vorbauen wollen. Nicht zuletzt um den berechtigten Patriotismus vor einer Schieflage zu bewahren, in der er seine Selbstachtung verlieren muss.

---

25 Die Kontroverse ist unter http://willensnation.blogspot.ch/2009/09/bettagsmandat-1862-abgelehnt-von.html abrufbar (22.12.2016).
26 Muschg, Selbstachtung.

Muschg erkennt und anerkennt in Kellers Text den Entwurf eines guten Staates, der – und das ist das Bemerkenswerte – nicht ohne Gottesbezug auskommen kann. Natürlich *musste* der Staatsschreiber einen Text schreiben, der auf den Kanzeln der Kirche verlesen wurde, aber er *wollte* nicht auf diesen Bezug verzichten. Muschg fasst das Ganze so zusammen:

> «Der Verfasser des Bettagsmandats hatte einem persönlichen Gott abgesagt – für das Gemeinwesen konnte er ihn nicht entbehren. Die Fragen, die er diesem stellte, und die Frage, in die er es stellte, benötigten eine vertikale Achse der Verbindlichkeit, die er keiner ‹Wertediskussion› ausliefern wollte».

2.3 Warum die Busse wichtig ist

Muschgs Relecture von Kellers Mandat zeigt auf eindrückliche Weise, wie sich im Spiegel eines Bettagsmandats die Verflechtung von Religion, Politik und Kultur zeigt. Über den Umweg ins 19. Jahrhundert wird das Thema der Busse wieder eingespielt und werden «eidgenössische» Schuld-, Verleugnung- und Verdrängungsgeschichten ins Visier genommen[27]. Sie werden entlarvt als Geschichten, die sich nicht mit dem Bewusstsein einer kollektiven Schuld verbunden haben und eine Schweiz vorstellen, die sich weder als Täter noch als Opfer sieht. Es ist eine Schweiz, die meint, sie sei verschont geblieben, weil ihr kleines Baumodell sie vor Schlimmem bewahrt habe. Die Anrufung einer «vertikalen Achse» ist bestenfalls mit Dank verbunden. Sie kann auch zum Gericht werden, das den Stolz der Verschonten, ihre Selbstbezogenheit und ihren Dünkel entlarvt.

Sowohl Keller als auch Muschg sehen das und gehen gleichzeitig in Distanz zur Religion. Sowohl bei Keller als auch bei Muschg wird Gott zum notwendigen «Lückenbüsser», weil er letztlich «auf die Lückenhaftigkeit auch des besten Gesetzes» hinweist. Damit wird die eingangs erwähnte Spannung nicht nur im Horizont einer Säkularisierung gesehen, die keinen Sinn in religiöser Folklore mehr zu erkennen vermag. Die Anrufung Gottes stopft die Löcher in der bürgerlichen Moral nicht – sie offenbart sie.

Aber die tiefere Provokation des Bettagsmandats bleibt seine gottesdienstliche Dimension. Das Kreuz, das Keller mit seinem Staat hat, borgt sich seinen Ernst vom christlichen Passionssymbol, aber es will mit ihm nicht verwechselt werden. Die Verlegenheit an dieser Stelle betrifft auch den Verfasser selbst – mehr als den Regierungsrat, der sich eine fromme Buss-

---

27 Muschg erinnert an die Nichtaufarbeitung der dunklen Seiten der schweizerischen Flüchtlingspolitik in den Kriegsjahren und die Reaktionen auf den «Bergier-Bericht».

predigt zum Bettag wohl hätte gefallen lassen. Tatsächlich hat er Kellers Entwurf auch durch eine solche ersetzt.

Diese kritische Funktion der öffentlichen Religion kann nicht telquel mit der theologischen Bedeutung der Busse identifiziert werden. Busse geht weiter und ist umfassender als eine Lückenbüsserfunktion für das Ungenügen des Gesetzes, die Aufarbeitung von Schuldgeschichten oder die Erinnerung an Voraussetzungen, die der Gesetzgeber nicht garantieren kann. Aber das theologische Verständnis der Umkehr findet hier gleichwohl Anschlussstellen, um *gottesdienstlich* einzuhaken. Zugespitzt gesagt: Der politisch verstandene Gottesdienst hat in der öffentlichen Verkündigung des göttlichen Richtens und Regierens seine Voraussetzung[28]. Denn wenn der «sittliche Wert in den Augen des höchsten Richters» (Keller) als Deutungshorizont präsent bleibt, führt die radikale Botschaft der biblischen Umkehr in ihrer Radikalität zu einem Punkt, der nach einem religiösen Akt ruft. Geht es darum, die *kollektive Seite der Sünde* zu verstehen, zeigen sich die Grenzen einer moralischen Interpretation. Wer nur an das Gewissen des Bürgers appelliert, kann der Vorstellung einer *kollektiven Busse* wenig abgewinnen. Und erst recht muss den Gegnern der Kirche die *Vergebung der Sünde(n)* suspekt vorkommen.

3. Theologie der Busse

3.1 Christengemeinde und Bürgergemeinde

Der gottesdienstliche Akt der Busse leistet in der Verbindung mit Dank und Bitte mehr und anderes als Appelle der Regierung oder Kirchenleitung zu leisten vermögen. An dieser Schnittstelle könnte man die genannten Vermischungen von Religion, Politik und Kultur wieder entmischen und der Predigt die Aufgabe zuschanzen, die Geister zu unterscheiden und das zu sagen, was weltliche Behörden nicht sagen können. Die Predigt wäre so verstanden eine Rede, die sich in erster Linie an diejenigen richtet, die sich in der Kirche versammeln, um Gesetz *und* Evangelium zu hören. Das ist richtig und unterstreicht, warum der Bettag für den Zusammenhalt von Staat und Kirche wichtig ist. Aber es würde den Sinn der kollektiven Busse erheblich verkürzen, wenn man sie nur in dieser Funktion legitimiert und begründet sähe.

Karl Barth hat nach dem Zweiten Weltkrieg und unter dem Eindruck der Katastrophe des Krieges das Verhältnis von Kirche und Staat neu formuliert. Er unterscheidet die Christengemeinde von der Bürgergemeinde. Der Christengemeinde wird eine Verantwortung gegenüber der Bürgergemeinde

---

28 Vgl. dazu die grundlegende Studie von Wannenwetsch, Gottesdienst.

zugemutet und ihre Rolle für die tiefere Provokation der gottesdienstlichen Dimension des Bettags geklärt. Sie bezeugt Jesus Christus und mit ihm die göttliche Rechtfertigung. Sie betet für die Bürgergemeinde und dankt Gott als Christengemeinde dafür, «dass sie – als innerer Kreis inmitten jenes weiteren – im Schutz der Bürgergemeinde existieren darf»[29].

3.2 Was sagt «Busse»?

Wenn die Christengemeinde sich als Gemeinde der Mitbürger eines Gemeinwesens am Bettag zum Gottesdienst versammelt, nimmt sie eine politische Verantwortung wahr. Wie soll sie aber diese Verantwortung wahrnehmen, wenn sie das Wesen der Busse nicht mehr versteht? Wie kann sie ihren Dienst ausüben, wenn *sie* von Sünde und Vergebung nichts mehr weiss? Allgemeiner gefragt: Hat sich das Schuldbewusstsein der breiten Masse in der Postmoderne in einer Weise verflüchtigt, dass Beichte und Busse nur noch einer kleinen hochreligiösen Minderheit etwas sagen[30]? Wäre es nicht höchste Zeit, *in* der Kirche zur Umkehr zu rufen? Oder müsste man die schweren Begriffsbrocken sprengen und unterpflügen?

In der praktisch-theologischen und dogmatischen Literatur der Gegenwart findet man für beide Optionen Fürsprecher[31]. Welchen sprachlichen, seelsorglichen und homiletischen Umgang man mit der schwierigen Semantik der Busse findet, ist gewiss eine Herausforderung, der sich eine hermeneutisch bewusste und theologisch verantwortete kirchliche Praxis nicht entziehen darf. Dass man bei «Busse» zuerst an einen Strafzettel denkt, erleichtert diese Auseinandersetzung nicht.

Mit Sprachkosmetik allein ist es aber nicht getan. Man muss radikaler ansetzen, wenn sich das Schuldbewusstsein im Kollektiv grundlegend verändert hat. Der Rückverweis auf das Ethos des Bürgersinns, wie es im 19. Jahrhundert noch verstanden wurde, ist vielfach unterbrochen. Eigene Schuld wird eher in der Verflochtenheit mit den globalen unheilvollen Prozessen unserer Zivilisation als individuelles Fehlverhalten angesehen. Nicht das Bekenntnis, sondern die Klage und nicht die Vergebung, sondern das Erbarmen werden angerufen[32].

---

29 Barth, Christengemeinde 54.
30 Vgl. dazu Gestrich, Wiederkehr 59 f.
31 Für eine «Sprengung» votiert z. B. Gräb, Lebensgeschichten 214, der eine «Entsubstanzialisierung herkömmlicher theologischer bzw. biblischer Begriffe» fordert.
32 Was durchaus zur Geschichte der Bussfrömmigkeit gehört. Aufschlussreich ist die Entwicklung der Umkehrterminologie im Alten Testament. Vgl. dazu Welten, Busse.

Es ist tatsächlich nicht abzustreiten, dass die individuelle Lebensführung und die überindividuelle Deutungslogik nicht mehr bruchlos zusammenstimmen. Für Dietrich Korsch stellt sich an den damit gegebenen Knotenpunkten eine theologische Aufgabe, die Dogmatik und Praktische Theologie gemeinsam wahrnehmen sollten[33]. Möglicherweise hat, wem «Busse» nichts sagt, nur von ihrem schlechten Ruf gehört. Der Ruf der Busse ist aber der Ruf Gottes. «Es ist Gott selbst, der im Spiegel seiner Gegenwart die Busse fordert – nicht zum Zwecke der blossen Negation des Menschen (und aller Bestimmtheit) überhaupt, sondern in der Absicht, ihn auf sich selbst einzustellen»[34].

3.3 Wenn die Kirche zur Busse ruft

Weil aber dieses helle Verständnis der Busse von der Kirche tausendmal verdunkelt wurde, darf sie, wenn sie im Namen Gottes die Welt zur Busse ruft, die eigene Schuldgeschichte nicht verschweigen. Sie soll sich als Sünderin und nicht als Gerechte zu erkennen geben. Sonst würde ihr Zeugnis unglaubwürdig[35]. Vielleicht muss man es, um der Klarheit willen, schärfer sagen: Immer dann, wenn sich die Kirche selber zur Busse rufen liess, konnte der geistliche Bedeutungsverlust der Busse gestoppt und ihr strahlendes Licht wieder zum Leuchten gebracht werden.

So hat Martin Luther die Heiligkeit der Kirche interpretiert: dass sie sich selbst als grösste Sünderin zu erkennen vermag[36]. Sie ist heilig, weil sie an die Vergebung der Sünden glaubt. Eberhard Jüngel bringt es auf den Punkt: «Sie [die Kirche] würde ihre Heiligkeit verraten, wenn sie von ihrer eigenen Schuld nichts wissen wollte»[37]. Dadurch unterscheidet sich ihre Predigt auch von einer staatlichen Moralpredigt. Sie muss nicht immer anklagen und den Angeklagten auf seine Schuld fixieren. Sie kann die Lebenslüge dadurch aufdecken, dass sie die befreiende Wahrheit der göttlichen Gnade verkündet.

Busse kann in diesem lebensfreundlichen Verständnis nicht auf einen Akt begrenzt werden. Sie ist als Umkehr Hinkehr zu Gott, die immer wieder geschehen muss oder besser: geschehen *darf*. In der ersten Wittenberger These brachte Martin Luther diese neue Sicht der Busse so eindrücklich und einprägsam zum Ausdruck, dass auch der reformierte Theologe sie

---

33 Vgl. Korsch, Busse 250.
34 Korsch, Busse 251.
35 Dazu ausführlicher Kunz, Martyretik.
36 Martin Luther, Predigt vom 9.4.1531, zit. in: Jüngel, Evangelium 294.
37 Jüngel, Evangelium 294.

zitieren muss: «Da unser Herr und Meister Jesus Christus spricht: ‹Tut Busse› usw. (Matth. 4,17), hat er gewollt, dass das ganze Leben der Gläubigen Busse sei»[38].

4. Ausblick

Der weitgehende Verlust der Busse als zentraler Vollzug des Glaubens kostet die Kirche jene religiöse Substanz, die sie als Gegenüber der Bürgergemeinde erkennbar macht[39]. Wenn sie vergisst, dass jeder Gottesdienst ein Bussgeschehen ist, verliert letztlich auch ein Eidgenössischer Busstag seinen Tiefensinn[40]. Das «Wenn» lässt sich so oder so auslegen. Ich neige dazu, die Chance zu betonen. Die Erneuerung der Theologie der Busse fordert die Kirche heraus, ihre Verantwortung als Christengemeinde beherzt und selbstkritisch wahrzunehmen[41]. Wer vom Danken und Bitten redet, darf von der Sünde nicht schweigen[42]. Dass der evangelische Theologe dabei zuerst an die Predigt denkt, werden ihm die katholischen Geschwister nicht verdenken. Wir haben in dieser Frage – Gott sei Dank! – schon längst einen ökumenischen Konsens[43].

Der Eidgenössische Bettag ist in diesem grösseren Kontext besehen auch ein Tag der Ökumene. Er mag den religionskritischen Zeitgenossen wie ein Relikt vorkommen[44]. Umso wichtiger ist es, die Mitbürger daran zu erinnern, dass eine Kultur ohne Relikte von gnadenlosen Mächten umgepflügt werden könnte, die kein Pardon kennen. Wenn es den Findling nicht gäbe, müsste man ihn erfinden. Ein atheistischer Staatsschreiber wusste es noch. Sein Wort in Gottes Ohr:

---

38 Luther, 95 Thesen: Ausgewählte Schriften 1,28.
39 Vgl. Ratzmann, Leben 15.
40 Vgl. Ratzmann, Leben 18.
41 Neuere Arbeiten von jungen Theologen und Theologinnen stimmen zuversichtlich. Ich nenne *pars pro toto* zwei evangelische Arbeiten: Kratzert, Dass das ganze Leben Busse sei (in dieser Dissertation wird der Bogen von Martin Luther zu Henning Luther geschlagen und die Busse für die Frage der fragmentarischen Identität fruchtbar gemacht); stärker auf die gottesdienstliche Busse geht Baschera, Hinkehr zu Gott, ein (die Zürcher Habilitationsschrift vertritt die These, dass die Hinkehr zu Gott eine Grundfunktion des Gottesdienstes sei und es in jedem Gottesdienst darum gehe, neu auf Gott ausgerichtet zu werden).
42 Vgl. dazu Block, Rede.
43 Vgl. dazu Haudel, Versöhnungsverständnis.
44 «Relikt» (lat. relictum; «zurückgelegt», «abgelegt», «zurückgelassen») oszilliert mit Religion und Reliquie.

«Neigen wir uns nun alle vor dem Herrn als ein Volk, das fähig ist des Dankes für Alles, was Er bisher an uns getan, fähig der Reue für seine begangenen Fehler und Misstritte, an denen es Keinem unter uns mangelt, und fähig endlich des festen Vertrauens auf verdiente Hülfe, so dürfen wir hoffen, dass Gott, der Herr, unser teures Vaterland ferner schützen und uns unter den Völkern bestehen lassen werde!»[45]

Literatur

Barth, Karl: Christengemeinde und Bürgergemeinde (1946). In: Ders.: Rechtfertigung und Recht – Christengemeinde und Bürgergemeinde – Evangelium und Gesetz. Zürich 1998, 5–45.

Barth, Karl: Evangelium und Gesetz (1935). In: Ders.: Rechtfertigung und Recht – Christengemeinde und Bürgergemeinde – Evangelium und Gesetz. Zürich 1998, 81–109.

Barth, Karl: «Im Namen des Allmächtigen». In: Ders./Brunner, Emil/Thürer, Georg (Hg.): Im Namen Gottes des Allmächtigen. Zürich 1941, 5–20.

Baschera, Luca: Hinkehr zu Gott. «Busse» im evangelisch-reformierten Gottesdienst. Neukirchen-Vluyn 2016 (Evangelisch-katholische Studien zu Gottesdienst und Predigt 4).

Block, Johannes: Die Rede von Sünde in der Predigt der Gegenwart. Eine Studie zur hamartiologischen Homiletik am Beispiel von Predigten aus dem Internet. Zürich 2012.

Böckenförde, Ernst-Wolfgang: Staat, Gesellschaft, Freiheit. Frankfurt a. M. 1976.

Gesangbuch der Evangelisch-reformierten Kirchen der deutschsprachigen Schweiz, erarb. und hg. vom Liturgie- und Gesangbuchverein der Evangelisch-reformierten Kirchen der deutschsprachigen Schweiz. Basel/Zürich ³2006.

Gestrich, Christoph: Die Wiederkehr des Glanzes in der Welt. Die christliche Lehre von der Sünde und ihrer Vergebung in gegenwärtiger Verantwortung. Tübingen 1989.

Gräb, Wilhelm: Lebensgeschichten, Lebensentwürfe, Sinndeutungen. Eine praktische Theologie gelebter Religion. Gütersloh 1998.

Hartmann, Wolfgang: Der historische Festzug. Seine Entstehung und Entwicklung im 19. und 20. Jahrhundert. München 1976.

Haudel, Matthias: Das evangelische Buss-, Beicht- und Versöhnungsverständnis in ökumenischer Perspektive. In: Kerygma und Dogma 56 (2010) 299–322.

Henzirohs, Beat: Die eidgenössischen Schützenfeste 1824–1849. Ihre Entwicklung und politische Bedeutung. Freiburg i. Ü. 1976 (Dissertationsdruck).

Hugger, Paul: Heimatvereine. In: Ders. (Hg.): Handbuch der schweizerischen Volkskultur. Leben zwischen Tradition und Moderne. Ein Panorama des schweizerischen Alltags. Bd. 1. Zürich 1992, 485–497.

Iten, Andreas: Das Schwingfest. Oberwil bei Zug 1981.

---

45 Keller, Bettagsmandate 31 (Bettagsmandat von 1872).

Jost, Hans Ulrich: Zur Geschichte des Vereinswesens in der Schweiz. In: Hugger, Paul (Hg.): Handbuch der schweizerischen Volkskultur. Leben zwischen Tradition und Moderne. Ein Panorama des schweizerischen Alltags. Bd. 1. Zürich 1992, 467–484.

Jüngel, Eberhard: Das Evangelium und die evangelischen Kirchen Europas. In: Ders.: Indikative der Gnade – Imperative der Freiheit. Tübingen 2000, 279–296.

Keller, Gottfried: Bettagsmandate. Zollikon 2004.

Korsch, Dietrich: Busse. Zur theologischen Rekonstruktion einer religiösen Lebensform. In: Drehsen, Volker (Hg.); Rössler, Dietrich (FS): Der «ganze Mensch». Perspektiven lebensgeschichtlicher Individualität. Berlin 1997, 249–262.

Kratzert, Anne-Helene: Dass das ganze Leben Busse sei. Fundamentaltheologische Überlegungen zu einer Theologie der Busse. Leipzig 2014.

Kunz Ralph: «Über das Leben des Hörers reden» oder: Lebenswelt als Deutungshorizont der Predigt. In: Klie, Thomas/Kumlehn, Martina/Kunz, Ralph u. a. (Hg.): Lebenswissenschaft Praktische Theologie?! Berlin 2011, 223–251.

Kunz, Ralph: Christliches Fest und kulturelle Identität in der Schweiz. Ein reformierter Kommentar. In: Kranemann, Benedikt/Sternberg, Thomas (Hg.): Christliches Fest und kulturelle Identität Europas. Münster 2012, 133–153.

Kunz, Ralph: Neue Martyretik. In: Dürr, Walter/Kunz, Ralph (Hg.): Gottes Kirche re-imaginieren. Reflexionen über die Kirche und ihre Sendung im 21. Jahrhundert. Münster 2016, 39–56.

Leimgruber, Walter: «Frisch, fromm, fröhlich, frei». Die Eidgenössischen Turnfeste im 20. Jahrhundert. In: Schader, Basil/Leimgruber, Walter (Hg.): Festgenossen. Über Wesen und Funktion eidgenössischer Verbandsfeste. Basel 1993, 11–104.

Luther, Martin: Ausgewählte Schriften. Hg. v. Bornkamm, Karin/Ebeling, Gerhard. Bd. 1. Frankfurt a. M. 1982.

Maier, Hans: Gottesformeln. Der Streit um den Namen des Allmächtigen in Verfassungen und Verträgen. NZZ vom 26.11.2011: http://www.nzz.ch/gottesformeln-1.13422961 (07.02.2017).

Marti, Andreas: Singen – Feiern – Glauben. Hymnologisches, Liturgisches und Theologisches zum Gesangbuch der Evangelisch-reformierten Kirchen der deutschsprachigen Schweiz. Basel 2001.

Mehring, Reinhard/Otto, Martin (Hg.): Voraussetzungen und Garantien des Staates. Ernst-Wolfgang Böckenfördes Staatsverständnis. Baden-Baden 2014.

Merki, Christoph: Und wieder lodern die Höhenfeuer. Die Schweizerische Bundesfeier als Hoch-Zeit der nationalen Ideologie. Zürich 1995.

Metz, Johann Baptist: Glaube in Geschichte und Gesellschaft. Studien zu einer praktischen Fundamentaltheologie. München 1992.

Montenbruck, Axel: Zivilreligion. Eine Rechtsphilosophie. I. Grundlegung: Westlicher «demokratischer Präambel-Humanismus» und universelle Trias «Natur, Seele und Vernunft». Berlin 2015.

Muschg, Adolf: Selbstachtung 2009. In: Die Zeit vom 17.09.2009: http://www.zeit.de/2009/39/CH-Bettag (07.02.2017).

Ratzmann, Wolfgang: «... dass das ganze Leben der Gläubigen Busse sei» – evangelisch-lutherisches Buss- und Beichtverständnis zwischen theologischem Anspruch und kirchlicher Wirklichkeit. In: Schlemmer, Karl (Hg.): Krise der Beichte – Krise der Menschen? Würzburg 1998, 12–30.

Risi, Marius: Alltag und Fest in der Schweiz. Eine kleine Volkskunde des kulturellen Wandels. Zürich 2003.

Rusterholzer, Heinrich: «... als ob unseres Nachbars Haus nicht in Flammen stünde». Paul Vogt, Karl Barth und das Schweizerische Evangelische Hilfswerk für die Bekennende Kirche in Deutschland 1937–1947. Zürich 2015.

Schmidt, Leopold: Brauch ohne Glaube. Die öffentlichen Bildgebärden im Wandel der Interpretationen. In: Scharfe, Martin (Hg.): Brauchforschung. Darmstadt 1991, 105–135.

Trachsel, Hans: Denkwürdige Schwingfeste, unvergessene Schwinger. Interessante Begebenheiten aus der Schwingergeschichte von 1929–1974. Thun 1977.

Wannenwetsch, Bernd: Gottesdienst als Lebensform. Ethik für Christenbürger. Stuttgart 1997.

Welten, Peter: Art. Busse. II. Altes Testament. In: Theologische Realenzyklopädie 7 (1981) 433–439.

Karin Schaub Bangert

Lasst uns danken dem Herrn, unserem Gott
Ein christkatholischer Beitrag zum Eidgenössischen Dank-, Buss- und Bettag

Lasset uns danken dem Herrn, unserem Gott.
Das ist würdig und recht.
Wahrhaft ist es würdig und recht, Dir überall und allezeit zu danken ...

Mit diesem kurzen, rituellen Dialog wird die Präfation – der einleitende Gesang zur Erinnerung an das Abendmahl Jesu – in der christkatholischen Liturgie eröffnet.

«Es ist würdig und recht zu danken»: Dieser Gedanke begleitet mich seit Kindesbeinen. Es ist die Antwort der Gemeinde auf die Aufforderung des Priesters oder der Priesterin: «Lasset uns danken unserem Gott!»

Gut möglich, dass sich dieser Gedanke «es ist würdig und recht zu danken» so tief in meinem Herzen festgesetzt hat, dass ich seit Jahren nicht «nur» für einen – in Politik und damit im Volk – verankerten Feiertag plädiere, sondern für gleich drei; einen Sonntag der gemeinsamen Busse, einen des gemeinsamen Betens und – vor allem – einen des gemeinsamen Dankens!

Denn ich bin überzeugt, dass an der ersten Stelle eines gelungenen Dialoges das Danken steht.
– «Ich danke Dir für die Möglichkeit der Begegnung!»
– «Ich danke Ihnen fürs Kommen.»
– «Wir danken Euch für die Einladung.»

Für das Gegenüber und für uns selbst beginnt damit die Begegnung schon einmal wohltuend, denn Dank hat mit Wertschätzung und Aufmerksamkeit zu tun.

Dasselbe gilt für den Beginn eines neuen Tages. Beginne ich ihn in Dankbarkeit, hat er seinen Wert schon bekommen und verstreicht nicht sinnlos.

Die sogenannt lösungs-fokussierte Gesprächsführung hat diese Haltung systematisiert. Am Anfang jeder Begegnung und jedes Gespräches steht der Dank!

Die Grundhaltung der Akzeptanz, die sich dem Dank gegenüber der anderen Person verpflichtet, trägt wesentlich zur Lösungskompetenz bei. Die Orientierung an der Klärung und der Regelung von Konflikten bedarf einer dankbaren Grundhaltung.

Diese Überlegungen sind also ein intensives Plädoyer dafür, nicht aus den Augen zu verlieren, dass nur Menschen, die danken können, Menschen sind, die sich für den Frieden und das Wohlergehen aller einsetzen!

Das Gebet – also das Einbeziehen der göttlichen, geistigen Dimension – und die Bereitschaft auf die eigenen Fehler zu schauen, sind die notwendigen Begleiter der Dankbarkeit. Und dieses Einbeziehen der eigenen Fehler, so werden wir noch sehen, ist eine Form in unserer Zeit von Busse zu sprechen.

Braucht es aber für die Haltung des Dankens einen eigenen, gesetzlich festgelegten Feiertag?

Dies ist wohl die Frage, die sich die Verantwortlichen aus Politik und Kirche oft stellen. Und: Braucht es einen christlich-religiösen Feiertag?

Sicher es gibt Menschen – und es gab sie schon immer –, bei denen solche «von oben verordneten» Feiertage auf Widerstand stossen. Aber es gibt noch mehr andere. Letztlich ist es also eine Frage der Gewichtung. Vielleicht etwas plump ausgedrückt ist es die Frage, ob es in unserer Zeit nicht mehr wichtig ist zu danken, zu bitten und sich selber Rechenschaft über das eigene Handeln abzulegen. Ob es nicht mehr wichtig ist, sich mit den religiösen Wurzeln auseinanderzusetzen und dazu zu stehen, dass wir in einem Land leben, das von der christlichen Ethik geprägt ist?

Mir kommt dazu das Gespräch mit einer jungen Frau in den Sinn, die dem Bettag, wie wir ja oft als Abkürzung sagen, sehr positiv gegenübersteht. Auch wenn sie nicht besonders fromm ist, wie sie betont, versteht sie den Tag nicht als Zwängerei oder als Einmischung von oben, sondern als willkommene Erinnerung, sich mit wichtigen Fragen auseinanderzusetzen. Und, so sagt sie weiter, sie verstehe diesen Tag als *Einladung*, als willkommene Möglichkeit über die Begriffe Dank, Busse und Gebet nachzudenken.

So verstehe ich auch meinen Beitrag zu diesem Feiertag: als Einladung, in Ruhe über die Wichtigkeit eines solchen Tages nachzudenken. Und vor allem den «von oben verordneten Tag» nicht als Zwang, sondern eben als *Einladung* zu verstehen!

Die Verantwortlichen unseres Staates (die nota bene wir gewählt haben) laden ein. Sie laden zu einem Tag ein, an dem nicht Leistung, Stress, Macht und Ohnmacht im Zentrum stehen, sondern der Dank, das Beten und das Nachdenken über das eigene (!) Misslingen.

«Wir danken Ihnen für Ihre Aufmerksamkeit und laden Sie herzlich ein, den 3. Sonntag im September als Tag des Dankes, des Betens und der Rückbesinnung zu gestalten».

So könnte ich mir den Text dieser Einladungskarte vorstellen. Auf der Rückseite fänden die speziellen Festangebote eines jeden Kantons ihren Platz.

Wie bei jeder anderen Einladung bestimmen natürlich die GastgeberInnen das Thema und den Ablauf des Festes.

Wobei zu vermerken wäre, dass Geschenke in Form von Dankbarkeit sehr willkommen sind!

Ich lade Sie, liebe Leserin, lieber Leser, an dieser Stelle ein, sich nun noch speziell mit dem Begriff der Busse zu befassen. Dies vor allem darum, weil ich denke, dass die wachsende Skepsis gegenüber dem Dank-, Buss- und Bettag wesentlich mit dem Begriff «Busse» zu tun hat. Es ist ein Begriff, den wir kaum noch gebrauchen. Und wenn, dann nur in negativen Zusammenhängen. Wir bekommen Parkbussen und werden in allen möglichen Zusammenhängen darauf aufmerksam gemacht, dass wir, bei Übertretungen, «gebüsst» werden. Der Begriff der Busse hängt in unserer Zeit mit Strafe und/oder mit Rache zusammen. Und wer will schon ein Fest feiern, das Strafe oder Rache ins Zentrum rückt? Verständlich also, dass das Echo auf einen Busstag als wie geringer ist – umso mehr, wenn er auch noch «von oben» bestimmt wird.

Verständlich, aber schade! Schade darum, weil Busse im Zusammenhang von Danken und Beten – also im Kontext der christlichen Botschaft – etwas ganz anderes meint. Da geht es gerade nicht um ein Bestraftwerden oder um Rachegedanken. Schon gar nicht geht es um Strafe und Rache Gottes!

Auch wenn – das muss ich leider hier einfügen – sogenannte kirchliche Männer mit diesem negativen Verständnis von Busse in der Geschichte allzu oft gearbeitet haben. Vielleicht auch heute diese Vorstellung als Druckmittel benutzen? Busse als Strafe, um einen zürnenden Gott zu besänftigen. Busse als Mosaikstein innerhalb einer Hochleistungsfrömmigkeit. Diese Entwicklung ging gar so weit, dass die Bussfertigkeit als Voraussetzung für die göttliche Zuwendung verstanden wurde.

Sie gipfelt in der Aussage: Wenn du nicht brav Busse tust, liebt dich Gott nicht mehr! Wahrlich ein dunkles Kapitel der Kirche, das aber mit der Frohbotschaft Christi wenig bis nichts zu tun hat.

So lasse ich dieses Kapitel hier unaufgeschlagen und konzentriere mich auf die spirituelle Tradition des Christentums. In ihr gibt es die Empfehlung, nicht nur einmal im Jahr, sondern am Ende eines jeden Tages «Busse zu tun». Das bedeutet eben gerade nicht, sich zu geisseln oder zu «opfern», um Gott zu besänftigen. Die ursprüngliche Empfehlung wird stets mit dem lateinischen Wort «consideratio» – zu deutsch: Betrachtung oder Erwägung – verbunden.

Das meint: in gelassener Weise betrachten, was sich am zu Ende gehenden Tag alles ereignet hat. Was war wirklich da? Und nicht: Wie hätte es sein müssen?

Nüchtern und liebevoll zugleich schauen, was mir heute gelungen ist und was nicht! Nicht: Wie biege ich mir die Wirklichkeit zurecht?

Die «consideratio» lädt zu achtsamer und realitätsnaher Wahrnehmung ein und fängt bei den einfachsten Dingen an: Ist es mir heute gelungen zu lachen? Vielleicht sogar über mich selber? Ist es mir gelungen, an Schönes zu denken und mich zu freuen? Konnte ich im Umgang mit anderen Menschen dankbar und empathisch bleiben?

Hier haben wir es mit einer Form von Busse zu tun, die nicht das Versagen und die Strafe betont. Auch wenn sie Misslungenes entdeckt, wird diese Form der Busse nicht strafend! Diese Kultur der Busse ist eine wohlwollende Rückbesinnung. Eine Art gütiger Rückschau auf das Tagesgeschehen eines Einzelnen, einer Gruppe oder – wie beim Eidgenössischen Dank-, Buss- und Bettag – eines ganzen Landes. Sie reflektiert nur und bewertet nicht. So kann es zu einer gelassenen Betrachtung sowohl der eigenen Stärken wie der eigenen Fehler kommen.

Der Mystiker Ignatius von Loyola hat diese Art der Busse noch verfeinert. Er schlägt vor, sich am Ende eines jeden Tages zu fragen:

Wann war ich heute Gott nahe? und: Wo konnte ich die göttliche Liebe spüren? Wobei Ignatius die Liebe als Grundkraft des Lebens versteht. Als «das Dienende in allen Dingen»! Ignatius verbindet also das Dienende mit Gottesnähe. Ein hilfreicher Gedanke! All das, was meiner Umwelt und mir dient, bringt mich Gott nahe! So führt uns seine Form der Busse zur Frage: Welche meiner Taten und Gedanken haben meiner Mitwelt, haben mir gedient?

Und weiter: Welche meiner Worte und Handlungen – so lässt es sich weiterentwickeln – haben dem Frieden und der Stabilität unsere Landes gedient? Um diese Form der Busse – und nur um die – muss es auch bei unserem gemeinsamen Festtag gehen! Mit dieser Art von Busse können wir in aller Ruhe erwägen, wie es um unser Land steht. Und unabhängig von den Umtrieben des politischen Alltags darauf schauen: Was ist da? Mit nüchterner Gelassenheit, das anschauen, was wirklich da ist. Persönliche Fantasien oder politische Schwärmereien verlieren ihre suggestive Macht im Angesicht einer solch besonnenen Betrachtung der Wirklichkeit.

Darauf schauen, wie es im schweizerischen Alltag um das Dienende und damit um die Nähe zur Gottesbotschaft und zur Liebe als Grundkraft des Lebens steht.

In der Rückbesinnung auf das Geschriebene danke ich Ihnen, geschätze Leserin, geschätzer Leser, für Ihre Aufmerksamkeit und freue mich auf das gemeinsame Feiern des Dank-, Rückbesinnungs- und Bettags, jeweils am 3. Sonntag im September!

Luzia Sutter Rehmann

Miteinander neu anfangen, immer wieder, Tag und Nacht

Glaube ist nicht «Privatsache»

Mein Nachdenken geht davon aus, dass Glauben Kraft besitzt. Hätten die staatlichen Autoritäten nicht auf diese Kraft vertraut, hätten sie den Kirchen und Religionsgemeinschaften nicht das Mandat zum Brückenbauen gegeben. Von dieser staatlichen Seite her erhalten die Glaubensgemeinschaften also Kredit: Sie werden als Kollektive verstanden, die, wenn sie am gleichen Strick ziehen, etwas bewirken können. Sie können gegeneinander aufhetzen oder sich abfällig äussern und eine Abgrenzungsidentität pflegen. Oder sie können miteinander am gesellschaftlichen Frieden bauen. Glaube ist also nicht einfach «Privatsache», vor allem dort nicht, wo er Menschen verachtet und Unrecht verharmlost.

Glauben ist mehr als eine Haltung. Mit einer Haltung landet man leicht in den bekannten Gräben. Ein politisch engagierter, offener Glaube bewegt sich in Richtung Menschenfreundlichkeit. Er geht auf die Zukunft zu und hält an ihr fest gegenüber allen Untergangsszenarien. Es braucht Kraft, das Mögliche im Unmöglichen zu suchen und auf Veränderung in Richtung mehr Gerechtigkeit und Frieden in einer Zeit des Misstrauens und der Angst hinzuarbeiten. Interessanterweise gibt dieser bewegte Glaube aber auch Kraft.

Glauben ist nicht mit «meinen» und auch nicht mit «für wahr halten» zu verwechseln. Glauben braucht Gespräch und Widerstand, an dem er wachsen kann. Darum ist mir die Bibel wichtig: Sie widersetzt sich unserem Meinen. Sie ist eine Sammlung voller Schriften, die ihre Gedanken neben unsere stellen, ihre Hoffnungen neben unsere Ängste und uns nicht einfach Zustimmung schenken. Es sind im wahrsten Sinne eigensinnige Schriften. Sie zeigen, wie wir Schwarz-weiss-Denken durchbrechen und zu neuen Inspirationen kommen können. Gerade um Grabenkämpfe zu vermeiden, müssen wir die Einteilung der Welt in schwarz und weiss, richtig und falsch loslassen. Wir leben nicht in einer schwarz-weissen, sondern in einer bunten, gemischten, unübersichtlichen Welt. So viele von uns sind «gemischt» – mit Eltern aus verschiedenen Kirchen, mit einem Eltern- oder Grosselternteil aus dem Ausland, viele sind nicht in dem Ort zuhause, wo sie arbeiten. Wir leben Patchwork auf allen Ebenen – wir sind richtig spezialisiert darin und reich an Erfahrungen mit den vielen Bruchstellen, die immer wieder zusammengehalten werden müssen.

Vor diesem Hintergrund öffne ich jetzt die Bibel und nehme den Gesprächsfaden auf, der alle christlichen Konfessionen und die jüdischen Gemeinschaften miteinander verbindet. Vielleicht finden wir das Eine oder Andere, das uns hilft, Orientierung in unserer Patchwork-Welt zu finden.

Anfangen lernen von Gott

Die sogenannte Schöpfungserzählung erscheint mir geeignet, über Konfessions- und Religionsgrenzen hinweg Anregungen zu geben, denn hier geht es um grundsätzliches Werden und Wachsen und vor allem um das Schaffen eines gemeinsamen Raumes, der von Leben wimmelt.

Wenn ich diesen gemeinsamen Lebensraum ins Zentrum stelle, dann verzichte ich allerdings auf die Lesart, dass die Menschen über die Natur und die Tiere nach Belieben herrschen könnten, sowie die Auslegung, dass Adam die Krone der Schöpfung sei und Eva nur seine dienstbare Rippe. Diese Lesarten sind an der Legitimation von Herrschaft interessiert. Sie beinhalten Hierarchien, Dominanz und Machtstreben.

Ich lese den Schöpfungsbericht auch nicht als Behauptung, wie es vor Urzeiten gewesen sein soll. Diese Frage können wir der Naturwissenschaft überlassen. Ich frage danach, wie man anfangen kann. Wie hat Gott eigentlich angefangen, damals, als er begonnen hat? Wie fängt man an, wenn man einen Lebensraum für alle schaffen möchte? Und mich interessiert immer mehr die Frage: Was können wir vom Anfangen Gottes lernen?

Sicher, wir können nicht dasselbe tun wie Gott. Die Menschen sind nicht Gott. Aber der Bibeltext spricht davon, dass die Menschen nach dem Bilde Gottes geschaffen seien, Gott ähnlich. Vielleicht gehört gerade die Fähigkeit, anfangen zu können, zur Gottebenbildlichkeit des Menschen? Ich wünsche mir, dass wir lernen könnten, wie man Raum schaffen kann. Es ist ja so viel einfacher, abzugrenzen, auszuschliessen, Mauern hochzuziehen, Wälder zu fällen, als Raum zu schaffen!

Dabei ist die Bibel gerade darin nicht kleinlich, der neu geschaffene Lebensraum spannt sich weit aus. Er soll tief und hoch gleichzeitig sein, gross genug für alles, was Flügel hat und hoch hinaus will, und für alles, was sich in der Tiefe der Abgründe tummelt und unergründbar ist:

> «Da schuf Gott die grossen Seeungeheuer und jedes sich bewegende Lebewesen, von denen das Wasser wimmelt nach ihren Arten, und alle geflügelten Tiere nach ihren Arten. Und Gott sah: Ja, es war gut. Da segnete Gott sie» (Gen 1,21–22).

Gott segnet alle Lebewesen, sogar die Seeungeheuer! Das blenden wir oft aus. Warum segnet Gott sie? Ist das nicht ein wenig übertrieben? Ich freue mich daran, an Gottes Segenslust, und denke, dass dies eine Ermutigung für mich bedeuten könnte. Alles, was in mir tief verborgen herumwuselt, so wie alles, was beflügelt, was leicht ist, was frei sein möchte – es ist von Gott gesegnet.

Freilich können wir diesen Segen für die Meerestiere auch im Kontext der überfischten Meere hören. Das Artensterben leert den Lebensraum und macht Gott einsam.

Aber wenn wir uns auf die Macht des Anfangens konzentrieren, dann dürfen wir auch die Anfänge nicht für wirkungslos halten, die in den letzten Jahren auf der ganzen Erde entstanden sind: Projekte, die achtsamer mit den Ressourcen umgehen als noch vor wenigen Jahren, die Pestizide zu vermeiden suchen und den ökologischen Fussabdruck verkleinern wollen. Vieles hat sich diesbezüglich verändert in den letzten Jahrzehnten und neue Bewegungen beginnen, den Segen Gottes für alle Lebewesen als Respekt zu verstehen, auch wenn sie sich weder auf die Bibel noch auf andere religiöse Instanzen berufen.

Ja, vielleicht können die Menschen wirklich das, was Gott kann: anfangen. Denn schliesslich sind wir alle, samt und sonders, Gott ähnlich. Vielleicht ist dieses mutige Anfangen, sich für die Lebenswelt einzusetzen, damit sie ein Lebensraum für alle wird, genau das, was Gott zu Beginn der Bibel tut. Er setzt einen Anfang. Er beginnt – und stellt sich Menschen zur Seite, auf dass auch wir beginnen, Raum zu schaffen für alle, die ihn brauchen. Die Gottebenbildlichkeit aller Menschen sehe ich in dieser Fähigkeit, neu anzufangen, aufzubrechen und Altes hinter sich zu lassen.

Gottebenbildlichkeit

Die Gottebenbildlichkeit aller Menschen ist nicht nur Geschenk, sondern auch Mandat und Auftrag. Die Menschenrechte sind eine Ausformulierung dieses Auftrags und zeigen, wie wirksam Glaube ist. Der Respekt den Kleinen und Fremden gegenüber ist biblisch gesehen das Fundament einer zivilisierten Gesellschaft. Und auch daran müssen wir uns heute erinnern.

> «Da schuf Gott Adam, die Menschen, als göttliches Bild, als Bild Gottes wurden sie geschaffen, männlich und weiblich hat er, hat sie, hat Gott sie geschaffen» (Gen 1,27).

Theoretische Gleichheit bezweifelt heute kaum jemand, aber faktische Gleichheit, ganz konkret, in diesem oder jenem Fall – da hört es dann auf mit den Menschenrechten. Ungleicher Lohn von Mann und Frau, Verarmlosung von sexuellen Übergriffen sind nur zwei Beispiele, wie heute die Gleichheit, die im Prinzip anerkannt ist, dem konkreten Gegenüber nicht zugestanden wird. Die Bibel legt hingegen den Finger auf die Gleichheit, Gleichwertigkeit, Gleichgewichtigkeit von männlich und weiblich als erste Aussage über die Menschen überhaupt.

Trotz Ebenbildlichkeit und Gleichheit sehen Menschen unterschiedlich aus. Sie haben unterschiedliche Haare und Formen, Farben und Kleider, Bräuche und Sprachen. Das hat Platz auf der guten Erde, im Lebensraum, der von Gott eröffnet ist. Es braucht keine Verbote gegen einen bestimmten Dialekt oder eine Religion, keine Kulturrevolutionen, die bestimmte Schuhe oder Büstenhalter vorschreiben. Gerade Frauen stehen bezüglich Kleiderverordnungen und Moral immer wieder im Brennpunkt. Woran das liegen mag? Werden die Geschlechter nicht mit demselben Massstab gemessen? Sind die Blicke auf Frauen schärfer, unbarmherziger als auf Männer?

Das erste Wort

Es kommt wirklich darauf an, wie Menschen schauen, in welchem Licht sie andere Menschen anschauen. Ob wir mit Vertrauen oder Misstrauen, mit Angst oder Menschlichkeit jemandem begegnen, ist ganz entscheidend. Die Schöpfungserzählung spricht darum ganz zuvorderst vom «Licht» und sie betont: alles, was da wurde, ist in Gottes gutem Licht entstanden.

> «Da war die Erde Chaos und Wüste, Dunkelheit war da angesichts der Urflut, und Gottes Geistkraft bewegte sich angesichts der Wasser. Da sprach Gott: ‹Licht werde›, und Licht wurde. Gott sah das Licht: Ja, es war gut» (Gen 1,2–4).

Bevor Gott beginnt, die Wassermassen zu bändigen, bevor Gott Sonne und Sterne an den Himmel hängt, als allererstes reflektiert Gott seinen Blick: Wie schaut er auf die Aufgabe, die vor ihm liegt? Und Gott beschliesst, sein gutes Licht über allem aufscheinen zu lassen, die ungestaltete Erde, die alles bedeckende Urflut nicht in schlechtes Licht zu tauchen. Nein, zuerst einmal lässt Gott sein Licht strahlen. Damit eröffnet Gott den Lebensraum.

Gott vertreibt die Finsternis nicht mit gewaltigen Mauern, mit Bomben oder Geschrei, sondern mit einem lichterfüllten Wort. Das Wort vom Licht bindet die Finsternis in den Wechsel von «Tag-und-Nacht». Die Dunkelheit wird zur Nacht, also zu etwas sehr Nützlichem, das sein soll und muss. Von nun an wechseln sich Nacht und Tag ab.

Es ist ein Unterschied zwischen Finsternis und Nacht. Finsternis können wir uns heute als tiefe Ungerechtigkeit zwischen Nord und Süd, zwischen Besitzenden und Armen denken. Wo Finsternis herrscht, scheint nicht die Sonne der Gerechtigkeit, da fehlt das Verständnis für Menschen. In der Finsternis macht uns alles Angst, was anders ist. Diese Finsternis droht, Leben zu zerstören und Menschen nicht zu respektieren. Gott widerspricht dieser Art von Finsternis mit seinem ersten Wort.

Das erste Wort zwischen Menschen – Hallo, wie geht es dir? Wie heisst du? Was brauchst du? Was siehst du? – eröffnet eine Welt. Sobald ein helles Wort da ist, beginnt Vertrauen zu wachsen und man kann sich an etwas halten. Man muss nicht die Sprache von anderen fehlerlos beherrschen, sondern dieses schöpferische Wort suchen, das erstrahlen lässt und Raum schafft. Dann kann man beginnen, gerechte Beziehungen aufzubauen.

An manchen Orten streitet man bis heute darüber, ob die Welt in sieben Tagen erschaffen worden sei. Das kommt daher, dass man diese Tage als Zeitangabe versteht. Ich meine, es gehe nicht um die Zeitdauer – sondern um den pulsierenden Rhythmus von Tag-und-Nacht. Solange Finsternis herrschte, war nur Chaos und Wüste. Erst von dem Moment an, wo Gott sich entschliesst, ein gutes Wort zu sprechen, beginnt etwas zu entstehen. Dieses lichte Wort kommt vor der Sonne, ja vor dem Himmel und vor dem trockenen Land. Es schafft die Voraussetzung, dass der Rhythmus von Tag-und-Nacht beginnen kann. Es verändert die Finsternis, es gibt den Anstoss zu allem Weiteren. In diesem Herzschlag, dem Abwechseln von Nacht und Tag, von Arbeit und Ruhe pulsiert Leben, kann *Schalom* wachsen – der Friede, der Zukunft ermöglicht.

Franziska Loretan-Saladin

Der Bettag als Beitrag zur Integration
Eine aktuelle Perspektive

Der Bettag steht irgendwie fremd und quer im Feiertagskalender. Er ist kein kirchlicher Feiertag wie Ostern, Pfingsten, Weihnachten und kein Heiligenfest wie St. Nikolaus. Der Bettag ist aber auch ein spezieller weltlicher Feiertag, da er mit dem Danken, Beten und Büssen doch einen religiösen Inhalt hat, anders als der Nationalfeiertag am 1. August. Zudem zählt er zu den in der ganzen Schweiz begangenen hohen Feiertagen, anders als etwa der nur in einzelnen Kantonen arbeitsfreie «Tag der Arbeit» am 1. Mai. Was also tun mit diesem Fremdling?

1. Historische und aktuelle Anlässe und Zielsetzungen

Ursprüngliche Absicht
Die Gründerväter des Bundesstaates legten den Eidgenössischen Dank-, Buss- und Bettag 1848 als gesamtschweizerischen Feiertag fest. Dahinter stand eine staatspolitische Absicht, galt es doch die nach dem Sonderbundskrieg bestehenden tiefen Gräben zwischen politischen Parteien und Konfessionen zu überwinden. Die gemeinsame Feier des Bettags sollte die Besinnung auf das Verbindende und den Respekt vor politisch und religiös Andersdenkenden fördern. Wenn auch Anordnung und inhaltliche Gestaltung des Bettags von Anfang an Sache der Kantone bzw. der Kirchen blieben[1], bedeutete dieser gemeinsame Feiertag ein starkes Symbol der Integration von katholisch und protestantisch geprägten, liberalen und konservativen Kantonen, wobei die Grenzen zwischen Konfessionen und Parteien nicht immer übereinstimmend zu ziehen waren.

Neuere Initiativen
Die Notwendigkeit, die Schweiz mit einem religiös geprägten Feiertag zu einen, schien spätestens nach dem 2. Weltkrieg nicht mehr gleich dringlich. Als nationaler Feiertag hat sich in der Bevölkerung der 1. August – aufgrund einer Volksinitiative seit 1993 ein arbeitsfreier Feiertag – mit der Erinnerung

---

1 Vgl. u. a. Conzemius, Bettag.

an den Gründungsmythos der Schweiz durch die drei Urkantone im Jahr 1291 stärker als Fest der Zusammengehörigkeit etabliert.

Andere verbindende Inhalte wurden auf den Bettag verlegt. Einer davon ist die Dankbarkeit und Sorge für die Schöpfung, was sich in den verschiedenen gesamtschweizerischen und kantonalen Initiativen zur Einführung eines autofreien Bettags zeigte. Da und dort wird der Bettag als Erntedank oder als spezieller Anlass im Rahmen der ökumenischen Aktion «SchöpfungsZeit» gefeiert, wie dies die Schweizer Kirchen seit der Dritten Europäischen Ökumenischen Versammlung von Sibiu (2007) für den Monat September empfehlen[2].

An diversen Orten der Schweiz finden am Bettag seit einigen Jahren interreligiöse Feiern oder interkulturelle Begegnungen statt. Der Interreligiöse Arbeitskreis im Kanton Thurgau begründet die vom Arbeitskreis organisierte interreligiöse Feier mit folgenden Worten:

> «Religionsfreiheit und Toleranz sind wichtig für den Frieden, auch für den Frieden unter den Religionen. Der Eidgenössische Bettag ist eine Gelegenheit, sich auf die allen Religionen gemeinsamen Werte zu besinnen und so einen Beitrag zur Integration zu leisten. In einer interreligiösen Bettagsfeier aufeinander zu hören, ist ein Schritt auf dem Weg der Begegnung und der Verständigung»[3].

Einen Beitrag zur Integration zu leisten: Dies war schon in der Mitte des 19. Jahrhunderts das staatspolitisch erklärte Ziel des in der ganzen Schweiz zu begehenden Feiertages. Integration ist auch das Stichwort, unter dem ich meine aktuelle Perspektive zum Bettag entfalten möchte.

Es geht mir dabei zunächst um die Frage, was ein Feiertag wie der Bettag zur Integration in der Schweiz beitragen kann. Danach sollen ein paar wenige Überlegungen angestellt werden, wie sich ein solcher «Tag der Integration» umsetzen liesse.

---

2   Vgl. http://www.oeku.ch/de/schoepfungszeit.php (27.06.2017).
3   http://www.thurgau-interreligioes.ch/9-interreligioese-veranstaltungen/51-interreligioese-feier-zum-eidgenoessischen-dank-buss-und-bettag-2016 (27.06.2017). Die Feier im Jahr 2016 zum Thema «Vertrauen» fand in der Albanischen Moschee in Kreuzlingen statt.

2. Ein Beitrag zur Integration

Damit das gesellschaftliche Zusammenleben und die Integration verschiedener Religionen und Weltanschauungen in der Schweiz auch heute gelingen, braucht es Instrumente und Symbole der Verständigung über die gemeinsame Basis dieses Zusammenlebens. Der Bettag könnte als Tag des Innehaltens für Glaubende und Nicht-Glaubende dazu einladen, die verbindenden Normen und Werte vor dem Hintergrund der je eigenen Begründungen ins Zentrum zu stellen.

Der Bettag ist also ein Tag, an dem – mit einem Begriff des politischen Philosophen John Rawls gesprochen – das Bewusstsein eines «Overlapping Consensus»[4] in den Fragen des gesellschaftlichen Zusammenlebens im Zentrum steht und symbolhaft sichtbar wird.

Grundrechte
Recht auf Leben und persönliche Freiheit, Recht auf Bildung, Recht auf Ehe und Familie, Rechtsgleichheit, Gleichberechtigung und Diskriminierungsverbot, Glaubens- und Gewissensfreiheit – all diese und weitere Grundrechte stehen gemäss Bundesverfassung der Schweizerischen Eidgenossenschaft den Bewohnerinnen und Bewohnern der Schweiz zu[5]. Mit enthalten sind auch die Achtung und der Schutz der Menschenwürde (Art. 7) sowie das soziale Recht auf Hilfe in Notlagen (Art. 12)[6].

Die Bundesverfassung bildet die rechtlich verbindliche Grundlage für jede Gesetzgebung und damit auch für die Gestaltung der Politik und des Zusammenlebens in der Schweiz[7]. Mit den darin enthaltenen Grundrechten hat sie neben der rechtlichen Bindung auch eine normative Kraft. Darauf weist etwa die Aussage in der Präambel der Bundesverfassung hin, «dass die Stärke des Volkes sich misst am Wohl der Schwachen».

---

4 Vgl. Rawls, Liberalismus 16, Anm. 7.
5 Vgl. Bundesverfassung der Schweizerischen Eidgenossenschaft vom 18. April 1999, vor allem 2. Titel, 1. Kapitel: Grundrechte (Art. 7–36 BV).
6 Art. 12 BV im Wortlaut: «Wer in Not gerät und nicht in der Lage ist, für sich zu sorgen, hat Anspruch auf Hilfe und Betreuung und auf die Mittel, die für ein menschenwürdiges Dasein unerlässlich sind».
7 Über die nationale Verfassung und Gesetzgebung hinaus sind für die Schweiz auch die Europäische Menschenrechtskonvention (EMRK) sowie die beiden internationalen Pakte über wirtschaftliche, soziale und kulturelle Rechte sowie über bürgerliche und politische Rechte bindend. Vgl. Kley, Menschenrechte, Abschnitt 3: Universeller und regionaler Menschenrechtsschutz.

Menschenwürde

Grundlage für die Entwicklung und Formulierung solcher rechtlicher und ethischer Normen ist die Achtung und der Schutz der Würde aller Menschen[8]. Das Prinzip, dass die Würde der Menschen unantastbar und zu schützen ist, findet sich als Fundament in verschiedenen, vor allem europäischen Verfassungstexten. Sie folgen damit der «Allgemeinen Erklärung der Menschenrechte» von 1948 (AEM), in der die Menschen*würde* und die Menschen*rechte* in Art. 1 gleichgestellt sind und die Grundlage bilden für die nachfolgend aufgeführten Rechte[9].

In der Auseinandersetzung mit der antiken Tragödie *Antigone* von Sophokles hat sich mir ein Zugang zur seit alters her universal begründbaren Würde jedes Menschen – sogar über den Tod hinaus – eröffnet. Die Schutzbedürftigkeit des Menschen aufgrund seiner Sterblichkeit und Verwundbarkeit steht in dieser Tragödie in Konkurrenz mit der politischen Macht. Auch wenn sich die politische Macht im Stück durchsetzt, stellt Sophokles das Ringen um den Schutz des Menschen und dessen Würde allein aufgrund des Menschseins ins Zentrum[10].

Worum es in diesem Stück geht:

Die Brüder Eteokles und Polyneikes vereinbarten nach dem Tod ihres Vaters, König Ödipus, sich die Herrschaft über Theben zu teilen: Jeder sollte abwechslungsweise ein Jahr König sein. Da Eteokles die einmal ausgeübte Königsmacht nicht wieder hergeben mag, kommt es zum Streit und schliesslich zum Kampf zwischen den Brüdern, in dem diese sich gegenseitig töten. An deren Stelle übernimmt Kreon, der Onkel der Brüder, die Krone und lässt seinen Neffen Eteokles den Sitten gemäss bestatten. Der zum Angreifer gewordene Polyneikes aber bleibt vor den Toren der Stadt liegen, denn Kreon verbietet dessen Begräbnis. Antigone, die Schwester der beiden Gefallenen, kann die Entscheidung des neuen Königs nicht mitansehen. Aus Schwester-

---

8 Daher darf niemand diskriminiert werden aufgrund von Herkunft, Rasse, Geschlecht, Alter, Sprache, sozialer Stellung, Lebensform, religiöser, weltanschaulicher oder politischer Überzeugung: vgl. Art. 8, Abs. 2 BV.
9 «Alle Menschen sind frei und gleich an Würde und Rechten geboren»: Art. 1, AEM: http://www.ohchr.org/EN/UDHR/Pages/Language.aspx?LangID=ger (27.06.2017).
10 Meine Auseinandersetzung mit Antigone verdanke ich der Mitwirkung bei der *Inspiration*, dem Ökumenischen Gottesdienst zum Stück *Ödipus Stadt*. Theben-Trilogie nach Sophokles, Euripides, Aischylos in einer Bearbeitung von John von Düffel (gespielt am Luzerner Theater im Herbst 2016) am 2. Oktober 2016 in der Matthäuskirche, Luzern.

liebe und Pietät ist sie bereit, König Kreons Gesetz zu übertreten und ihren Bruder zu begraben. Im Streit mit Kreon beruft sich Antigone auf «der Götter ungeschriebne / und ewig gültige Gesetze»[11]. Diese stehen für sie über dem Befehl des Königs.

In der antiken Tragödie verkörpern die auftretenden Figuren unterschiedliche Positionen, um die im damaligen Staatsgebilde gerungen wurde. Damit entfaltet der Dichter Sophokles das Rechtsdenken im Athen des 5. Jahrhunderts vor Christus und reflektiert Grundwerte der Gemeinschaft. So beruft sich Antigone in Sophokles' Stück auf ungeschriebene Gesetze, die weder von Zeus noch von Dike stammen. «Denn sie bestehn nicht erst seit heute oder gestern: / die leben schon seit je, und keiner weiss, wann sie zuerst erschienen»[12]. Weil die Menschen sterblich und hilfsbedürftig sind – selbst im Tod noch –, leuchten diese ungeschriebenen Gesetze unmittelbar ein und stehen allen Menschen zu. Sie sind «Naturrecht», wie man später sagen wird[13].

In ihrer Botschaft zum Internationalen Tag der Menschenrechte am 10. Dezember 2016 betonen die drei Landeskirchen der Schweiz:

> «Die Würde ist kein Merkmal des Gemachten, sondern ausschliesslich des Gegebenen. Dem Geschöpflichen den Titel der Würde zuzusprechen fordert uns nicht dazu auf, es nach unseren Vorstellungen zuzurichten, sondern vor Verletzung und Missachtung zu schützen»[14].

Konkret mahnen die Kirchen die Notwendigkeit einer gerechten Verteilung der Ressourcen dieser Erde an und weisen auf die Bedrohungen durch den Klimawandel hin. Auch in diesen Fragen steht die universal geltende Würde aller Menschen auf dem Spiel! «Weil kein Mensch seine Würde selbst garantieren kann, gilt Würdeschutz immer der und dem Anderen»[15].

---

11 Sophokles, Antigone 23 f. Ähnlich erwirkt in 2 Sam 21 die Prophetin Rizpa das Begräbnis der von König David getöteten Gibeoniter, indem sie in Trauerkleidung schweigend bei den Toten wacht und sich damit der Entwürdigung der Getöteten entgegenstellt. Sie handelt gemäss der Weisung der Tora, dass Gestorbene – und seien es Verbrecher, die durch Todesstrafe umgekommen sind (Dtn 21,22 f.) – ein Recht auf Bestattung haben; vgl. Metzler, Recht 304–310.
12 Sophokles, Antigone 24.
13 Hier kann nicht auf die wechselvolle und konfliktreiche Geschichte des Naturrechts eingegangen werden. Vgl. dazu z. B. Höffe u. a., Naturrecht.
14 Zwischen Machen und Lassen 2.
15 Zwischen Machen und Lassen 2.

«Overlapping Consensus»

Die Auseinandersetzung um die Gestaltung des Rechts und die Verbindlichkeit von Menschenwürde und Menschenrechten stehen im Alltag nicht unbedingt auf der Tagesordnung. Für ein friedliches Zusammenleben genügt es gemäss John Rawls in der Situation des Pluralismus jedoch nicht, die demokratische Ordnung einfach als Modus Vivendi zu anerkennen. Die Bürger und Bürgerinnen sollen diese Ordnung «als Mitglieder eines vernünftigen übergreifenden Konsenses akzeptieren»[16]. Zu einem solchen Konsens gehört es, dass jede Religions- und Weltanschauungsgemeinschaft aufgrund ihrer je eigenen Lehre eine Begründung für diese gemeinsame Ordnung formuliert[17].

Darin liegt eine Spannung, die viele Diskussionen um gemeinsame Werte in der zunehmend auch religiös und weltanschaulich pluralen Schweiz mit prägt.

Könnte der Eidgenössische Dank-, Buss- und Bettag ein Anlass dafür sein, dass sich staatliche und nichtstaatliche Akteure wie die Kirchen, Religions- und Weltanschauungsgemeinschaften in unserem Land, als Institutionen und als einzelne Mitglieder, mit den für das Zusammenleben unabdingbaren Grundlagen und Werten auseinandersetzen? Impulse dazu könnten von staatlicher (eidgenössischer oder kantonaler) und kirchlicher Seite her kommen. Im Folgenden sollen ein paar wenige Möglichkeiten dazu skizziert werden.

3. Umsetzungsmöglichkeiten

Vergleichbar mit den in bewegenden Tragödien geführten Wertedebatten der Athener Polis (z. B. Sophokles) könnten Kulturschaffende im zeitlichen Umfeld des Bettags mit den Mitteln ihrer Kunst Grundwerte darstellen oder ins Gespräch bringen, die das Zusammenleben in der pluralen Gesellschaft tragen: durch Ausstellungen, durch Theater-, Tanz- und Musikstücke, durch Lesungen usw.

Danken, Busse tun, Beten – dies geschieht vornehmlich in Worten. Wie dies in verschiedenen Religionen klingt, könnte Gesprächsthema an interreligiösen Veranstaltungen sein. Selbstverständlich könnten neben den Worten auch die verschiedenen Sinne angesprochen werden, durch gemeinsa-

---

16 Rawls, Politischer Liberalismus 36.
17 Ein gutes Beispiel, wie die universale Gültigkeit der Menschenwürde christlich begründet werden kann, ist für mich die erwähnte Verlautbarung «Zwischen Machen und Lassen» der Schweizer Kirchen.

mes Singen und Tanzen bis hin zum Geniessen von vielfältigen kulinarischen Gerichten aus den unterschiedlichen Kulturen. Zu den Anlässen dieser Art würde ich auch die oben erwähnte interreligiöse Feier im Kanton Thurgau zählen[18].

Jugendliche (und Erwachsene) könnten ermuntert werden, einzelne Werte in Form von Poesie neu zur Sprache zu bringen, tapfer und unerschrocken, wie dies beispielsweise die Dichterin Hilde Domin in vielen ihrer Gedichte tat. Vorgetragen werden könnten die Werke beispielsweise an einer Lesung. Das Thema der Grund- und Menschenrechte könnte sich für einen Poetry-Slam eignen.

Der Fantasie sind keine Grenzen gesetzt für weitere Ideen. Die ursprüngliche Absicht, mit dem Eidgenössischen Bettag einen Beitrag zur Integration in unserem Land zu leisten, müsste der Notenschlüssel für all diese Ideen sein. Damit jede und jeder von seinem und ihrem religiösen und weltanschaulichen Standpunkt aus begründen und schützen kann, was alle in diesem Land Wohnenden verbindet.

Ein Gedicht von Hilde Domin soll als poetisches Beispiel am Schluss dieser Gedanken stehen:

«Drei Arten Gedichte aufzuschreiben (3)

Ich will einen Streifen Papier
so gross wie ich
ein Meter sechzig
darauf ein Gedicht
das schreit
sowie einer vorübergeht
schreit in schwarzen Buchstaben
das etwas Unmögliches verlangt
Zivilcourage zum Beispiel
diesen Mut den kein Tier hat
Mit-Schmerz zum Beispiel
Solidarität statt Herde
Fremd-Worte
heimisch zu machen im Tun

---

18 Vgl. http://www.thurgau-interreligioes.ch/9-interreligioese-veranstaltungen/47-dank-buss-und-bettag-2015 (27.06.2017).

Mensch
Tier das Zivilcourage hat
Mensch
Tier das den Mit-Schmerz kennt
Mensch Fremdwort-Tier Wort-Tier
Tier
das Gedichte schreibt
Gedicht
das Unmögliches verlangt
von jedem der vorbeigeht
dringend
unabweisbar
als rufe es
‹Trink Coca-Cola›»[19]

Literaturverzeichnis

Bundesverfassung der Schweizerischen Eidgenossenschaft vom 18. April 1999, Systematische Rechtssammlung 101: https://www.admin.ch/opc/de/classified-compilation/19995395/index.html (27.06.2017).

Conzemius, Victor: Art. Bettag. In: Historisches Lexikon der Schweiz, Version vom 20.03.2015: http://www.hls-dhs-dss.ch/textes/d/D10106.php (27.06.2017).

Höffe, Otfried/Demmer, Klaus/Hollerbach, Alexander: Art. Naturrecht. In: Görres-Gesellschaft (Hg.): Staatslexikon. Recht – Wirtschaft – Gesellschaft. 7. Auflage. 3. Band. Freiburg i. Br. 1987, 1296–1318.

Kley, Andreas: Art. Menschenrechte. In: Historisches Lexikon der Schweiz, Version vom 18.8.2009: http://www.hls-dhs-dss.ch/textes/d/D13979.php (27.06.2017).

Metzler, Luise: Das Recht Gestorbener. Rizpa als Toralehrerin für David. Münster 2015.

Rawls, John: Politischer Liberalismus. Frankfurt a. M. 2003.

Sophokles: Antigone. Tragödie. Übersetzung, Anmerkungen und Nachwort von Kurt Steinmann. Stuttgart 2013.

Zwischen Machen und Lassen. Zur Unverfügbarkeit der menschlichen Würde. Verlautbarung des Schweizerischen Evangelischen Kirchenbundes, der Christkatholischen Kirche der Schweiz und der Schweizer Bischofskonferenz zum Menschenrechtstag 2016: http://www.kirchenbund.ch/de/menschenrechtstag (27.06.2017).

---

19 Domin, Hilde: Drei Arten, Gedichte aufzuschreiben. Aus: dies.: Gesammelte Gedichte. © S. Fischer Verlag GmbH, Frankfurt a. M. 1987, 335 f.

Ökumenische und interreligiöse Bettagsfeier

Christoph Sigrist

Der Bettag im interreligiösen Gebetsraum

1. Eine persönliche Erfahrung und ein politisches Erbe

Am Bettag strömen mehr Menschen in die Kirchen als an jedem anderen Tag[1]. Am Bettag äussern sich Politiker und Politikerinnen vermehrt zu religiösen Themen. Am Bettag werden in den Medien häufiger als sonst öffentliche Debatten über (christliche) Werte und deren Begründungen in einer pluralen Gesellschaft geführt. Der Bettag – so wie er aktuell in der Schweiz gefeiert wird – kann als signifikanter Ausdruck von Zivilreligion verstanden werden, einer Art und Weise religiöser Ausdrucksform einer Gesellschaft, wie sie der bekannte Philosoph Hermann Lübbe definitorisch beschreibt:

> «Zivilreligion ist das Ensemble derjenigen Bestände religiöser Kultur, die in das politische System faktisch oder sogar förmlich-institutionell, wie im religiösen Staatsrecht, integriert sind, die somit auch den Religionsgemeinschaften nicht als ihre eigene interne Angelegenheit überlassen sind, die unbeschadet gewährleisteter Freiheit der Religion die Bürger unabhängig von ihren konfessionellen Zugehörigkeitsverhältnissen auch in ihrer religiösen Existenz an das Gemeinwesen binden und dieses Gemeinwesen selbst in seinen Institutionen und Repräsentanten als in letzter Instanz religiös legitimieren, das heisst auch im religiösen Lebensvollzug anerkennungsfähig darstellen»[2].

Kirchenräume gehören als «öffentliche Zeichen der Religion»[3] zu diesem Ensemble von Beständen religiöser Kultur in einem Gemeinwesen. Kirchen, Moscheen, Synagogen und Tempel sind gebaute Texte und Ausdrucksformen ihrer je eigenen Glaubens- und Religionstexturen und stellen in der Tat ein Gemeinwesen im religiösen Lebensvollzug anerkennungsfähig dar. Eine Ausdrucksform solcher Darstellung ist der persönliche Besuch im Kirchenraum. Eine zweite, signifikant schweizerische Form ist das sogenannte Bettagsmandat.

---

1 Vgl. auch die grundlegenden Ausführungen zum Bettag als einem Ausdruck von Zivilreligion, die ich in anderem Zusammenhang beschreibe und die diesem Aufsatz zugrunde liegen: Sigrist, Gebet.
2 Lübbe, Religion 321.
3 Erne, Räume 57.

Eine persönliche Erfahrung aus dem Grossmünster, meiner Wirkungsstätte als Pfarrer seit bald 15 Jahren: Im vom Kirchenraum gesonderten Gebetsraum, der 12-Boten-Kapelle, traf ich an einem Freitagnachmittag einen jungen Mann an, der seinen Gebetsteppich auszurollen begann. Einer Person, die sich mir anvertraut hatte und die in der Klinik von suizidalen Gedanken geplagt wurde, hatte ich mit einer SMS versprochen, beim Taufstein eine Kerze anzuzünden und für sie zu beten. Als ich nun dort in der 12-Boten-Kapelle am Taufstein stand, kamen der junge Mann und ich ins Gespräch: Er war Mitarbeiter einer Firma und hatte keine Zeit, das Mittagsgebet in der Moschee zu verrichten. Zudem hatte er eine schwere Sitzung in Aussicht. Er erzählte, dass er als Muslim zweiter Generation in der Schweiz lebe und das Grossmünster als seinen Gebetsraum entdeckt habe. Und so geschah es, dass im öffentlichen Raum zur gleichen Zeit am selben Ort ein Muslim zu Allah und ein reformierter Pfarrer mit einem Kerzenritual zu Gott beteten.

Diese Begegnung wirft theologisch die Frage auf, ob das Gottesverständnis des zu Allah betenden Bankers und des zu Gott betenden reformierten Pfarrers dasselbe ist. Das kann und darf selbstverständlich unterschiedlich interpretiert werden. Doch diese Betrachtung ist nur die Spitze des allgemeinen Trends: In Kirchen der Altstadt und City kehren an den Werktagen und auch an Sonntagen Menschen unterschiedlicher Religion und Konfession ein. Sie suchen, sie finden, sie denken und sie beten. Vielfach gehen sie anders hinaus, als sie hineingekommen sind.

Dieser Blick weg von einem exklusiven christlichen Glauben hin zu anderen Religionen gehört seit dem berühmten Bettagsmandat des bekannten Zürcher Staatsschreibers und Dichters Gottfried Keller konstitutiv zum Bettag dazu. In seinem nicht veröffentlichten Mandat von 1862 lobt er die Integration der bis dato geächteten und isolierten jüdischen Minderheit durch die Annahme der kurz vor der Abfassung des Bettagsmandats erfolgten Gesetzesänderung. Er setzt dieses Verhalten in Spannung zur menschlichen und göttlichen Liebe und zeigt sich zuversichtlich, dass dieses Engagement gegenüber Verfolgten auch in Zukunft Wirkung zeigt. Dieses Mandat war trotz der Nicht-Veröffentlichung ein unüberhörbares Fanal und politisches Erbe für Verantwortliche in Politik, Wirtschaft und Kirchen bis heute, um gerade auf die Optionen für die Schwächsten der Gesellschaft hinzuweisen und aufmerksam zu machen[4].

So legen persönliche Erfahrung und politisches Erbe eine unverwechselbare Spur in den Raum von Kirchen und treffen den Nerv der Zeit aus

---

[4] Vgl. zum Mandat und zur geschichtlichen Einbettung des Mandates Gottfried Kellers: Sigrist, Gebet.

je spezieller Perspektive. Mit dem Schwerpunkt auf meinen Erfahrungen in Zürich sollen nun dieser spezielle Raum und diese aktuelle Zeit entfaltet werden.

2. Der Raum

Die Zunahme des öffentlichen Interesses an Religion und Kirchen – vor allem erkennbar an der wachsenden Besucherzahl sowie an der zunehmenden medialen Wahrnehmung von Religion und Kirche – steht dem Mitgliederschwund in den evangelischen und römisch-katholischen Kirchen mit ihren Institutionen entgegen. Dies ist das Zeichen einer schleichenden wie auch dramatischen Nutzungsverschiebung. Die Spitze dieses Eisbergs können wir auch im Kanton Zürich beobachten mit der diakonischen Umnutzung der Rosenbergkirche in Winterthur zur provisorischen Notunterkunft für Flüchtlinge[5] sowie der Einführung von Eintrittsgeldern ins Fraumünster[6]. Diese Nutzungsverschiebung hat in den Kirchen mit ihren Räumen wichtige Veränderungsprozesse in Gang gesetzt. Neue Formen liturgischer, diakonischer und pädagogischer Angebote entstehen nicht nur in Citykirchen[7]. Dome und Münster sind zu Forschungslaboren für Stadtliturgien[8] und geistliche Führungsstrategien[9] geworden.

Während der Gottesdienstbesuch am Bettag vielerorts rückläufig ist, suchen insgesamt immer mehr Menschen Stadtkirchen auf. Nicht nur am Bettag strömen die Menschen in die Kirchen der Altstadt und City. Stadtkirchen und Dome verzeichneten in den letzten 15 Jahren in doppelter Art und Weise ein gesteigertes öffentliches Interesse. Einerseits sind sie Träger von gesellschaftspolitischen und kirchenhistorischen Bedeutungszuschreibungen, anderseits haben sie sich zum Magneten für Touristenströme entwickelt. In dieser doppelten Ausrichtung wird ein symbolisches Kapital[10] sichtbar, das religiös motivierte Pilgerströme und Gottesdienstbesucher und profane Touristenmassen näher zusammenrücken lässt. Gerade die mitbe-

---

5 Vgl. Leutenegger, Gotteshaus 14–17.
6 Vgl. Arnet, Ruhe 15.
7 Vgl. zur Nutzungsverschiebung und insbesondere zur diakonischen Nutzung von Kirchenräumen: Sigrist, Kirchen Diakonie Raum 19–25.398–401.
8 Vgl. die Dokumentation der CityKirchenKonferenz: Petersen/Sigrist; Zarnow (Hg.), Stadtliturgien.
9 Vgl. dazu: Sigrist/Hofstetter, Kirchen Bildung Raum.
10 Vgl. zur Anwendung der Kapitallehre von Pierre Bourdieu auf die Kirchenräume: Sigrist, Kirchen Diakonie Raum 33–37.

tenden und mitsingenden Besucherinnen und Besucher in den vollen City-Kirchen am Bettag sowie auch zu den übrigen Zeiten sind Indiz dafür, dass die lange Zeit bei den Verantwortlichen in Kirchenleitungen vorherrschende Vorstellung überdacht werden sollte, ob religiöse Pilger mehr zu berücksichtigen seien als die «nur» profanen Touristen. Vielversprechender scheint die aus unzähligen Beobachtungen gewonnene Frage, ob nicht der Kirchenbesuch an und für sich religiöse Dimensionen besitzt.

Diese drängende Frage rückt durch den Besucherstrom am Bettag in den Vordergrund und eröffnet die Debatte, ob Kirchen zusätzlich zu den liturgischen, diakonischen und pädagogischen Aspekten zu Forschungslaboren für die Entwicklung eines neuen, postsäkularen Religionsbegriffs geworden sind. Ungeachtet aus welchen unterschiedlichen Beweggründen Menschen Kirchenräume aufsuchen mögen, so different und diffus beschreiben sie ihre im Kirchenraum erfahrenen Empfindungen mit «religiös», «spirituell», «einfach anders als sonst»[11]. Kirchen tragen in sich das symbolische Kapital einer kollektiv öffentlich wahrnehmbaren wie auch individuell versteckten Transformation von Religiosität, die weit über den Horizont von Gottesdiensterfahrungen, Architektur und Kunstgeschichte hinaus unterschiedliche Interpretationen von Brüchen, Schwellen und Neuanfängen im Leben ermöglicht.

Ein Beispiel aus einer neuen empirischen Untersuchung am Grossmünster:

> «Eine Frau aus der Schweiz. Sie sei heute hier, weil ihre Tochter in einer Zürcher Klinik operiert werde. Sie würde einfach so durch die Stadt laufen, bis ihre Tochter wieder auf dem Zimmer ist. Sie sei so durch die Innenstadt gelaufen und dann mehr oder weniger zufällig ins Grossmünster gekommen. Sie habe sich im Vorhinein nicht informiert und wisse auch nichts über die Kirche. Während des Gesprächs fiel ihr ein, dass dies doch die Kirche sei, wo für viele prominente Menschen eine Trauerfeier stattfindet. Sie sei einfach reingegangen und habe sich ein bisschen umgeschaut. Sie habe auch überlegt, ob sie sich hinsetzen soll, es aber dann nicht gemacht (lacht). Sie dachte sich, dass die Gottesdienste hier sehr schön sein müssen, es sei sehr schön und warm hier in der Kirche. Es habe etwas sehr Ruhiges hier und die Kirche sei so hoch. Auf Nachfrage kann die Frau keine Gründe für ihren Besuch des Grossmünsters angeben und beschreibt ihren Besuch als ungeplant und zufällig. Sie sucht das Grossmünster in einer für sie vermutlich besorgniserregenden Situation auf. Auch wenn die Besucherin nicht

---

11 Vgl. dazu die ersten empirischen Untersuchungen bei: Sigrist, Kirchen Diakonie Raum 61–86.

angibt durch den Besuch etwas Trost oder Halt gefunden zu haben, so stellt sie doch fest, dass es ein schöner und warmer Ort ist. Die äusseren Umstände des Besuchs sowie das Verhalten und die Wahrnehmung der Besucherin legen nahe, dass der Besuch letztlich unbewusst von einem religiösen Motiv geleitet wurde»[12].

Das Grossmünster als Mutterkirche der Zürcherischen und dann der Schweizerischen Reformation wird nicht nur an Wochenenden zum interreligiösen Gebetsraum, sondern auch im Alltag zum geheimnisvollen Ort, an dem Prozesse von Transformation und Verwandlung beim Einzelnen wie auch kollektiv in der Gemeinschaft in Gang gesetzt werden, nicht von unsichtbarer Hand, jedoch von sichtbar berührendem Geist. Einträge in Gebetsbüchern[13], interreligiöse Friedensfeiern[14] wie auch politische Reden am Bettag sind Zeugnisse dafür, dass Kirchenräume – um einen Begriff von Michel Foucault aufzunehmen[15] – Heterotopien religiöser Erfahrungen sind, konkret gewordene Utopien der Menschenfreundlichkeit Gottes (Tit 3,4), Unterbrechung von Raum und insbesondere Zeit.

3. Die Zeit

Wer eine Kirche aufsucht, betritt nicht nur einen anders gestimmten Raum, in dem sich Himmel und Erde auf geheimnisvolle Weise so berühren, dass die Empfindung «schön» oder «angenehm» ist, sondern der alltägliche Tag wird heilsam unterbrochen. Heilsam wird der Tag deshalb unterbrochen, weil im Kirchenraum Zeit «entsteht». Zeiträume und Erfahrungsräume machen sich im Kirchenraum breit. Menschen beginnen zu beten. Gebet ist nach Robert Leuenberger «Zeit in der Zeit». Demnach kann der Bettag als Zeit verstanden werden, wo es vielen tagt, was an der Zeit ist:

> «Damit wäre die ursprüngliche Funktion des Gebets bzw. des Gebetsritus die, dem Dasein in der zerrinnenden Zeit einen Halt, eine Ordnung und dadurch einen Sinn zu geben»[16].

---

12 Hirblinger/Zarnow/Schlüter, Kirche 72.
13 Vgl. Einträge im Gebetbuch im Grossmünster: Sigrist, Kirchen Diakonie Raum 72–75.
14 Vgl. die interreligiöse Feier vom 15. Oktober 2016 im Grossmünster: http://www.christophsigrist.ch/fotos (04.12.2016).
15 Vgl. Foucault, Andere Räume 65–72.
16 Leuenberger, Zeit 23.

Das Gebet als Zeit in der Zeit unterbricht die Zeit am Bettag nun auf eine besondere Weise, indem der in der Schweiz einzige politisch verordnete Feiertag geradezu dazu einlädt, sich Zeit zu nehmen für die Politik. Mit Leuenberger wird an diesem Tag mehr als an anderen Tagen deutlich, dass christliche Spiritualität politisch geworden ist:

> «Der Einzug des Politischen in die Kirche ist so wenig rückgängig zu machen wie der Einbruch nichteuropäischer Spiritualität in deren zuvor europäisch geprägte Sprache»[17].

Dieser enge Bezug von Beten und politischem Handeln ist in den letzten Jahren im Grossmünster durch die dialogische Auslegung der biblischen Tradition mit einer politischen Persönlichkeit gestaltet worden. Zwei Qualitäten der Unterbrechung der Zeit sind dabei erwähnenswert: Der Bettag als interreligiös gestimmter Gebetsraum hält die Zeit frei, sich zu entschleunigen und sich souverän zu beschränken.

3.1 Tag der völker- und religionsübergreifenden Entschleunigung

Am Bettag 2013 legte der Zürcher Regierungsrat Mario Fehr den Predigtvers aus dem Epheserbrief aus: «Ihr seid also nicht mehr Fremde ohne Bürgerrecht, Ihr seid vielmehr Mitbürger der Heiligen und Hausgenossen Gottes» (Eph 2,19). Auf die Frage, wie er als Hausgenosse im Haus Gottes den Kirchenraum erlebe, sagte Fehr:

> «Ich fühle mich zunächst einmal wohl und aufgehoben. Ich lege die Hektik des Alltags ab, komme zur Ruhe. Kirchen sind – auch wenn wir sie in Gemeinschaft besuchen – für mich Räume, wo das persönliche Moment, der Rückzug und die Rückbesinnung auf einen selber ganz stark spürbar werden. Ich habe mich einst auf einer sehr hektischen Städtereise in London spontan in einen Oster-Gottesdienst in der Londoner Westminster Abbey gesetzt. Dann merkte ich, als ich drin sass, dass ich im Trubel der Grossstadt zur Ruhe kommen konnte. Ein ähnliches Erlebnis hatte ich unlängst in der Klausursitzung des Regierungsrates, die im Kloster Einsiedeln stattgefunden hat. Auch bei Reisen im Himalaya, etwa in Bhutan, nutze ich die Gelegenheit, wenn ich ein buddhistisches Kloster besuchen kann, für Momente stiller Einkehr. Das braucht es ab und zu: Entschleunigung und Ruhe vor der Hektik des Alltags. Und was eignete

---

17 Leuenberger, Zeit 267.

sich besser dafür als eine Kirche? Kirchen sind das seit je her: Räume der Stille, des Schutzes, der Sicherheit»[18].

Kirchenräume als Gebetsräume halten die rasende Zeit an. Besuchende bekommen Zeit geschenkt. Diese Zeit ist leer, damit sie gefüllt werden kann. Entschleunigung ist der Resonanzraum für gefüllte Leere oder klingende Stille. Menschen, die sich in der Hektik von sich selber entfremden und sich fremd in der eigenen Haut fühlen, wagen in derart gewonnener Zeit, sich selbst wieder zu spüren, Emotionen zu zeigen. Sie spüren eine seltsame Nähe, die sie als Körper und Geist transformierende Nähe Gottes erfahren und interpretieren.

Für Fehr liegt in dieser transformierenden Kraft eine religionsübergreifende Dimension:

> «Mich berühren auch Sakralräume anderer Religionen ebenso wie das Grossmünster wohl auch einen Hindu oder einen Buddhisten berühren kann. Natürlich liegt es zum Teil daran, dass viele Sakralbauten architektonisch-künstlerisch eindrücklich sind. Doch das genügt nicht als Erklärung. Viele Profanbauten sind nicht weniger beeindruckend. Und berührend sein können auch Sakralbauten, die ausgeprägt einfach und schlicht sind, kleine alte Kapellen etwa. Es muss irgendetwas völker- und religionsübergreifendes, also etwas allgemein Menschliches geben, das Sakralbauten verbindet und das man irgendwie ‹spürt›. In allen Kulturen bringen Sakralbauten aber zum Ausdruck, dass der Mensch mit ihnen – über die verschiedenen Religionen hinweg – seiner Suche nach etwas Höherem bauliche Gestalt gibt. Der Suche nach Sinn, der Suche nach Ruhe, der Suche nach Antworten auf Fragen, von denen er weiss, dass es keine naturwissenschaftlich beweisbaren Antworten gibt. Darin liegt für mich auch ein wichtiger völkerverbindender Aspekt aller Religionen»[19].

3.2 Tag der souveränen Beschränkung

Im Bettagsmandat 2011 nimmt der Kirchenrat der Reformierten Kirche des Kantons Zürich das Motiv der «souveränen Beschränkung» in den Fokus seiner Botschaft:

> «Wir haben in den Fragen um Energie, Wachstum, Ökologie, Medizin, Gentechnologie Prioritäten zu setzen und dabei auch alternative Gesichtspunkte und Handlungsmöglichkeiten zu erwägen. Verzicht scheint ein Gebot der Stunde.

---

18 Fehr, Predigt-Dialog 1.
19 Fehr, Predigt-Dialog 1 f.

Bedeutet Verzicht aber immer nur verhinderte Entfaltung? In unserem christlichen Glauben wird ein Wissen darum wachgehalten, dass sich neue Möglichkeiten, anstehende Veränderungen gerade so zeigen: in Zeiten der Besinnung und Einkehr, der inneren und äusseren Sammlung, der Konzentration auf das Wesentliche, auf das Not-Wendige. Wir laden Sie ein, dazu einen individuellen, spielerischen Versuch zu wagen: Verzichten Sie am Eidgenössischen Dank-, Buss- und Bettag für 24 Stunden freiwillig auf möglichst viel Strom- und Treibstoffverbrauch»[20].

Diese Einsicht, sich souverän beschränken zu können, wurde im Gottesdienst am Bettag in einer Dialogpredigt über den biblischen Vers «Denn wer sein Leben retten will, wird es verlieren; wer aber sein Leben verliert um meinetwillen, wird es retten» (Lk 9,24) von Bundesrätin Doris Leuthard ausgelegt. Ausgehend vom Bettagsmandat des Kirchenrates beleuchtet sie die souveräne Beschränkung aus politischer Perspektive:

«[...] Für den Staat ist es schwierig zum Verzicht anzuhalten. Wo man staatliche Leistungen zurückfährt, spricht man schnell von Rentenklau, Sozialabbau, Verhinderung von Entwicklung, Zweiklassengesellschaft – und so fort. Wir müssen uns andere Wege überlegen. In der Energie- und Umweltpolitik hilft uns ein Stück weit die Technologie. Maschinen neuster Technik verbrauchen weniger Strom. Ein intelligentes System schaltet die Waschmaschine dann zu, wenn genug Strom im Netz verfügbar ist. Neue Autos verbrauchen immer weniger Benzin und sind schadstoffärmer. Dieser Weg des souveränen, technischen Verzichtes wird unterstützt, weil er unsere Lebensqualität, die Freiheit und die Bequemlichkeit nicht einschränkt. Wenn aber der Staat reglementiert, dann schreitet er oft zur verordneten Beschränkung.
Das Königreich Bhutan hat einen anderen Ansatz gewählt. Vor rund 20 Jahren legten sie fest, dass nicht Wirtschaftswachstum das wichtigste Entwicklungsziel des Landes sei, sondern das ‹Bruttonationalglück›. Gemeint ist, dass jeder Mensch so glücklich wie möglich sein Leben leben kann. Ein spannender Ansatz: Wenn die Menschen in einem Land Lebensqualität, Beschäftigung, Friede und Stabilität finden, dann verbreitet sich in der Regel auch ein Glücksgefühl.
Tatsächlich wird das Streben nach stetem Wachstum auch bei uns zunehmend hinterfragt. Ein wirtschaftliches Wachstum benötigen wir, wenn der Staat seine Leistungen nur schon aufrechterhalten will. Aber wir können die Art dieses

---

20 Kirchenrat der Reformierten Kirche des Kantons Zürich, Bettagsbotschaft: «Souveräne Beschränkung. Spielerisch nach neuen Perspektiven Ausschau halten: ‹Wer verliert, wird gewinnen› (nach Lukas 17,33)». Einen Auszug daraus bietet: Krause, Energie 1.

Wachstums beeinflussen. Der Bundesrat spricht heute von nachhaltigem Wachstum. Er bringt damit zum Ausdruck, dass neben einem rein wirtschaftlichen Mehrwert gleichzeitig auch für die Gesellschaft, die sozialen Komponenten und die Umwelt ein Mehrwert resultieren muss. Der Dreiklang ist anzustreben und nicht ein Mehr des einen zu Lasten des anderen»[21].

4. Das Mandat des Bettags

Der Bettag als Unterbrechung von Raum und Zeit kann zum Ort der Transformation von Kirche und Gesellschaft werden. Das zeigen nicht nur die Erfahrungen aus Zürich. Das Gebet als ökumenisches und interreligiöses Ritual öffnet überraschende Einsichten in die Qualität, die einem leeren Raum und einer leeren Zeit eignet. Raum und Zeit werden zur Spielwiese des Glaubens, auf der Menschen spielerisch und schöpferisch zugleich neue Einsichten, Visionen und Perspektiven für ihr eigenes Leben und das der Gemeinschaft erproben, gewinnen und nachhaltig einüben. Das Gebet als Zeit in der Zeit kann als Kraft erfahren werden, die eine neue Qualität von Zeiterfahrungen ermöglicht: Für alles hat es seine Zeit, auch für die Zeit der Entschleunigung und für die Zeit der Selbstbeschränkung. Diese Erfahrungen können sich innerhalb und ausserhalb des Kirchenraumes einstellen. Die Kirchenmauern werden durchlässig: Sakrales und Profanes fliessen ineinander, ein neuer, anders gestimmter Raum im Raum entsteht, in dem Menschen sich mandatiert fühlen zu helfen und Hilfe anzunehmen. Das Schöne dabei ist, dass diese heilende und deshalb als «heilig» empfundene Erfahrung mit der alltäglichen Erfahrung, mit der Fantasie und der Leichtigkeit des Glaubens zugespielt wird. Das Urvertrauen in Gott stellt die Füsse auf weiten Raum (vgl. Ps 31,9).

Dass in diesem Spiel des Glaubens der Ernst des Alltags eine wichtige Karte darstellt, kommt im Dialog mit den politischen Verantwortlichen zum Ausdruck. Der politische Auftrag setzt sich am Bettag mehr als sonst dem diakonischen Auftrag aus, d.h. der biblischen Einsicht, dass jeder Mensch von Gott, von einer Gemeinschaft durch seine Gaben und Begrenzungen beauftragt wird, die Menschlichkeit Gottes in all das Unmenschliche der Welt zu tragen[22]. In dem so verstandenen Mandat des Bettags, das dem Menschen einen Auftrag verleiht, scheint ein Aspekt des kirchlichen Auftrags

---

21 Leuthard, Innehalten 2f.
22 Vgl. zum Verständnis von Diakonie als eine vom Kontext stark abhängige, differenzierte Beauftragung: Hentschel, Gemeinde 48–64.

auf, der ökumenisch für alle Kirchen nachhaltig gilt, im Grossmünster jedoch seine reformierte Spur mit dem Satz Huldreich Zwinglis in die Gegenwart und Zukunft zieht:

> «Der [Gott] wirt ouch uss dir machen ein geschirr zuo eer oder spott, wie er will [cf. Röm 9,21]; er ist gott»[23].

Literaturverzeichnis

Arnet, Helen: Die Ruhe in der Kirche hat ihren Preis. In: Tages-Anzeiger vom 5.8.2016, 15.

Erne, Thomas: Zu viele Räume – zu wenig Ideen? Wie Kirche sich wandelt in der Umwandlung ihrer Räume. In: Karle, Isolde (Hg.): Kirchenreform. Interdisziplinäre Perspektiven. Leipzig 2009 (Arbeiten zur praktischen Theologie 41), 57–65.

Fehr, Mario: Predigt-Dialog am Bettag 2013 zu Epheser 2,19, zu beziehen unter: http://www.christophsigrist.ch/kontakt.

Foucault, Michel: Andere Räume. In: Wentz, Martin (Hg.): Stadt-Räume. Die Zukunft des Städtischen. Bd. 2. Frankfurt a. M. 1991, 65–72.

Hentschel, Anni: Gemeinde, Ämter, Dienste. Perspektiven zur neutestamentlichen Ekklesiologie. Neukirchen-Vluyn 2013.

Hirblinger, Andreas/Zarnow, Christopher/Schlüter, Sebastian: Kirche, Stadt, Tourismus. Symbolisches Kapital, Kirchenraum und Besuchsverhalten im Berliner Dom und Züricher Grossmünster. In: Sigrist, Christoph u. a. (Hg.): Religion und Tourismus [Arbeitstitel] (i. V.).

Kirchenrat der Reformierten Kirche des Kantons Zürich, Bettagsbotschaft zum Eidgenössischen Dank-, Buss- und Bettag am 18. September 2011, zu beziehen bei der Pressestelle der Reformierten Kirche des Kantons Zürich, Postfach, 8024 Zürich.

Krause, Bettina: Warum Energie sparen. In: KircheA. Eine Beilage der Zeitung «reformiert», 9.9.2011, Nr. 9.2 (2011) 1: http://www.zh.ref.ch/startseite/aeltere-startseiten-news/archiv/KiA9.211.pdf (24.12.2016).

Leuenberger, Robert: Zeit in der Zeit. Über das Gebet. Zürich 1988.

Leutenegger, Marius: Gotteshaus mit Holzhäuschen. In: Doppelpunkt Nr. 34 (2016) 14–17.

Leuthard, Doris: Innehalten – zum Wohle der Gesellschaft. Predigt-Dialog am Bettag 2011. Zu beziehen unter: http://www.christophsigrist.ch/kontakt.

Lübbe, Hermann: Religion nach der Aufklärung. München, 2004.

Petersen, Nils/Sigrist, Christoph/Zarnow, Christopher (Hg.): Stadtliturgien. Visionen, Räume, Nachklänge. Dokumente der CityKirchenKonferenz. Berlin 2016 (Kirchen in der Stadt 22).

Sigrist, Christoph: Gebet und Zivilreligion. In: Fischer, Irmtraud u. a. (Hg.): Der Streit um die Schrift. Göttingen 2017 (JBTh 31).

---

23 Zwingli, Epistel 91.

Sigrist, Christoph: Kirchen Diakonie Raum. Untersuchungen zu einer diakonischen Nutzung von Kirchenräumen. Zürich 2014.
Sigrist, Christoph/Hofstetter, Simon (Hg.): Kirchen Bildung Raum. Beiträge zu einer aktuellen Debatte. Zürich 2014.
Zwingli, Huldreich: Eine Epistel vor der «Antwort eines Schwytzer Purens» (20. April 1524). In: Huldreich Zwinglis sämtliche Werke. Bd. 3. Leipzig 1914 (CR 90), 90f.

Rita Famos

Ein Gebet voraus
Eine Initiative der Arbeitsgemeinschaft Christlicher Kirchen der Schweiz zur Stärkung des Bettags

1. Ausgangslage

Die Gruppe CH-CH, ein Zusammenschluss von Einzelpersonen mit verschiedenen konfessionellen Hintergründen, setzte sich zum Ziel, den Bettag auf eidgenössischer Ebene aufzuwerten. Mit diesem Anliegen trat die Gruppe 2011 an den Schweizerischen Evangelischen Kirchenbund (SEK) heran und suchte das Gespräch mit dem Ratspräsidenten. Der SEK erkannte das Anliegen der Gruppe zwar, betonte aber gleich zu Beginn, dass jegliche Initiativen rund um den Bettag überkonfessionell und interdenominationell geschehen müssten. Über seine Vertretung gab er das Thema in das Präsidium (Vorstand) der Arbeitsgemeinschaft Christlicher Kirchen der Schweiz (AGCK CH) ein. Die Arbeitsgemeinschaft entschied sich, diese Initiative aufzunehmen und das Patronat für eine Veranstaltung zu übernehmen. Die Veranstaltung sollte in Zusammenarbeit zwischen den Mitgliedkirchen der AGCK CH einerseits und der Schweizerischen Evangelischen Allianz, dem Verein «Gebet für die Schweiz» und dem Réseau Évangélique entstehen. In der Diskussion, die zum Entscheid für einen nationalen Pilotversuch führte, wurden vor allem zwei Punkte kontrovers diskutiert.

1.1 Nationale Feier des Bettags

Soll der Bettag überhaupt auf einem nationalen Parkett gefeiert werden? Konkurrenziert eine nationale Feier nicht viel mehr die vielen kantonalen und kommunalen Initiativen?

Die AGCK CH entschied sich, als Pilotprojekt 2013 eine nationale, überkonfessionelle christliche Feier durchzuführen. Der Entscheid, einen nationalen Versuch zu starten, wurde vor allem dadurch gestützt, dass bereits in den Jahren 2011 und 2012 89 (2011) und 113 (2012) Bundesparlamentarierinnen und -parlamentarier einen Gebetsaufruf an die Schweizer Bevölkerung gerichtet und sie aufgefordert hatten, den Bettag zu begehen.

Im Vorfeld des Bettags 2013 hatten 136 Parlamentarierinnen und Parlamentarier folgenden Aufruf unterzeichnet. Eine nationale Impulsveranstaltung sollte diesem Aufruf aus dem Bundeshaus eine entsprechende Plattform geben:

> *Aufruf an die Schweizer Bevölkerung zum Eidgenössischen Dank-, Buss- und Bettag 2013*
> Im Bewusstsein, dass die Schweiz und die Welt in Gegenwart und Zukunft des Segens Gottes bedürfen, rufen wir als National- und Ständeräte alle Menschen in unserem Land auf
> – zu danken
>   für die Freiheit, in der wir leben,
>   für den Frieden in der Schweiz und in Europa,
>   für Stabilität und Wohlstand unseres Landes in einer zunehmenden Anspannung.
> – Busse zu tun über unser persönliches und kollektives Fehlverhalten, verbunden mit einem erneuerten Denken und Handeln.
> – zu beten,
>   für Schutz und Wiederherstellung des Friedens in der Schweiz und weltweit,
>   für Weisheit und gerechtes Handeln für all jene, die Verantwortung tragen in Staat, Wirtschaft, Kirchen und unserer gesamten Gesellschaft,
>   für eine Rückbesinnung auf bewährte christliche Werte wie gegenseitige Achtung und Unterstützung, Treue, Aufrichtigkeit und Genügsamkeit,
>   für eine Schweizer Gesellschaft und ein Staatswesen mit einer positiv prägenden Ausstrahlung über unsere Grenzen hinaus, dass wir es nach dem Vorbild von Jesus Christus nie unterlassen, uns der Unterdrückten, Benachteiligten und Schwachen in der Schweiz und in der Welt in Würde anzunehmen.

Der Claim «Ein Gebet voraus» sollte signalisieren, dass es sich um eine Impulsveranstaltung für den Bettag handelte und nicht um eine Bettagsfeier im eigentlichen Sinn. Diese sollte weiterhin auf kantonaler und kommunaler Ebene ihren Schwerpunkt haben.

1.2 Interreligiöse Feier

Muss eine nationale Bettagsfeier gemäss der veränderten religiösen Zusammensetzung der Schweiz nicht in interreligiöser Zusammenarbeit geschehen?

Die AGCK entschied sich, in einem ersten Schritt ein christliches Gebet durchzuführen, dies jedoch breit abzustützen. Sie war zur Überzeugung gekommen, dass eine derart breit abgestützte überdenominationelle Feier genug theologische Herausforderungen mit sich bringe und dass man sich nicht überfordern wolle. Nach der Auffassung einer Mehrheit der stimmberechtigten Mitglieder der Plenarversammlung sollte in einem Pilotversuch der Charakter des christlichen Ursprungs des Bettags beibehalten werden, eine Weiterentwicklung hin zu einem interreligiösen Gebet wurde jedoch nicht ausgeschlossen.

Nachdem die beiden Grundsatzentscheidungen gefällt waren, wurde eine kleine Vorbereitungsgruppe gegründet, bestehend aus der Vorsitzenden, Pfarrerin Rita Famos (zugleich damalige Präsidentin der AGCK CH und Ratsmitglied des SEK), Marc Jost (Co-Präsident der Schweizerischen Evangelischen Allianz), Hans-Peter Lang (Präsident Gebet für die Schweiz), Norbert Valley (Präsident des Réseau Evangélique) und des leider mittlerweile verstorbenen Abtes von Saint-Maurice und Mitglieds der Schweizer Bischofskonferenz, Joseph Roduit. Wie bereits vermutet, war die Entwicklung einer Liturgie, von der sich sowohl Reformierte wie Katholiken und freikirchliche Christinnen und Christen angesprochen fühlten, eine grosse Herausforderung. In der inspirierenden Atmosphäre der Abtei Saint-Maurice konnte das Vorbereitungsteam eine Liturgie erarbeiten, die Elemente aller liturgischen Traditionen und verschiedener kirchenmusikalischer Stilrichtungen beinhaltete.

2. Die Impulsveranstaltung vom 14. September 2013

Es waren rund 800 bis 1000 Personen, die sich am 14. September 2013 auf der grossen Schanze vor der Universität Bern zum Gebet einfanden. Für ein Grusswort aus der Politik konnten die Nationalräte Jakob Büchler (CVP, St. Gallen) und Jaques-André Maire (SP, Neuenburg) gewonnen werden. Sie betonten in ihren Voten die Bedeutung der christlichen Werte, gerade auch für eine offene und humanitäre Schweiz, und verlasen den oben abgedruckten Aufruf aus dem Bundeshaus.

Neben den Mitgliedern der Vorbereitungsgruppe wirkten auch ein weiteres Mitglied der Bischofskonferenz sowie eine Vertreterin der Christkatholischen Kirche der Schweiz, des Verbandes Freikirchen und Gemeinschaften Schweiz und der Chor der serbisch-orthodoxen Kirche Zürich mit.

Das Liturgische Gebet war gemäss der Bettagstradition dreigliedrig aufgebaut. In einem Anbetungsteil wurden zwischen gemeinsam angestimmten Dankliedern Dankgebete ausgesprochen, die die Schönheit der Schöpfung, den Frieden und die Freiheit in der Schweiz und die kulturelle Vielfalt sowie das friedliche Miteinander der Menschen mit verschiedenem kulturellem, religiösem und sozialem Hintergrund beinhalteten. In einem Bussteil wurde um Vergebung gebeten für Gottvergessenheit und Selbstzentriertheit, für Vorurteile gegenüber Andersdenkenden und Andersgläubigen, für Entscheide, die nicht zum Wohl der Schwächsten gedient haben. Nach dem Zuspruch der Vergebung, basierend auf dem Wort aus Ps 103,11–13, wurden die Gebetsteilnehmenden zu einer Selbstverpflichtung eingeladen. An dieser Selbstverpflichtung hatte das Vorbereitungsteam lange formuliert und es betrachtete sie als ein Herzstück der Veranstaltung. Die Selbstverpflichtung bezeugt ein engagiertes Christentum, das sich für eine offene, vielseitige, menschliche und liberale Schweiz einsetzt:

> Als Christinnen und Christen in der Schweiz ist es unsere erste Verantwortung, Gott von Herzen zu lieben. Wir wollen uns von ihm prägen lassen, damit wir fähig werden, auch unsere Mitmenschen zu lieben.
> Daher verpflichten wir uns neu, mit all unserer Kraft Gott zu dienen und nach seinem Willen zu suchen.
> Wir verpflichten uns in Demut, Bescheidenheit und Ehrlichkeit zu leben, indem wir vor allem Gottes Ehre suchen.
> Wir verpflichten uns vor Gott, mit Gebet für das Wohlergehen der Menschen unseres Landes einzustehen.
> Wir verpflichten uns, Versöhnung zu suchen und in unseren Familien, Kirchen, an unseren Arbeitsplätzen und in unserer Nachbarschaft Friedensstifter zu sein.
> Wir verpflichten uns, den religiösen Frieden in unserem Land zu fördern und respektvoll umzugehen mit Menschen, die anders glauben, denken und leben.
> Wir bitten Gott um seine Hilfe dabei.[1]

Der das Gebet abschliessende Fürbitteteil verzichtete darauf, öffentliche Fürbitten vorzutragen. Die Verantwortlichen luden die Menschen ein, individuell oder in kleinen Gruppen die Gebetsanliegen zu formulieren. Ein gesungenes und ein gesprochenes Unser-Vater-Gebet fassten die Bitten zusammen.

---

[1] Der Text der Selbstverpflichtung 2013 sowie die Liturgie sind abrufbar unter http://www.bettag-jeunefederal.ch (12.08.2016).

Als Zeichen der Solidarität mit den bedrängten religiösen Minderheiten im Mittleren Osten riefen die Veranstalter für eine Kollekte für die koptischen Kirchen und ihre Werke auf.

Die Echos auf diese Feier waren nicht einstimmig, aber mehrheitlich positiv. Es war im Voraus davon auszugehen, dass die Liturgie den einen zu fromm, den anderen zu wenig christlich akzentuiert war. Es gab dementsprechend Feedbacks aus freikirchlichen Kreisen, dass das Bekenntnis zu allgemein formuliert gewesen sei, und aus landeskirchlichen Kreisen, dass die Texte einiger Lieder zu evangelikal gewesen seien. Christoph Wehrli schilderte in seinem Artikel in der NZZ vom 16. September 2013 seine ambivalenten Eindrücke. Er hätte eine interreligiöse Feier mit Bezug zu einem aktuellen Thema eher begrüsst und empfand die Botschaft der Feier als zu allgemein.

Diese Kritik nahm das Vorbereitungsteam in Kauf, war es sich doch bewusst, dass ein gemeinsamer Auftritt immer Kompromisse von allen Seiten erfordert. Viele Reaktionen von Teilnehmenden und auch aus der Plenarversammlung der AGCK zeigten, dass sich die Mühe gelohnt hatte. Denn noch nie vorher hatte es ein nationales ökumenisches Gebet gegeben, in dem sowohl die Landeskirchen als auch der VFG beteiligt gewesen waren.

Dass sich schon bald ein aktueller Anlass ankündigte, an dem die eingeübte nationale Ökumene gemeinsam für ein Gebetsanliegen einstehen konnte, war im Herbst 2013 noch nicht absehbar gewesen. Auf alle Fälle waren die Veranstalter froh, dass sie im darauffolgenden Jahr in einem nationalen Gebet für die leidende Bevölkerung in Syrien und Irak auf die aufgebauten vertrauensvollen Beziehungen zurückgreifen konnten, um in ökumenischer Einheit die Solidarität mit den Kriegsopfern in einem Gebet zu bekunden.

Diese Erfahrung im Herbst 2014 zeigt auf, dass der Sinn solcher nationalen Initiativen auch darin liegt, gegenseitiges Vertrauen aufzubauen, gegenseitig die Gebetstraditionen kennenzulernen und Netzwerke zu knüpfen, damit im Krisenfall innerhalb kurzer Zeit Gebets- und Solidaritätsveranstaltungen aufgezogen werden können.

3. Ausblick

Nach der ersten Auflage von «Ein Gebet voraus» wurde beschlossen, die nationale Impulsveranstaltung nur im 2-Jahres-Rhythmus durchzuführen. Die zweite Auflage im Jahr 2015 wurde von einem neu zusammengesetzten Vorbereitungsteam durchgeführt. 2015 fanden sich nur noch halb so viele Mitbetende auf der Grossen Schanze in Bern ein; der Schwung aus der ersten Auflage schien etwas verloren gegangen zu sein. Zur Zeit der Abfassung dieses Beitrages ist noch offen, ob die AGCK CH sich an einer Neuauflage im Jahr 2017 beteiligen wird.

Für eine Weiterführung der nationalen Impulsveranstaltungen zum Bettag müssten jedoch ein paar wichtige Voraussetzungen geklärt werden:
- Damit die Veranstaltung genügend Rückhalt gewinnt, müssten die beiden grössten Mitgliedskirchen der AGCK CH, der Schweizerische Evangelische Kirchenbund (SEK) und die Bischofskonferenz mit einem Ratsmitglied bzw. mit einem Bischof prominent vertreten sein.
- Die AGCK müsste in der Plenarversammlung einen bewussten Entscheid treffen, sei es für eine Weiterentwicklung mit den freikirchlichen Verbänden oder aber für ein interreligiöses Gebet.

Es gibt Argumente für beide Ansätze, jedoch müsste mit voller Kraft das eine oder das andere vorangetrieben werden. Da der Bettag von seiner Geschichte her keine kirchlichen, sondern politische Ursprünge hat, müsste sich die AGCK mit ihren Mitgliedkirchen darum bemühen, dass weiterhin Politikerinnen und Politiker aus der nationalen Politik sich aktiv an einer Impulsveranstaltung beteiligen.

Michel Bollag

Ein jüdischer Blick auf den Eidgenössischen Dank-, Buss- und Bettag vom 19. Jahrhundert bis heute
Globale Entwicklungen – lokale Auswirkungen

1. Bedeutung des Eidgenössischen Dank-, Buss- und Bettags aus der Sicht der jüdischen Minderheit

In einer Welt, in welcher der gesellschaftliche Friede und letztlich der Friede zwischen Völkern angesichts der Verknappung natürlicher Ressourcen, der vierten industriellen Revolution, des zunehmenden Niedergangs der Mittelklasse und der durch Kriege und wirtschaftliche Not ausgelösten Migrationsbewegungen so bedroht ist wie nie seit dem Ende des Zweiten Weltkrieges, ist eine Reflexion zum Eidgenössischen Buss-, Dank- und Bettag kein überflüssiger intellektueller Luxus. Der Flirt vieler Menschen mit simplifizierenden Konfliktlösungsansätzen überall auf der Welt potenziert die Gefahr von gesellschaftlichen Desintegrationserscheinungen. Auch in unserem Land wird der Konsens, der den gesellschaftlichen Frieden aufrechtzuhalten vermag, nicht mehr ultimativ von allen politischen Kräften gesucht. Diese Konstellation lässt es sinnvoll erscheinen, sich die Idee und den Charakter des Eidgenössischen Dank-, Buss- und Bettags, eines staatspolitisch fundierten Feiertages, auch aus einer jüdischen Perspektive nochmals vor Augen zu führen. In seiner Geschichte, vor allem nach dem Sonderbundskrieg zur Zeit des jungen Bundesstaates, galt es, in der politisch und konfessionell fragmentierten Schweiz den labilen Frieden zu konsolidieren, um der latenten Gefahr von Desintegrationserscheinungen entgegenzutreten. Die Verordnung eines staatsbürgerlichen Feiertages mit religiösem Charakter und dessen Bezeichnung als eidgenössisch weist auf einen Grundzug moderner Identitäten seit der Aufklärung und der Französischen Revolution hin. Der Mensch ist im Rahmen moderner Nationalstaaten nebst seinen anderen Zugehörigkeiten zunächst Staatsbürger mit Pflichten und Verantwortungen gegenüber dem Staat und der Gesellschaft. Als solcher und nicht als Mitglied einer spezifischen Glaubensgemeinschaft, eines religiösen Bekenntnisses oder weiterer kulturellen oder ethnischen Zugehörigkeiten wird er angesprochen, wenn von einem staatlich verordneten Feiertag die Rede ist. Andererseits sind es aus einer geistes- und religionsgeschichtlichen Perspektive betrachtet eben gerade die religiösen Gemeinschaften, die bei der Vermittlung von menschlichen Grundhaltungen wie Dankbarkeit, Friedfertigkeit, Eingestehen von

Schuld, Bereitschaft zur Umkehr und Demut für den modernen säkularen Staat jene Voraussetzungen schaffen und vermitteln können, die dessen Funktionieren erst ermöglichen. Der religiöse Charakter, den dieser bürgerliche Feiertag während eines Jahrhunderts trug, ist die logische Konsequenz dieser Einsicht.

Heutige Generationen haben es nicht selten verlernt, mit religiösen Sprachbildern umzugehen. Diese aber verlieren ihre gesellschaftliche Plausibilitätsstruktur, wenn sie mit der Faktensprache verwechselt werden. Dies erschwert es den Religionen, die gesellschaftliche Funktion auszuüben, die ihnen der Staat einst zugedacht hatte. Dieser Befund trägt massgeblich zur gesellschaftlichen Marginalisierung bei, in die der Eidgenössische Dank-, Buss- und Bettag in den letzten Jahrzenten hineingeraten ist und von der auch die jüdische Gemeinschaft betroffen ist. Wie wir in diesem Aufsatz noch zeigen werden, ist der Eidgenössische Dank-, Buss- und Bettag, der bis in die siebziger Jahre in den jüdischen Gemeinden in der Schweiz feierlich begangen wurde, vollkommen aus dem Bewusstsein der zeitgenössischen Juden verschwunden, und zwar im säkularen Spektrum, wie man es ohnehin erwarten würde, aber auch und insbesondere im religiösen.

Stellt man den Anspruch des Dank-, Buss- und Bettags, eidgenössisch zu sein, in den heutigen gesellschaftlichen Kontext, so weist er weit über die Grenzen der christlichen Gemeinschaften hinaus, die diesen Feiertag bis Anfang der zweiten Hälfte des 20. Jahrhunderts geprägt haben. Insofern Juden, Muslime und Angehörige anderer Minderheiten, inklusiv der Menschen, die keiner Glaubensgemeinschaft angehören, Schweizer Staatsbürger sind oder in der Schweiz wohnen und Teil der schweizerischen Zivilgesellschaft sind, ist dieser Feiertag als staatspolitisch begründeter Feiertag auch für diese wichtig. Denn es sind gerade die Minderheiten, die vom potenziellen Zerfall von Rechtsstaatlichkeit und demokratischen Regeln zuerst bedroht werden und die des Schutzes durch die Institutionen besonders bedürfen.

2. Beten für das Wohl der Stadt: pragmatische Notwendigkeit oder theologischer Auftrag?

Das Gefühl von existenzieller Bedrohung als Minderheit mitten in einer fremden Umwelt begleitet die jüdische Gemeinschaft seit dem 6. Jahrhundert vor der christlichen Zeitrechnung. Deshalb reagiert sie wie ein Seismograf auf jede fremdenfeindliche Entwicklung, welche die Rechte von Minderheiten infrage stellt. Mit der Zerstörung des Salomonischen Tempels und der Verbannung eines grossen Teils der judäischen Bevölkerung nach Babylonien begann das, was in der jüdischen Theologie als Exil gedeutet wird: Faktisch damit gemeint ist das Leben als Minderheit unter fremder Herrschaft. Den Exilierten sandte der Prophet Jeremia folgende Botschaft:

> «So spricht der Ewige der Heerscharen, der Gott Israels, zu allen Verbannten, die ich in die Verbannung geführt habe, von Jerusalem nach Babel: Baut Häuser und wohnt darin, pflanzt Gärten und esst ihre Frucht, nehmt Frauen und zeugt Söhne und Töchter, und nehmt Frauen für eure Söhne und gebt eure Töchter Männern, damit sie Söhne und Töchter gebären, damit ihr dort zahlreicher werdet und nicht weniger. Und sucht das Wohl der Stadt, in die ich euch in die Verbannung geführt habe, und betet für sie zum Ewigen, denn in ihrem Wohl wird euer Wohl liegen» (Jer 29,4–7).

Der Prophet forderte die Zwangsumsiedelten dazu auf, die neue Situation zu akzeptieren, sich an die Begebenheiten anzupassen und ein ganz normales Leben ohne messianische Illusionen zu führen. Denn,

> «so spricht der Ewige, der Heerscharen, der Gott Israels: Eure Propheten, die in eurer Mitte sind, und eure Wahrsager sollen euch nicht täuschen; und hört nicht auf die Träume, die ihr euch von ihnen träumen lasst. Denn verlogen weissagen sie euch in meinem Namen. Ich habe sie nicht gesandt! Spruch des Ewigen» (Jer 29,8f.).

Ganz zentral ist dem Propheten zunächst die Sorge um den weiteren Bestand der Gemeinschaft auch unter den neuen Lebensumständen. Sie soll nicht kleiner werden, als sie ist, denn dann wäre sie in ihrem Fortbestand gefährdet. Deshalb sollen Männer und Frauen heiraten und Kinder zeugen, sich als Minderheit in der Fremde einrichten und ihre Eigenart bewahren. Hier sollen sie aber auch bei aller Sorge um die Bewahrung des eigenen physischen und religiösen Fortbestands aus ureigenem Interessen für das Wohl der Stadt beten, in der sie wohnen, denn ihr Wohl ist die Grundlage für die Erhaltung der eigenen Gemeinschaft. Die Wahrheit dieser Einsicht hat sich in der jüdischen Geschichte mehr als einmal erwiesen. Ob bei den Kreuzzügen, bei den Judenverbrennungen in der Zeit der schwarzen Pest, den Massakern des Kosakenführers Bogdan Chmielnitzki und den Pogromen des 19. und 20. Jahrhunderts in Osteuropa und nicht zuletzt beim Aufstieg des modernen, rassistischen Antisemitismus: Stets waren es umfassendere Spannungen und Unruhen in Folge gesellschaftlicher Umwälzungen, wirtschaftlicher Not und sozialer Spannungen, die sich für die jüdische Minderheit negativ auswirkten und antijüdische Ressentiments mit ihren allzu oft mörderischen Folgen förderten.

Die Aufforderung zum Beten für das Wohl der Stadt ist aber nicht des Propheten letztes Wort. Die Verbindung zum Herkunftsland wird nicht aufgegeben, wie wir es in der Fortsetzung seiner Rede vernehmen:

> «Denn so spricht der Ewige: Erst wenn siebzig Jahre erfüllt sind für Babel, werde ich mich um euch kümmern. Dann werde ich mein gutes Wort an euch einlösen und euch zurückbringen an diese Stätte. [...] Dann werde ich mich für euch finden lassen, Spruch des Ewigen, und ich werde euer Geschick wenden und euch sammeln aus allen Nationen und aus allen Orten, wohin ich euch versprengt habe, Spruch des Ewigen, und ich werde euch zurückbringen an die Stätte, von der ich euch in die Verbannung geführt habe» (Jer 29,10.14).

So betet der Jude für das Wohl der Stadt, ohne seine eigene Herkunft zu leugnen, und glaubt an eine von Gott herbeigeführte Rückkehr ins Land der Väter. Die Befolgung beider prophetischen Worte – die Aufforderung, für das Wohl der Stadt zu beten, und diejenige, auf eine Rückkehr ins Herkunftsland zu hoffen – lässt die ersten Entstehungsmomente einer Identität mit universalistischen und partikularen Zügen erkennen, Ansätze einer komplexen Identität mit verschiedenen Zugehörigkeiten, wie wir sie in modernen Gesellschaften kennen und die am Ursprung des antijüdischen Ressentiments stehen.

Doch die Bedeutung des Aufrufs, für das Wohl der Stadt zu beten, erfüllt sich gemäss gewichtigen Stimmen innerhalb der jüdischen Tradition nicht in der alleinigen Sorge um das physische Überleben des jüdischen Volkes. Auch der Sinn der Gebote übersteigt deren Bedeutung als Identitätsmarker. Die Gebote haben im Kontext der jüdischen Religionsphilosophie darüber hinaus eine spirituelle Qualität und eine universelle Dimension. Um diese wahrnehmen zu können, müssen dem Aufruf Jeremias andere Stimmen aus der Hebräischen Bibel gegenüber gestellt werden: Auf der einen Seite steht Jeremia mit seinen utilitaristischen Untertönen, die im soziopolitischen Kontext der Existenz unter Fremdherrschaft dem Überleben dienen. Auf der anderen Seite stehen Stimmen, die der jüdischen Existenz in und trotz ihrer Zerbrechlichkeit eine universelle Dimension verleihen.

Bekanntes Beispiel einer solchen Stimme finden wir in Genesis 18. Gott entschliesst sich, Abraham in seinen Plan zu involvieren, die beiden sündhaften Städte Sodom und Gomorra zu zerstören. Diese Städte handeln in den Augen Gottes ungerecht und sind deshalb der Zerstörung geweiht. Wozu soll Abraham sich einmischen, zumal sein Neffe Lot nicht in den spezifischen Abrahamitischen Bund eingeschlossen wurde? Weshalb wird Abraham dazu herausgefordert, Gottes Ratschluss infrage zu stellen? Die Antwort liefert uns der Text selbst:

«Der Ewige aber sprach: Soll ich vor Abraham geheim halten, was ich tun will? Abraham soll ja zu einem grossen und mächtigen Volk werden, und durch ihn sollen alle Völker der Erde Segen erlangen. Denn ich habe ihn erkoren, dass er seinen Söhnen und seinem Haus nach ihm gebiete, den Weg des Ewigen einzuhalten und Gerechtigkeit und Recht zu üben, damit der Ewige über Abraham kommen lasse, was er ihm gesagt hat» (Gen 18,18 f.).

Abraham soll sich, wenn es um Recht und liebende Gerechtigkeit geht, einmischen in die Angelegenheit der Städte, denn das ist der Auftrag, den er seinen Kindern weitergeben soll. Die jüdischen Nachkommen Abrahams sollen Gott vorausgehen und die göttlichen Eigenschaften durch ihr Handeln in die Welt hinein wirken lassen. So wie Gottes Recht und liebende Gerechtigkeit für die ganze Schöpfung gelten, so sind Recht und Gerechtigkeit aus jüdischer Sicht nicht teilbar. Und weil Gott mit allen gütig ist und sein Erbarmen sich auf all seine Geschöpfe erstreckt, soll der Jude ihn nachahmen und sich jenseits von Eigeninteressen auch um das Gemeinwohl sorgen.

Der Auftrag, den Gott in Genesis 18 an Abraham erteilt, ist in der Schöpfungsgeschichte grundgelegt, die der Geschichte Israels vorangestellt ist. Gott hat den Menschen, jeden Menschen, in seinem Ebenbild erschaffen und ihm überträgt er die Aufgabe, die Schöpfung zu gestalten und sie zu bewahren. Diese Aufgabe eint die Menschheit. Der Sonderweg Israels mit der Tora soll auf diese Aufgabe ausgerichtet sein. Die Berufung Abrahams, die Erwählung zur Gabe der Tora am Berg Sinai sind ausgerichtet auf die Menschheitsgeschichte und auf den Tikkun Olam, die Verbesserung der Welt.

3. Die Praxis des Bettags in der Schweiz am Beispiel der Israelitischen Cultusgemeinde Zürich von den Anfängen bis 1973

Sowohl Jeremias Aufforderung zum Gebet für das Wohl der Stadt als auch der Aufruf, die Verbundenheit zum Land Israel (Eretz Israel) aufrechtzuhalten, fanden in der jüdischen liturgischen Tradition bis heute ein breites Echo. Besonders nach der Aufklärung und der sukzessiven politischen Emanzipation der Juden in Europa wurden sowohl in Reformgemeinden als auch in orthodoxen Gemeinden Gebete für den Staat und seine jeweilige Regierung gesprochen.

Bereits beim allerersten Eidgenössischen Buss- und Bettag am 16. März 1794 wurde von Rabbiner Raphael Ris ein in Hymnenform abgefasstes Gebet niedergeschrieben. Den Juden wurde vorgeschrieben, den Bettag zu begehen, obwohl die politische Emanzipation noch nicht am Horizont stand. Wie sehr diese von den Aargauer Juden ersehnt wurde, zeigt sich in einer

Predigt mit dem Titel «Gott unser Licht», die Rabbiner Julius Fürst, der in Endingen von 1854–1858 amtierte, am Eidgenössischen Dank-, Buss- und Bettag hielt. Dort heisst es:

> «Aber auch für die Israeliten der Eidgenossenschaft beginnt mit der festeren Verknüpfung des Bundes, welcher das Vaterland nun umschlingt, eine bessere Stellung. Manche Schranke ist seitdem gefallen; ja Gott hat Licht gebracht in unser Dunkel. Man erkennt sie allmählich als Brüder, man erkennt sie als Bürger des Vaterlandes [...] Und welchen schöneren Beweis, dass man als Brüder uns erkennt, als Mitbürger uns ehrt, gibt es, als die Aufforderung unserer erleuchteten Regierung, ebenfalls im Verein mit allen Bürgern, in Berg und Tal, in Stadt und Land, den heutigen Tag zu feiern [...] Noch fehlen zwar uns manche wichtige Rechte. Aber hoffen wir, dass unsere erleuchtete Regierung auch ferner dem ausgesprochenen Grundsatze gemäss verfahren werde»[1].

Hier zeigt sich quasi reflexartig, wie verinnerlicht aus der Sicht dieses Rabbiners die Aufforderung des Profeten Jeremias ist, für das Wohl des Landes zu beten. Gleichzeitig zeigt sich aber auch deutlich, dass die christliche Mehrheit und die jüdische Minderheit sich nicht auf Augenhöhe begegnen.

Die Tatsache, dass die jüdische Gemeinschaft sich seit der Emanzipation 1866 in das staatliche und gesellschaftliche Gefüge zunehmend eingebunden fühlt, ist grundlegend für das Selbstverständnis der Schweizer Juden und äussert sich beispielsweise im Gebet, das in der Synagoge der Israelitischen Cultusgemeinde an der Löwenstrasse jeweils am Sabbat und an den jüdischen Feiertagen nach der Toralesung gesprochen wird: «Segne die Schweiz und ihre Behörden, dass sie ein Hort der Ordnung, des Rechtes und der Toleranz seien». Das Gefühl der Juden, bei aller Wachheit gegenüber weiterhin bestehenden judenfeindlichen Tendenzen nun Schweizer Bürger zu sein, ist auch die Grundlage dafür, dass der Eidgenössische Buss-, Dank- und Bettag in den jüdischen Gemeinden in der Schweiz seit dessen Einführung begangen wurde. Dies möchte ich kurz anhand der Praxis der Israelitischen Cultusgemeinde Zürich (ICZ) aufzeigen. Im Mittelpunkt des Gottesdienstes, der vor, während und nach dem Zweiten Weltkrieg jeweils am Sonntagvormittag durchgeführt wurde, stand die Predigt des Gemeinderabbiners. Dazu wurden die Psalmen 15 und 23 rezitiert. Für die musikalische Umrahmung sorgte stets der Synagogenchor. Auffallend ist, dass bis in die 50er-Jahre auch deutschsprachige Lieder gesungen wurden, wie beispielsweise «Ode an Gott» vom appenzellischen Sänger und Komponisten

---

1 Fürst, Gott 8; vgl. Schweizerischer Israelitischer Gemeindebund (Hg.), Gemeindebund.

Johann Heinrich Tobler (1777–1838) oder «Kommet und singet dem Ewigen» vom deutschschweizerischen Komponisten Lothar Kempter (1844–1914), der Ende des 19. und Anfang des 20. Jahrhunderts an der Zürcher Musikschule, in der Tonhalle und am Opernorchester wirkte. Das Israelitische Wochenblatt, eines der Vorgänger der heute erscheinenden wöchentlichen Zeitschrift Tachles, berichtete stets ausführlich über diese speziellen Gottesdienste. So wird aus der Predigt von Rabbiner Dr. Zwi Taubes am Bettag 1953 Folgendes zitiert:

> «Der Buss- und Bettag ist der Tag des Gewissens des Schweizervolkes. An ihm geloben auch wir, nicht nur unsere Pflicht zu tun, sondern auch den grossen Idealen des Schweizertums, seinen Idealen der Freiheit und echten und tiefen Menschlichkeit nachzuleben. Der heutige Tag ist vor allem ein Bettag und so vereinigen wir uns mit den anderen Bewohnern und Bürgern dieses Landes im Gebet und sprechen: Allgütiger Vater! Mit allen Bewohnern des Landes versammeln auch wir, die späten Enkel des Volkes Israel, das der Welt den Glauben an Dein Wort übermittelt hat, uns in unserem Gotteshaus, um Dir in Demut zu danken für Deine Gnade, mit der Du das Schweizer Land durch die Schwere der Zeiten behütet hast. [...] Segne, o Gott, das Schweizerland in all seine Teilen, segne es in seinen Bergen und Tälern, in seinen Seen und Flüssen, segne jede redliche Arbeit, gib dem Fleiss seinen Lohn, der Saat die Ernte, der Mühe den Erfolg. [...] Segne die Behörden des Landes, dass sie die alten Heiligtümer des Volkes wahren, die Freiheit, die es sich erkämpft in ruhmvoller Vergangenheit, die Einigkeit, die alle Kinder des Landes zusammenbindet, in dem gleichen Opferwillen und der steten Bereitschaft für des Landes Wohlfahrt einzutreten, ein jeder mit seiner ganzen Kraft»[2].

1965 gibt das Israelitische Wochenblatt unter der Rubrik Gemeindenachrichten die Predigt von Rabbiner Dr. Zwi Taubes zum Bettag wieder:

> «Er wies darauf hin, wie sehr der Gedanke eines Buss- und Bettages uns Juden geläufig ist, die wir mit dem ersten Tag Selichot (Auftakt zu den Hohen Feiertagen) Bussgebete sprechen. Am Eidgenössischen Buss- und Bettag aber sind wir gleichzeitig mit den anderen Glaubensgemeinschaften versammelt, um im gleichen Geist und Sinne für die Freiheit und Unabhängigkeit der Schweizerischen Eidgenossenschaft zu danken»[3].

---

2 Zit. nach Teichman, Bettag (Auszug aus dem Israelitischen Wochenblatt Nr. 39, 25.09.1963).
3 Zit. nach Teichman, Bettag (Auszug aus dem Israelitischen Wochenblatt [ohne Datierung] 1965).

Im Sog der allmählich zunehmenden Säkularisierung wurde der Bettagsgottesdienst der Cultusgemeinde immer spärlicher besucht. Daraufhin beschlossen Synagogenkommission und Vorstand, den Bettagsgottesdienst alternierend nur noch in den historischen Surbtaler Synagogen Endingen und Lengnau durchzuführen, in der Hoffnung, dass auf diese Weise auch Mitglieder anderer Gemeinden teilnehmen würden. Doch nach wenigen Jahren wurde auch diese Übung 1973 mangels Interesses abgebrochen.

4. Neue jüdische Selbstverständnisse von 1973 bis heute und deren Einfluss auf die Wahrnehmung des Eidgenössischen Dank-, Buss- und Bettags in der Israelitischen Cultusgemeinde Zürich

Der Niedergang der jüdischen Buss- und Bettagsfeier lässt sich nur zum Teil auf die allgemeine gesellschaftliche Entwicklung hin zu einer allgemeinen Entfremdung von traditionellen religiösen Inhalten erklären. Er hat auch einen innerjüdischen Hintergrund. Der Einsatz für den gesellschaftlichen Frieden, der in den Begehungen des Eidgenössischen Dank-, Buss- und Bettags zum Ausdruck gebracht wurde, war in der Tradition aus der Sicht der jüdischen Minderheit von der Spätantike bis Ende des 18. Jahrhunderts hauptsächlich pragmatisch begründet. Das Gebet für den Frieden diente zunächst zum Überleben der jüdischen Gemeinschaft und nicht genuin dem Anderen als Anderen. Die Erfahrung, dass das grössere menschliche Kollektiv, dessen Teil die jüdische Gemeinschaft ist, dem Juden gegenüber potenziell feindlich gesinnt ist, hat in der jüdischen Seele ein tiefes Misstrauen entstehen lassen, das insbesondere angesichts der Schoa und der von ihr verursachten Traumata bis in die Gegenwart seine Spuren hinterlassen hat. Die Errungenschaften der Aufklärung und der Emanzipation schienen in den Augen vieler Juden infrage gestellt zu sein oder wurden zumindest skeptisch distanziert betrachtet. Diplomatisches Handeln, das ein friedliches Nebeneinander ermöglicht, und Beten, dass Gott die Obrigkeit den Juden gegenüber milde einstellt, ist häufig oberstes Gebot jüdischer Gemeindepolitik in der Diaspora und Motivation, sich am interreligiösen Dialog zu beteiligen, geblieben. Der in den 70er Jahren stattfindende Bruch mit der Tradition, den Eidgenössischen Buss- und Bettag zu begehen, ist aus dieser Perspektive betrachtet auf ein Selbstverständnis des Judentums zurückzuführen, das nach der Schoa in der zweiten Hälfte des 20. Jahrhunderts vorherrschend wurde. Juden weltweit und in der Schweiz verstanden sich zunächst als Mitglieder einer Schicksalsgemeinschaft. Im Vordergrund standen ihre eigenen Traumata und die damit verbundenen existenziellen und identitären Ängste. Diese liessen meist keine positive Einschätzung und

Auseinandersetzung mit dem nach dem Zweiten Vatikanischen Konzil einsetzenden Wandel der in Kirche und Gesellschaft vorherrschenden Einstellung zum Judentum zu. Zudem wurde eine zunehmend kritische Haltung zum Staat Israel oder zumindest zu dessen Politik von breiten Teilen der jüdischen Gemeinschaft in der Schweiz als Angriff auf das Selbstverständnis des Judentums nach der Schoa empfunden und damit häufig als Antisemitismus gedeutet. Diese Grundstimmung ist in breiten Teilen des Diasporajudentums in ganz Europa immer noch einflussreich, insbesondere in traditionellen und orthodoxen Kreisen.

Parallel zu dieser in den 70er Jahren kaum beachteten Wendung nach innen, die zur Aufgabe der Bettagsgottesdienste in der Israelitischen Cultusgemeinde Zürich und darüber hinaus beitrug, gab es eine Gegenbewegung, die prominent vom damaligen Präsidenten der ICZ, Sigi Feigel, getragen und geprägt wurde. Der in Hergiswil aufgewachsene spätere Rechtsanwalt hatte den Antisemitismus am eigenen Leib erfahren und war religiös nicht praktizierend, blieb jedoch stets unzertrennlich mit der jüdischen Schicksalsgemeinschaft, deren Kultur und insbesondere den ethisch-humanistischen Ansprüche der Tora verbunden. Er verstand das Minderheitendasein der jüdischen Gemeinde in der Schweiz als Auftrag, sich nicht nur für das Wohl der Juden einzusetzen, sondern für dasjenige der Minderheiten überhaupt. So gründete er zwei Stiftungen, die Stiftung gegen Rassismus und Antisemitismus sowie die Gesellschaft für Minderheiten in der Schweiz. Damit knüpfte er, ohne sich explizit darauf zu berufen, an das Erwählungsverständnis an, das sich in der Geschichte des Ringens Abrahams mit Gott um das Überleben der sündhaften Städte Sodom und Gomorra äussert: Abrahams Auftrag und der an seine Kinder ist es, zum eigenen und zum Segen aller Völker und Menschen Recht und liebende Gerechtigkeit zu üben.

Auch wenn der Eidgenössische Dank-, Buss- und Bettag in der Zeit, in der Sigi Feigel als Präsident der ICZ und der von ihm begründeten Stiftungen amtierte, immer mehr in Vergessenheit geriet, verlor der Geist dieser Institution für die weltliche und religiöse Führung unter dem Einfluss von Sigi Feigels humanistischer Grundeinstellung nichts von seiner Bedeutung und wirkt nachhaltig im öffentlichen und interreligiösen Engagement der Israelitischen Cultusgemeinde Zürich für eine Gesellschaft nach, in der Menschen verschiedener Kulturen und Religionen in Frieden zusammenleben können.

Literatur

Fürst, Julius: «Gott unser Licht.». Predigt gehalten in der Synagoge zu Endingen zum Eidgenössischen Dank, Buss- und Bettage. Basel 1854.
Schweizerischer Israelitischer Gemeindebund (Hg.): Schweizerischer Israelitischer Gemeindebund 1904–1954. Festschrift zum 50jährigen Bestehen. Basel 1954.
Teichmann, Daniel: Der eidgenössische Buss- und Bettag in den Synagogen der Schweiz. Archivalische Dokumentation mit Auszügen v. a. aus dem Israelitischen Wochenblatt (Februar 2017).

Rifa'at Lenzin

Bettag – einige Überlegungen aus muslimischer Sicht

Im Jahr 2009 fiel der Eidgenössische Dank-, Buss- und Bettag mit dem islamischen Fest des Fastenbrechens Eid ul-Fitr zusammen und zum ersten Mal in der Schweiz wurde der damalige Bettagsaufruf im Kanton Luzern auch von Muslimen, nämlich der Islamischen Gemeinschaft Luzern (IGL), mitunterzeichnet. Was sogleich eine Kontroverse entfachte: Geht das denn? Und dürfen die das? Ist das wünschenswert? Je nach Standpunkt und Blickwinkel kann die Antwort auf diese Fragen sehr verschieden ausfallen.

Aus Sicht der Mehrheitsgesellschaft stellt sich die Frage, ob man andere, nicht christliche Religionen an diesem religiösen Feiertag partizipieren lassen will. Aus Sicht der Nichtchristen – in diesem Fall der Muslime – stellt sich die Frage, ob man teilnehmen *möchte* und aus einer streng religionsrechtlichen (shari'a-rechtlichen) Perspektive, ob Muslime an einem solchen Feiertag überhaupt teilnehmen *sollen/dürfen*. Antworten auf diese Fragen lassen sich leichter finden, wenn man sich Geschichte und Zielsetzung des Bettags vergegenwärtigt, der sich ja nicht aus kirchlichen Traditionen ableiten lässt.

Laut Eintrag bei Wikipedia ist der Dank-, Buss- und Bettag ein staatlich angeordneter, überkonfessioneller religiöser Feiertag.

> «Seine besondere Bedeutung erhielt der gemeinsame Feiertag mit der Gründung des schweizerischen Bundesstaates im Jahre 1848, dem ein liberal-konservativer bzw. teilweise reformiert-katholischer Bürgerkrieg (Sonderbundskrieg) vorangegangen war. Der Eidgenössische Dank-, Buss- und Bettag sollte damit ein Tag sein, der in der politisch und konfessionell stark fragmentierten Schweiz von den Angehörigen aller Parteiungen und Konfessionen gefeiert werden konnte und kann. Er ist damit nicht allein konfessionell begründet, sondern vor allem auch staatspolitisch basiert: Es sollte der Respekt vor dem politisch und konfessionell Andersdenkenden gefördert werden»[1].

---

1 https://de.wikipedia.org/wiki/Eidgen%C3%B6ssischer_Dank-,_Buss-_und_ Bettag (09.02.2017).

1. Verhältnis Religion und Staat in der Schweiz gestern und heute

Die Tatsache, dass in der Schweiz ein religiöser Feiertag staatlich angeordnet wurde, war es, die mich faszinierte, als ich mich 2009 aus dem erwähnten Anlass erstmals mit dem Bettag befasste. Insbesondere Muslime sind immer wieder mit dem Diktum vom «religiös neutralen Staat» konfrontiert, der vor allem dann als Argument ins Feld geführt wird, wenn es darum geht, einen staatlichen Handlungsbedarf hinsichtlich der Integration der Muslime als religiöse Gemeinschaft in ebendiesen Staat zu verneinen. Bei der Einführung des Bettags wurde diese staatliche Anordnung eines religiösen Feiertags offensichtlich weder von Urhebern noch von den Adressaten, d. h. der Bevölkerung, als zur Bundesverfassung im Widerspruch stehend empfunden. Die Religionsfreiheit und damit das Recht jeder Person und Gemeinschaft, ihre Religion zu bekennen, zieht die Verpflichtung der Staatsorgane nach sich, sich religiös und weltanschaulich neutral zu verhalten. Artikel 8 BV untersagt zudem jede Diskriminierung wegen der Herkunft oder der religiösen, weltanschaulichen oder politischen Überzeugungen. Mittels des Instruments der öffentlich-rechtlichen Anerkennung sind zumindest die reformierte und katholische Kirche in allen Kantonen privilegiert[2]. Von einer Gleichbehandlung der Religionen konnte und kann also keine Rede sein. Diese Ungleichbehandlung kommt im oben erwähnten Luzerner Bettagsaufruf von 2009 ebenso zum Ausdruck wie in jenem von 2016, nämlich insofern, als dieser zwar von Muslimen *mit*unterzeichnet werden darf, die Verfasser aber die Landeskirchen und der Regierungsrat sind. Dabei gilt es zu bedenken, dass die Bundesverfassung von 1848 aus einer Zeit stammt, als es bezüglich Religions- und Glaubensfreiheit vor allem darum ging, das Verhältnis zwischen Reformierten und Katholiken einerseits und dem Staat andererseits nach einer innenpolitisch äusserst schwierigen Phase neu zu regeln. Muslime gab es damals in der Schweiz noch keine, und Juden, die damals bereits seit langem in der Schweiz ansässig waren, aber immer noch kein Recht auf freie Niederlassung hatten, wurden nicht einbezogen.

Das verfassungsmässige Recht auf Religionsfreiheit wurde nach seiner Implementierung in der Bundesverfassung 1874 fleissig in Anspruch genommen.

«Die Bereitschaft zur Akzeptanz missionarischer Aktivitäten von Glaubensgemeinschaften (die meisten von ihnen christliche Splittergruppen) war in der

---

2   In den Kantonen Genf und Neuenburg sind die traditionellen Kirchen ebenfalls öffentlich anerkannt. Siehe dazu http://www.ekr.admin.ch/pdf/referat_anerkennung_debe3c.pdf (09.02.2017).

Bevölkerung zum Beispiel äusser[s]t gering und zeigte die Angst vor dem Ungewohnten, das als Bedrohung für das Gängige, das Normale empfunden wurde. Das Bundesgericht, toleranter als ein grosser Teil der Bevölkerung und der kantonalen Behörden, schützte von Beginn weg (mit Ausnahmen) auch unkonventionelle, mit Auffassungen der Mehrheit kollidierende Glaubensvorstellungen. Es legte z. B. dar, dass Tätigkeiten der Heilsarmee nicht verboten werden dürften, nur weil sie andere Teile der Bevölkerung provozierten, störten und verärgerten»[3].

Damit war das Bundesgericht toleranter als ein grosser Teil der Bevölkerung und der kantonalen Gerichte und Behörden – und mir will es scheinen auch mutiger als heute.

Die Minarettabstimmung hat gezeigt, dass Toleranz auch heute noch nur selektiv gilt. Über die Geltung und Gewährleistung von Menschenrechten entscheidet in der Schweiz letztlich der Souverän, also das Volk, das heisst eine abstimmende Mehrheit, die als solche niemandem Rechenschaft schuldet. Das Volk kann die Verfassung mit neuen Bestimmungen ergänzen, welche elementaren menschenrechtlichen und rechtsstaatlichen Grundsätzen widersprechen[4]. In einer Zeit, in der sich das politische System der direkten Demokratie für die muslimische Minderheit zunehmend verheerend auswirkt, wäre ein verlässlicher Rechtsstaat vonnöten, der sich an übergeordneten Prinzipien orientiert, um der Verabsolutierung des Volkswillens Paroli zu bieten. Denn wer, wenn nicht der Rechtsstaat, kann die dem Einzelnen zustehenden Grund- und Menschenrechte garantieren?

2. Handhabung des Bettags

Wie die Institution des Bettags beispielhaft zeigt, ist in der Schweiz das Verhältnis von Religion respektive Kirche und Staat also nicht von einer strikten Trennung geprägt wie in Frankreich, sondern von einem «wohlwollenden» Säkularismus, der dem Religiösen auch im Öffentlichen Raum lässt[5]. Allerdings ist dieses – an sich bewährte – Modell in den letzten Jahren zunehmend unter Druck gekommen, wie die Vorstösse in verschiedenen Kantonen zu einer strikten Trennung von Kirche und Staat zeigen. Auch vermag

---

3   http://www.iras-cotis.ch/religionsfreiheit/pdf/Wyttenbach.pdf (09.02.2017).
4   Zurzeit gibt es in der Schweiz im Unterschied zu den meisten liberalen Rechtsstaaten kein Verfassungsgericht, das bei Menschenrechtsverletzungen dieser Art korrigierend eingreifen könnte.
5   http://www.iras-cotis.ch/religionsfreiheit/pdf/Wyttenbach.pdf (09.02.2017).

es ohne Anpassungen an die markanten Veränderungen der letzten Jahre der heutigen religiösen Vielfalt nicht mehr gerecht zu werden.

Obschon «eidgenössisch», ist die Handhabung des Bettags kantonal geregelt, da für die Regelung des Verhältnisses zwischen Kirche und Staat die Kantone zuständig sind. Zürich beispielsweise klinkte sich in Bezug auf das Bettagsmandat schon recht früh aus. Ab 1873 verzichtete der Grosse Rat auf die Herausgabe solcher Mandate und überliess dies fortan dem Kirchenrat[6]. In den letzten Jahren verblasste mit der schwindenden gesellschaftlichen Relevanz der Kirchen auch die Bedeutung des Bettags. Vielerorts werden heute an diesem Tag «interreligiöse Feiern» oder «Gebete der Religionen» durchgeführt ohne direkten Bezug zum Bettag. Dabei läge die Wichtigkeit des Bettags gerade heute wieder in seinem gesellschaftspolitischen Anspruch der «Förderung des Respekts vor politisch und konfessionell Andersdenkenden». Was könnte in Zeiten von Minarett- und Burkaverboten denn aktueller sein? Wenn man in Betracht zieht, dass der Feiertag einerseits staatlich initiiert ist, und andererseits davon ausgeht, dass der Staat religiös und weltanschaulich neutral ist, könnte man eigentlich gar nicht anders, als diesen Feiertag als für alle Konfessionen und Religionen als ein «Muss» zu betrachten. Die Frage wäre dann nicht, ob Muslime am Bettag partizipieren können, sondern ob sie müssen respektive es sich leisten können, abseits zu bleiben.

3. Islamische Feiertage

Wie würde das zum Islam passen? Grundsätzlich gibt es im Islam zwei hohe Feiertage, die durch den Qur'an (Koran) legitimiert sind: Einmal das oben erwähnte Fest zum Ende des Fastenmonats Ramadan und zum andern das Opferfest, Id ul-Adha oder Qurban Bayrami. Dieses findet im Rahmen der alljährlichen Pilgerfahrt am 10. Dhul Hija statt. Die Muslime gedenken dabei der Bereitschaft Ibrahims (Abrahams), das Leben seines Sohnes Ismail auf Geheiss Gottes zu opfern. In vielen Teilen der islamischen Welt ist auch der Geburtstag des Propheten Maulid oder Mewlud sehr populär, wenn auch kein hoher Feiertag. Diese Feste wandern im Laufe von dreissig Jahren einmal durch das ganze Jahr, weil der islamische Kalender ein reiner Mondkalender ist. Das Mondjahr ist um elf Tage kürzer als das Sonnenjahr. Agrarisch geprägte Gesellschaften wie die indische oder jüdische haben ihren Mondkalender durch Einschub von zusätzlichen Monaten dem Sonnenjahr angepasst, damit die wichtigen Feste immer in die gleiche Jahreszeit fallen.

---

6 Vgl. http://www.zh-kirchenspots.ch/content/e1161/e1492/e1496/e6801/index_ger.html (09.02.2017).

Der Islam hingegen ist in einer vom Handel geprägten Kultur entstanden. Die islamischen Feste wurden nicht wie Weihnachten oder Ostern mit Jahreszeiten verknüpft. Es spielt daher keine Rolle, wenn die Feste durch die Jahreszeiten wandern.

Aber Landwirtschaft und Jahreszeiten prägen selbstverständlich auch in weiten Teilen der islamischen Welt den Lebensrhythmus. In Ägypten beispielsweise ist das Fest Sham al-Naseem zum Frühlingsbeginn eines der beliebtesten und zugleich ältesten, das sowohl von Muslimen als auch von Christen begangen wird. Für Christen ist es zugleich das Osterfest. Desgleichen das Fest, welches zu Ehren des Nils Mitte Juni gefeiert wird. Auch im persisch geprägten Kulturraum ist das Frühlingsfest Nouruz von überragender Bedeutung für die Bevölkerung, seien sie nun Muslime, Christen, Zoroastrier oder andere. Ein ähnliches Bild zeigt sich in Indien, wo beispielsweise das Frühlingsfest Holi von Hindu und Muslimen sowie allen anderen Religionsgruppen und Kasten in Nordindien gleichermassen gefeiert wird.

4. Zukunft des Bettags

Diese Beispiele mögen genügen, um zu zeigen, dass der Festkalender in muslimisch geprägten Ländern nicht auf die im eigentlichen Sinn «islamischen» Feste beschränkt ist. Unter diesem Gesichtspunkt ist es also nicht problematisch, wenn Muslime in Europa an einem Feiertag wie dem Bettag teilnehmen. Schwieriger zu beantworten hingegen ist die Frage, in welcher Form eine solche Teilnahme erfolgen könnte. An einigen Orten haben sich in den letzten Jahren «interreligiöse» Feiern etabliert, an denen nebst den Landeskirchen auch Vertreter anderer Religionsgemeinschaften mitmachen. Gemeinsames Gebet oder gemeinsame spirituelle Erfahrungen können zwar Höhepunkte im interreligiösen Dialog sein, sie sind aber auch besonders heikle Begegnungsflächen, die mit vielen tief verwurzelten Gefühlen und Überzeugungen verbunden sind. Unterschiede kommen hier klarer zum Ausdruck, weil sie in Symbolen und Handlungen konkretisiert sind. Gemeinsame Symbole und Gesten zu finden, die für alle stimmen, ist schwierig und anspruchsvoll. In der Regel ist es einfacher, sie aus dem gemeinsamen Erleben[7] als aus der religiösen Tradition zu gewinnen. Eine

---

7 Anlässlich einer Morgenmeditation haben Musliminnen und Christinnen ihre Verbundenheit und ihre Unterschiede dadurch symbolisiert, dass sie sich auf beide Seiten eines Seils gestellt haben – hier die Musliminnen, dort die Christinnen. Dann haben sie dieses Seil gemeinsam in die Höhe gehoben, jede Frau umfasste das Seil mit einer Hand, ein starkes Zeichen der Verbundenheit.

christliche Feier wird nicht interreligiös (und soll es auch nicht werden), indem Muslime und Juden daran teilnehmen[8].

Ursprünglich war es so, dass Bettagsaufrufe erlassen wurden, die anschliessend in den Gottesdiensten verlesen wurden. Ökumenische Feiern standen hierbei nicht im Vordergrund. Diese Usanz wäre für Muslime problemlos, könnten doch entsprechende Aufrufe anlässlich des Freitagsgebets verlesen werden. Sie hätten damit eine ganz andere Ausstrahlung und Relevanz als die Teilnahme einzelner weniger Muslime an «ökumenischen (christlich-geprägten) Gottesdiensten», die – zwar in durchaus guter Absicht – zu interreligiösen Feiern «umfunktioniert» werden. Voraussetzung wäre jedoch, dass diese Aufrufe von den politischen Behörden (z. B. der Kantonsregierung) unter Einbezug aller Religionsgemeinschaften, die dazu bereit sind, verfasst würden. Da gemäss Art. 72 BV Bund und Kantone zur Wahrung des religiösen Friedens verantwortlich sind, wäre dies in Zeiten erhöhter Spannungen zwischen den Religionsgemeinschaften mehr als gerechtfertigt und könnte ein starkes Zeichen sein. Und es wäre ein aktualisierter Rückgriff auf jene Motive, die 1832 respektive 1848 zur Einführung des Bettags in der Schweiz geführt haben.

Die gleichberechtigte Teilnahme am Bettag könnte so einen ersten bedeutenden Schritt zur Einbindung der muslimischen Gemeinschaften in das (vielfältige) religions-politische System der Schweiz darstellen. Weitere Schritte wären beispielsweise eine neue Feiertagsregelung. Die Anerkennung von hohen islamischen Feiertagen wäre ein wichtiges integrationspolitisches Zeichen und bedeutete nicht zwingend, dass diese gesamtschweizerisch als arbeitsfreie Feiertage für alle gelten müssten. Es ginge vielmehr um das Recht auf berufliche und schulische Freistellung an diesen Tagen. Beispiele, wie eine solche Regelung aussehen könnte, gibt es sowohl in Österreich als auch in Deutschland[9]. Der Bettag könnte auf diese Weise zu einem Symbol des Zusammenwirkens nicht nur von Staat und Religionsgemeinschaften, sondern aller Menschen guten Willens und ein Zeichen gegen jegliche religiöse Diskriminierung werden.

---

8   Siehe dazu auch: Leitfaden für den interreligiösen Dialog, Interreligiöser Thinktank. Basel 2014, 59.
9   http://www.n-tv.de/politik/Muslime-bekommen-Feiertage-article7746451.html (09.02.2017).

5. Nachtrag: Bettag 2030 – eine Vision

Am 15. September 2030 feiern wir, wie immer am dritten Sonntag in diesem Monat, den Eidgenössischen Dank-, Buss- und Bettag. Die Vertreter und Vertreterinnen der christlichen, muslimischen, hinduistischen, buddhistischen und jüdischen Religionsgemeinschaften sowie der Regierungsrat unseres Kantons haben den Bettagsaufruf (wiederum?/erstmals?) gemeinsam verfasst.

Wir setzen uns ein
- für ein Land, das nicht in erster Linie dem Credo von Wachstum und Profitmaximierung folgt, sondern in dem die Wirtschaft dem Wohl der Menschen dient und nicht die Menschen dem Wohl der Wirtschaft – und für ein Land, das sich gerne dem internationalen Wettbewerb von Armutsbekämpfung, Bildungsoffensiven und Friedensarbeit nach innen und aussen stellt.
- für ein Land, in dem alle politisch mitbestimmen und mitgestalten können, die in diesem Land leben und arbeiten – im Wissen darum, dass Entscheidungen, die breit abgestützt sind, auch tragfähiger sind.
- für ein Land, das stolz ist auf seine Tradition eines vielfältigen «Wir» und einer Willensnation, die sich weniger über abstammungsmässige Zugehörigkeit als über einen gemeinsamen politischen Willen und die Stärkung des gesellschaftlichen Zusammenhalts definiert.
- für ein Land, das nicht nur verschiedene Sprachregionen vereint und Minderheitenrechte schützt, sondern die kulturelle und religiöse Vielfalt der Bevölkerung als eine positive und bereichernde Ressource erkennt und schätzt.

In dieser Schweiz
- sind alle Religionsgemeinschaften rechtlich gleichgestellt und die Gläubigen können ihre Religion öffentlich praktizieren. Moscheen, Synagogen, Kirchen, Pagoden und Tempel sind sichtbare Zeichen dafür, dass Religion als wichtiger Faktor der menschlichen und gesellschaftlichen Sinngebung und der Wertevermittlung und -erhaltung auch öffentlich anerkannt und geschätzt ist.

In diesem Land
- werden zum Wohle aller politische und gesellschaftliche Debatten geführt, in denen alle weltanschaulichen Systeme ihren konstruktiven Beitrag leisten dürfen und sollen. Aus dem religiösen Denken gespeiste Ansichten werden wertgeschätzt und fliessen neben anderen Sichtwei-

sen als wichtige Impulse in die Entscheidungsfindungen von Politik und Gesellschaft ein.
- schaffen Parteien, Unternehmen und soziale Institutionen gemeinsam Strukturen, die allen Bewohnerinnen und Bewohnern des Landes, unabhängig von Geschlecht oder kultureller Herkunft, eine möglichst gleichberechtigte Teilnahme an den gesellschaftlichen Prozessen ermöglichen.
- betrachten die mitunterzeichnenden Vertreterinnen und Vertreter von religiösen Gemeinschaften die Religionen als Ressource für ein neues «Wir», wissend darum, dass Religionen nicht allein von Kultus und Tradition leben, sondern sich vielmehr an den grossen ethischen Richtlinien wie Gerechtigkeit, Verantwortung, Mitmenschlichkeit und Sorge für die Schwachen orientieren.

Religion so verstanden und praktiziert
- lehrt die Menschen, im Innersten zu vertrauen, weil sie sich verankert wissen in einem unbedingten Horizont, so dass sie nicht zu Opfern von Ängsten werden und nicht in Abwehrreflexe verfallen.
- lehrt den Wert materiellen Reichtums zu relativieren, mehr zu geben und weniger zu nehmen und dabei zu erfahren, dass weniger Konsum nicht weniger Lebensqualität heisst. Sie lehrt die Menschen, einen Wettstreit im Guten zu veranstalten statt über Wahrheitsansprüche zu streiten.
- lehrt Demut, die uns als Menschen davor bewahrt, uns zu überschätzen und Zustände zu schaffen, die uns überfordern.
- lehrt Bescheidenheit, Fairness und Aufrichtigkeit – Tugenden, die für unser Gefühl von Sicherheit und Geborgenheit im Alltag wesentlich sind und echte menschliche Gemeinschaft erst ermöglichen.
- lehrt die Gleichheit der Menschen und setzt sich für ein menschenwürdiges Leben aller ein.
- lehrt, den Fremden in Obhut zu nehmen, denn wir alle könnten irgendwann selbst zu Fremden oder gar Flüchtlingen werden.
- lehrt, dass der wahre Wert des Menschen nicht von seinem Besitzstand, seiner Herkunft, seiner Familie oder von seinem gesellschaftlichen Rang abhängt, sondern von seiner Aufrichtigkeit, seiner Grosszügigkeit, seiner Milde und seinem ethischen Verhalten im Grossen wie im Kleinen, als Privatperson wie in Amt und Beruf.

Wenn Religion so praktiziert wird, kann sie entscheidend zu einem Leben in Würde und Gerechtigkeit, zu umfassendem Respekt und zum gesellschaftlichen Zusammenhalt beitragen[10].

---

10 In Anlehnung an den Essay «Ein neues ‹Wir› – Die Schweiz im Jahr 2020» des Interreligiösen Thinktank, 2015.

Nicola Neider Ammann

Interreligiöse Bettagsfeiern im Kanton Luzern

Bereits seit 2009 haben die Luzerner Landeskirchen gemeinsam mit der Islamischen Gemeinde Luzern (IGL) in einer gemeinsamen Plakatkampagne zum Bettag aufgerufen[1]. Mit dem gemeinsamen Aufruf wollten die Landeskirchen und die IGL ihr gutes Einvernehmen untereinander zum Ausdruck bringen. So sagte der damalige Regierungsrat Anton Schwingruber: «Dass die Islamische Gemeinde – eine von mehreren islamischen Organisationen im Kanton – erstmals den gemeinsamen Bettagsaufruf mitunterzeichnet, spricht für das gute gegenseitige Einvernehmen der Religionsgemeinschaften im Kanton Luzern». Und Nasser Callaku, der Vertreter der IGL, ergänzte: «Die Mitwirkung der Islamischen Gemeinde Luzern (IGL) ist ‹ein Zeichen dafür, dass die abrahamitische Ökumene zwischen den drei monotheistischen Religionen Judentum, Christentum und Islam im Kanton Luzern lebt›». Die Bettagsfeiern wurden trotz dem gemeinsamen Aufruf aber dezentral in den verschiedenen Gotteshäusern und Moscheen abgehalten.

Erst drei Jahre später nahm man das Projekt einer gemeinsamen interreligiösen Bettagsfeier an die Hand.

1. Interreligiöse Bettagsfeier beim Lucerne Festival 2012

Ausgangspunkt für diese Feier war eine Zusammenarbeit zwischen den Kirchen der Stadt Luzern und dem Lucerne Festival im Jahr 2012, als das Festival unter dem Motto «Glaube» stattfand. Die Festival-Leitung hatte die Luzerner Kirchen eingeladen, mit eigenen Veranstaltungen das Festival-Programm zu bereichern. Die Kirchen der Stadt Luzern luden daraufhin die kantonalen Landeskirchen und die IGL dazu ein, die Plattform des Lucerne Festivals für eine gemeinsam vorbereitete Bettagsfeier zu nutzen.

---

1 Vgl. Neue Luzerner Zeitung, 02.09.2009: http://www.luzernerzeitung.ch/nachrichten/zentralschweiz/luzern/Bettag-Neu-sind-auch-die-Muslime-dabei;art92,33960 (30.01.2017). Dort auch die beiden folgenden Zitate.

1.1 Vorbereitung

Es bildete sich eine Arbeitsgruppe, in der die Gestaltung der interreligiösen Feier vorbereitet wurde. Die Arbeitsgruppe setzte sich aus Vertretern der IGL, der Landeskirchen und der Stadtkirchen zusammen. Es waren sowohl Theologen als auch Kultur- und Kommunikationsfachleute vertreten. Leider war es nicht gelungen, die Jüdische Gemeinde Luzern für die Mitwirkung an der Feier zu gewinnen. Aus nachvollziehbaren Gründen hatte sie abgesagt, da wegen der starken Überalterung bei ihnen keine personellen Ressourcen für ein solches Projekt vorhanden seien. Mit allen Beteiligten zusammen wurde entschieden, für den ganzen Kanton nur diese eine zentrale Bettagsfeier durchzuführen, so dass es an keinem anderen Ort im Kanton am Bettag eine andere Feier gab.

Das Ziel der Bettagsfeier war es – im Kontext des Lucerne Festivals –, das Motto «Glaube und Musik» in interreligiöser Art und Weise zum Ausdruck zu bringen. In der Vorbereitungsgruppe einigte man sich sehr schnell darauf, Musik und Hören zusammenzubringen, so dass nicht nur Lieder, sondern auch Texte erklingen sollten. Bei den Texten war es wichtig, neben Texten aus den Heiligen Schriften auch Lyrik aus den beiden Traditionen einzubeziehen, mit einem Gedicht aus der Sufi-Tradition genauso wie mit einem modernen Psalm von Hanns-Dieter Hüsch. Konkret gestaltete sich der Ablauf der Feier folgendermassen:

- Stimmimprovisation – Naturjodel
- Begrüssung
- Gregorianischer Choral – Introitus
- Nasheed – klassisch und modern mit Gesang und Trommel
- Gedicht – Hüsch: Psalm
- Koran – Sure 87
- Gedicht – Rumi: Woher kommt all die Schönheit
- Sufi-Lied – Al-Busairi: Die vergossenen Tränen
- Bibel: Seligpreisungen (Mt 5,3–10)
- Spirituals zu Seligpreisungen: Deep river / Some day, Lord
- Orgel/Saxofon: Improvisation, jazzig
- Gedicht – Marti: So ist das
- Stille
- Orgel: Olivier Messiaen: «Le Banquet céleste»
- Kurzansprache: Hören verbindet
- Jazzimprovisation zu Motiven aus Jodel, Choral, Nasheed und Sufi-Lied
- Verabschiedung mit dem Gebet der UNO
- Gemeinsames Lied – Luegid vo Bärg und Tal

Zwei junge Frauen aus der Bosnischen Moschee singen während der Bettagsfeier im KKL einen Nasheed aus ihrer Tradition.
Foto © Dominik Thali

Die Texte wurden zum Teil von einer Schauspielerin des Luzerner Theaters gesprochen, die Musikstücke wurden von unterschiedlichen Musikern gestaltet. Es waren sowohl Mitglieder vom Chor der Bosnischen Moschee und die Schola lucerna romanensis als auch einzelne Künstler, z. B. ein ägyptischer Sänger, ein Jazz-Saxofonist, eine Jodlerin, ein Organist und weitere Musiker beteiligt. Den Besucherinnen und Besuchern im KKL wurde ein eigenes Textheft abgegeben.

In der Medienmitteilung, die nach dem Bettag veröffentlicht wurde, hiess es rückblickend über die Feier:

«Es gab viele Brücken zwischen den einzelnen Beiträgen zu entdecken – trotz verschiedener Herkunft und stark prägenden Traditionen: Etwa die sanfte Melancholie, die in der strengen Form des gregorianischen Chorals ebenso anklang wie im Nasheed, als uralten muslimischen Gesang. Oder die kraftvolle Eindringlichkeit, die im Sufilied ähnlich vibrierte wie in den Spirituals. Natürlich waren auch lebendige Kontraste wahrnehmbar, zum Beispiel zwischen der inbrünstigen, stimmgewaltigen Koranrezitation und der eher nüchternen und dennoch engagierten Bibellesung. Zwischen der überschwänglichen Bilderwelt des persischen Mystikers Rumi und der knappen, träfen Sprache des reformierten Pfarrerdichters Kurt Marti. Zwischen den sphärischen Akkorden der Orgel bei Messiaens ‹Banquet céleste› und den satten, jazzigen Saxophonklängen, zwischen der Andacht des Betrufs und der Keckheit des Naturjodels. [...] Insgesamt prägte aber das Verbindende die Feier, so bei der einige Minuten andauernden Stille und beim gemeinsam gesprochenen interreligiös verbindenden Gebet der UNO. Regierungsrat Reto Wyss hob in seiner Ansprache das gemeinsame, uneigennützige Engagement von Staat und Kirche hervor: ‹Wurde früher das Verhältnis von Kirche und Staat durch den Faktor Macht geprägt, so ist es heute das gemeinsame Engagement für die Förderung des Zusammenhalts, des Zusammenlebens und der Gerechtigkeit›. Den emotionalen Schlusspunkt setzen dann die beteiligten Chöre und der ganze Saal mit ‹Lueget vo Bergen und Tal› – dem ein warmer und lang anhaltender Applaus folgte»[2].

1.2 Herausforderungen

Recht anspruchsvoll erwies sich die Frage, wie die Muslime einen Zugang zum Thema Musik und Glaube finden können, da bei ihnen traditionell im Gebet – ausser beim Rezitieren der Koranverse – Musik keine Rolle spielt. Die Vertreter der IGL zeigten sich sehr interessiert und bereit, ganz eigene Zugänge zum Thema Musik und Glaube zu schaffen. So wurde von Beginn an der Einbezug der Sufi-Tradition gewünscht, in der Musik in vielfältiger Weise ein Rolle spielt. Der ursprüngliche Wunsch nach einem Tanz von Derwischen liess sich aus personellen Gründen leider nicht verwirklichen. Eine weitere Herausforderung war die Frage nach dem Umgang mit den Koranversen im Textheft. Wichtig war den beteiligten Vertretern der IGL, dass die Koranverse hier nicht auf Arabisch erschienen, sondern nur in einer deutschen Übersetzung. Für sie sind die auf Arabisch geschriebenen Worte aus dem Koran heilig und es verträgt sich nicht, diese – selbst in Form eines Textheftes – im Anschluss an die Feier wegzuwerfen. So fand man den Kompromiss des deutschen Textes. Dies ist nur ein Beispiel dafür, wie wichtig der gemeinsame Vorbereitungsprozess im Blick auf das Lernen im interreligiösen Kontext ist.

---

2   Flohr/Thali, Musik.

1.3 Auswertung

Die interreligiöse Bettagsfeier wurde von den beteiligten Organisationen sehr positiv ausgewertet. Mit 1600 Mitfeiernden im KKL wurden sehr viele Personen erreicht. Die Zusammenarbeit im OK wurde als konstruktiv und effizient erlebt. Auch der Ort im grossen Saal vom KKL wurde sehr gut erlebt, es war eine dichte und gute Stimmung. Unter den vielen positiven Rückmeldungen wurde besonders der interreligiöse Aspekt hervorgehoben und viele wünschten danach eine Wiederholung in regelmässigen Abständen. Besonders die qualitativ hochstehenden musikalischen und textlichen Beiträge wurden gewürdigt und die verbindenden Elemente wurden als berührend und stimmig erlebt. Unstimmigkeiten gab es lediglich im Zusammenspiel mit dem Regierungsrat, dessen Ansprache auf viel Kritik stiess, vor allem, da er sich als eigentlicher Gastgeber darstellte, obwohl diese Rolle klar von den Religionsgemeinschaften ausgefüllt wurde. Enttäuschend war auch – trotz intensiver Bemühungen der Medienverantwortlichen der Kirchen – das sehr schwache Echo in den Medien.

Auch wenn es seit 2012 aus verschiedenen Gründen keine Neuauflage einer zentralen interreligiösen Bettagsfeier im Kanton Luzern mehr gegeben hat, zeigte die Feier auch im Nachhinein ihre Wirkung. An einigen Orten im Kanton Luzern wurden in den vergangenen Jahren dezentrale und in kleinerem Rahmen interreligiöse Bettagsfeiern organisiert. Vom Beispiel im Quartier St. Karli/Basel/Bernstrasse soll im Folgenden berichtet werden.

2. Interreligiöse Bettagsfeiern im Quartier St. Karli

Die erste interreligiöse Bettagsfeier im St. Karli wurde 2015 gefeiert, gefolgt von einer weiteren im Jahr 2016. Die Initiative ging vom reformierten Pfarrer im Quartier, Beat Hänni, und seiner damaligen katholischen Kollegin Silvia Huber aus, die Pfarreileiterin der Pfarrei St. Karli war. Auf der Suche nach einem Thema für die seit Jahren traditionelle ökumenische Bettagsfeier im Quartier kam die Idee, den Bettag nicht nur ökumenisch, sondern interreligiös zu feiern. Als reformierter Pfarrer hatte Beat Hänni bereits in früheren Jahren in einem anderen Quartier von Luzern gute Erfahrungen mit einer christlich-muslimischen Bettagsfeier gemacht – damals am öffentlichen Ort eines Einkaufszentrums.

Die Motivation für die interreligiöse Feier beschreibt Beat Hänni im Gespräch mit den vielen Kulturen, die im Quartier präsent sind: Es gibt eine Moschee, in der Kirche St. Karli treffen sich nicht nur tamilische Tanz- und Kindergruppen, es befindet sich dort auch ein eigener kleiner Hindutempel. Kein Tag eignet sich besser als der Bettag, um diese multireligiöse Realität abzubilden und damit alle Quartierbewohner anzusprechen und zur Teilnahme an der gemeinsamen Feier einzuladen.

2.1 Vorbereitung

Für die Vorbereitung wurden Vertreter der im Quartier befindlichen Moschee Barmherzigkeit eingeladen, der Hindu-Priester und eine Vertreterin der Jüdischen Gemeinde Luzern. Beim zweiten Mal konnte die Moschee Barmherzigkeit aus personellen Gründen nicht mehr mitwirken. Man lud stattdessen Vertreter der bosnischen Moschee ein, die zwar nicht im Quartier liegt, aber zu deren Einzugsgebiet auch das St.-Karli-Quartier gehört. Von Anfang an ging es der Vorbereitungsgruppe darum, den Vorbereitungsprozess zur Vertiefung des interreligiösen Dialogs und zur Beziehungspflege zu nutzen, nach dem Motto: Der Weg ist das Ziel. Wie so oft war es nicht einfach, gemeinsame Termine zu finden, da die Delegierten der anderen Religionsgemeinschaften durch ihr berufliches Engagement oft nur sehr

Izeta Saric von der Bosnischen Moschee Emmenbrücke erklärt den Stellenwert des Korans als Heilige Schrift des Islam.
Foto © Eugenie Lang

wenig Zeit zur Verfügung haben. Die Auswahl des Themas bildete die Grundlage für die Gestaltung der ersten Feier: «Unsere heiligen Schriften». Es zeigte sich schon in der Vorbereitung, dass es eine gute Themenwahl war, da es alle sehr ansprach.

Die Motivation bei der Vorbereitung war gross. Auch in der Feier berührte es sehr zu erleben, wie viele gleiche Worte, gleiche Erfahrungen und gleiche Begeisterung im Umgang mit den heiligen Schriften der Religionstraditionen es gibt.

Der Hindupriester Ramakrishna Saseetharen Sarma aus Luzern erklärt die Bedeutung der Bagavadgita als Heilige Schrift der Hindu.
Foto © Eugenie Lang

Im Blick auf die Vorbereitung gab es eine gewisse Aufgabenteilung, die den Realitäten entsprechend die je unterschiedlichen Möglichkeiten berücksichtigte. Der im interreligiösen Austausch so oft hervorgehobene Dialog auf Augenhöhe kann zwar immer wieder versucht werden, scheitert aber doch oft an den realen Gegebenheiten wie Zeit, Sprache oder Ressourcen im Blick auf Finanzen, Personal und Räumlichkeiten. So wurden beide Feiern im Pfarreizentrum St. Karli durchgeführt, das zwar vom Raum her religiös neutral gehalten ist, aber dennoch ein Raum ist, der der Kirche gehört. Für die ganze Organisation waren die katholische Theologin und der reformierte Pfarrer zuständig, auch für die Ausarbeitung des inhaltlichen Ablaufs, für die Suche der Musiker, für den organisatorischen Rahmen etc. Umso wichtiger waren die Vorbereitungstreffen, wo sich alle Religionsvertreter gleichberechtigt einbringen konnten.

2.2 Auswertung

Im Nachgang wurden beide Bettagsfeiern sehr positiv bewertet. Durch das Fehlen der Muslime aus der im Quartier im befindlichen Moschee wurde zwar der Quartierbezug im zweiten Jahr weniger deutlich als im ersten Jahr erreicht, aber das wichtigste Ziel einer Vertiefung der interreligiösen Beziehungen wurde vor allem durch die intensive Vorbereitungsarbeit erreicht. Auch waren die Reaktionen der Teilnehmenden an der Feier sehr positiv. Die Feier wurde als qualitativ hochstehend und sehr berührend erlebt. Sowohl inhaltlich als auch formal wurde die Feier als sehr gelungen bezeichnet.

Wie schon bei der interreligiösen Bettagsfeier im KKL spielten auch in dieser Feier die Auswahl der Musik und die Musiker selber eine wichtige Rolle. Derselbe ägyptische Musiker wirkte an beiden Feiern mit. Unter den Teilnehmenden war eine grosse Offenheit zu spüren, grosses Interesse, aufeinander zuzugehen. Wer Vorbehalte hatte, kam wohl gar nicht. Das wichtigste Ziel, eine vorurteilsfreie Begegnung im Quartier zwischen Angehörigen verschiedener Religionsgemeinschaften zu ermöglichen, wurde erreicht.

Dennoch wurde auch kritisch angemerkt, dass von den anderen Religionsgemeinschaften und von den reformierten Gläubigen im Vergleich zu den katholischen Mitgliedern sehr wenige teilnahmen und es auch viele gab, die aus dem ganzen Stadtgebiet und nicht nur aus dem Quartier kamen. So stellten sich die Vorbereitenden auch selbstkritisch die Frage, ob die anderen, kleineren Religionsgemeinschaften wirklich ein Interesse an einer interreligiösen Feier haben.

Damit ist es auch noch offen, ob die Tradition der interreligiösen Bettagsfeiern im Quartier fortgeführt wird. Nicht zuletzt stellt sich die Frage, ob man eine Fortführung davon abhängig machen möchte, wie gross die Betei-

Gesänge des Frauenchores der bosnischen Moschee in Emmenbrücke umrahmen die Bettagsfeier im St. Karli.
Foto © Eugenie Lang

ligung der kleineren Religionsgemeinschaften ist, oder ob man den positiven Effekt der Vertiefung des interreligiösen Dialogs auf der lokalen Ebene nicht höher werten soll.

Literatur

Flohr, Florian/Thali, Dominik: Musik berührt und verbindet, Medienmitteilung zur interreligiösen Bettagsfeier 19.9.2012. In: Pfarreiblatt, Katholische Kirche Stadt Luzern, Nr. 19/2012, 4.

Matthias Wenk

«Ich höre Dein Gebet»
Die interreligiöse Feier zum Eidgenössischen Dank-, Buss- und Bettag im Kanton St. Gallen

Die interreligiöse Feier zum Eidgenössischen Dank-, Buss- und Bettag im Kanton St. Gallen ist schlicht mit dem Satz «Ich höre Dein Gebet» betitelt. Darin kommen Haltungen zum Ausdruck, die Bestandteil eines guten Dialogs sind. «Ich» bin angesprochen – ich nehme wahr – es ist und darf meine Perspektive sein – es ist bereichernd für mich. «Höre» – offen sein für mein Gegenüber – achtsam wahrnehmen – sensibel werden für meinen Mitmenschen – genau zu-hören. «Dein Gebet» wird geachtet – Du darfst so beten, wie Du es in Deiner Tradition gewohnt bist – was Du auf dem Herzen trägst, wird hörbar. «Gebet» – Himmel und Erde sind Raum für das Göttliche – Worte mit besonderer Bedeutung – Stille – Hinwendung zum Mehr – in Kontakt treten.

Interreligiöse Bettagsfeier auf dem Klosterplatz St. Gallen 2015.
Foto: Augustin Saleem © Kath. Kirchgemeinde St. Gallen.

Der interreligiöse Bettag auf dem Klosterplatz in St. Gallen, der seit 2009 alle zwei Jahre als zentrale staatliche Bettagsfeier begangen wird, hat Resonanz in der Schweiz und über unsere Landesgrenzen hinaus gefunden, weil er möglich macht, was auf den ersten Blick nur schwer möglich erscheint. Sieben Religionsgemeinschaften treffen sich, um zu beten. «Ich höre Dein Gebet» beschreibt aber auch das, was an Miteinander möglich ist: das einander Wahrnehmen. Nicht mehr, aber auch nicht weniger. Und: Diese Haltung befreit von der Vorstellung, dass man alles nivellieren muss. Es gibt Unterschiede, die nicht geleugnet werden dürfen, doch entscheidend ist die verbindende Kraft des Glaubens an ein MEHR[1]. Diese verbindende Kraft ist es auch, die zu Frieden, Respekt und Toleranz führt. Der folgende Beitrag versucht aufzuzeigen, welche Bedeutung diese besondere Feier für die Integration und das gesellschaftliche und politische Bewusstsein hat.

1. Interreligiöser Dialog als ständiger Sensibilisierungsprozess

In dem Bericht der Regierung des Kantons St. Gallen «Interkulturelles Zusammenleben» vom 10. respektive 24. Oktober 2000 wurde die integrative Kraft von Religion nicht thematisiert. Der gängigen Praxis moderner säkularer Staaten entsprechend, wonach die Religiosität dem Entscheidungsbereich des Individuums zugeschrieben wird, mass auch die St. Galler Kantonsregierung einer religiösen Beheimatung von Menschen in ihrer Einschätzung hinsichtlich Integration keine grosse Bedeutung bei. Auf einer Fachtagung des Departementes des Inneren des Kantons St. Gallen zu diesem Bericht wurde dann allerdings wahrgenommen, auf welch grosse integrative Kraft verzichtet werden würde, liesse man bei weiteren Überlegungen zu Integrationsprogrammen die Dimension der Religiosität ausser Acht.

Herkunft, Sprache, Kultur und Religion sind ineinander verflochtene Parameter. Integration bedeutet auf den Punkt gebracht

> «Teilhabe und Möglichkeit des Mitgestaltens, des sich Einbringens auf diesen unterschiedlichen gesellschaftlichen Ebenen»[2].

Dabei kann Religion eine Rolle spielen. Diese Wahrnehmung, die im Rahmen der Fachtagung von VertreterInnen der Landeskirchen eingebracht wurde, führte im Kanton St. Gallen in einem Prozess der Sensibilisierung für den Lebens- und Kulturbereich «Religion» zu einer Bewusstseinsverän-

---

1 Vgl. Steindl-Rast, Gott 7.
2 Baumann, Religion 1.

derung. Der Kanton und die Stadt St. Gallen erkannten das grosse Integrationspotenzial, das in einer guten Einbindung der verschiedensten Religionsgemeinschaften liegen kann, und erklärten es zu einer ihrer Aufgaben, diese in ihren Integrationsprogrammen zu vernetzen. Dort, wo Menschen eine Verbindung spüren, die sie in einer tiefen Bewusstseinsebene berührt, kann Teil-Habe, Mit-Gestaltung und Ein-Bindung erst wirklich entstehen. Genau dort sehen der Kanton und die Stadt St. Gallen das Wirkungsfeld der Religionen für die so wichtige Integrationsarbeit. Die Gesellschaft ist auf gelingende Integration angewiesen, da unser Staatsgefüge aus Menschen verschiedenster Beheimatungen besteht. Und Religion ist eben eine davon.

In ihren Bemühungen im Bereich «Interreligiöser Dialog» konnten sich Stadt und Kanton St. Gallen auf die grosse Vorarbeit der VertreterInnen von katholischem Dekanat und Kirchenverwaltung sowie von den evangelisch-reformierten Kirchgemeinden St. Gallen stützen, allen voran von der Kirchgemeinde Tablat, darin vor allem von der Ökumenischen Gemeinde Halden. Die Erfahrungen und Vernetzungsarbeit, die dort bereits geleistet wurde, wirkte sich positiv auf alle weiteren Projekte im interreligiösen Bereich aus.

2. Interreligiöse Dialog- und Aktionswoche – IDA

So wurde das Projekt «Interreligiöse Dialog- und Aktionswoche – IDA» initiiert, das seit 2005 jedes zweite Jahr im September durchgeführt wird. Der Austausch zwischen den verschiedenen Religionsgemeinschaften auf Augenhöhe steht dabei im Mittelpunkt und soll als Bereicherung und Chance wahrgenommen werden.

> «IDA steht für das Kennenlernen des und der Anderen und für die damit verbundene Bereicherung des Eigenen»[3].

Der St. Galler Stadtrat Nino Cozzio arbeitet in seinem Gastkommentar in der Wochenzeitung «Ostschweiz am Sonntag» sehr gut heraus, warum sich die Politik trotz grundsätzlicher Trennung von Staat und Kirche im interreligiösen Dialog zu engagieren hat:

> «An der IDA geht es nicht nur um rein religiöse Inhalte. Frieden und gesellschaftliche Integration sind zentrale Themen. Nachhaltige Politik muss auf eine Gesellschaft hinwirken, die mit Differenzen umgehen kann. Dazu braucht sie

---

3   http://www.ida-sg.ch/index.php?id_seite=1&n=Portrait (20.07.2016).

geeignete Plattformen. Eine davon ist die IDA, die ihr den Kontakt zu weiteren Bevölkerungsgruppen vermittelt»[4].

Anhand von Begrifflichkeiten wie «Kennenlernen», «Bereicherung» oder «Plattformen» wird der prozesshafte Charakter deutlich, den die Entwicklung und Vertiefung des interreligiösen Dialogs im Kanton und in der Stadt St. Gallen pflegen. Dieser Prozess richtet sich aus am achtsamen Sich-Kennenlernen und -Annähern – ein Prozess der Sensibilisierung füreinander.

3. Verein «Runder Tisch der Religionen»

Richtungweisend für die Entwicklung des interreligiösen Bettags in St. Gallen war die Gründung des Vereins «Runder Tisch der Religionen» im Jahr 2007. Bereits seit 1999 gab es in St. Gallen eine Interessengruppe, in der sich Menschen aus verschiedenen Glaubensgemeinschaften engagierten. Aus der Erkenntnis heraus, dass in unserer Gesellschaft die religiöse Vielfalt wächst, haben sich im Verein «Runder Tisch der Religionen» Menschen zusammengefunden, die Respekt, Dialog und Verständnis unter den Religionen fördern möchten.

> «Eine bessere Kenntnis anderer Religionen und religiöser Anschauungen ist die Voraussetzung für ein friedliches Zusammenleben heute und in der Zukunft. [...] Wir sind uns bewusst, dass es für die Religionsgemeinschaften der Schweiz Zeit ist, in einen aufbauenden Dialog zu treten. Wir wollen Verantwortung für das gesellschaftliche Leben in unserem Lande mittragen»[5].

Folgende Religionen sind im Verein «Runder Tisch der Religionen» vertreten: Hinduismus, Judentum, Buddhismus, verschiedene christliche Konfessionen, Islam, Sikhismus sowie die Bahai-Religion. Mit dieser Vertretung aus sieben Religionen haben auch staatliche Organe ein Gegenüber für den interreligiösen Dialog.

Auf Basis der IDA-Woche und des Vereins «Runder Tisch der Religionen» sind zahlreiche bereichernde und kreative Dialogprojekte entstanden. Die Initialzündung zur interreligiösen Feier des Dank-, Buss- und Bettags gab aber ein Schriftstück, das gleichzeitig ein Bekenntnis mit weitreichenden Folgen darstellt, weil es ein eindeutiges Ja aller Verantwortlichen zu einer multikulturellen und multireligiösen Gesellschaft ist: die St. Galler Erklärung.

---

4   Cozzio, Politik.
5   Runder Tisch.

Die interreligiöse Feier im Kanton St. Gallen

Pfarrer Peter Gumbal von der EMK St. Gallen–Appenzell unterzeichnet 2015 im Namen der evangelisch-methodistischen Kirche die St. Galler Erklärung.
Foto: Augustin Saleem © Kath. Kirchgemeinde St. Gallen

4. Vielfalt ist Stärke: die St. Galler Erklärung

Wie weit der interreligiöse Sensibilisierungsprozess schon gediehen ist, bringt die «St. Galler Erklärung für das Zusammenleben der Religionen und den interreligiösen Dialog»[6] von 2005 deutlich zum Ausdruck. Kathrin Hilber, die damalige Regierungsrätin und Vorsteherin des Departments des Inneren des Kantons St. Gallen, schreibt in einer Veröffentlichung zur «St. Galler Erklärung»:

> «Heute besteht die Herausforderung darin, den Bogen von der Ökumene zum interreligiösen Dialog zu schlagen, zu den zahlreichen weiteren Religionen, die zu einem festen Bestandteil unserer Gesellschaft geworden sind»[7].

---

6   St. Galler Erklärung.
7   Hilber, Vorwort 9.

Sie formuliert, was Tatsache ist: Unsere Gesellschaft ist vielfältiger geworden. Diese Vielfalt versteht die «IDA-Woche» als Stärke. Auch der damalige Leiter der Koordinationsstelle für Integration des Kantons St. Gallen, Beda Meier, hebt in seiner Rede[8] zur Bekanntmachung der «St. Galler Erklärung» genau das hervor, wenn er betont, dass der Kanton St. Gallen dank der Migration nicht nur wohlhabender, sondern auch vielfältiger geworden sei. Vielfalt mache den Dialog nötig. Dieser sei auch möglich und gehöre wesentlich zu einer Demokratie dazu.

Der Boden, auf dem Dialog wachsen kann, ist natürlich eine gemeinsame Sprache. Doch genauso wichtig sind verbindende und verbindliche Haltungen. In erster Linie versucht die «St. Galler Erklärung» Voraussetzungen zu formulieren, unter welchen Grundsätzen die beteiligten Religionen zukünftig interreligiösen Dialog pflegen möchten und zu welchen gemeinsamen Grundhaltungen sie sich verpflichten. Die Erklärung entstand im Rahmen der Vorbereitung der ersten IDA-Woche 2005 durch die Spurgruppe «Religiöse Identität» – bestehend aus staatlichen MitdenkerInnen sowie solchen aus den Reihen der Kirchen, der Synagoge und der Moschee – als Grundlagenpapier für den interreligiösen Dialog im Kanton St. Gallen, in dem die nötigen Voraussetzungen beschrieben wurden. In der Art und Weise, wie sie diese klarstellt und achtsam formuliert, kann sie laut Martin Baumann, Professor am Religionswissenschaftlichen Seminar der Universität Luzern, als wichtiger und herausragender Beitrag[9] der Offenheit gewertet werden, die von MigrantInnen und der schweizerischen Bevölkerung gleichermassen aufgebracht werden muss.

> «Umsichtig geht die Erklärung auf vorhandene Ängste vor zu vielen und teils fremden Religionen ein. Zugleich betont die Erklärung die Offenheit, im Gespräch der unterschiedlichen Religionsgemeinschaften und im Zusammenleben miteinander die jeweiligen Besonderheiten wahrzunehmen. Unterschiede sollen nicht verwischt, sondern verständlich gemacht werden. Grundlage für diese Haltung der Offenheit sind die Menschenrechte aller, die Anerkennung gleicher Rechte und Berechtigung von Frau und Mann und ein dialogisches Zusammenleben auf der Basis demokratischer Rechtsstaatlichkeit»[10].

Der Text der «St. Galler Erklärung» besticht durch seine Knappheit und Prägnanz. Wie Martin Baumann schon betont, nimmt sie zu Beginn die Herausforderungen und Chancen gleichermassen ernst, und trägt so der aktuellen

---

8 Vgl. Meier, Rede 25.
9 Baumann, Religion 2.
10 Baumann, Religion 3.

gesellschaftlichen Lebenswelt Rechnung, um dann die fünf grundlegenden Verpflichtungen der unterzeichnenden Religionsgemeinschaften aufzuführen, die Regierungsrat Martin Klöti im Vorwort zum lebensnahen Büchlein «Geschichten zum interreligiösen Dialog» prägnant zusammenfasst:

1. «Wir verzichten auf Pauschalurteile ...
2. Wir glauben, dass Gott alle achtet
3. Wir treten ein für die Menschenrechte aller ...
4. Unterschiede unter Menschen sind relativ. Wir alle sind Gottes Geschöpfe ...
5. Wir distanzieren uns von jeglichem Extremismus ...»[11]

Die «St. Galler Erklärung» gilt seither als Basis für jegliche interreligiöse Arbeit im Kanton St. Gallen. Damit ist ein sehr wertvoller Beitrag zum interreligiösen Dialog gelungen, auf dessen Einhaltung sich die einzelnen Religionsgemeinschaften verlassen. Erstunterzeichnende der «St. Galler Erklärung» waren die VertreterInnen von Kanton und Stadt St. Gallen, von den zwei grossen Landeskirchen sowie der Präsident des Dachverbands Islamischer Gemeinschaften der Ostschweiz (DIGO) – staatliche und religiöse VertreterInnen also! Das macht deutlich, dass die staatlichen Organe die positiven Auswirkungen des Religiösen für die Integration in ihre Integrationsarbeit mit einbinden möchten. Nino Cozzio formuliert das in dem bereits erwähnten Gastkommentar so:

«Trotz Säkularisierung und klarer Trennung von Kirche und Staat, ist die Teilhabe am interreligiösen Dialog auch für den Staat kein Widerspruch und kann für die Integration von Vorteil sein»[12].

Auch Kathrin Hilber bewertet die Rolle staatlicher Organe im interreligiösen Dialog positiv:

«Aufgabe des Staates ist es ausschliesslich die Rahmenbedingungen so zu setzen, dass Dialog und Auseinandersetzung auch im Bereich des Religiösen möglich sind. So wie er überhaupt die Regeln für das Zusammenleben in unserer Gesellschaft festlegt»[13].

Aus diesem Grund also engagieren sich auch Kanton und Stadt St. Gallen dafür, optimale Voraussetzungen für einen interreligiösen Dialog zu schaf-

---

11 Klöti, Vorwort 3.
12 Cozzio, Politik.
13 Hilber, Vorwort 9 f.

fen. Dementsprechend gewürdigt wurde die «St. Galler Erklärung» als Meilenstein des interreligiösen Dialogs, indem sie in einem Festakt zum Ende der ersten IDA-Woche am Bettag 2005 auf dem Klosterplatz vorgestellt und feierlich unterzeichnet wurde. Neben offiziellen VertreterInnen konnten auch alle Anwesenden sie mit ihrer Unterschrift bekräftigen.

Doch auch hier muss betont werden, dass die St. Galler Erklärung ohne die Offenheit, Vorarbeit und aktive Mitgestaltung von VertreterInnen der Landeskirchen nie diese Bedeutung und Wirkung erreicht hätte. Dabei konnten diese ihre langjährige Praxis und Vernetzung im interreligiösen Dialog hervorragend mit einbringen und so der Arbeit von Stadt und Kanton wirkungsvoll unter die Arme greifen.

5. Eine Theologie des Hörens als Basis für die interreligiöse Feier zum Eidgenössischen Dank-, Buss- und Bettag in St. Gallen

Der feierliche Rahmen für die «St. Galler Erklärung» also regte die Idee an, die von Kanton und Stadt St. Gallen organisierte Feier des Bettags interreligiös auszurichten. Diese wiederum sollte von VertreterInnen der in St. Gallen beheimateten Religionsgemeinschaften des «Runden Tisches der Religionen» mitgetragen werden. Achtsam und überlegt bahnten die Durchführung und die Inhalte der IDA-Woche, der Pragmatismus und die verantwortungsvolle Weitsicht der «St. Galler Erklärung», die Arbeit des Vereins «Runder Tisch der Religionen» sowie die Tatkraft und gelebte interreligiöse Praxis der Landeskirchen in der Ökumenischen Gemeinde Halden der interreligiösen Feier des Bettags in St. Gallen den Weg.

Eine weitere wichtige Voraussetzung für diese besondere Art der Bettagsfeier war die ökumenische Grossaktion «glauben und leben 2000». Im Sinne eines gemeinsamen Zeugnisses von ChristInnen verschiedener Konfessionen und Gemeinschaften in der Stadt St. Gallen und den umliegenden Ortschaften gestaltete man den Übergang vom 2. ins 3. Jahrtausend christlicher Zeitrechnung am Bettag 1999 bewusst als gemeinsame Feier. Unter Federführung der evangelischen und katholischen Kirchgemeinden, Pfarreien und Gemeinden entstand diese Bettagsfeier 1999 in Zusammenarbeit mit anderen konfessionellen Gemeinschaften. Diese wurde vonseiten der Landeskirchen mit grossem ideellen und finanziellen Engagement sehr professionell und inspirierend aufgegleist. Ziel war es, Brücken zu bauen und Türen für Begegnungen zu öffnen[14]. Auch 2003 wurde der Bettag ökume-

---

14 Vgl. «glauben und leben 2000».

Die interreligiöse Feier im Kanton St. Gallen

Alle teilnehmenden Religionen sind beim interreligiösen Bettag 2015 auf dem Klosterplatz St. Gallen um einen gemeinsamen Tisch vereint.
Foto: Augustin Saleem © Kath. Kirchgemeinde St. Gallen

nisch und unter Beteiligung der jüdischen Gemeinde als Grossanlass in der Sporthalle Kreuzbleiche gefeiert.

Aufgrund dieser positiven Erfahrungen und dem daraus gewonnenen Wissen taten Kanton und Stadt St. Gallen den folgerichtigen Schritt, indem sie erkannten, dass der Bettag in einer modernen, multikulturellen und multireligiösen Schweiz nur interreligiös begangen werden kann. Sie folgen damit der

> «Tradition des Eidgenössischen Bettags, eines staatlichen Feiertages, an dem bereits im 19. Jahrhundert in der damals politisch und konfessionell tief gespaltenen Schweizer Bevölkerung um gegenseitiges Verständnis geworben wurde»[15],

und formulieren ihn so zeitgemäss angepasst an die aktuelle Lebenswelt neu.

Diese besondere Art der Feier des Bettags als interreligiöse Feier kann nur auf der Basis einer hörenden Theologie respektive einer Theologie des Hörens gelingen – dies gilt überhaupt für den interreligiösen Dialog. Die

---

15 Cozzio, Politik.

«St. Galler Erklärung» ist von dieser hörenden Haltung geprägt und verlieh der interreligiösen Bettagsfeier auf dem Klosterplatz so auch ihre theologische Grundhaltung. Diese Haltung kommt auch in der Form zum Ausdruck, wie die Tische anlässlich der Bettagsfeier angeordnet sind: in einem fast geschlossenen Kreis sitzen die Religionsgemeinschaften gemeinsam an einem Tisch. Keine steht über der anderen. Alle werden als gleichwertig akzeptiert und respektiert.

Nach der ersten interreligiösen Feier des Bettags 2009 hat sich die Form, die der Slogan «Ich höre Dein Gebet» vorgibt, bis zur Feier 2015 nur geringfügig verändert. Beim Einzug der ReligionsvertreterInnen der Reihenfolge ihrer Entstehungsgeschichte entsprechend tragen diese ein für ihre Religionsgemeinschaft bezeichnendes Symbol mit sich. An dem erwähnten Kreis aus Tischen nehmen diese Platz. Nach dem gemeinsamen Singen der Nationalhymne sowie Begrüssungsworten und der Ansprache der staatlichen VertreterInnen wird ggf. eine Religionsgemeinschaft vorgestellt, die in der Feier die «St. Galler Erklärung» erstmals feierlich unterzeichnet (siehe Abbildung Seite 313). Kern der staatlichen Feier bildet das interreligiöse Gebet, bei dem jede der sieben eingeladenen Religionsgemeinschaften ein Gebet oder einen zentralen Text ihrer Tradition zum Thema «Dank» liest, singt oder rezitiert. Bevor diese eindrückliche Feier mit einem gemeinsamen Apéro ausklingt, erhalten einige religiöse WürdenträgerInnen die Gelegenheit für ein kurzes Schlusswort.

So vollzieht sich das, was Martin Klöti in seiner Ansprache im Rahmen der letzten interreligiösen Feier 2015 formuliert hat:

> «Die St. Galler Erklärung steht für die Schaffung von gemeinsamen Erfahrungsräumen [...] Dialog findet ganz konkret und praktisch mittels Begegnung statt. Miteinander ins Gespräch kommen und sich kennen lernen, schafft Räume, in denen vielfältige, neue Erfahrungen möglich sind»[16].

Diese Erfahrungsräume zu schaffen, verfolgen die staatlichen Organe also mit ihrem Ziel, den interreligiösen Dialog zu fördern. Auch Stadtrat Nino Cozzio bekräftigt das in seiner Ansprache 2015:

> «Es ist alles daran zu setzen, den interreligiösen Dialog in die Breite zu tragen. Der Eidgenössische Bettag, ein staatlicher Feiertag mit langer Tradition in der Schweiz, mahnt Politik und Religionsgemeinschaften daran, alles zu unternehmen, um Frieden und Solidarität in der Gesellschaft zu fördern»[17].

---

16 Klöti, Bedeutung 2 f.
17 Cozzio, Bedeutung 3.

Die interreligiöse Feier im Kanton St. Gallen

Ein Muezzin ruft im Rahmen der interreligiösen Feier zum Gebet.
Foto: Augustin Saleem © Kath. Kirchgemeinde St. Gallen

Matthias Wenk

Das Plakat mit der Einladung zum Interreligiösen Bettag 2015
Abb. © Amt für Gesellschaftsfragen der Stadt St. Gallen

Genau darum geht es doch im menschlichen Zusammenleben: um echte und respektvolle Begegnung! Dem Staat muss daran gelegen sein, Erfahrungsräume der Begegnung möglich zu machen. Sich begegnen, einander kennenlernen sind Grundvoraussetzungen für Integration im Sinne von Teilhaben, Mitgestalten und Sich-Einbringen. Dabei kommt der Religion eine verbindende Rolle zu, da die Spiritualität des Hörens allen Religionen eigen ist. Entscheidend für den interreligiösen Dialog ist dabei, das Trennende wahrzunehmen, es aber nicht abgrenzend zu betonen, und sich zu öffnen, um das zu feiern, was alle verbindet: die Suche nach dem Göttlichen. Der interreligiöse Bettag in St. Gallen ist zu einem achtsamen und respektvollen Erfahrungsraum geworden, in dem in der Vielfalt der religiösen Konzepte das Allumfassend-Innerste einer jeden Religiosität als verbindende Kraft gefeiert wird. So wird Vielfalt wirklich als Stärke erfahrbar!

Literatur

Baumann, Martin: Religion, Integration und die St. Galler Erklärung. Eingangsreferat zum Jubiläum 10 Jahre St. Galler Erklärung: http://www.integration.sg.ch/home/interreligioeser_dialog.html (20.07.2016).

Cozzio, Nino: Die Bedeutung der IDA ist grösser denn je. Ansprache von Stadtrat Nino Cozzio vom 20. September 2015: http://www.bettagstgallen.ch/2015/09/22/glauben-ohne-grenzen-interreligi%C3%B6se-feier-2015/ (21.07.2016).

Cozzio, Nino: Politik und interreligiöser Dialog – kein Widerspruch: http://www.bettagstgallen.ch/2015/09/15/der-interreligi%C3%B6se-dialog-und-der-staat/ (21.07.2016).

«glauben und leben 2000». In: Schweizerische Kirchenzeitung 167 (1999) 457.

Hilber, Kathrin: Vorwort. In: Departement des Inneren des Kantons St. Gallen (Hg.): Von den Verpflichtungen des interreligiösen Dialogs. Die St. Galler Erklärung für das Zusammenleben der Religionen und den interreligiösen Dialog. St. Gallen 2007, 9 f.

Klöti, Martin: Bedeutung der St. Galler Erklärung. Kurzreferat von Regierungsrat Martin Klöti zur Interreligiösen Bettagsfeier auf dem Klosterplatz am 20.9.2014: http://www.ida-sg.ch/ (21.07.2016).

Klöti, Martin: Vorwort. In: Departement des Inneren des Kantons St. Gallen (Hg.): Geschichten zum interreligiösen Dialog. Menschen aus der Ostschweiz erzählen über ihren Glauben und Begegnungen mit anderen Religionen. Ein Lesebuch, entstanden im Rahmen der interreligiösen Dialog- und Aktionswoche IDA 2013. St. Gallen 2013, 3.

Meier, Beda: Rede. In: Departement des Inneren des Kantons St. Gallen (Hg.): Von den Verpflichtungen des interreligiösen Dialogs. Die St. Galler Erklärung für das Zusammenleben der Religionen und den interreligiösen Dialog. St. Gallen 2007, 25 f.

Runder Tisch der Religionen. St. Gallen und Umgebung: http://www.rtdr-sg.ch/ (20.07.2016).
Steindl-Rast, David: An welchen Gott können wir noch glauben? In: conturen (2008) Heft 4, 7-11.
St. Galler Erklärung für das Zusammenleben der Religionen und den interreligiösen Dialog: http://www.ida-sg.ch/index.php?id_seite=36&n=Erklaerung (20.07.2016).

Zum Abschluss:
Ein Tag konkreter Solidarität heute

Hugo Fasel / Odilo Noti

Der Skandal der Armut in der reichen Schweiz

In seinen Anfängen sollte der Eidgenössische Dank-, Buss- und Bettag nach dem Willen der damaligen politischen und kirchlichen Verantwortlichen einen Beitrag dazu leisten, das in Entstehung begriffene und fragile Staatsgebilde der modernen Schweiz zu festigen. Dies hatte durch die regelmässige Besinnung auf jene Grundwerte zu geschehen, welche die Bevölkerung der Eidgenossenschaft miteinander verbanden und zusammenhielten. Konkreter noch: Der Bettag sollte den sozialen und gesellschaftlichen Konsens und Zusammenhalt fördern.

Sich in Momenten der Gefahr und der Unsicherheit auf das Gemeinsame und die gegenseitige Verantwortung zu besinnen, dies steht im Vordergrund der Bettagstradition. Mit welchen grundlegenden Gefährdungen und Herausforderungen aber ist die gegenwärtige Gesellschaft der Schweiz konfrontiert, gerade im sozialen Bereich? – Um es auf den Punkt zu bringen: Es ist der Skandal der Armut in der reichen Schweiz.

Armut und Armutsgefährdung als zentrale gesellschaftliche Herausforderung

Während Jahrzehnten stand in der Schweiz sozialpolitisch die Schaffung und Weiterentwicklung der klassischen Sozialwerke wie der Alters- und Hinterlassenenversicherung (AHV), der Invalidenversicherung (IV) oder der Arbeitslosenversicherung (ALV) im Vordergrund. Politik und Sozialpartnerschaft mussten Lösungen dafür erarbeiten, wie die Risiken Alter, Krankheit, Invalidität, Unfall oder Kinderkosten durch geeignete Sozialversicherungslösungen auf gesamtschweizerischer Ebene aufgefangen werden konnten. Heute entfallen rund 70 Prozent der Mittel, die für die soziale Sicherheit eingesetzt werden, auf die Alterssicherung (erste und zweite Säule).

Die Bedeutung der Sozialversicherungen für die Bewältigung wesentlicher Risiken im Laufe des Lebenszyklus ist heute unbestritten. Mittlerweile sind jedoch neue Risiken entstanden: Jährlich werden nahezu 40 000 Personen infolge von Langzeitarbeitslosigkeit ausgesteuert. Berufliches Wissen, das bislang auf dem Arbeitsmarkt von Bedeutung war, wird wegen Strukturveränderungen in der Wirtschaft plötzlich nicht mehr gebraucht. Ältere Arbeitnehmer bekunden grosse Schwierigkeiten, wieder eine Stelle zu finden. Alleinerziehende, insbesondere Frauen, können oft kein existenzsicherndes Einkommen erzielen. Hinzu kommt, dass in einzelnen Branchen wie dem Gast- und Reinigungsgewerbe oder dem Detailhandel ein Teil der Löhne unter dem Existenzminimum liegt. Als Folge davon nehmen Armut und Ungleichheit in der Schweiz ständig zu. Kurz: Armut ist *die* sozialpolitische Herausforderung der Gegenwart und der Zukunft.

Insgesamt sind in unserem Land 1.1 Millionen Menschen von Armut betroffen oder armutsgefährdet, darunter 234 000 Kinder. Ob wir es wahrhaben wollen oder nicht: Längst nicht alle Menschen können am Gütersegen unserer Gesellschaft teilhaben. Sie sind stattdessen arm und stehen am Rand. Und nach wie vor tragen Kinder aus armutsbetroffenen und bildungsfernen Haushalten ein sehr hohes Risiko, als Erwachsene wieder zu den Armen zu zählen. Armut wird in der Schweiz vererbt. Es gilt zusehends: einmal arm, immer arm!

Menschen, die in Not geraten, haben ein Recht auf Unterstützung. Und sie haben ein Recht auf ein menschenwürdiges Dasein. So steht es in der Bundesverfassung. Der Auftrag an Bund, Kantone und Gemeinden ist klar: Die Sicherung der Existenz ist Aufgabe und Verpflichtung des Staates. Wie sie konkret ausgestaltet werden soll, ist in den Richtlinien der Schweizerischen Konferenz für Sozialhilfe (SKOS) formuliert und beruht auf den materiellen Notwendigkeiten des Alltags. Offensichtlich ist, dass es zu einem menschenwürdigen Dasein ein finanzielles Existenzminimum braucht. Unverzichtbar ist aber auch die Anerkennung eines sozialen Existenzminimums: Ein Mensch muss trotz seiner Armut am sozialen und kulturellen Leben teilnehmen können.

Die Armut bekämpfen, nicht die Armen

Allerdings haben die Sparmassnahmen in den Kantonen und Gemeinden mittlerweile dazu geführt, dass viele Kantone Sozialleistungen wie die Prämienverbilligungen für die Krankenkassen reduziert haben. Auch in der Sozialhilfe findet ein finanzieller Leistungsabbau statt. Er geht auf Kosten der persönlichen Beratung und Begleitung von Sozialhilfeempfängern und -empfängerinnen, obwohl diese für Armutsbetroffene sehr wichtig wären. Es darf nicht sein, dass die Staatsfinanzen auf dem Buckel der Armen saniert werden. Von den vielerorts vorangegangenen Steuersenkungen haben bekanntlich auch nicht in erster Linie die Armen profitiert.

Die Verantwortlichen wollen und können nicht zugeben, dass die forcierte Steuersenkungspolitik als Folge des Steuerwettbewerbs zwischen den Kantonen eine Politik der ruinösen Übertreibung war. Es wäre eine Bankrotterklärung. Also braucht es Sparprogramme und vor allem Schuldige. Seit die

Aufwendungen für die Sozialhilfe anwachsen, sind die Schuldigen rasch gefunden: Die Steuern müssen wegen der Sozialhilfe-Empfänger erhöht werden, so lautet der allgemeine Tenor. Armutsbetroffene sind die Sündenböcke einer verfehlten Steuerpolitik.

Zwar ist in der breiten Bevölkerung das Bewusstsein gewachsen, dass wegen der tiefgreifenden wirtschaftlichen und gesellschaftlichen Strukturveränderungen das Armutsrisiko stark gestiegen ist. Das eidgenössische Parlament hingegen verweigert sich der Armutsbekämpfung immer noch weitgehend. Entweder redet es die Realität der Armut klein, oder es schiebt den Umgang mit dieser Herausforderung an die Kantone ab. Die Kantone, so heisst es, seien für die Sozialhilfe und deshalb auch für die Lösung der Armutsfrage zuständig. Es wird auf diese Weise unterstellt, die Armut könne primär durch Sozialhilfe bekämpft und beseitigt werden.

In vielen Kantonen und Gemeinden sind jedoch heftige, von politischen Akteuren auch gezielt geschürte Debatten um die Leistungen der Sozialhilfe entbrannt. Im Zentrum der meisten politischen Vorstösse stehen Leistungskürzungen. Oft erfolgen die «Lösungsvorschläge» in Unkenntnis der konkreten Armutswirklichkeit. Sie nehmen auch kaum Bezug zu den Ursachen der neuen Armut. Es ist daher kaum überraschend, dass der Leistungsabbau zwar zu kleineren Einsparungen bei Kantonen und Gemeinden führt, im Blick auf die Ursachen der Armut und die Armutsbekämpfung indessen ins Leere zielt. Nicht die Armut, sondern die Armen werden bekämpft.

Vertriebene im eigenen Land

Das ist ein harter Vorwurf. Er soll durch Hinweise auf einige Vorfälle in jüngster Vergangenheit belegt werden. So haben verschiedene Gemeinden Massnahmen in die Wege geleitet, um Armutsbetroffene von ihrem Territorium fernzuhalten. Im aargauischen Riniken beispielsweise hat Gemeindeammann Ulrich Müller die Wohnungsbesitzer in einem Brief aufgefordert, ihre Räumlichkeiten nicht an Sozialhilfeempfänger zu vermieten. Ähnlich verhielt sich der Gemeindeammann von Oberwil-Lieli, Nationalrat Andreas Glarner. Der Gemeindepräsident von Rorschach wiederum, Nationalrat Thomas Müller, freute sich – etwa in der Fernsehsendung «10 vor 10» – öffentlich darüber, dass Wohnungen, in denen Armutsbetroffene günstig wohnen konnten, abgerissen wurden – in der Hoffnung, diese würden endlich in eine andere Gemeinde wegziehen. Es gibt schliesslich Gemeinden und Kantone, die durch eine gezielte Zonenplanung den Wohnungsbau so steuern, dass nur noch Luxuswohnungen gebaut werden. Auch dadurch können Armutsbetroffene ferngehalten werden.

Die Folgen einer derartigen Politik sind persönlich und gesellschaftlich verheerend: Menschen, die in Armut geraten sind – Alleinerziehende, Ausgesteuerte, Geschiedene, Familien mit mehreren Kindern, Arbeitnehmer und Arbeitnehmerinnen ohne existenzsichernde Löhne – werden vertrieben, von einer Gemeinde zur anderen abgeschoben. Vertriebene sind ein Phänomen, das wir bisher vor allem aus diktatorisch regierten Ländern kannten. Nun sind Schweizer Armutsbetroffene Vertriebene im eigenen Land.

Auch das lässt sich beobachten: Diese Vertreibungspolitik findet in jenen Kantonen nicht statt, die über einen Soziallasten-Ausgleich zwischen den Gemeinden und dem Kanton verfügen (z. B. Bern und Freiburg). Das ist jene klassische, institutionelle Solidarität, die sich in der Schweiz bewährt hat. So wie beim Finanzausgleich reichere Kantone ärmere Kantone unterstützen. Soll dies für das Problem der Armut nicht gelten?

Armut verhindern heisst sozialpolitisch investieren

Die in der Schweiz laufende Armutsdebatte ist zu einer einseitigen Diskussion über das Leistungsniveau der Sozialhilfe verkommen. Die Sicht der Caritas ist eine andere: Armut muss an den Wurzeln angepackt und kann nicht bloss durch Zuschüsse aus der Sozialhilfe abgefedert werden. Im Prinzip muss die Sozialhilfe – als unterstes soziales Netz – Notsituationen überbrücken und über Engpässe hinweghelfen. Sie darf keine Dauerhilfe sein. Anders gesagt: Die Sozialhilfe ist keine Rente. Politisches Ziel sollte sein, dass Menschen erst gar nicht in Armut geraten oder dass sie wieder aus der Armut herausfinden. Denn Armut wirkt stigmatisierend und bedeutet in vielen Fällen gesellschaftliche Marginalisierung.

Armutsbekämpfung verlangt Investitionen. Diese müssen bei den Ursachen der Armut ansetzen, und sie sind nicht einfach eine Angelegenheit der Kantone. Auch der Bund und die Wirtschaft sind gefordert. – Im Folgenden seien einige Beispiele genannt:
- *Bildungspolitik:* Viele Menschen, die in Armut geraten, haben Bildungsdefizite. Durch Strukturveränderungen sind bisherige wertvolle berufliche Fähigkeiten plötzlich nicht mehr gefragt und müssen durch neue Kenntnisse ersetzt werden. Gezielte Weiterbildung und Nachholbildung sind notwendig. Dazu braucht es vonseiten des Bundes ein stärkeres Engagement und die Entwicklung von Lösungsansätzen.
- *Familienpolitik:* Die Analyse der Familienarmut zeigt, dass vor allem Alleinerziehende einem hohen Armutsrisiko ausgesetzt sind. Armutsgefährdet sind aber auch Familien mit mehreren Kindern. Familienarmut darf nicht sein. Sie zeitigt negative Langzeitwirkungen, und die Kinder

werden in ihrer Entwicklung in gravierendem Ausmass eingeschränkt. Das zentrale Instrument zur Bekämpfung von Familienarmut sind Ergänzungsleistungen für Familien. Es gibt bereits in einigen Kantonen positive Erfahrungen, der Bund muss nun die Verantwortung für eine gesamtschweizerische Einführung und Mitfinanzierung übernehmen.
- *Arbeitspolitik:* Langzeitarbeitslosigkeit und Aussteuerung nehmen alljährlich zu. Diesen Menschen fehlt eine Perspektive, sie sind früher oder später auf Sozialhilfe angewiesen. Die Anstrengungen zur Integration arbeitsloser Menschen müssen deshalb verstärkt werden. Dies hat in erster Linie durch die Arbeitslosenversicherung zu geschehen.

Zukunftsfähigkeit der Schweiz sichern

Gerade angesichts der allenthalben zu vernehmenden Sparparolen muss daran erinnert werden: Es ist langfristig billiger, Armut zu vermeiden als Armut zu bekämpfen oder zu lindern. Die Politik in Bund, Kantonen und Gemeinden muss die notwendigen Weichenstellungen vornehmen. Bürgerinnen und Bürger sollen sich in die gesellschaftspolitischen Diskussionen einmischen. Und sie sollten nur jenen Politikerinnen und Politikern ihr Vertrauen und ihre Stimme schenken, die gewillt sind, eine Armutspolitik umzusetzen, die diesen Namen verdient. Die also entschieden den Weg zur Vermeidung von Armut beschreitet.

Bewohnerinnen und Bewohner der Schweiz sollten sich in ihrem persönlichen und in ihrem gesellschaftspolitischen Handeln vom Buchstaben und vom Geist der Bundesverfassung leiten lassen. Diese erklärt die Achtung und den Schutz der Menschenwürde zum ersten Grundrecht (Art. 7). Es gilt ausnahmslos und überall. Darüber hinaus ist die Solidarität – zusammen mit der Subsidiarität – ein grundlegendes Ordnungs- und Strukturprinzip. Die Bundesverfassung ruft in Erinnerung, wie wichtig für den Fortbestand der Gesellschaft die auf der Idee des Ausgleichs basierenden solidarischen Leistungen sind. Es ist höchste Zeit, dass diese Haltung der ausgleichenden Solidarität auch im politischen Umgang mit der Herausforderung der Armut in der reichen Schweiz sichtbar und wirksam wird.

Bei der Konsolidierung des Eidgenössischen Dank-, Buss- und Bettags im 19. Jahrhundert ging man davon aus, dass die Schweiz unmittelbar nach dem Sonderbundskrieg von liberal-konservativen, also politischen, und von religiös-konfessionellen Gegensätzen beherrscht wurde. Das war auch noch in der ersten Hälfte des zwanzigsten Jahrhunderts so. Über manches Bettagsmandat der Schweizer Bischöfe wird man – gerade aus katholischer Sicht – ein kritisches Urteil fällen müssen. Verwiesen sei etwa auf das Bettagsmandat von 1920, worin die Bischöfe, nur zwei Jahre nach dem Generalstreik, die Katholiken vor jeder aktiven Unterstützung sozialistischer Verbände warnten und eine «gemeinsame Front gegen den Umsturz» forderten. Ähnlich militant war das Bettagsmandat von 1932 mit seiner Fokussierung auf den «Abwehrkampf gegen die Gottlosenbewegung».

Der politische Konfessionalismus gehört heute der Vergangenheit an. Gott sei Dank! Wenn auch in neuen Kontexten und Konstellationen: die politisch-sozialen Herausforderungen sind nach wie vor aktuell. Soziale Spaltung und Gefährdung des gesellschaftlichen Zusammenhalts stehen unserer Auffassung nach im Vordergrund. Die wachsende Ungleichheit der Vermögen und Einkommen und der damit einhergehende Anstieg von Armut und Armutsgefährdung bedrohen den sozialen Frieden und schaffen gesellschaftliche Marginalisierung und Ausschluss. Sie bedrohen die Zukunftsfähigkeit der Schweiz.

Der Bettag ist ein Anlass, über diese Bedrohung nachzudenken. Der Eidgenössische Dank-, Buss- und Bettag fordert seinem Namen nach jedoch auch zur Umkehr auf. Bürgerinnen und Bürger sollen sich für eine Politik einsetzen, welche die Schweiz zukunftsfähig macht.

Mariano Tschuor

Im Namen der Gestrandeten – Wir und die Anderen

Ich traute meinen Augen nicht, als ich frühmorgens die E-Mail eines bedeutenden Unternehmers aus dem Kanton Graubünden las. Sie wurde kurz nach Mitternacht an eine Vielzahl von Personen und Medien im ganzen Land verschickt, mit der Aufforderung, gegen ein geplantes Zentrum für Asylsuchende im Dorf mobil zu machen. Mehr noch: Im Anhang befand sich das politische Programm des rechtskonservativen Politikers und ehemaligen Premierministers von Australien, John Howard, der auf den Pazifikinseln Nauru und Manus Flüchtlingslager einrichtete und damit in die internationale Kritik geriet.

Wie konnte es so weit kommen, dass ein durch und durch liberal eingestellter, aufgeklärter und reflektierter Mensch zu solch einem Versand fähig war? War es Polemik oder Provokation? War der Verfasser des E-Mails Opfer einer allgemeinen Stammtisch-Stimmung im Dorf geworden? Hatte man ihn, den Chef eines tonangebenden Unternehmens in der Region, als Wortführer gegen das Asylzentrum – das in einer touristischen Destination keinen Platz haben durfte – vor den Karren gespannt? Was nicht für ihn sprechen würde, denn gerade aufgeklärte Menschen stehen in der Pflicht, dummem Gerede Einhalt zu gebieten und falsche Behauptungen richtigzustellen. Oder steckte in ihm eben doch – tief unten in der Magengrube – jenes dumpfe Gefühl der Fremdenfeindlichkeit, der Xenophobie? Oder zumindest jene Abwehr gegen «die Anderen»? Jene beklemmende Angst, sich auf eine fremde Person einlassen zu müssen, die man gar nicht kennenlernen möchte, die man «aus Prinzip» ablehnt, mit der fadenscheinigen Begründung: «Nicht die Person an sich lehne ich ab, sondern das, was die Politik aus der Flüchtlingskrise macht».

Was danach passierte, war katastrophal: Die Büchse der Pandora öffnete sich und alle schossen mit der gleichen Munition wuchtig in dieselbe Richtung – gegen jene, die sich nicht wehren konnten. Der Konflikt gipfelte in einem vom Gemeindevorstand anberaumten «Informationsabend» mit dem zuständigen Regierungsrat und seinen Amtsleuten aus der Kantonshauptstadt. Der Saal war brechend voll. Die Prätorianergarde bezog Stellung. Vorne, auf einem erhöhten Podium, sass die Obrigkeit, mit ernster Miene und hilflosem Blick. Eine sachliche und faire Aussprache war aussichtslos, geschweige denn eine Annäherung. Niemand wagte es, aufzustehen und Gegenrede zu halten. Die lokalen Politikerinnen und Politiker, mit Sitz im Kantonsparlament oder in einer anderen Behörde, duckten sich. Kein differenzierendes Wort, keine Zivilcourage, um die aufgebrachte Menge in die Schranken zu weisen. Mag sein, dass Schweigen manchmal Gold ist. Aber wann denn, wenn nicht jetzt, wenn es um Menschenwürde geht, ist es «die Pflicht eines jeden Christenmenschen», genau genommen jedes Menschen!, aufzustehen und Paroli zu bieten? Wahrlich, das war keine Sternstunde der direkten Demokratie – traurig und beschämend, was hier im Namen des «Volksempfindens» vonstattenging.

Schweigen auch seitens der Kirchen. Ungeachtet der Ereignisse vor ihren Türen zelebrierten die Kirchenleute in halb leeren Gotteshäusern weiterhin freudig-ergriffen ihre Messen und predigten salbungsvoll über die Nächstenliebe. Die Vorstände der regionalen und lokalen Landeskirchen waren offensichtlich überfordert. Für wen sollten sie Stellung beziehen? Für die treuen Zahlerinnen und Zahler der Kirchensteuer oder für die Gestrandeten? Bei Überforderung tun alle Obrigkeiten und Verwaltungen auf der ganzen Welt das Gleiche: Sie tun zunächst einmal nichts – aus Angst, das Falsche zu tun.

Warum erzähle ich Ihnen diese Geschichte? Sie hat mit dem Eidgenössischen Bettag zu tun: Sie nötigt zur Reflexion über das, was man ist, nicht isoliert und allein, sondern als soziales Wesen in Gemeinschaft mit anderen. Sie hat mit der Schweiz zu tun, mit Europa, mit dem Abendland. Sie ist «Heimatgeschichte». Sie hat mit Menschen zu tun, die ihr Leben lieber im Mittelmeer verlieren, als weiterhin in einem Land zu bleiben, das ihnen keinen Schutz, keine Freiheit, kein Brot und kein Dach über dem Kopf gewährt. Sie hat mit Menschen zu tun, die das Glück hatten, in eine freie und zivile – wahrlich nicht immer zivilisierte – Welt hineingeboren zu werden. Nun verteidigen sie ihren «Besitz» und «Besitzstand» gegen «das Fremde» und «die Fremden». Es ist eine Geschichte der Ungleichheiten, ja der Ungerechtigkeiten, ein «Aufeinanderprallen verschiedener Kulturen»[1].

Die Schweiz ist nicht xenophob. Trotz oder gerade wegen Schwarzenbach-, Minarett-, Ausschaffungs- und Durchsetzungsinitiative ist die Schweiz ein traditionell gastfreundliches und aufnahmebereites Land. In ihrer langen humanitären Geschichte hat die Schweiz gezeigt, dass sie Menschen in Not nicht abweist, sondern aufnimmt und sich um sie kümmert: die Hugenotten, die Bourbaki, die Tibeter, die Ungarn, die Tschechen, die Tamilen. Selbst während der Jugoslawienkriege, als die Stimmung hierzulande durchaus xenophobe Färbungen annehmen konnte, setzte der Bundesrat seine humanitäre Politik konsequent um. Heute haben rund 25 Prozent der in der

---

[1] Vgl. Huntington, Samuel P.: The Clash of Civilizations?, in: Foreign Affairs Summer 1993: https://www.foreignaffairs.com/articles/united-states/1993-06-01/clash-civilizations (12.07.2017).

Schweiz wohnhaften Menschen einen Migrationshintergrund – nach Luxemburg eine der höchsten Quoten in Europa. Viele Initiativen – des Staates, der Kirchen, der Hilfswerke –, aber auch das zivile Engagement vieler Bürgerinnen und Bürger sind der Beweis dafür, dass menschliches Elend erkannt und Menschen in Not umsichtig geholfen wird. Die Schweiz hat ein gutes Gedächtnis: Unvergessen ist die Tatsache, dass im 19. und zu Beginn des 20. Jahrhunderts grosse Teile der Schweizer Landbevölkerung die Heimat verlassen mussten, um in Nord- und Südamerika, teilweise auch in Australien, Arbeit und Einkommen zu finden. Sie waren «Wirtschaftsflüchtlinge».

Am 5. Oktober 2003 hielt die damalige Bundeskanzlerin der Eidgenossenschaft, Annemarie Huber-Hotz, eine eindrückliche Rede an der Tagung «Testas» in Pontresina. 25 Bündnerinnen und 25 Bündner erarbeiteten im Rahmen des Projektes «200 Jahre Graubünden in der Eidgenossenschaft» ein «Manifest» zur Zukunft des Kantons. Huber-Hotz sprach über den eidgenössischen Zusammenhalt – über das, was uns verbindet, und auch über das, was uns trennt: «Wir und die Anderen, das grenzt den Blick ein auf rein äusserliche Merkmale. Der Andere wird nur als Unterschied zu uns wahrgenommen. Wir nehmen ihn nicht wahr als Individuum, als Einzelperson mit ihren einzigartigen Eigenschaften und Gefühlen, sondern höchstens als Schattenbild, als Etikette. Wenn wir uns über die Anderen definieren, so verstellt uns dies aber auch den Blick auf uns selbst. Sind wir so sicher, dass wir so anders sind als die Anderen? Wer ist denn dieses ‹Wir›?»

Ja, wer ist denn dieses «Wir»?

Auf der Suche nach einer Antwort berufen wir uns gerne auf die Errungenschaften des Abendlandes: Freiheit, Gleichheit, Rechtsstaatlichkeit und die Früchte der Aufklärung. Gestützt auf das Fundament der jüdisch-christlichen Kultur – auch wenn diese in den letzten Jahren mit zunehmender Zurückhaltung erwähnt und immer beliebiger gedeutet wird – glauben wir, schlüssige Antworten zu finden. Allein die richtige Antwort vermag das Tun nicht zu ersetzen: Der Mensch ist nicht nur ein denkendes, sondern immer auch ein handelndes Wesen. An seinen Taten wird er gemessen.

Nicht weniger gern schauen wir zurück auf die Geschichte und erhoffen uns von Rütli, Morgarten und Marignano, dem Westfälischen Frieden, der Helvetik, der Mediationszeit und dem Sonderbundskrieg mögliche Antworten auf die durchaus verständliche Frage, wer wir sind. Im Austausch, ja in einer echten Verhältnispflege zum «Anderen» ist es unerlässlich, über sich selbst nachzudenken. Das schafft Klarheit. Das schafft Raum für einen unverkrampften Dialog mit dem anderssprechenden, andersdenkenden, andersglaubenden, andersliebenden Menschen.

Es sei denn, wir würden uns nicht wirklich für den Anderen interessieren, sondern uns – das eingangs erwähnte Beispiel geht in diese Richtung –

mit Vorurteilen, Klischees und Oberflächlichkeit zufriedengeben: Nicht nur landauf, landab am Stammtisch, nicht nur in Turnhallen in Diskussionen über Flüchtlingsunterkünfte. Nein, leider vermehrt auch an parteipolitischen Versammlungen und erschreckend zunehmend auch in den sozialen Medien, wo Halbwahrheiten, Diffamierungen, Lügen, Spott und Häme bereitwillig geteilt werden. Ton und Klima werden rüde, das Bewirtschaften von Ängsten in der Bevölkerung hat Hochkonjunktur. Trotzdem bleibe ich dabei: Die Schweiz ist nicht xenophob, aber die zivilisatorischen Kräfte in diesem Land müssen erhalten bleiben, wir dürfen nicht wegschauen und nicht schweigen.

Gewiss, der Wert der Freiheit hat seinen Preis: Gleichheit und Rechtsstaatlichkeit für alle. Die Scharia hat im Okzident ebenso wenig Platz wie Religion ohne Exegese. Übertriebener Personenkult und Potentatentum sind in unseren Breitengraden (nach der Französischen Revolution) fremd. Der über Generationen hinweg entwickelte und allgemein anerkannte Verhaltenskodex steht nicht zur Disposition. Wer sich auf den Gott Abrahams beruft, findet in seinen Heiligen Schriften eine Fülle von Angaben, was geht und was nicht. Für Juden, Christen und Muslime gilt gleichermassen: «Was du nicht willst, das man dir tu, das füg auch keinem andern zu.»

Angesichts der Dringlichkeit, solche Werte hochzuhalten, tut uns der Eidgenössische Dank-, Buss- und Bettag gut. Denn in seinem Grundgedanken liegt doch dieser Wert der gegenseitigen Achtung und Achtsamkeit, die letztlich ihren Ursprung nicht im Menschen hat, sondern in einer kosmischen Grösse; gläubig gesprochen: in Gott, den wir als Eidgenossen in unserer Verfassung schon ganz zu Beginn anrufen.

Die Geschichte mit dem E-Mail des Unternehmers nahm übrigens eine glückliche Wendung. Das Asylzentrum kam in unser Dorf. Als Ende August 2015 ein Dorfbewohner zum Standespräsidenten, also zum Präsidenten des kantonalen Parlaments, gewählt wurde, waren auch die Bewohnerinnen und Bewohner des Zentrums zum Volksfest für den neuen Magistraten eingeladen. Nicht nur das: Gemeinsam mit den Chören sangen sie das vierstimmige Lied «Melli colurs» – tausend Farben.

Für eine Parlamentseröffnung verfasste ich ein Redemanuskript und der Präsident nahm meine Gedanken auf. Ich war glücklich, als ich am 14. April 2016 die folgenden Worte im Saal des Grossen Rates hörte:

> «Integration ist wie ein Fluss, der als Hauptader durch ein Tal fliesst. Er hat seinen Weg über all die Jahre, Jahrzehnte und Jahrhunderte gefunden. Ruhig fliesst er in der Regel dahin. Dann kommen die ersten Zuflüsse von links und rechts. Nebenflüsse wollen in diesen Hauptstrom hinein und zum Meer mitfliessen. Dort, wo der Nebenfluss in den Hauptfluss hineinfliesst, kommt es zu Turbulen-

zen: Schlamm wird aufgewühlt, das Wasser schwappt über die Ufer. Es kommt einem vor, als ob es zu einem Kampf kommt. Wer bestimmt die Richtung? Wer zieht wen mit? Wer gewinnt und wer bestimmt den Kurs? Jetzt nach der Vereinigung talabwärts fliesst der Fluss nun vergrössert, neu aus verschiedenen Wassern zusammengesetzt und um Erfahrungen reicher ruhig weiter.

Diesen Prozess der Turbulenzen gilt es politisch, gesellschaftlich und kulturell im Rahmen des Rechtsstaates zu gestalten, auszuhandeln und zu ertragen, indem wir uns nicht auf billige, populistische Parolen beschränken, sondern auf menschenwürdige und eben menschenfreundliche Lösungen setzen. Das hat nichts mit Gutmenschen zu tun, nichts mit den Netten und Lieben, wohl aber mit unserem eigenen persönlichen Bild vom Menschen».

Abkürzungsverzeichnis

Die Abkürzungen in diesem Band richten sich nach den gemäss Duden geltenden Abkürzungen sowie dem theologischen Abkürzungsverzeichnis: Siegfried M. Schwertner: Internationales Abkürzungsverzeichnis für Theologie und Grenzgebiete. Berlin ³2014.

Ausserdem werden folgende Abkürzungen verwendet:

Abs.	Absatz
Art.	Artikel
BBl	Bundesblatt des Schweizerischen Eidgenossenschaft
BGE	Entscheidungen des Schweizerischen Bundesgerichts
Bst.	Buchstabe
EA	Eidgenössische Abschiede: Amtliche Sammlung der ältern eidgenoessischen Abschiede. Hg. auf Anordnung d. Bundesbehoerden unter d. Direction d. eidgenoessischen Archivars Jacob Kaiser. Lucern 1839–1886: http://digital.ub-uni-duesseldorf.de/periodical/structure/207967 (19.07.2017).
NZZ	Neue Zürcher Zeitung
VPB	Verwaltungspraxis der Bundesbehörden
ZBl	Schweizerisches Zentralblatt für Staats- und Verwaltungsrecht

Verzeichnis der Autoren und Autorinnen

Michel Bollag, Lic. phil., Jahrgang 1952, war 2001 bis 2017 Fachleiter am Zürcher Institut für interreligiösen Dialog Zürich (vormals Zürcher Lehrhaus).

Pierre Bühler, Prof. em. Dr. theol., Jahrgang 1950, war Professor für Systematische Theologie, 1982 bis 1997 an der Theologischen Fakultät der Universität Neuchâtel und 1997 bis 2015 an der Theologischen Fakultät der Universität Zürich.

Simone Curau-Aepli, Jahrgang 1961, Mutter von vier erwachsenen Kindern, ist Unternehmerin, Präsidentin des SKF Schweizerischer Katholischer Frauenbund und Vize-Präsidentin der Eidgenössischen Kommission für Frauenfragen EKF.

Stefan Engler, Jahrgang 1960, ist Politiker (CVP) und Ständerat für den Kanton GR. Von 1999 bis 2010 war er Regierungsrat von Graubünden.

Eva-Maria Faber, Prof. Dr. theol., Jahrgang 1964, ist Professorin für Dogmatik und Fundamentaltheologie an der Theologischen Hochschule Chur.

Rita Famos, Jahrgang 1966, ist Leiterin der Abteilung Spezialseelsorge der Evangelisch-reformierten Kirche des Kantons Zürich. Sie war 2013/2014 Präsidentin der Arbeitsgemeinschaft Christlicher Kirchen der Schweiz.

Hugo Fasel, Jahrgang 1955, Ökonom, ist Direktor von Caritas Schweiz und Mitglied des Vorstands von Caritas Europa; zuvor war er während 17 Jahren Nationalrat.

Jacqueline Fehr, geb. 1963, ist Politikerin (SP) und Regierungsrätin im Kanton Zürich.

Andreas Kley, Prof. Dr. rer. publ., Jahrgang 1959, ist Professor für öffentliches Recht, Verfassungsgeschichte sowie Staats- und Rechtsphilosophie an der Universität Zürich.

Daniel Kosch, Dr. theol., Jahrgang 1958, ist Generalsekretär der Römisch-Katholischen Zentralkonferenz der Schweiz.

Verzeichnis der Autoren und Autorinnen

Ralph Kunz, Prof. Dr. theol., Jahrgang 1964, ist Professor für Praktische Theologie der Theologischen Fakultät der Universität Zürich mit den Schwerpunkten Homiletik, Liturgik und Poimenik.

Rifa'at Lenzin, Dr. h.c., Jahrgang 1954, ist Islamwissenschaftlerin und Publizistin, Co-Leiterin und Fachreferentin für den Bereich Islam am Zürcher Lehrhaus und Lehrbeauftragte an verschiedenen Schweizerischen Universitäten.

Franziska Loretan-Saladin, Dr. theol., Jahrgang 1960, ist Lehrbeauftragte für Praktische Homiletik an der Theologischen Fakultät der Universität Luzern und Mitglied im Redaktionsteam des Internet-Feuilletons «feinschwarz.net».

Béatrice Métraux, Jahrgang 1955, ist Politikerin (GPS) und Staatsrätin im Kanton Waadt.

Nicola Neider Ammann, Jahrgang 1961, ist Theologin und Pädagogin und Leiterin des Bereichs Migration und Integration bei der Katholischen Kirche der Stadt Luzern.

Odilo Noti, Dr. theol., Jahrgang 1953, ist Leiter des Bereichs Kommunikation und Marketing sowie Mitglied der Geschäftsleitung von Caritas Schweiz.

Niklaus Peter, Dr. theol., Jahrgang 1956, ist Pfarrer am Fraumünster Zürich.

Martin Sallmann, Prof. Dr. theol., Jahrgang 1963, ist Professor für Neuere Geschichte des Christentums und Konfessionskunde an der Theologischen Fakultät der Universität Bern.

Karin Schaub Bangert, Jahrgang 1960, ist Diakonin der christkatholischen Kirche Basel-Stadt.

Werner De Schepper, Jahrgang 1965, Journalist und Theologe, ist Co-Chefredaktor der Schweizer Illustrierten. Er war von 2008 bis 2015 Mitglied der Medienkommission der Schweizer Bischofskonferenz, ab 2012 als deren Präsident a. i.

Barbara Schmid-Federer, Jahrgang 1965, ist Nationalrätin (CVP) und Präsidentin des Schweizerischen Roten Kreuzes Kanton Zürich.

Stephan Sigg, Jahrgang 1983, ist Theologe, Autor und Journalist.

Christoph Sigrist, PD Dr. theol, Jahrgang 1963, ist Privatdozent für Diakoniewissenschaft an der Theologischen Fakultät der Universität Bern und Pfarrer am Grossmünster in Zürich.

Simon Spengler, Jahrgang 1962, Kommunikationsexperte und Theologe, ist Bereichsleiter Kommunikation und Kultur der Katholischen Kirche im Kanton Zürich. Er war 2010 bis 2015 Sekretär der Medienkommission und Informationsbeauftragter der Schweizer Bischofskonferenz.

Hans Stadler-Planzer, Dr. phil., Jahrgang 1945, ist freischaffender Historiker und Publizist.

Monika Stocker, Jahrgang 1948, ist Politikerin (GPS) und war von 1987 bis 1991 Nationalrätin, von 1994 bis 2008 Stadträtin und Vorsteherin des Sozialdepartements der Stadt Zürich.

Luzia Sutter Rehmann, Prof. Dr. theol., Jahrgang 1960, ist Titularprofessorin für Neues Testament an der Theologischen Fakultät der Universität Basel und Studienleiterin Arbeitskreis für Zeitfragen der Reformierten Kirchgemeinde Biel.

Mariano Tschuor, Jahrgang 1958, ist Leiter des Stabsbereichs «Märkte und Qualität» der Generaldirektion der SRG SSR in Bern. Seit dem 1. Januar 2017 präsidiert er die Kommission für Kommunikation und Öffentlichkeitsarbeit der Bischofskonferenz; er ist Mitglied der Eidgenössischen Migrationskommission.

Matthias Wenk, Jahrgang 1976, ist Pfarreibeauftragter der Ökumenischen Gemeinde Halden in St. Gallen.